21 世纪全国高等院校财经管理系列实用规划教材

财务管理学

主　编　陈　玮

副主编　张国柱

参　编　李志荣　张　妍　邢　毅

北京大学出版社

PEKING UNIVERSITY PRESS

内 容 简 介

本书在全面系统地介绍了财务管理基本知识(资金时间价值及风险分析)的基础上，以投资决策为中心，以财务管理内容为主线，依次讲述了投资管理、筹资管理、营运资本管理及收益分配管理等几大方面的内容，力求做到详略突出、体系全面。书中提供了大量生动案例、知识要点提醒、实际操作训练和形式多样的习题，以供读者阅读、训练使用，便于读者对所学知识的巩固和实践能力的培养。本书在实用性、新颖性、可操作性方面都具有很强的指导作用。

本书可作为高等院校经济、管理类专业的本科教材，也可作为企业培训财务管理人员的参考书籍。

图书在版编目(CIP)数据

财务管理学/陈玮主编．—北京：北京大学出版社，2013.2

(21世纪全国高等院校财经管理系列实用规划教材)

ISBN 978-7-301-21887-7

Ⅰ.①财… Ⅱ.①陈… Ⅲ.①财务管理—高等学校—教材 Ⅳ.①F275

中国版本图书馆CIP数据核字(2013)第002443号

书　　　名：财务管理学

著作责任者：陈　玮　主编

策 划 编 辑：王显超　李　虎

责 任 编 辑：王显超

标 准 书 号：ISBN 978-7-301-21887-7/C·0861

出 版 发 行：北京大学出版社

地　　　址：北京市海淀区成府路205号　100871

网　　　址：http://www.pup.cn　新浪官方微博:@北京大学出版社

电 子 信 箱：pup_6@163.com

电　　　话：邮购部62752015　发行部62750672　编辑部62750667　出版部62754962

印　刷　者：北京飞达印刷有限责任公司

经　销　者：新华书店

787毫米×1092毫米　16开本　23.25印张　537千字

2013年1月第1版　2013年2月第1次印刷

定　　　价：44.00元

21世纪全国高等院校财经管理系列实用规划教材

专家编审委员会

丛 书 序

我国越来越多的高等院校设置了经济管理类学科专业，这是一个包括经济学、管理科学与工程、工商管理、公共管理、农业经济管理、图书档案学 6 个二级学科门类和 22 个专业的庞大学科体系。2006 年教育部的数据表明，在全国普通高校中，经济类专业布点 1518 个，管理类专业布点 4328 个。其中除少量院校设置的经济管理专业偏重理论教学外，绝大部分属于应用型专业。经济管理类应用型专业主要着眼于培养社会主义国民经济发展所需要的德智体全面发展的高素质专门人才，要求既具有比较扎实的理论功底和良好的发展后劲，又具有较强的职业技能，并且又要求具有较好的创新精神和实践能力。

在当前开拓新型工业化道路，推进全面小康社会建设的新时期，进一步加强经济管理人才的培养，注重经济理论的系统化学习，特别是现代财经管理理论的学习，提高学生的专业理论素质和应用实践能力，培养出一大批高水平、高素质的经济管理人才，越来越成为提升我国经济竞争力、保证国民经济持续健康发展的重要前提。这就要求高等财经教育要更加注重依据国内外社会经济条件的变化，适时变革和调整教育目标和教学内容；要求经济管理学科专业更加注重应用、注重实践、注重规范、注重国际交流；要求经济管理学科专业与其他学科专业相互交融与协调发展；要求高等财经教育培养的人才具有更加丰富的社会知识和较强的人文素质及创新精神。要完成上述任务，各所高等院校需要进行深入的教学改革和创新。特别是要搞好有较高质量的教材的编写和创新工作。

出版社的领导和编辑通过对国内大学经济管理学科教材实际情况的调研，在与众多专家学者讨论的基础上，决定编写和出版一套面向经济管理学科专业的应用型系列教材，这是一项有利于促进高校教学改革发展的重要措施。

本系列教材是按照高等学校经济类和管理类学科本科专业规范、培养方案，以及课程教学大纲的要求，合理定位，由长期在教学第一线从事教学工作的教师编写，立足于 21 世纪经济管理类学科发展的需要，深入分析经济管理类专业本科学生现状及存在的问题，探索经济管理类专业本科学生综合素质培养的途径，以科学性、先进性、系统性和实用性为目标，其编写的特色主要体现在以下几个方面：

（1）关注经济管理学科发展的大背景，拓宽理论基础和专业知识，着眼于增强教学内容与实际的联系和应用性，突出创造能力和创新意识。

（2）体系完整、严密。系列涵盖经济类、管理类相关专业以及与经管相关的部分法律类课程，并把握相关课程之间的关系，整个系列丛书形成一套完整、严密的知识结构体系。

（3）内容新颖。借鉴国外最新的教材，融会当前有关经济管理学科的最新理论和实践经验，用最新知识充实教材内容。

（4）合作交流的成果。本系列教材是由全国上百所高校教师共同编写而成，在相互进行学术交流、经验借鉴、取长补短、集思广益的基础上，形成编写大纲。最终融合了各地特点，具有较强的适应性。

（5）案例教学。教材具备大量案例研究分析内容，让学生在学习过程中理论联系实际，特别列举了我国经济管理工作中的大量实际案例，这可大大增强学生的实际操作能力。

（6）注重能力培养。力求做到不断强化自我学习能力、思维能力、创造性解决问题的能力以及不断自我更新知识的能力，促进学生向着富有鲜明个性的方向发展。

作为高要求，财经管理类教材应在基本理论上做到以马克思主义为指导，结合我国财经工作的新实践，充分汲取中华民族优秀文化和西方科学管理思想，形成具有中国特色的创新教材。这一目标不可能一蹴而就，需要作者通过长期艰苦的学术劳动和不断地进行教材内容的更新才能达成。我希望这一系列教材的编写，将是我国拥有较高质量的高校财经管理学科应用型教材建设工程的新尝试和新起点。

我要感谢参加本系列教材编写和审稿的各位老师所付出的大量卓有成效的辛勤劳动。由于编写时间紧、相互协调难度大等原因，本系列教材肯定还存在一些不足和错漏。我相信，在各位老师的关心和帮助下，本系列教材一定能不断地改进和完善，并在我国大学经济管理类学科专业的教学改革和课程体系建设中起到应有的促进作用。

劉詩白

2007年8月

刘诗白　现任西南财经大学名誉校长、教授，博士生导师，四川省社会科学联合会主席，《经济学家》杂志主编，全国高等财经院校资本论研究会会长，学术团体“新知研究院”院长。

前　言

随着社会主义市场经济的蓬勃发展，很多先进的理财工具被引入我国并广泛使用，培养大量合格的财务管理人员成为当今社会的迫切需要。财务管理工作是近代社会化大生产的产物，目前，企业管理中已经形成了较完整的财务控制系统。与财务管理实践发展过程相适应，财务管理学也经历了以集资、财务监督和全面财务控制为主要研究内容的三个不同的发展阶段。

本书共分 11 章，以企业价值最大化为理财目标，按照财务管理的四大内容——投资管理、筹资管理、营运资金管理及收益分配管理展开，分为总论篇(第 1 章)、基础篇(第 2 章)、内容篇(第 3～8 章)、提高篇(第 9～11 章)，力求做到详略得当、体系全面。第 1 章财务管理总论，主要介绍财务管理的基本理论和方法，财务管理目标、财务管理环节、财务管理环境等问题。第 2 章主要阐述资金的时间价值与风险分析，是本书的重点章节，同时也是学好财务管理的基础，主要介绍了财务管理中的两个价值观念——时间价值观念和投资风险与报酬相权衡的观念。第 3、4 章主要介绍投资管理，分为项目投资和证券投资两部分。第 3 章项目投资，是本书的重要章节，同时也是难点较多的章节，旨在阐述项目建设投资的特点及决策程序，现金流量的计算及固定资产投资评价的方法等；第 4 章为证券投资，主要阐述证券投资的基本知识、证券投资收益与风险、证券估价及投资决策等相关内容。第 5、6 章为筹资管理，主要阐述筹资方式、筹资渠道、资本成本及资本结构等概念和决策方法等。第 7 章为营运资金管理，主要从现金、应收账款、存货三个方面介绍营运资金的循环和周转、最佳现金持有量的确定方法、应收账款信用政策的内容及决策、存货需要量的确定方法及控制方法等。第 8 章主要阐述收益分配管理，内容包括企业利润的形成、分配程序及股利政策的选择、股票分割、股票回购对企业的财务影响等。第 9 章财务分析，主要介绍财务指标分析和综合财务分析。第 10、11 章主要阐述并购财务管理和破产财务管理的相关知识，为企业在发展到一定阶段后的规模选择提供管理方法指导。

编者在广泛参阅经济管理类相关教材的基础上，结合多年教学经历和心得体会，多次修改而成。本书主要具有以下几个特点。

(1) 本书提供了与财务管理有关的大量生动案例(包括导入案例、应用实例和案例分析三种类型)，以引起读者的兴趣，对重点难点通过实例讲解进行分析，加深读者的理解，章后的案例分析给读者提供知识应用的平台。

(2) 各章穿插了知识要点提醒、小思考、知识链接等知识，通过向读者抛出问题，以引起初学者的重视，帮助其掌握知识要点。

(3) 每章后均附有案例分析和实际操作训练模块，新颖性、实用性强，借此帮助初学者利用各章所学知识点进行实际操作。

(4) 每章后的习题包括单项选择题、多项选择题、判断题、思考题及计算题等，形式多样，便于引起初学者的学习兴趣。因此，本书内容体系不同于以往的同类教材，新颖性、实践性和应用性较强。

本书由陈玮主编，负责总体框架设计、大纲编写，进行写作组织与协调和最后的统稿定稿。各章具体分工如下：第1、3章由邢毅(华北水利水电学院)编写；第2、9章由李志荣(洛阳理工学院)编写；第4、8、10章由陈玮(洛阳理工学院)编写；第5、6章由张国柱(洛阳理工学院)编写；第7、11章由张妍(洛阳理工学院)编写。

本书在编写过程中，参阅了近年来出版的相关论著，在此向其作者表示衷心的感谢！本书在出版过程中，得到北京大学出版社的大力支持，在此一并表示衷心的感谢！

限于时间仓促及编者水平有限，书中难免存在疏漏或不足之处，恳请读者批评指正。

编　者

2013年1月

目　　录

第1章 财务管理总论

教学要点

知识要点	掌握程度	相关知识	应用方向
财务管理的概念	掌握	企业财务活动与财务关系	理解财务管理的本质
财务活动的内容	重点掌握	企业资金运动过程	理解企业财务活动的经济内容及与各利益相关方之间的财务关系
企业财务管理的目标	掌握	掌握财务管理目标的演化过程及各个目标的优缺点	根据企业自身特性，选择合适的财务管理目标
财务管理的环节	理解	财务预测、财务决策、财务计划、财务控制、财务分析	理解并且熟悉实际生活中企业财务管理的关键环节
财务管理的环境	理解	个人独资企业、合伙企业、公司制企业的特性	在财务管理过程中，充分考虑宏观环境与微观环境的影响

导入案例

雷曼兄弟破产案

2008年9月15日，拥有158年悠久历史的美国第四大投资银行——雷曼兄弟(Lehman Brothers)公司正式申请依据以重建为前提的《美国破产法》第11章所规定的程序破产，即所谓破产保护。雷曼兄弟公司作为曾经在美国金融界叱咤风云的巨人，在金融危机中无奈破产，这不仅与过度的金融创新和乏力的金融监管等外部环境有关，也与雷曼兄弟公司本身的财务管理目标有着某种内在的联系。

雷曼兄弟公司正式成立于1850年，在成立初期，公司主要从事利润比较丰厚的棉花等商品的贸易，公司性质为家族企业，且规模相对较小，其财务管理目标自然是利润最大化。在雷曼兄弟公司从经营干洗、兼营小件寄存的小店逐渐转型为金融投资公司的同时，公司的性质也从一个地道的家族企业逐渐成长为在美国乃至世界都名声显赫的上市公司。由于公司性质的变化，其财务管理目标也随之由利润最大化转变为股东财富最大化。其原因至少包括：①美国是一个市场经济比较成熟的国家，建立了完善的市场经济制度和资本市场体系，因此，以股东财富最大化为财务管理目标能够获得更好的企业外部环境支持；②与利润最大化的财务管理目标相比，股东财富最大化考虑了不确定性、时间价值和股东资金的成本，无疑更为科学和合理；③与企业价值最大化的财务管理目标相比，股东财富最大化可以直接通过资本市场股价来确定，比较容易量化，操作上显得更为便捷。因此，从某种意义上讲，股东财富最大化是雷曼兄弟公司财务管理目标的现实选择。

股东财富最大化是通过财务上的合理经营，为股东带来最多的财富。当雷曼兄弟公司选择股东财富最大化为其财务管理目标之后，公司迅速从一个名不见经传的小店发展成闻名于世界的华尔街金融巨头，但同时，由于股东财富最大化的财务管理目标利益主体单一(仅强调了股东的利益)、适用范围狭窄(仅适用于上市公司)、目标导向错位(仅关注现实的股价)等原因，雷曼兄弟公司最终也无法在百年一遇的金融危机中幸免于难。股东财富最大化对于雷曼兄弟公司来说，颇有“成也萧何，败也萧何”的意味。

思考：

为什么股东财富最大化的目标最终导致了雷曼兄弟公司的破产？该案例在企业财务管理目标选择方面带来了什么启示？

1.1 财务管理概述

财务学有三个分支：金融学、投资学和财务管理学。金融学主要讨论货币、银行和金融市场的有关问题；投资学主要讨论个人或专业投资机构的投资决策；财务管理学主要讨论一个组织内部的投资和筹资决策。这三个分支具有共同的理论基础并且相互联系，但是讨论的理论不同。

任何组织都需要财务管理，但是营利性组织与非营利性组织的财务管理有较大区别。本书讨论的是营利性组织的财务管理，即企业财务管理。为了研究企业财务管理，首先要对企业财务的概念有一个总括的了解。

企业财务是指企业财务活动，即企业再生产过程中的资金运动，以及企业财务关系，即资金运动过程中所形成的企业同各方面的经济关系。企业财务管理则是对企业财务活动(包含财务关系)的管理。要深刻认识企业财务的概念，就必须研究企业财务活动存在的客观基础、企业财务活动的经济内容和企业资金运动所形成的财务关系。它们是企业财务管理学科必须解决的基本理论问题。

1.1.1 企业财务活动存在的客观基础

企业在生产过程中，客观地存在着一种资金运动，这同商品经济的存在和发展是分不开的。

社会主义市场经济从经济形态来看是商品经济，从运动机制来看则是充分发挥市场机制作用的市场经济。在社会主义制度下，社会产品依然是使用价值和价值的统一体。企业再生产过程具有两重性，它既是使用价值的生产和交换过程，又是价值的形成和实现过程。在这个过程中，劳动者将生产中消耗掉的生产资料的价值转移到产品中去，并且创造出新的价值。这样，一切经劳动加工的物资都具有一定量的价值，它体现着用于物资中的社会必要劳动量。物资的价值是通过一定数额的货币表现出来的。在社会主义再生产过程中，物资价值的货币表现就是资金，资金的实质是社会主义再生产过程中运动着的价值。资金离不开物资，又不等于物资，它是物资价值的货币表现，体现着抽象的人类劳动，不管其实用价值如何；随着社会经济的发展，某些虽无物质形态，但能以货币表现并具有价值的生产经营要素(如无形资产)，也被列为资金。不能以货币表现的、不具有价值的物品不叫资金；不在再生产过程中运营的个人财产、手持货币，不属于财务管理学中所研究的资金。为了保证生产经营活动能够正常进行，企业就要筹集一定数额的资金。企业拥有一定数额的资金，是进行生产经营活动的必要条件。

在企业生产经营过程中，物资不断运动，其价值形态也不断发生变化，由一种形态转化为另一种形态，周而复始，循环往复，形成资金的运动。物资价值运动就是通过资金运动形式表现出来。因此，企业的生产经营过程，一方面表现为物资运动(从实物形态来看)；另一方面表现为资金运动(从价值形态来看)。企业的资金运动以价值的形式综合地反映企业的生产经营过程。企业的资金运动构成企业经济活动的一个独立方面，具有自己的运动规律，这就是企业的财务活动。社会主义企业资金运动存在的客观基础，是社会主义市场经济。

1.1.2 企业财务活动的经济内容

随着企业生产过程地不断进行，企业资金总是处于不断运动之中。在企业再生产过程中，企业资金从货币资金形态开始，顺次通过购买、生产和销售三个阶段，分别表现为固定资金、生产储备资金、未完工产品资金、成品资金等各种不同形态，然后又回到货币资金形态。从货币资金开始，经过若干阶段，又回到货币资金形态的运动过程，叫做资金的循环。企业资金周而复始的循环，叫做资金的周转。资金的循环体现着资金运动的形态变化。

从生产经营企业来看，资金运动包括以下五个方面的经济内容。

1. 资金筹集

企业要进行生产经营活动，首先必须从各种渠道筹集资金。企业的自有资金，是通过吸收拨款、发行股票等方式从投资者那里取得的。投资者包括国家、其他企业单位、个人、外商等。此外，企业还可通过向银行借款、发行债券、应付款项等方式来吸收借入资金，构成企业的负债。企业从投资者、债权人那里筹集来的资金，一般是货币资金形态，也可以是实物、无形资产形态，对实物和无形资产要通过资产评估确定其货币金额。

筹集资金是资金运动的起点，是投资的必要前提。

2. 资金投放

企业筹集来的资金，要投放于经营资产上，主要是通过购买、建造等过程形成各种生产资料。一方面进行固定资产投资，如兴建房屋和建筑物、购置机器设备等；另一方面使用货币资金购进原材料、燃料等，通常货币资金就转化为固定资产和流动资产。此外，企业还可以采取一定的方式以现金、实物或无形资产向其他单位投资，形成短期投资和长期投资。企业资金的投放包括在经营资产上的投放和对其他单位的投资，其目的都是为了取得一定的收益。

投资是资金运动的中心环节，它不仅对资金筹集提出要求，而且是决定未来经济效益的先天性条件。

3. 资金耗费

在生产过程中，生产者使用劳动手段对劳动对象进行加工，生产出新产品，与此同时耗费各种材料、损耗固定资产、支付职工工资和其他费用。在购销过程中也要发生一定的耗费。各种生产耗费的货币表现就是产品等有关对象的成本。成本是生产经营过程中的资金耗费。这样，企业所耗费的固定资金、生产储备资金、用于支付工资的资金，先转化为未完工产品资金，随着产品制造完成，再转化为成品资金。

在发生资金耗费的过程中，生产者创造出新的价值，包括为自己劳动创造的价值和为社会劳动创造的价值。所以，资金的耗费过程又是资金的积累过程。

资金耗费是资金运动的基础环节，资金耗费水平是企业利润水平的决定因素。

4. 资金收入

在销售过程中，企业将生产出来的产品发送给有关单位，并且按照产品的价格取得销售收入。在这一过程中，企业资金从成品资金形态转化为货币资金形态。企业取得销售收入，实现产品的价值，不仅可以补偿产品成本，而且可以实现企业利润，企业自有资金的数额也随之增大。此外，企业还可取得投资收益和其他收入。

资金收入是资金运动的关键环节，它不仅关系着资金耗费的补偿，而且关系着投资效益的实现。收入的取得是进行资金分配的前提。

5. 资金分配

企业所取得的产品销售收入要用以弥补生产耗费，按规定缴纳流转税，其余部分与投资收益等形成企业的营业利润。营业利润和营业外收支净额构成企业的利润总额。利润总额首先要按照国家规定缴纳所得税，税后利润要提取公积金，用于扩大积累、弥补亏损，并向投资者分配投资收益。企业从经营中收回的货币资金，还要按计划向债权人还本付息。用以分配投资收益和还本付息的资金，就从企业资金运动过程中退出。

资金分配是一次资金运动的终点，又是下一次资金运动开始的前奏。

资金的筹集和投放，以价值形式反映企业对生产要素的取得和使用；资金的耗费，以价值形式反映企业物化劳动和活劳动的消耗；资金的收入和分配，以价值形式反映企业生产成果的实现和分配。因此，企业资金运动是企业再生产过程的价值方面的反映。

在金融市场发达的条件下，企业不仅有占用实物资产的资金运动，而且有占用金融资产的资金运动。企业资金运动的全过程如图 1.1 所示。

知识要点提醒

图 1.1 为本章内容的重点。该图清晰、完整地解释了企业财务活动的五个主要环节，以及资金在五个环节中不同的表现形态。

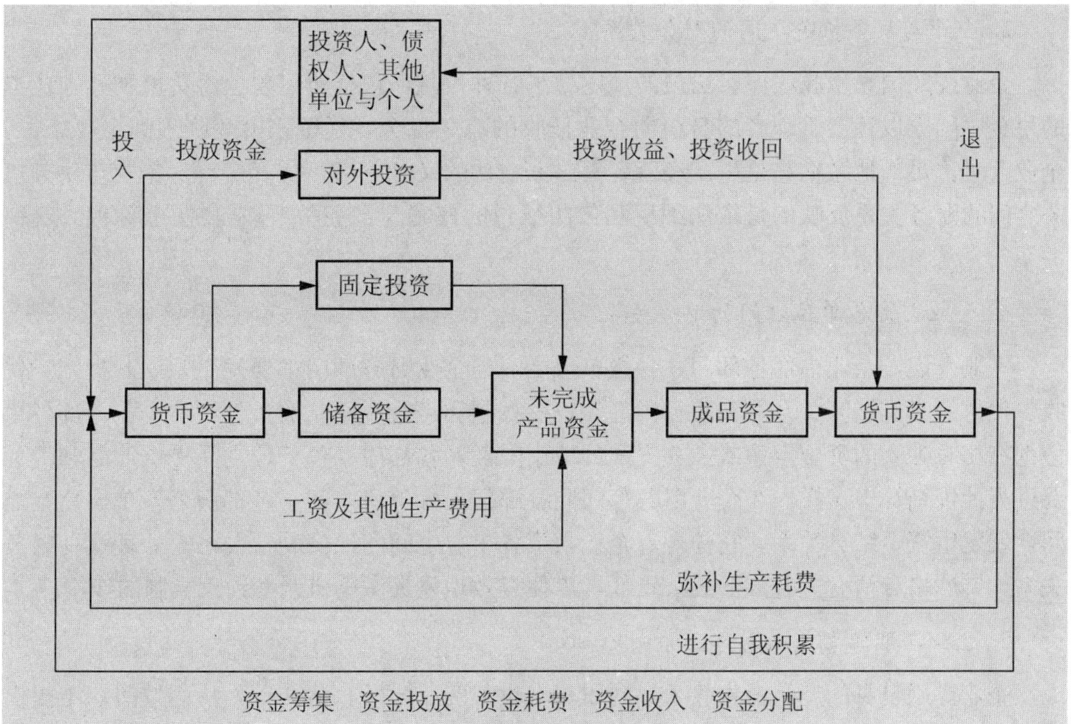

图 1.1　企业资金运动过程

1.1.3　企业同各方面的财务关系

企业资金的收集、投放、耗费、收入与分配，与企业各方面有着广泛的联系。财务关系就是指企业在资金运动中与各有关方面发生的经济关系。

1. 企业与投资者和受资者之间的财务关系

企业从各种投资者那里筹集资金，进行生产经营活动，并将所实现的利润按各投资者的出资额进行分配。企业还可将自身的法人财产向其他单位投资，这些被投资单位即为受资者。受资者应向企业分配投资收益。投资者与企业、企业与受资者的关系，即投资同分享投资收益的关系，在性质上属于所有权关系。处理这种财务关系必须维护投资、受资各方的合法权益。

2. 企业与债权人、债务人、往来客户之间的财务关系

企业购买材料、销售产品，要与购销客户发生贷款收支结算关系，在购销活动中由于延期收付款项，要与有关单位发生商业信用——应收账款和应付账款。当企业资金不足或资金闲置时，要向银行借款，发行债券或购买其他单位债券。业务往来中的收支结算，要及时收付款项，以免相互占用资金，一旦形成债权债务关系，则债务人不仅要还本，而且要付息。企业与债权人、债务人、往来客户的关系，在性质上属于债权债务关系、合同义务关系。处理这种财务关系，必须按有关各方的权利和义务保障其权益。

3. 企业与税务机关之间的财务关系

企业按照国家税收法律、法规的规定缴纳各种税款，包括所得税、流转税和计入成本的税金。国家以社会管理者的身份向企业征收的有关税金，是国家财政收入的主要来源。企业及时、足额地缴纳，是生产经营者对国家应尽的义务，必须认真履行。企业与税务机关之间的财务关系反映的是依法纳税和依法征税的权利与义务关系(在税法上称税收法律关系)。

4. 企业内部各单位之间的财务关系

一般来说，企业内部各部门、各级单位之间与企业财务部门都要发生领款、报销、代收、代付的收支结算关系。在实行内部经济核算制和经营责任制的条件下，企业内部各单位都有相对独立的资金定额或独立支配的费用限额，各部门、各单位之间提供产品和劳务要进行计价结算。这样，在企业财务部门同各部门、各单位之间，各部门、各单位相互之间，就发生资金结算关系，它体现着企业内部各单位之间的经济利益关系。处理这种财务关系，要严格分清有关各方的经济责任，以便有效地发挥激励机制和约束机制的作用。

5. 企业与职工之间的财务关系

企业要用自身的产品销售收入，向职工支付工资、津贴、奖金等，从而按照职工提供的劳动的数量和质量进行分配。这种企业与职工之间的结算关系，体现着职工个人和集体在劳动成果上的分配关系。处理这种财务关系，要正确地执行有关的分配政策。

企业的资金运动，从表面上看是钱和物的增减变动，而钱和物的增减变动都离不开人与人之间的关系。我们要透过资金运动的现象，看到人与人之间的财务关系，自觉地处理好财务关系，促进生产经营活动的发展。

企业资金运动及其所形成的经济关系，就是企业财务的本质。

1.2 财务管理的目标

1.2.1 财务管理目标的作用和特征

财务管理目标(goals of financial management)又称理财目标，是指企业进行财务活动所要达到的根本目的。进行任何工作，都要分清形势与任务，根据工作对象的客观规律性提出自身需要解决的主要问题。被动地应付日常财务的具体业务，不树立自己的预期目标，犹如盲人骑瞎马，不知应去何方。但是如果脱离财务活动的客观规律而提出一些主观愿望，也只能是空想，是不可能实现的。因此，在充分研究财务活动客观规律性的基础上，明确的理财目标，是财务管理的一个重要理论问题。

研究理财目标最重要的是明确企业全部财务活动需实现的最终目标。财务管理目标不同于过去人们常说的财务管理任务，它不是平行列举的几项要求，而是财务活动最终要达到的一个目的地(终点)，因而指导作用更加显著。

1. 财务管理目标的作用

财务管理目标的作用可以概括为四个方面：

（1）导向作用。管理是为了达到某一目的而组织和协调集体所做努力的过程；理财目标的作用首先就在于为各种管理者指明方向。

（2）激励作用。目标是激励企业全体成员的力量源泉，每个职工只有明确了企业的目标才能调动起潜在的能力，尽力而为，创造出最佳成绩。

（3）凝聚作用。企业是一个协作系统，必须增强全体成员的凝聚力，才能发挥作用。企业凝聚力的大小受到多种因素的影响，其中一个重要的因素就是其目标。企业目标明确，能充分体现全体职工的共同利益，就会极大地激发企业职工的工作热情、献身精神和创造能力，形成强大的凝聚力。

（4）考核作用。在管理不够规范的企业中，往往凭上级领导的主观印象和对下级工作人员的粗略了解作为业绩考核的依据，这是不客观、不科学的，应当以明确的目标作为绩效考核的标准，这样就能按职工的实际贡献大小如实地进行评价。

2. 财务管理目标的特征

企业财务管理目标具有以下特征：

（1）相对稳定性。财务管理目标是在一定的宏观经济体制和企业经营方式下，由人们通过实践总结出来的。随着宏观经济体制和企业经营方式的变化，随着人们认识的发展和深化，财务管理目标也可能发生变化。例如，西方财务管理目标就曾经有过“筹资数量最大化”、“利润最大化”（profit maximization）、“股东财富最大化”等多种概括。我国计划经济体制下，财务管理是围绕着国家下达的产值指标来进行的，实际上追求的是“产值最大化”；在建立社会主义市场经济体制的过程中，企业财务管理基本上是围绕着利润的增长来进行的。这种情况反映了我国宏观经济体制、企业经营方式的变化，体现了人们认识的发展。但是，宏观经济体制和企业经营方式的变化是渐进的，只有发展到一定阶段以后才产生质变，人们的认识在达到一个新的高度以后，也会有一个取得共识、普遍接受的时期。因此，财务管理目标作为人们对客观规律性的一种概括，总的说来是相对稳定的。

（2）可操作性。财务管理目标是实行财务目标管理的前提。它要起到组织动员的作用，据以制定经济指标并进行分解，实现职工自我控制，进行科学的绩效考评，就必须具有可操作性。可操作性的要求具体来说包括：①可以计量。理财目标要有定性的要求，同时也应据以制定出量化的标准，这样才便于付诸实行。例如，我国社会主义建设的战略目标，每一步都有一定的数量要求。财务管理是一种价值管理，其目标更要能用各单位的量化指标来表现。在实践中不能以切实可行的量化指标来表现的理财目标，企业管理人员实际上是不会接受的。②可以追溯。即理财目标实现的情况如何应该是最终可以追溯到有关管理部门和人员上的，这样才便于落实指标，检查责任履行情况，制定整改措施。③可以控制。企业的理财目标及分解落实给各部门、各单位的具体目标，应该是企业和各部门、各单位管得住、控制得了的。凡是在它们控制范围之外的目标，有等于无。

(3) 层次性。财务管理目标是企业财务管理系统顺利运行的前提条件，同时它本身也是一个系统。各种各样的理财目标构成一个网络，这个网络反映着各个目标之间的内在联系。财务管理目标之所以具有层次性，是由企业财务管理内容和方法的多样性及它们相互关系上的层次性决定的。

财务管理目标按其涉及的范围大小，可分为总体目标和具体目标。总体目标是指整个企业财务管理所要达到的目标，决定着整个财务管理过程的发展方向，是企业财务活动的出发点和归宿。具体目标是指在总体目标的制约下，从事某一部分财务活动所要达到的目标。

财务管理具体目标按其涉及的财务管理对象不同，可分为单向理财活动目标和单向财务指标目标。单向理财活动目标按财务管理内容分为筹资管理目标、投资管理目标、成本管理目标、收益分配目标等，或按筹资投资对象分为股票筹资目标、债券筹资目标、证券投资目标、项目投资目标等，或按资产项目分为应收账款管理目标、存货管理目标等。单向财务指标目标有利润目标(目标利润)、成本目标(目标成本)、资本结构目标(目标资本结构)等。

财务管理目标的相对稳定性、可操作性和层次性，是财务管理目标的基本特征，认真研究这三个特征，将有助于企业合理地设计财务管理目标体系。

1.2.2 财务管理的总体目标

有关企业财务管理的总体目标，我国理论界有许多不同的表述，主要有以下一些观点。

1. 经济效益最大化

目前，不少论著主张把我国企业的理财目标确定为经济效益最大化，如“讲求经济效益最大化是企业财务管理的总体目标”、“我国企业财务管理的根本目标是追求经济效益的最大化”等。以提高经济效益或经济效益最大化作为理财目标的总的思路，是有客观依据的。提高经济效益是我国经济发展的重要目标之一，企业财务管理目标理应体现这一要求。企业经济效益主要是通过财务指标如资金、成本、收入等表现出来的，经济效益要求对生产经营中的消耗、占用和成果进行记录、计算、对比和控制，使企业做到以收抵支、增加盈利、提高资金利用效率的效果。作为微观价值管理的财务管理对于提高经济效益具有不可推卸的责任和无可替代的功能。

提高经济效益作为一种定性的要求，无疑是合理的，但是这一要求缺少可操作性，不能进行计量，难以进行控制，也难以追溯有关单位和人员的责任。经济效益最大化可以作为理财目标的总思路却不能代替付诸实践的理财目标。因此，要在这一总的思路指导下，探讨一个可以具体应用的理财目标。

在此需要说明，这里所说的“最大化”严格说来是不确切的，很难把握和衡量。通常所讲的“最大化”，实际上指的是要使经济效益尽可能地好或最优化，本书只是在这个意义上沿用“最大化”这一提法。

2. 利润最大化

这种观点认为：利润代表了企业新创造的财富，利润越多则说明企业的财富增加得越多，越接近企业的目标。

利润最大化理财目标在我国和西方都曾是流传甚广的一种观点，在实务界尤有重大影响。利润最大化一般是指企业税后利润总额的最大化。我国企业在告别高度集中的计划经济体制以后，经营方式由单纯的生产型向生产经营型转变。在由放权让利转为完善经营机制，实行政企分开、两权分离的过程中，企业有了自主权和自己的经济利益，开始扭转过去“产值最大化”的观念，企业理财便围绕着利润的增长来进行。有些学者也明确提出利润最大化的主张。

这种观点的缺点：①没有考虑利润的取得时间。例如，今年获利100万元和明年获利100万元，哪一个更符合企业的目标？若不考虑货币的时间价值，就难以做出正确的判断。②没有考虑所获利润和投入资本额的关系。例如，同样获得100万元的利润，一家企业投入资本500万元，另一家企业投入600万元，哪一个更符合企业目标？若不与投入的资本额联系起来，就难以做出正确判断。③没有考虑获取利润和所承担风险的关系。例如，同样投入500万元，本年获利100万元，一家企业获利已全部转化为现金，另一家企业获利则全部是应收账款，并可能发生坏账损失，哪一个更符合企业的目标？若不考虑风险大小，就难以做出正确判断。

假设投入资本相同、利润取得的时间相同、相关的风险也相同，利润最大化是一个可以接受的观念。事实上，许多经理人员都把提高利润作为公司的短期目标。

以利润最大化作为理财目标是有一定道理的。其原因包括：①利润额是企业在一定期间经营收入和经营费用的差额，是按照收入费用配比原则加以计算的，它反映了当期经营活动中投入与产出对比的结果，在一定程度上体现了企业经济效益的高低。②在市场经济条件下，在企业自主经营的条件下，利润的多少不仅体现了企业对国家的贡献，而且与企业的利益息息相关。利润最大化对于企业投资者、债权人、经营者和职工都是有利的。③利润这个指标在实际应用方面比较简便。利润额直观、明确，容易计算，便于分解落实，大多数职工都能理解。

利润最大化的目标也存在以下问题：①利润最大化中的利润额是一个绝对的数，没有反映出所得利润额同投入资本额的关系，因而不能科学地说明企业经济效益水平的高低，不便于在不同时期、不同企业之间进行比较。②如果片面强调利润额的增加，有可能使得企业产生追求短期利益的行为。

3. 权益资本利润率最大化

这种观点认为：应当把企业的利润和股东投入的资本联系起来考查，用每股收益(或权益资本净利率)来概括企业的财务目标，以避免利润最大化目标的缺点。

这种观点存在以下缺点：①仍然没有考虑每股收益取得的时间；②仍然没有考虑每股收益的风险。

假设风险相同、时间相同，每股收益最大化也是一个可接受的观念。事实上，许多投资人都把每股收益作为评价公司业绩的最重要的指标。

针对利润总额最大化目标存在的问题，我国有些学者提出了以权益资本利润率(return on equity capital)作为考查财务活动的主要指标。这个指标的特点是把企业实现的利润同投入的权益资本进行对比，能够确切地说明企业的盈利水平。

采用权益资本利润率最大化目标有以下好处：①权益资本利润率全面反映了企业营业收入、营业费用和投入资本的关系即投入产出关系，能较好地考核企业经济效益的水平。权益资本利润率是企业综合性最强的一个经济指标，也是杜邦分析法中所采用的综合性指标。②权益资本利润率不同于资产报酬率，它反映企业资本的使用效益，同时也可以反映因改变资本结构而给企业收益率带来的影响。③在利用权益资本利润率对企业进行评价时，可将年初所有者权益按资金时间价值折成终值，这样就能客观地考查企业权益资本的增值情况，较好地满足投资者的需要。④权益资本利润率指标容易理解，便于操作，有利于把指标分解、落实到各部门、各单位，也便于各部门、各单位据以控制各项生产经营活动，对于财务分析、财务预测也有重要的作用。

在采用权益资本利润率最大化这一理财目标时，应当注意协调所有者与债权人、经营者之间的利益关系，防止经营利益过分向股东倾斜，还必须坚持长期利益原则，防止追求短期利益的行为。

4. 股东财富最大化

按照现代委托代理学说，企业经营者应最大限度地谋求股东或委托人的利益，而股东或委托人的利益则是提高资本报酬，增加股东财富(stockholder wealth)。因此，股东财富最大化这一理财目标受到人们的普遍关注。

股东财富最大化的评价指标主要是股票市价或每股市价。许多人认为，股票市场价格的高低体现着投资大众对公司价值所做的客观评价。它反映着资本和利润之间的关系；它受预期每股盈余的影响，反映着每股盈余的大小和取得的时间；它受企业风险大小的影响，可以反映每股盈余的风险。

以股票市价最大化作为理财目标实际上很难普遍采用，其原因包括：①无论是在我国还是在西方，上市公司在全部企业中只占较少比例，大量的非上市企业不可能采用这一目标。②即使对上市公司而言，股票市价也要受到多种因素包括非经济因素的影响，股票价格并不是总能反映企业的经营业绩，也难以准确体现股东财富。

5. 企业价值最大化

何谓企业价值(company value)最大化？一些学者指出：企业价值是指企业全部资产的市场价值。通俗地说，就是企业本身值多少钱。在对企业价值进行评估时，着重点不是企业已经获得的利润水平，而是企业潜在的获利能力。可见，企业价值应是企业资产的价值。而股东财富，顾名思义应是企业所有者权益的价值。企业价值同股东财富在性质上和数额上都是有差别的。

企业价值最大化目标存在的关键问题，是如何合理计量。计量方法可能有许多种，目前多数人主张采用“未来企业报酬贴现值”，“要以未来一定期间归属于股东权益的现金流量，按考虑风险报酬率的‘资本成本’换算为现值。由此而得到的‘股东投资报酬的现值’是股东财富的具体体现”。一些学者按照这一思路设计了企业价值的计算方法，即采用年金现值的计算公式，以企业未来各年的现金流量为年金或系列付款，以与企业风险相适应的贴现率进行贴现，按照预计企业取得收益的持续年份来计算企业价值。

有些学者对企业价值最大化理财目标的优点做了如下概括：①它考虑了取得报酬的时间，并用时间价值的原理进行了计量；②它科学地考虑了风险与报酬的关系；③它能克服企业在追求利润上的短期行为，因为不仅目前的利润会影响企业的价值，而且预期未来的利润对企业价值的影响更大；④它不仅考虑了股东的利益，而且考虑了债权人、经理层、一般职工的利益。

企业价值最大化理财目标在理论上是合理的，但是“未来企业报酬贴现值”的计量方法在可操作性方面却存在着难以克服的缺陷，主要包括：①公式中两个基本要素——未来各年的企业报酬和企业风险相适应贴现率是很难预计的，有可能出现较大的误差，因而作为对各部门要求的目标和考评时，其实际值无法按公式的要求来取得。如果照旧采用预测方法确定，则实际效果与目标的对比毫无意义，业绩评价也无法进行。因此它在目前还是难以付诸实行的理财目标。

6. 履行社会责任

企业在谋求自身经济效益的过程中，必须履行自己的社会责任(social responsibility)，正确处理提高经济效益和履行社会责任的关系。企业要保证产品质量，搞好售后服务，不能以不正当手段追求企业利润；要维护社会公共利益，保护生态平衡，合理使用资源，不能以破坏资源、污染环境为代价，谋求企业效益。此外，企业还应根据自身力量承担一定的社会义务，参与社会公益事业，支持社区的文化教育事业和慈善事业。提高经济效益和履行社会责任，两者既有统一的一面，又有矛盾的一面。企业要实现理财目标不能只从企业本身考虑，还必须从企业所从属的更大范围的社会系统来考虑。因此，企业管理层必须在各种法律、法规约束下去追求经济效益最大化，追求权益资本最大限度的增值。但从另一方面看，除了法律、法规规定的项目以外，对形形色色的摊派，则应当依法拒绝。这就是说，企业可以而且应当以合法的手段维护自身的经济利益。履行社会责任，在性质上并不属于企业的理财目标(既不是基本目标，也不是辅助目标)，而是企业搞好财务管理、实现理财目标的一个基本约束条件。

知识要点提醒

我国理论界针对企业财务管理的总体目标有不同的表述，每个目标都有其优、缺点，有其合理性及适用上的局限性，要用辩证的眼光分析这些财务管理目标。

综上所述，我国企业现阶段理财目标可供考虑的选择，是在提高经济效益的总思路下，以履行社会责任为前提，谋求企业权益资本利润率的最优化。每家企业都要根据自身的特点和战略发展规划，选择对自身长远发展最为有利的财务管理总体目标。在本章的导入案例中，股东财富最大化目标的选择最终导致雷曼兄弟公司走向破产。原因有三：其一，股东财富最大化过度追求利润而忽视经营风险控制；其二，股东财富最大化过多关注股价而使其偏离了经营重心；其三，股东财富最大化仅强调股东的利益而忽视其他利益相关者的利益，并且该财务管理目标只适用于上市公司。

这就启发其他企业在制定财务管理目标时，须遵循如下原则：①价值导向和风险控制原则。财务管理目标首先必须激发企业创造更多的利润和价值，但同时也必须时刻提醒经营者要控制经营风险。②兼顾更多利益相关者的利益而不偏袒少数人利益的原则。企业是一个多方利益相关者利益的载体，财务管理的过程就是一个协调各方利益关系的过程，而不是激发矛盾的过程。③兼顾适宜性和普遍性原则。既要考虑财务管理目标的可操作性，又要考虑财务管理目标的适用范围。④绝对稳定和相对变化原则。财务管理目标既要保持绝对的稳定，以便制定企业的长期发展战略，同时又要考虑对目标的及时调整，以适应环境的变化。

1.3 财务管理的环节

要做好财务管理工作，实现财务管理目标，除了要坚持正确的原则以外，还要掌握财务管理的环节。财务管理的环节是指财务管理工作的各个阶段，包括财务管理的各种业务手段。财务管理的环节主要有财务预测(financial forecasting)、财务决策(financial decision)、财务计划(financial plan)、财务控制(financial control)和财务分析(financial analysis)。这些管理环节互相配合，紧密联系，形成周而复始的财务管理循环过程，构成完整的财务管理工作体系。

1.3.1 财务预测

财务预测是根据财务活动的历史资料，考虑现实的要求和条件，对企业未来的财务活动和财务成果做出科学的预计和测算。现代财务管理必须具备预测这个“望远镜”，以便把握未来，明确方向。财务预测环节的作用在于：测算各项生产经营方案的经济效益，为决策提供可靠的依据；预计财务收支的发展变化情况，以确定经营目标；测定各项定额和标准，为编制计划、分解计划指标服务。财务预测环节是在前一个财务管理循环的基础上进行的，用已取得的规律性的认识指导未来。它既是两个管理循环的连接点，又是财务决策环节的必要前提。

财务预测环节包括以下工作步骤。

1. 明确预测对象和目的

由于预测的对象和目的不同，所以预测资料的收集、预测模型的建立、预测方法的选择、预测结果的表现方式等也有不同的要求。为了达到预期的效果，必须根据管理决策的需要，明确预测的具体对象和目的，如降低成本、增加利润、加速资金周转、安排设备投资等，从而规定预测的范围。

2. 收集和整理资料

根据预测的对象和目的，要广泛收集有关资料，包括企业内部和外部资料、财务和生产技术资料、计划和统计资料、本年和以前年度资料等。对资料要检查其可靠性、完整性和典型性，排除偶然性因素的干扰，还应对各项指标进行归类、汇总、调整等加工处理，使资料符合预测的需要。

3. 选择预测模型

根据影响预测对象的各个因素之间的相互关系，选择相应的财务预测模型。常见的财务预测模型有时间序列预测模型、因果关系预测模型、回归分析预测模型等。

4. 实施财务预测

将经过加工整理的资料进行系统的研究，代入财务预测模型，采用适当的预测方法，进行定性、定量分析，确定预测结果。

1.3.2 财务决策

财务决策是根据企业经营战略和国家宏观经济政策的要求，从提高企业经济效益的理财目标出发，在财务预测的基础上，从若干个可以选择的财务活动方案中选择一个最优方案的过程。在财务活动预期方案只有一个时，决定是否采用这个方案也属于决策问题。在市场经济条件下，财务管理的核心是财务决策。在财务预测基础上所进行的财务决策，是编制财务计划、进行财务控制的基础。决策的成功与否关系着企业的成败兴衰。财务决策环节包括以下一些工作步骤。

1. 确定决策目标

根据企业经营目标，在调查研究财务状况的基础上，确定财务决策所要解决的问题，如发行股票和债券的决策、设备更新和购置的决策、对外投资种类的决策等，然后收集企业内部的各种信息和外部的情报资料，为解决制定决策面临的问题做好准备。

2. 拟定备选方案

在预测未来有关因素的基础上，提出为达到财务决策目标而考虑的各种备选的行动方案。在拟定备选方案时，对方案中决定现金流出、流入的各种因素，要做周密的查定和计算。在拟定备选方案后，还要研究各方案的可行性、实施的有利条件和制约条件。

3. 评价各种方案，选择最优方案

备选方案提出后，根据一定的评价标准，采用有关的评价方法，评定出各方案的优劣或经济价值，从中选择一个预期效果最佳的财务决策方案。经择优选出的方案，如涉及重要的财务活动(如筹资方案、投资方案等)，还要进行一次鉴定，经过专家鉴定认为决策方案切实可行，方能付诸实施。

财务决策的方法，主要有优选对比法和数学模型法。前者有总量对比法、差量对比法、指标对比法等，后者有数学微分法、线性规划法、概率决策法、损益决策法等。

1.3.3 财务计划

财务计划工作是运用科学的技术手段和数学方法，对目标进行综合平衡，制定主要计划指标，拟定增产节约措施，协调各项计划指标。它是落实企业奋斗目标和保证措施的必要环节。财务计划是以财务预测提供的信息和财务决策确定的方案为基础来编制的，它是财务预测和财务决策的具体化、系统化，又是控制财务收支活动、分析生产经营成果的依据。

企业财务计划主要包括资金筹集计划、固定资产投资和折旧计划、流动资产占用和周转计划、对外投资计划、利润和利润分配计划。编制财务计划要做好以下工作。

1. 分析主客观条件，确定主要指标

按照国家产业政策和企业财务决策的要求，根据供、产、销条件和企业生产能力，运用各种科学方法，分析与所确定的经营目标有关的各种因素，按照总体经济效益的原则，确定出主要的计划指标。

2. 安排生产要素，组织综合平衡

要合理安排人力、物力、财力，使之与经营目标的要求相适应。在财力平衡方面，要组织流动资金同固定资金的平衡、资金运用同资金来源的平衡、财务支出同财务收入的平衡等。还要努力挖掘企业潜力，从提高效益出发，对企业各方面生产经营活动提出要求，制定各单位的增产节约措施，制定和修订各项定额，以保证计划指标的落实。

3. 编制计划表格，协调各项指标

以经营目标为核心，以平均先进定额为基础，计算企业计划期内资金占用、成本、利润等各项计划指标，编制出财务计划表，并检查、核对各项有关计划指标是否密切衔接，协调平衡。

财务计划的编制方法，常见的有固定计划法、零基计划法、弹性计划法和滚动计划法。

1.3.4 财务控制

财务控制是在生产经营活动的过程中，以计划任务和各项定额为依据，对资金的收入、支出、占用、耗费进行日常的核算，利用特定手段对各单位财务活动进行调节，以便实现计划规定的财务目标。财务控制是落实计划任务，保证计划实现的有效措施。

财务控制和财务预算有密切联系，预算是控制的重要依据，控制是执行预算的手段，它们组成了企业财务管理循环。财务管理循环的程序如图 1.2 所示。

财务管理循环的主要环节包括以下内容：

（1）制定财务决策，即针对企业的各种财务问题决定行动方案，也就是制订项目计划。

（2）制定预算和标准，即针对计划期的各项生产经营活动拟定用具体数字表示的计划和标准，也就是制订期间计划。

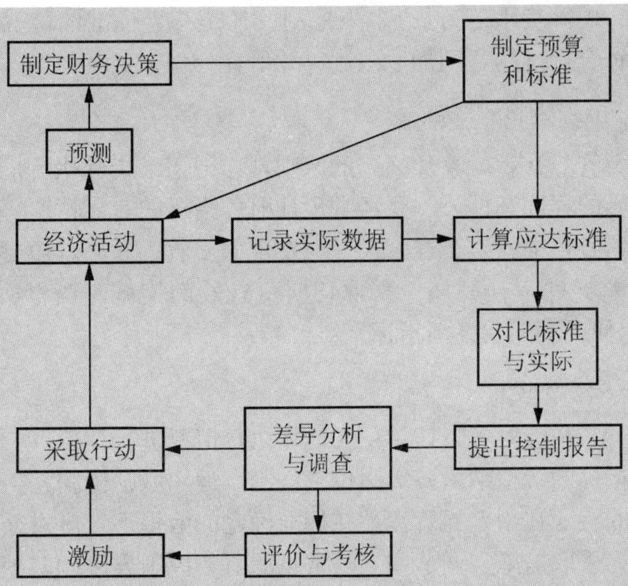

图 1.2 财务管理循环的程序

(3) 记录实际数据，即对企业实际的资本循环和周转进行记录，它通常是会计的职能。

(4) 计算应达标准，即根据变化了的实际情况计算出应该达到的工作水平，如实际业务量的标准成本、实际业务量的预算限额等。

(5) 对比标准与实际，即对以上两项数额进行比较，确定其差额，以发现例外情况。在此基础上形成控制报告。

(6) 差异分析与调查，即对足够大的差异进行深入的调查研究，以发现产生差异的具体原因。

(7) 采取行动，即根据产生问题的原因采取行动，纠正偏差，使活动按既定目标发展。

(8) 评价与考核，即根据差异及其产生原因，对执行人的业绩进行评价与考核。

(9) 激励，即根据评价与考核的结果对执行人进行奖惩，以激励其工作热情。

(10) 预测，即在激励和采取行动之后，经济活动发生变化，要根据新的经济活动状况重新预测，为下一个决策提供依据。

财务控制要适应管理定量化，需要抓好以下几项工作。

1. 制定控制标准，分解落实责任

按照责、权、利相结合的原则，将计划任务以标准或指标的形式分解落实到车间、科室、班组乃至个人，即通常所说的指标分解。这样，企业内部每个单位、每个职工都有明确的工作要求，便于落实责任，检查考核。通过计划指标的分解，可以把计划任务变成各单位和个人控制得住、实现得了的数量要求，在企业内形成相应的经济指标体系，使计划指标得以实现。

对资金的收付、费用的支出、物资的占用等，要运用各种手段(如限额领料单、费用控制手册、流通券、内部货币等)进行事先控制。凡是符合标准的，就予以支持，并给予机动权限；凡是不符合标准的，则加以限制，并研究处理。

2. 确定执行差异，及时消除差异

按照“干什么，管什么，就算什么”的原则，详细记录指标执行情况，将实际同标准进行对比，确定差异的程度和性质。要经常预计财务指标的完成情况，考查可能出现的变动趋势，及时发出信号，揭露生产经营过程中发生的矛盾。此外，还要及时分析差异形成的原因，确定造成差异的责任归属，采取切实、有效的措施，调整实际过程(或调整标准)，消除差异，以便顺利实现计划指标。

3. 评价单位业绩，搞好考核奖惩

在一定时期终了，企业对各责任单位的计划执行情况进行评价，考核各项财务指标的执行结果，把财务指标的考核纳入各级岗位责任制，运用激励机制，实行奖优罚劣。

财务控制环节的特征在于差异管理，在标准确定的前提下，应遵循例外原则，及时发现差异，分析差异，采取措施，调节差异。常见的财务控制方法有防护性控制、前馈控制和反馈控制。

1.3.5 财务分析

财务分析是以核算资料为主要依据，对企业财务活动的过程和结果进行评价和剖析的一项工作。借助财务分析，可以掌握各项财务计划指标的完成情况，有利于改善财务预测、决策、计划工作，还可以总结经验，研究和掌握企业财务活动的规律性，不断改进财务管理。企业财务人员要通过财务分析提高业务工作水平，搞好业务工作。

1. 收集资料，掌握情况

开展财务分析首先应充分掌握有关资料和信息。财务分析所用的资料通常包括财务报告等实际资料、财务计划资料、历史资料及市场调查资料。

2. 对比分析，揭露矛盾

对比分析是揭露矛盾、发现问题的基本方法。先进与落后、节约与浪费、成绩与失误，只有通过对比分析才能鉴别出来。财务分析要在充分占有资料的基础上，通过数量指标的对比来评价业绩，发现问题，找出差异，揭露矛盾。

3. 因素分析，明确责任

进行对比分析，可以找出差距，揭露矛盾，但为了说明产生问题的原因，还需要进行因素分析。影响企业财务活动的因素，有生产技术方面的，也有生产组织方面的；有经济管理方面的，也有思想政治方面的；有企业内部的，也有企业外部的。进行因素分析，就是要查明影响财务指标完成的各项因素，并从各种因素的相互作用中找出影响财务指标完成的主要因素，以便分清责任，抓住关键。

4. 提出措施，改进工作

要在掌握大量资料的基础上，去伪存真，去粗取精，由此及彼，由表及里，找出各种财务活动之间，以及财务活动同其他经济活动之间的联系，然后提出改进措施。提出的措施，应当明确具体，切实可行。实施措施时，应当确定负责人员，规定期限。措施已经确定，就要组织各方面的力量认真贯彻执行。要通过改进措施的落实，完成经营管理工作，提高财务管理水平。

财务分析的方法很多，主要有对比分析法、比率分析法和因素分析法。

我们还要看到，财务管理同会计核算有着十分密切的联系。会计核算是财务管理的一个重要组成部分。它以货币作为统一的计量尺度，对企业的资金活动进行连续、系统、全面地反映和监督。会计核算的对象是企业再生产过程中以资金活动信息为主的信息运动，与财务管理内容有密切联系。企业的财务活动要通过会计核算来反映，而会计核算资料又是编制财务计划、分析和预测财务活动的重要依据。可见，会计核算也是搞好财务管理不可缺少的科学方法。

研究财务管理环节，要明确它具有以下特征：

(1) 循环性。各个财务管理环节在每个经营周期内进行着从预测到分析的周而复始的循环，在企业长期经营过程中定期或在某一时期进行的某些基础性工作，不属于财务管理环节(如制定财务制度、建立基础工作)。

(2) 顺序性。每个管理环节都处在财务管理循环的一定阶段，具有一定的先后顺序，财务预测、决策、计划属于事先管理，财务控制属于事中管理，财务分析属于事后管理，管理环节的顺序不能颠倒或交叉(如把财务分析分为事先分析、事中分析和事后分析，会混淆各管理环节的定位)。

(3) 层次性。在财务管理循环中，每个管理环节又分为若干工作步骤或程序，属于步骤或程序方面的工作不宜列为管理环节(如制定控制标准、进行指标分解就不属于管理环节)。

(4) 专业性。列为财务管理环节的应该是财务管理本身的业务手段，在财务管理中所运用的一些其他管理方面的业务手段，一般不列为财务管理环节。

1.4 财务管理的环境

企业财务管理环境是财务组织的重要前提。所谓财务管理环境，是指企业财务管理过程中所面临的对企业财务管理活动有直接或间接影响的各种条件和因素的集合。企业财务管理环境一般可分为宏观财务管理环境与微观财务管理环境两个方面。

1.4.1 宏观财务管理环境

对企业财务组织有重要影响的宏观财务管理环境主要有国际国内政治经济形势、社会制度与经济体制形式、税收制度、信贷制度、价格管理、外汇管理、国有资产管理、资金市场与产权市场管理制度等。

国际国内政治经济形势直接影响筹集风险、投资风险与外汇风险，并通过影响外贸与消费进而对企业财务效益产生重要作用。

公有制经济是我国社会主义市场经济的主体，非公有制经济是社会主义市场经济的重要组成部分。公有制经济中的国有经济在国民经济中发挥主导作用，占据主体地位，控制着国民经济的命脉。因此，我国全部企业资本总额中，国有资本与集体资本占有优势比例，全部企业净资产权益总额中大部分为国家与集体所有，用于发展公有制经济，提高人民物质文化生活水平。

随着非公有制经济的迅速发展，民营资本与外商资本的比重会进一步提高，民营企业与外贸企业财务管理有着广阔的发展前景，但国有资本在国民经济中的引导力、控制力和抗风险力并未改变，国有经济仍将继续发展，国有资本管理只能加强，不能削弱。

我国经济管理体制的目标模式是建立社会主义市场经济。在国家宏观政策调控下，发挥市场对社会资源配置的基础性作用。价值规律与竞争规律发生作用。企业有经济属性与社会属性双重性特征，决定社会生产与流通活动的目标是追求经济效益与社会效益的统一。国家宏观调控使各微观经济主体追求经济效益的目标不能损害社会效益目标的实现。这一经济体制决定着财务组织具有既保证企业生产经营活动的有效进行，又保证其通过资金市场独立从事货币经营获利的双重性能。财务与各种市场发生着广泛的联系，使财务的内涵与外延有了空前的扩展。

税收制度对财务组织有重要影响。我国现行增值税与所得税并重，辅以其他税种的税收制度，使税收配合价格和分配对企业销售与利润水平的调节作用增强。过去按不同所有制形式设置所得税税种与税率的税收制度，使按所有制标准划分企业性质具有特殊意义。随着税制改革的实行，不同所有制企业的所得税制度开始统一，这种划分已逐渐失去意义。我国加入 WTO 后，逐步统一对国内外企业的税收政策，这为企业在公平税负下开展竞争创造了条件，但各国因经济发展所需的税收政策差异，为税收筹划留下发展空间。

信贷制度是财务组织应考虑的又一重要因素。企业贷款种类、利率与贷款条件因不同企业组织形式而有所区别。一般情况下，资本金雄厚的大企业比民营独资企业更能享受信贷的优惠政策，因为这些大企业在信用评估中处于优势地位。银行利率变动是影响企业盈利能力和证券投资收益的强有力的杠杆。

我国价格管理在今后较长时期仍将采用市场调节价、国家指导价和国家计划价 3 种价格形势，国家定价的商品品种已不多，只限于对国计民生有重要影响的少数商品价格与经营性服务收费标准的定价，市场调节价格已成为主要价格形势。但在市场调节价出现暴涨暴落时，国家物价部门仍可对价格进行指导，在一定时期内对部分商品价格规定最高限价、最低保护价，实行提价申报制度，以维护社会正常经济秩序。财务对价格的管理必须考虑国家价格政策的调节与导向作用。

我国外汇实行国家统一管理制度。国务院外汇管理部门及其分支机构是外汇管理的行政主管部门。经国家批准有权从事对外贸易与经济合作的机构与企业，以及各种外商投资企业，其经常项目外汇收支可以自行进行，但必须按国家规定在外汇指定银行开立外汇账户，遵守国务院关于结汇、售汇及付汇管理的规定，不得逃汇、套汇。对于资本项目外汇收支，企业不能自行进行，须经国家外汇市场控制。价格的可变性，使企业外币业务具有风险性。这对财务组织外币业务管理有深刻的影响。

社会主义市场经济的发展，要求建立与完善资本市场与产权市场。随着股份制的推行与企业筹资渠道的健全，我国证券发行与交易市场及贴现市场已逐步建立起来。为推动存量资产的合理流动与再重组，促使产业结构优化，出现企业兼并、拍卖、出租等产权转让活动，产权交易市场也随之建立与发展起来。资本市场与产权市场的建立与发展，为企业筹资、投资和财务重组提供了前提。

我国国有资产是社会主义的重要物质基础，是发展社会生产、增强综合国力和提高人民生活水平的重要物质保证。我国国有资产的绝大部分为经营性国有资产，由若干国有资产经营企业所掌握运用。国家设立中央与地方国有资产监督管理机构(国资委)对企业的国有资产进行产权管理，拥有对国有资产的所有权、投资权、受益权和监督权，与企业发生投资与利润分配关系。对拥有国有资产的企业来说，国家关于国有资产管理的政策与制度对财务组织产生重要影响。

1.4.2 微观财务管理环境

对企业财务组织有重要影响的微观财务管理环境主要有企业组织形式、企业管理体制、生产经营状况、内部管理水平、领导与员工素质等。企业微观财务管理环境对财务管理的影响是直接的。企业组织形式的具体类型将会影响企业的资本筹集方式与收益分配方式，影响企业的财务管理制度设计。典型的企业组织形式有三种：个人独资企业、合伙企业及公司制企业。

1. 个人独资企业

个人独资企业是有一个自然人投资，财产为投资人个人所有，投资人以其个人财产对企业债务承担无限责任的经营实体。

个人独资企业的优点：①创业容易。例如，不需要与其他人协商并取得一致，只需要很少的注册资金等。②维持个人独资企业的固定成本较低。例如，政府对其监督较少，对其规模也没有限制，企业内部协调比较容易。③不需要缴纳企业所得税。

个人独资企业的缺点：①业主对企业债务承担无限责任，有时企业的损失会超过业主最初对企业的投资，需要用个人其他财产偿债；②企业的存续年限受限于业主的寿命；③难以从外部获得大量资金用于经营。

多数个人独资企业的规模较小，抵御经济衰退和承担经济事务损失的能力不强，其平均存续年限较短。一部分个人独资企业能够发展壮大，规模扩大后会发现其固有缺点日益被放大，于是转变为合伙企业或公司制企业。

2. 合伙企业

合伙企业是由各合伙人订立合伙协议，共同出资，合伙经营，共享收益，共担风险，并对合伙债务承担无限连带责任的营利性组织。通常，合伙人是两个或两个以上的自然人，有时也包括法人或其他组织。

合伙企业的优点和缺点与个人独资企业类似，只是程度有些区别。

此外，《中华人民共和国合伙企业法》规定每个合伙人对企业债务须承担无限、连带责任。每个合伙人都可能因偿还企业债务而失去其原始投资以外的个人财产。如果一个合伙人没有能力偿还其应分担的债务，其他合伙人须承担连带责任，即有责任替其偿还债务。法律还规定合伙人转让其所有权时需要取得其他合伙人的同意，有时甚至还需要修改合伙协议。因此，其所有权的转让比较困难。

知识要点提醒

合伙企业与个人独资企业最大的共同点在于：两种企业在法律上都没有独立的法人地位，企业所有人对企业债务承担无限责任。

3. 公司制企业

任何依据公司法登记的机构都被称为公司。各国的公司法差异较大。因此，公司的具体形式并不完全相同。它们的共同特点是均为经政府注册的营利性法人组织，并且独立于所有者和经营者。

正是由于公司是独立法人，使它具有以下优点：①无限存续。公司最初的所有者权益被划分为若干股权份额，每个份额可以单独转让，无须经过其他股东同意。②有限债务责任。公司债务是法人的债务，不是所有者的债务。所有者的债务责任以其出资额为限。

正是由于具有以上两个优点，使之更容易在资本市场上筹集到资金。有限债务责任和公司无限存续，降低了投资者的风险；所有权便于转让，提高了投资人资产的流动性。这些特点促使投资人愿意把资金投入公司制企业。公司制企业的特点：①双重课税。公司作为独立的法人，其利润需缴纳企业所得税，企业利润分配给股东后，还需缴纳个人所得税。②组建公司的成本高。公司法对于建立公司的要求比建立独资或者合伙企业高，并且需要提交一系列法律文件，通常花费的时间较长。公司成立后，政府对其监管比较严格，需要定期提交各种报告。③存在委托代理问题。经营者和所有者分开以后，经营者成为代理人，所有者成为委托人，委托人与代理人之间的利益发生冲突时，代理人可能为了追求自身利益而伤害委托人利益。

知识要点提醒

公司制企业最大的特点是法律上具有独立的法人地位，所有者以出资额为限对企业债务承担有限责任。三种企业组织形式由于各具特点，因此也各有其优缺点。

三种形式的企业组织中，个人独资企业占企业总数的比重很大，但是绝大部分的商业资金是由公司制企业控制的。因此，财务管理通常把公司理财作为讨论的重点。

除组织形式之外，企业内部实行集权管理、分权管理，还是集权与分权相结合的管理体制，也会直接影响财务管理体制的类型。企业生产经营状况将直接影响筹资需要量、投资方向与规模、成本费用水平和收益水平。企业内部管理水平与领导和员工的素质对现代财务管理方法能否采用有重要影响。

综上所述，社会主义市场经济体制为我国企业财务组织提供了广大的活动领域，但财务管理环境对财务的组织会产生重大影响。企业财务管理的主管人员要立足于企业自身经营特点，充分考虑财务管理环境的影响，在科学地进行财务决策，加强企业内部财务计划管理，保证企业生产经营的顺畅进行与货币资源的充分利用，并获得最大经济效益与社会效益过程中发挥主导作用。

应用实例

1998年12月，北京天桥百货商场与北大青鸟高科技公司(以下简称北大青鸟)进行资产重组，后者借壳上市，成为前者的第一大股东，同时，北京天桥百货商场更名为"北京天桥北大青鸟科技股份有限公司"(简称青鸟天桥)。然而，青鸟天桥的经营在几个月后，滑落到了盈亏临界点，并从此疲态不改。面对严峻的经营形势，1999年11月2日，公司董事会决定实行减员增效，谋求商场的长远发展。

一石激起千层浪。决定一推出，商场员工哗然。数百名合同到期的员工不约而同地涌向商场领导办公室。商场工作顿时陷入瘫痪，挂出了停业招牌。备受关注的青鸟天桥裁员风波由此开始。当晚，未能续签合同的283名员工在一层营业大厅静坐，要求与企业法人对话，其理由是他们没有一点思想准备，不理解企业为什么要这样做。

11月20日，公司董事会秘书、来自北大青鸟的两位代表赶到现场阐明了裁员决定的合法性，强调在市场经济条件下，企业控制成本，减员增效，追求利润最大化，是十分正常的，是符合游戏规则的。

11月29日晚8时，董事会宣布，原则同意员工提出的关于工龄补助的要求，但关于养老保险补助的要求，董事会有不同意见，其他补助不予考虑。另外，劳动技能培训今后由北大青鸟免费负责，不再给予经济补助。

董事会的这一补助方案并未满足员工的要求，反而使得紧张气氛升温。从11月30日上午到12月1日凌晨6时，静坐了14天的员工情绪急剧恶化。有18人晕倒被送往医院抢救，有12人一天一夜滴水未进，还有一名女工欲从会议室跳楼自杀，幸亏被及时制止。

面对这种情况，公司管理层只有两个选择，要么退步，与这些员工续签合同或采取其他退让措施，这将意味着改革的失败；要么坚持往前走，实行减员增效的改革，但可能会付出血的代价。

青鸟天桥裁员风波惊动了中央和北京市领导，市委、市政府高度重视。12月2日，公司董事会经过投票，通过了对终止劳动合同职工给予一定生活困难补助的方案，给283名终止劳动的职工人均1万元、共计300万元左右的一次性经济补助。在未经股东大会批准之前，鉴于实际情况，决定由公司先行预支，并责成青鸟天桥执行。

实例分析

财务管理是企业管理的重要组成部分，它是企业资金的获得和有效使用的管理工作，企业财务管理的目标取决于企业的总目标。企业的生产经营活动都是处在具体的特定环境中的，不同环境中的企业，其财务管理目标会有很大的差异。企业所处的社会环境、文化背景、政治法律情况、企业的内部治理结构等因素变动都会引起企业财务管理目标的变化。目前人们对企业财务管理目标的认识主要表述为企业利润最大化、股东财富最大化和企业价值最大化。利润最大化这种观点认为：利润代表了企业新创造的财富，利润越多企业的财富增加越多，越接近于企业的目标。股东财富最大化认为：创办企业的目的是为了扩大股东财富，企业的价值在于它能给投资者带来未来报酬。企业价值最大化又称相关者利益最大化，它认为：企业的目的是在不断提高企业价值的基础上，满足各利益相关者的要求，使财富不断增长。这些利益相关者主要包括股东、债权人、企业职工和政府等。

在风波开始的初期，青鸟天桥追求的是利润与股东财富的最大化，而风波是在企业价值最大化为目标的指导下才得以平息的。这次事件的起因就是青鸟天桥的经营不佳。也就是说，裁员风波是基于企业利润最大化的目标而开始的。当然，在正常情况下，利润的增加，可以增加股东的财富。但是，当员工的抵触情绪如此之强，事情已经发展到管理者难于控制的局面时，就已经处于一个企业发展的非常阶段，必须考虑出现这种特殊情况后企业的应对措施。如果一味追求利润最大化——在这里就是坚决对员工提出的意见不予理睬——谁都无法想象会出现什么后果。

此时，为了企业的长远利益，首要的任务就是平息这场风波，安抚职工的情绪，所以，适当利润上的牺牲是必要的，此时的牺牲才会换来更长远的发展。所以，企业的财务管理目标要根据具体情况来决定，而且这个目标也不可能是一成不变的，对财务管理目标的适当调整是必要的，只有这样，才能在不断变化的内、外环境中处于比较有利的竞争地位。

小思考

1. 青鸟天桥案例给你的启示是什么？
2. 从案例介绍的情况看，你能否推断该公司的财务目标？
3. 你认为青鸟天桥的最初决策是合理的吗？以后的让步是否合适？

本章小结

在社会主义条件下，商品经济的发展是企业资金运动存在的客观基础。企业财务就是企业再生产过程中的资金运动及其所形成的经济关系。要全面理解企业资金运动包括的5项经济内容。

学习财务管理总体目标，在理解财务管理目标的作用和特征的基础上，要明确分别以经济效益最大化、利润最大化、权益资本利润率最大化、股东财富最大化、企业价值最大化、履行社会责任等作为企业财务管理目标的优势和劣势。

掌握财务管理的基本环节，要学会运用有关的业务手段，分别研究财务预测、财务决策、财务计划、财务控制、财务分析等环节的概念、作用和程序。

学习财务管理环境，在明确宏观财务管理环境和微观财务管理环境的区别和联系的基础上，掌握3种企业组织形式的特点及其各自的优缺点。

关键术语

财务管理　企业资金运动　企业财务关系　财务管理目标　企业价值最大化　财务管理环节　财务控制　财务管理环境　公司制企业

知识链接

当前国内关于财务基本理论的探讨和发展方向之一是考虑心理和契约等因素后对财务管理理论的丰富。经典公司财务的整体框架趋向完全理性化，没有考虑人的非理性、心理感受、信息不对称、交易成本等对财务决策的影响，而这些正是被抽象掉的市场结构与参与者行为特征的重要组成部分。一些理论探索开始认识到激励和代理人的决策角色，提出契约、权利、决策心理等概念，以及用在不完全信息下的高阶博弈和心理实验等技术，取代传统的一阶均衡分析和价格接受假设，极大地丰富了财务理论研究。“财务管理本质——人本主体财务管理”“财务契约理论”“传统财务管理范式与柔性财务管理范式的比较”“从人力资本的角度透视融资结构”等论文都是基于上述因素的有益探索和尝试。

习　题

一、单项选择题

1. 下列各项企业财务管理目标中，能够同时考虑资金的时间价值和投资风险因素的是(　　)。

A. 产值最大化　B. 利润最大化　C. 每股收益最大化　D. 企业价值最大化

2. 下列各项中，符合企业相关者利益最大化财务管理目标要求的是(　　)。

A. 强调股东的首要地位　B. 强调债权人的首要地位

C. 强调员工的首要地位　D. 强调经营者的首要地位

3. 某企业集团经过多年的发展，已初步形成从原料供应、生产制造到物流服务上下游密切关联的产业集群，当前集团总部管理层的素质较高，集团内部信息化管理的基础较好。据此判断，该集团最适宜的财务管理体制类型是(　　)。

A. 集权型　B. 分权型　C. 自主型　D. 集权与分权相结合型

4. 2010年10月19日，我国发布了《可扩展商业报告语言XBRL技术规范系列国家标准》和《企业会计准则通用分类标准》。下列财务管理环境中，随之得到改善的是(　　)。

A. 经济环境　B. 金融环境　C. 市场环境　D. 技术环境

5. 某公司董事会召开公司战略发展讨论会，拟将企业价值最大化作为财务管理目标，下列理由中，难以成立的是(　　)。

A. 有利于规避企业短期行为　B. 有利于量化考核和评价

C. 有利于持续提升企业获利能力　D. 有利于均衡风险与报酬的关系

二、多项选择题

1. 企业财务是指企业在生产经营过程中的客观存在的(　　)。

A. 资金活动　B. 价值运动　C. 利益关系　D. 经济利益关系

2. 利润最大化目标的问题是(　　)。

A. 没有考虑所获利润和投入资本额的关系　B. 没有考虑获取利润和所承担风险的大小

C. 没有考虑利润的取得时间　D. 容易产生追求短期利润的行为

3. 下列关于企业总价值的说法中正确的有(　　)。

A. 企业的总价值与预期的报酬成正比　B. 企业的总价值与预期的风险成反比

C. 风险不变，报酬越高，企业总价值越大　D. 报酬不变，风险越高，企业总价值越大

E. 在风险和报酬达到最佳平衡时，企业的总价值达到最大

4. 在某公司财务目标研讨会上，张经理主张“贯彻合作共赢的价值理念，做大企业的财富蛋糕”；李经理认为“既然企业的绩效按年度考核，财务目标就应当集中体现当年利润指标”；王经理提出“应将企业长期稳定发展放在首位，以便创造更多的价值”。上述观点涉及的财务管理目标有(　　)。

A. 利润最大化　B. 企业规模最大化　C. 企业价值最大化　D. 相关者利益最大化

5. 在不存在任何关联方交易的前提下，下列各项中，无法直接由企业资金营运活动形成的财务关系有(　　)。

A. 企业与投资者之间的关系　B. 企业与受资者之间的关系

C. 企业与政府之间的关系　D. 企业与职工之间的关系

三、判断题

1. 企业财务管理部门负责企业预算的编制、执行、分析和考核工作，并对预算执行结果承担直接责任。(　　)

2. 在经济衰退初期，公司一般应当出售多余设备，停止长期采购。（　）

3. 财务控制是指按照一定的程序与方法，确保企业及其内部机构和人员全面落实和实现财务预算的过程。（　）

4. 从财务管理的角度看，公司治理是有关公司控制权和剩余索取权分配的一套法律、制度及文化的安排。（　）

5. 财务管理环境是指对企业财务活动和财务管理产生影响作用的企业各种外部条件的统称。（　）

四、思考题

1. 阐述企业资金运动包括的五个方面的经济内容。
2. 简介各个企业财务管理目标的优缺点。
3. 解释三大企业组织形式的特点及其优缺点。

案例分析

百富勤投资集团有限公司(Peregrine Investments Holdings Limited，PIHL)成立于1988年9月，由集团主席杜辉廉和董事总经理梁伯韬创办，获得李嘉诚和胡应湘等多位华人大亨的支持。PIHL初期主营业务是商业银行和证券买卖，之后抓住各种机会积极拓展，尤其是投资银行业务发展迅猛。1994年百富勤定息债券公司成立，此后定息债券及票据的业务发展速度惊人，1995—1997年定息债券收入连续倍增，占集团全部营业收入的比例一直保持在80%左右，定息债券成为PIHL的主要业务和利润来源之一。但PIHL喜欢做相对于自身规模来说大得多的大笔交易，并在新发行的证券中经常留有发售不出去的部分，手中的债券库存和衍生产品未平仓合约数逐步增加。1997年10月底，即百富勤出现危险信号时，库存债券已高达11.5亿美元，其中滞压3个月以上的低流动性库存债券有2.8亿美元，占总库存的25%。1997年年底，即PIHL最后挣扎的那一刻，低流动性债券上升至历史高位4.1亿美元，占总库存比例高达59%。问题严重在，那些滞压3个月以上的低流动性债券在集团账目上却依然同其他库存债券一起归入流动性较好的交易类资产，但事实上，按PIHL的规定，交易类资产不得持有3个月以上，该低流动性债券其实已不该划入交易类资产，须在账目上重新分类，划为投资类资产，但遗憾的是，这一政策实际上未被严格执行。1997年5月PIHL承诺为印度尼西亚一家出租车公司Steady Safe的参股投资活动提供一揽子资金帮助，在五年内发行总额高达3.5亿美元的定息债券。但1997年7月东南亚金融危机爆发，印度尼西亚等东南亚国家货币持续大幅贬值，发行定息债券公司的偿还能力下降，PIHL无力以美元回购此类债券，使得现金周转出现困难。其后PIHL与瑞士苏黎世集团、芝加哥第一银行及其他投资者磋商注资贷款安排，但最终遭到拒绝，香港证券及期货事务监察委员会也曾积极努力为PIHL安排其他紧急援助，但也未能成功，在一整套“拯救计划”相继流产后，PIHL无可奈何地于1998年1月13日发出公告申请临时清盘。

问题：

1. 影响PIHL财务管理的宏观环境与微观环境在本案例中是如何具体体现的？
2. 导致PIHL倒闭的原因是什么？
3. PIHL倒闭案例对企业进行财务管理有什么启发？

第2章 资金时间价值与风险分析

教学要点

知识要点	掌握程度	相关知识	应用方向
资金时间价值	重点掌握	资金时间价值的概念 资金时间价值的实质 一次性款项单利及复利利息、现值、终值的计算 年金终值和现值的计算	融资租赁、存货管理、分期付款、设备投资、委托代销、应收应付、租赁寄售、股利分红、企业兼并收购、固定资产折旧及对外经济贸易等方面
投资风险分析	了解风险与资金风险价值的基本理论； 重点掌握风险的衡量和风险收益率； 了解投资风险的控制策略	资金风险价值的含义；风险衡量的方法：概率、期望值、概率分布、离散程度；方差、标准离差、标准离差率的计算；风险收益率的含义、计算；投资风险的控制策略：回避、接受、转移、分割等	应用于企业投资风险分析

导入案例

狮王食品公司：不可思议的奇迹

美国狮王食品公司自诞生以来，不仅在竞争激烈的超市行业站稳了脚跟，而且，每年以平均20%的增长速度扩张，谁又能想到创业之初，公司差点倒闭，后来通过果断改变策略才终于起死回生。

狮王食品公司在美国的东南部地区经营着800余家连锁商场，而且，每年还要新开业近100家商场。它拥有35万名雇员，年销售额为40亿美元。

其实，狮王食品公司的成功秘诀众人皆知：品种全、价格低。但是其他的公司照此方抓药却并不灵验，总也达不到狮王食品公司的水准。该公司在价格低这一点上在全美消费者中树立了口碑，公司以仅略高于成本价，甚至有时以低于成本价的价格销售商品，令购物者闻风而至。最难能可贵的是，其他的公司仅在岁尾节前才削价出售商品，而狮王食品公司却能做到“天天在降价”。这种倾尽血本讨好消费者的做法不但没有使狮王食品公司元气大伤，反而让该公司获取了巨额利润，其间确有耐人寻味之处。

1. 大幅降价求生存

1967 年，拉尔夫(Ralph)带着公司近半年来的销售记录和一个计算器，只身前往夏洛特，把自己反锁在这个幽暗的房间里整整 3 天。他终于找到了拯救公司的药方：把公司货架上 3 000 余种商品大幅度削价，只要销售额能上升 50%，公司就仍处于盈利状态。

狮王食品公司接受了拉尔夫的提议，把公司的商品大幅度降价。在商品上贴上印有“LFPINC”字样的标签，这是“北卡罗来纳州食品最低价”的英文缩写。这一口号和标志迅速出现在电视、报纸和大街小巷，人们都知道了狮王食品公司以全州最低价出售商品。顾客蜂拥而至，并认为，这是狮王食品公司在关闭前回收资金的大甩卖，仅此一次绝无二回了。但出乎顾客预料的是，在“大甩卖”后的第一年，狮王食品公司仍以北卡罗来纳州食品最低价经营着。第 2 年依然如此。第 3 年不仅没有倒闭，反而还购入几家中小型商店。

事实证明拉尔夫的药方灵验了。其秘密就在于狮王食品公司绝大多数商品以仅比成本价略高的价格经营，而一小部分商品则低于成本价经营。这一小部分商品却对顾客有着巨大的诱惑力，把顾客引进了商场，从而促进了那些占大多数的薄利商品的销售。大量薄利的积累，不仅弥补了小量的亏本，而且使公司在总体上处于盈利状态。

2. 节俭能生财

狮王食品公司能够长期维持低价的诀窍很简单，就是节俭。公司的员工想方设法地从进货、运输、管理、经销等各个环节节省开支，把公司的经营费用压缩到最低点。

狮王食品公司在日常经营的点点滴滴中把费用压下来。例如，香蕉包装纸板箱在香蕉摆上柜台后，公司的员工又利用这些包装箱去装化妆品、保健用具。当这些箱子已有些破损时，又用它去装冷冻鱼虾。最后，这些反复使用多次的包装箱被集中起来，出售给回收公司。

根据美国《商业周刊》统计，美国零售业的经营开销一般要占销售额的 21%左右，而狮王食品公司的经营费用只占销售额的 13%左右。到 20 世纪 80 年代末期，狮王食品公司已成为美国零售业中屈指可数的巨头，凭借高额纯利和庞大的市场占有率向其他零售业大公司发动争夺市场的攻势。

1986 年 1 月，已“超期服役”的拉尔夫宣告隐退，汤姆·史密斯(Tom Smith)接任首席执行人一职。史密斯当年在狮王食品公司亲身经历了公司从困顿到繁荣的全过程，对公司薄利多销的政策深有体会。史密斯对狮王食品公司的经营宗旨做过一个著名的、一针见血的诠释：“5 个周转着的 1 分钱的价值大于 1 个闲置着的 5 分钱的价值。”

思考：

(1) 拉尔夫“药方”的实质是什么？

(2) 如何理解“5 个周转着的 1 分钱的价值大于 1 个闲置着的 5 分钱的价值”？这句话反映了财务管理中的什么观念？

资金具有时间价值和风险价值，这是财务活动中客观存在的经济现象。因此，进行财务管理必须首先树立财务价值观念，无论是资金的筹集、资金的投放、收益与分配都将涉及财务价值问题。资金时间价值(time value of money，TVM)与风险价值通常是通过利息率来表示的，而利息率除了受通货膨胀因素影响外，主要包含资金时间价值和风险价值。

2.1 资金时间价值

资金时间价值原理说明了一定量的资金在不同时点上的经济价值是不同的。由于资金时间价值是市场经济社会中客观存在的一个经济范畴，如果财务人员在财务决策中不考虑这一因素的话，就有可能做出错误的决策，因此，资金时间价值是正确进行财务决策的基础。这就需要财务人员必须了解并掌握资金时间价值的相关知识。

应用实例

某企业打算购进一台设备，有两种付款方式，其一是现在付款20万元；其二是延期至5年后付款28万元，假设5年期存款年利率为10%，哪种付款方式更合理？

实例分析

假设企业现在有现款20万元，暂不付款，而存入银行，按单利计算，5年后的本利和为30万元[20×(1+5×10%)]，同28万元比较，企业可得到2万元的利益，由此可见延期付款28万元比现在付款20万元更有利。

因此，此案例说明，一定量的货币资金在不同时点上的价值是不相同的，随着时间推移，周转使用中的资金发生了增值。即今年的1元钱与明年的1元钱其经济价值是不同的，或者说其经济效益不同，今年的1元钱比明年的1元钱其经济价值要大些，即使不存在通货膨胀也是如此。

2.1.1 资金时间价值的含义

资金时间价值是指货币随着时间的推延而形成的增值，是等量的货币在不同的时间点上具有不同的经济价值，与资金时间价值有关的概念有现值(present value，PV)、终值(final value，FV)和利息(interest，I)，它们之间的关系为：FV=PV+I。资金时间价值是指货币经历一定时间的投资和再投资所增加的价值，或同一货币量在不同时间里的价值差额，也称为资金时间价值。资金在周转使用中由于时间因素而形成的差额价值，即资金在周转经营中带来的增值额。

2.1.2 资金时间价值产生的原因

西方经济学者认为资金时间价值是推迟消费所得的报酬。那么资金所有者把钱闲置不用或者埋入地下保存几年能否得到报酬呢？显然不能。马克思认为，货币只有投入生产和流通后才能增值。因此，并不是所有的货币都有时间价值，只有把货币作为生产要素投入到生产经营过程才能产生时间价值，不作为生产要素参与者的货币是没有时间价值而言的。

资金之所以产生增值，这是因为它参与了社会再生产过程，是资金所有者让渡资金使用权而参与社会财富分配的结果。所以说资金时间价值的实质，是资金周转使用后的增值额，是资金所有者让渡资金使用权而参与社会分配的一种形式。

当货币资金用于购买原材料或固定资产以后，时间价值就要充分发挥作用。原材料积压、设备闲置，就会因延迟使用时间而失去一定的时间价值。资金的使用者，把资金投入生产经营过程，用它来购买生产所需的资源如原材料、设备等，然后生产出新产品，产品卖出后得到的货币量大于最初投入的货币量，就实现了增值。资金周转使用时间越长，实现的增值额就越大。由此可见，具有时间价值的，不仅是货币资金，而且还有物质形态的资金。全部生产周转中的资金都具有时间价值，这是资金运动的一种客观规律性。

知识要点提醒

货币时间价值是一个非常重要的概念，它是研究财务管理的精髓，也是现代经济学研究特别重视的一个概念。一定要牢牢树立今天的100元和明年的100元是不等值的这样一个概念，也就是货币经历一定时间的投资和再投资会增加其价值，这就是货币的时间价值。

资金时间价值可以使用绝对数表示，也可以使用相对数表示，即用利息额或利息率表示。但在实际工作中对这两种表示方法没有严格的区别，一般情况下用利息率进行计量，利息率的实际内容是社会资金利润率。而生活中各种形式的利息率(贷款利率、债券利率等)水平就是以社会资金利润率来加以确定。但需要说明的是，一般的利息率除了包括资金时间价值外，还要包括风险价值和通货膨胀因素。资金时间价值通常被认为是在没有风险和通货膨胀条件下的社会平均资金利润率，它的表现形式是利息率。

2.1.3 资金时间价值的计算

由于资金的增值额在一般情况下作为追加资本继续留在企业使用，所以资金时间价值的计算方法一般采用复利方法，而复利又是在单利的基础上产生的，因此要了解复利计算方法，首先必须了解单利的计算方法。

1. 一次性款项单利的计算

单利又称为单利计息，是计算利息的一种方法。按照这种方法，只有本金在贷款期限中获得利息，不管时间多长，所生利息均不加入本金重复计算利息。这里所说的“本金”是指借贷给他人以收取利息的原本金额，亦称为母金。“利息”是指借款人付给贷款人超过本金部分的金额。一次性收付款项是指款项的收入或支付只发生一次的款项。

在单利计算中，经常使用以下符号：

PV——本金，又称期初金额或现值；

i——利率，每年利息与本金的比率(折现率)；

I——利息；

F——本金与利息之和，又称本利和或终值；

N——时间，即计算利息的期数，通常以年为单位。

1）单利利息的计算

按照单利的计算法则，单利利息的计算公式为

$$I=\mathrm{PV}\cdot i\cdot n$$

【例2-1】 某人持有一张带息期票，票面额为10 000元，票面利率为8%，出票日期为5月10日，到期日为8月8日(共90天)。则该持有者到期可得利息为多少？

$$I=10\ 000\times 8\%\times 90/360=200(\text{元})$$

在计算利息时，除非特别指明，给出的利率是指年利率。对于不足1年的利息，以1年等于360天来折算。

2）单利终值的计算

单利的终值就是本利和，是指在若干期以后包括本金和利息在内的未来价值。

以 1 元钱为例，当年利率为 10%时，那么从第 1 年到第 5 年，各年年末的终值可以计算如下：

1 元钱 1 年后的终值=1×(1+10%×1)=1.1(元)
1 元钱 2 年后的终值=1×(1+10%×2)=1.2(元)
1 元钱 3 年后的终值=1×(1+10%×3)=1.3(元)
1 元钱 4 年后的终值=1×(1+10%×4)=1.4(元)
1 元钱 5 年后的终值=1×(1+10%×5)=1.5(元)
……

因此，根据上面的计算可以归纳单利终值的一般计算公式为

$$FV_n = PV_0 \times (1 + i \times n)$$

式中，FV_n 为终值，即第 n 年年末的价值；PV_0 为现值，即 0 年(第 1 年年初)单利终值的价值，i 为利率，n 为计算期数。注意：在公式中，i 和 n 应同期。

3）单利现值的计算

单利现值的计算与单利终值的计算是互逆的，现值就是若干期后收到或付出资金的现在价值，可用倒求本金的方法计算。由终值求现值，叫做折现。

若年利率为 10%，从第 1 年到第 5 年，各年年末的 1 元钱，其现值可计算如下：

第 1 年年末 1 元的现值=1/(1+10%×1)=1/1.1=0.909 1(元)
第 2 年年末 1 元的现值=1/(1+10%×2)=1/1.2=0.833 3(元)
第 3 年年末 1 元的现值=1/(1+10%×3)=1/1.3=0.769 2(元)
第 4 年年末 1 元的现值=1/(1+10%×4)=1/1.4=0.714 3(元)
第 5 年年末 1 元的现值=1/(1+10%×5)=1/1.5=0.666 7(元)
……

因此，根据上面的计算可以归纳单利现值的一般计算公式为

$$PV_0 = FV_n \times \frac{1}{1 + i \times n}$$

【例 2-2】 某人希望在 10 年后取得本利和 10 000 元，用以支付一笔款项，则在利率为 8%，单利方式计息条件下，此人现在须存入银行的资金为多少？

此人现在须存入银行的资金：

$$\begin{aligned} PV_0 &= FV_n \times \frac{1}{1 + i \times n} \\ &= 10\,000/(1 + 10 \times 8\%) = 5\,555.5(\text{元}) \end{aligned}$$

2. 一次性款项复利的计算

复利是计算利息的另一种方法。按照这种方法，每经过一个计息期，要将所生利息加入本金再计利息，逐期滚算，俗称“利滚利”。这里所说的计息期，是指相邻两次计息的时间间隔，如年、月、日等。除非特别指明，计息期为 1 年。

1）复利终值的计算

在复利方式下，本金能产生利息，利息在下期进入本金与原来的本金一起计息，简单

讲：利生利，息生息。复利的终值也是本利和。假设现在的1元钱，年利率为10%，从第1年到第5年，各年年末的终值可计算如下：

1元第1年年末的终值=1×(1+10%)=1.1(元)

1元第2年年末的终值=1.1×(1+10%)=1×(1+10%)^2=1.21(元)

1元第3年年末的终值=1.21×(1+10%)=1×(1+10%)^3=1.331(元)

1元第4年年末的终值=1.331×(1+10%)=1×(1+10%)^4=1.464(元)

1元第5年年末的终值=1.464×(1+10%)=1×(1+10%)^5=1.611(元)

……

因此，根据上面的计算可以归纳复利终值的一般计算公式为

$$FV_n = PV_0 \times (1+i)^n$$

式中，FV_n 为终值，即第 n 年年末的价值；PV_0 为现值，即0年(第1年年初)的价值；i 为利率，n 为计息期数。注意：在公式中，i 和 n 应同期。

【例2-3】 现存入本金1 000元，年利率8%，5年后的本利和为多少？

$$FV_n = PV_0 \times (1+i)^n = 1\ 000 \times (1+8\%)^5 = 1\ 469.3(\text{元})$$

2）复利现值的计算

复利现值也就是若干期后收到或付出资金的现在价值。若年利率为10%，从第1年到第5年，各年年末的1元钱，其现值可计算如下：

第1年年末1元的现值=1/(1+10%)=1/1.1=0.909 1(元)

第2年年末1元的现值=1/(1+10%)^2=1/1.21=0.826 4(元)

第3年年末1元的现值=1/(1+10%)^3=1/1.331=0.751(元)

第4年年末1元的现值=1/(1+10%)^4=1/1.464=0.683(元)

第5年年末1元的现值=1/(1+10%)^5=1/1.611=0.621(元)

……

根据上面的计算可以归纳复利现值的一般计算公式：

$$PV_0 = FV_n \times \frac{1}{(1+i)^n}$$

公式中的$(1+i)^n$ 和$\frac{1}{(1+i)^n}$，分别称为复利终值系数(future value interest fact)和现值系数(present value interest factor)。其简略表现形式分别为 $FVIF_{i,n}$，和 $PVIF_{i,n}$，其符号表示分别为$(F/P, i, n)$、$(P/F, i, n)$

【例2-4】 某人投资一项目，希望在5年后可得收益为1 000万元，按年利率为10%计算，其现值应为多少？

$$PV_0 = FV_n \times \frac{1}{(1+i)^n} = 1\ 000 \times (1+10\%)^{-5} = 1\ 000 \times 0.620\ 9 = 620.9(\text{万元})$$

在实际工作中，其数值可以查阅按不同利率和时期编成的复利终值系数表和复利现值系数表。

复利终值的一般计算公式与复利现值的一般计算公式，可分别改写为以下形式：

$$FV_n = PV_0 \times FVIF_{i,n}$$

$$PV_n = FV_0 \times PVIF_{i,n}$$

3. 年金终值和现值的计算

1）年金的概念

除前面两种一次性收付款项外，在现实生活中，还存在一定时期内多次收付的款项，即系列收付款项，如果每次收付的金额相等，则这样的系列收付款项称为年金。年金(annuity)是指一定期间内每期相等金额的收或付的款项。例如，采用平均年限法的折旧、租金、利息、保险金、养老金等通常都采取年金的形式。根据年金的每次收或付发生的时点不同，年金有多种收、付款方式：每期期末收款、付款的年金，称为后付年金，即普通年金(ordinary annuity)；每期期初收款、付款的年金，称为先付年金(annuity due)，或称预付年金；距今若干期以后发生的每期期末收款、付款的年金，称为递延年金(deferred annuity)；无限期限连续收款、付款的年金，称为永续年金(perpetual annuity)。

小思考

试总结年金的特点。

2）普通年金终值的计算

普通年金是指从第一期起，在一定时期每期期末等额的系列收付款项。由于在经济活动中的后付年金最为常见，又称为后付年金。

普通年金终值(已知年金 A，求年金终值 FVA)是一定时期内每期期末等额系列收付款项的复利终值之和。

每年年末存款 1 元，年利率为 10%，经过 5 年，逐年年末 1 元钱的终值和为年金终值。计算如下：

第 1 年年末 1 元的终值 $=1\times(1+10\%)^4=1.464$(元)

第 2 年年末 1 元的终值 $=1\times(1+10\%)^3=1.331$(元)

第 3 年年末 1 元的终值 $==1\times(1+10\%)^2=1.21$(元)

第 4 年年末 1 元的终值 $=1\times(1+10\%)=1.1$(元)

第 5 年年末 1 元的终值 $=1$(元)

1 元年金 5 年的终值 $=1.464+1.331+1.21+1.1+1=6.105$(元)

因此，根据上面的计算可以归纳普通年金终值的一般计算公式为

$$\mathrm{FVA}_n = A\sum_{t=1}^{n}(1+i)^{t-1}$$

式中，FVA_n 为年金终值；A 为每次收付款项的金额；i 为利率；t 为每笔收付款项的计息期数；n 为全部年金的计息期数。

公式中的 $\sum_{t=1}^{n}(1+i)^{t-1}$ 称为年金终值系数(future value interest factor for annuity)，其简略表示形式为 $\mathrm{FVIFA}_{i,n}$，用符号表示为$(F/A, i, n)$则年金终值的计算公式可写成：

$$\mathrm{FVA}_n = A\times \mathrm{FVIFA}_{i,n}$$

普通年金的终值系数的数值，可以查阅年金终值系数表。

普通年金终值系数亦可按以下公式计算：

$$FVIFA_{i,n}=\frac{(1+i)^n-1}{i}$$

【例 2-5】李娜每年年末存入银行 1 000 元，年利率为 7%，则 5 年后本利和应为多少？

$$\begin{aligned}FVA_n &= A\sum_{t=1}^{n}(1+i)^{t-1}\\ &= 1\,000\times\sum_{t=1}^{5}(1+7\%)^{5-1}=5\,751(\text{元})\end{aligned}$$

3）年偿债基金

偿债基金(已知年金终值 FVA_n，求年金 A)是指为了在约定的未来某一时点清偿某笔债务或积聚一定数额资金而必须分次等额提取的存款准备金。每次提取的等额存款金额类似年金存款，同样可以获得按复利计算的利息，因而应清偿的债务(或应积聚的资金)即为年金终值，每年提取的偿债基金即为年金。由此可见，偿债基金的计算也就是年金终值的逆运算。

其计算公式如下：

$$A=FVA_n\times\frac{i}{(1+i)^n-1}$$

式中的 $\frac{i}{(1+i)^n-1}$，称为偿债基金系数，用符号(A/F，i，n)表示，可以查阅偿债基金系数表，也可通过普通年金终值系数的倒数求得。

知识要点提醒

前面提到年金终值的计算，是在已知折现利率(i)、年金(A)、年限(n)，计算终值(F)，则：$F=A\times\frac{(1+i)^n-1}{i}$，如果把问题换一下，当前在一个约定的时间点清偿某笔资金或者积攒一笔投资款(如购房款)相当于已知终值(F)，同时已知存款利率(i)、资金积攒的时间(n)，希望知道每年需要积累的金额是多少，即求年金(A)，把上面的等式，$F=A\times\frac{(1+i)^n-1}{i}$ 略做变形：$A=F\times\frac{i}{(1+i)^n-1}$，这个年金 A，在这种财务决策问题中被称为偿债基金，于是将其称为偿债基金系数，并记作(A/F，i，n)。

很显然，偿债基金系数与年金终值系数互为倒数，偿债基金与普通年金终值互为逆运算。

还可以对 $F=A\times\frac{(1+i)^n-1}{i}$ 进行变形，得出已知 F、n、A，要求计算折现率 i 或者是已知 F、A、i，要求计算偿债基金的年限 n。

【例 2-6】某企业有一笔第 5 年年末到期的借款，数额为 1 000 万元，为此设置偿债基金，年复利率为 10%，到期一次还清借款。则每年年末应存入的金额为多少？

$$1\,000\times\frac{10\%}{(1+10\%)^5-1}=163.8(\text{万元})$$

4）普通年金现值

普通年金现值（已知年金 A，求年金现值 PVA_0）是一定时期内每期期末等额收或付款项的复利现值之和，也就是为在每期期末取得相等金额的款项，现在需要投入的金额。

现假设 1 元的普通年金，年利率为 10%，期限为 5 年，其逐年的现值和年金现值，可计算如下：

第 1 年年末 1 元钱的现值 $=1/(1+10\%)=0.909$（元）

第 2 年年末 1 元钱的现值 $=1/(1+10\%)^2=0.826$（元）

第 3 年年末 1 元钱的现值 $=1/(1+10\%)^3=0.751$（元）

第 4 年年末 1 元钱的现值 $=1/(1+10\%)^4=0.683$（元）

第 5 年年末 1 元钱的现值 $=1/(1+10\%)^5=0.621$（元）

1 元年金 5 年的现值 $=3.79$（元）

因此，根据上面的计算可以归纳普通年金现值的一般计算公式为

$$PVA_0 = A\sum_{t=1}^{n}\left[\frac{1}{(1+i)^t}\right]$$

以上公式中的 $\sum_{t=1}^{n}\frac{1}{(1+i)^t}$，称为年金现值系数(present value interest factors for annuity)，其简略表现形式为 $PVIFA_{i,n}$，用符号$(P/A, i, n)$表示，则年金现值的计算公式可写成：

$$PVA_0 = A \cdot PVIFA_{i,n}$$

普通年金的现值系数的数值，可以查阅年金现值系数表。

普通年金的现值系数也可按以下公式计算：

$$PVIFA_{i,n} = \left[1-\frac{1}{(1+i)^n}\right]/i$$

【例 2-7】W 投资项目于 2012 年年初动工，设当年投产，从投产之日起每年获收益 10 000 元，按年利率 6%计算，则预期 10 年收益的现值为多少？

$$10\ 000 \cdot \frac{1-\frac{1}{(1+6\%)^{10}}}{6\%}=10\ 000\times7.36=73\ 600(元)$$

5）年资本回收额

年资本回收额（已知年金现值 PVA_0，求年金 A）是指在约定的年限内等额回收的初始投入资本额或等额清偿所欠的债务额。其中未收回或清偿的部分要按复利计息构成需回收或清偿的内容。年资本回收额的计算也就是年金现值的逆运算。其计算公式如下：

$$A = PVA_0\frac{1}{1-(1-i)^{-n}} = PVA_0\frac{1}{\sum_{t=1}^{n}[1/(1+i)^t]}$$

式中的 $\sum_{t=1}^{n}[1/(1+i)^t]$ 称为资本回收系数，用符号$(A/P, i, n)$表示，可以查阅资本回收系数表，通过普通年金现值系数的倒数求得。

【例 2-8】A 公司现在借入 4 000 万元，约定 8 年内按年利率 12%均匀偿还，则每年应还本付息的金额为多少？

$$A = PVA_0 \frac{1}{1-(1+i)^{-n}}$$
$$= PVA_0 \sum_{t=1}^{n} [1/(1+i)^t]$$
$$= PVA_0 \cdot \frac{1}{PVIFA_{i,n}} 4\ 000 \times \frac{12\%}{1-(1+12\%)^{-8}}$$
$$= 4\ 000 \times 0.201\ 3 = 805.2(万元)$$

4. 预付年金终值与现值的计算

预付年金也称先付年金或即付年金，是指从第一期起，在一定时期内每期期初等额的系列收付款项。先付年金与后付年金的差别，仅在于收付款的时点不同。由于年金终值系数表和年金现值系数表是按常见的普通年金编制的，在利用这种普通年金系数表计算先付年金的终值和现值时，可在计算普通年金的基础上加以适当调整。

1）预付年金终值的计算

预付年金的终值是其最后一期期末的本利和，是各期收付款项的复利终值之和。

n 期预付年金终值和 n 期普通年金终值比较，两者付款次数相同，但由于付款期限不同，先付年金终值比普通年金终值要多一个计息期。为求得 n 期先付金的终值，可在求出 n 期普通年金终值后，再乘以 $(1+i)$ 就是 n 期预付年金的终值。其计算公式如下：

$$预付年金终值=年金\times普通年金终值系数\times(1+i)$$

此外，根据 n 期先付年金终值和 $(n+1)$ 期普通年金终值的关系，还可推导出另一公式。n 期先付年金与 $(n+1)$ 期普通年金比较，两者计息期数相同，但 n 期先付年金比 $(n+1)$ 期普通年金少付一次款。因此，只要将 $(n+1)$ 期普通年金的终值减去一期付款额，便可求得 n 期先付年金终值。计算公式如下：

$$V_n = A \cdot FVIVFA_{i,n+1} - A$$

【例 2-9】某公司决定连续 5 年每年年初存入银行 100 万元作为住房基金，年利率为 10%，则在第 5 年年末能一次取出本利和应为多少？

$$V_n = A \cdot FVIVFA_{i,n+1} - A = 100 \times (7.715\ 6 - 1) = 671.56(万元)$$

2）预付年金现值的计算

n 期预付年金现值和 n 期普通年金现值比较，两者付款次数相同，但先付年金现值比普通年金现值要少折现一期。为求得 n 期预付年金的现值，可在求出 n 期普通年金现值后，再乘以 $(1+i)$，便可算出 n 期预付年金的现值。其计算公式如下：

$$V_n = A \cdot FVIVFA_{i,n}(1+i)$$

此外，根据 n 期先付年金现值和 $(n-1)$ 期普通年金现值的关系，还可推导出另一公式。n 期先付年金与 $(n-1)$ 期普通年金比较，两者贴现期数相同，但 n 期先付年金比 $(n-1)$ 期普通年金多一期无须折现的付款。因此，先计算出 $(n-1)$ 期普通年金的现值再加上上一期无须折现的付款，便可求得 n 期先付年金现值。计算公式如下：

$$V_0 = A \cdot PVIFA_{i,n-1} + A$$

3）递延年金现值的计算

递延年金是指在最初若干期没有收付款项的情况下，随后若干期等额的系列收付款项。递延 m 期后的 n 期年金与 n 期年金相比，两者付款次数相同，但这项递延年金现值是

m 期后的 n 期年金现值，还需再折现 m 期。

因此，为计算 m 期后 n 期年金现值，要先计算出该项年金在 n 期期初(m 期期末)的现值，再将它作为 m 期的终值贴现至 m 期期初的现值。计算方法是先求递延期为 m 的现值，然后再将此现值调整到第一期期初。

计算公式如下：

$$V_0=A\cdot \mathrm{PVIFA}_{i,n}\cdot \mathrm{PVIF}_{i,m}$$

此外，还可求出($m+n$)期普通年金现值，减去没有付款的前 m 期的普通年金现值，即为延期 m 期的 n 期后年金现值。

【例 2-10】 W 项目于 2007 年动工，施工延期 5 年，于 2012 年年初投产，从投产之日起每年得到收益 40 000 元。按每年利率 6%计算，则 10 年收益 2007 年年初的现值为多少?

$$\begin{aligned}V_0 &= A\cdot \mathrm{PVIFA}_{i,n}\cdot \mathrm{PVIF}_{i,m}\\ &= 40\ 000\times\sum_{t=1}^{10}\frac{1}{(1+6\%)^{10}}\times\frac{1}{(1+6\%)^{5}}\\ &= 40\ 000\times 7.36\times 0.747 = 219\ 917(\text{元})\end{aligned}$$

4）永续年金现值的计算

永续年金是指无期限收或付的款项，可视为普通年金的特殊形式。即期限趋于无穷的普通年金。优先股因为有固定的股利而又无到期日，其股利可视为永续年金。有些债券未规定偿还期限，其利息也可视为永续年金。在资产评估中，某些可永久发挥作用的无形资产(如商誉)，其超额收益亦可按永续年金计算其现值。

永续年金现值的计算公式如下：

$$P=A/i$$

【例 2-11】 某企业持有海尔公司的优先股 6 000 股，每年可获得优先股股利 1 200 元。若利息率为 6%，则该优先股历年股利的现值为多少?

$$P=A/i=1\ 200/0.06=20\ 000(\text{元})$$

这是一个求永续年金现值的问题，即假设该优先股每年股利固定且持续较长时期，计算出这些股利的现值之和，即为该股的估价。

【例 2-12】 某生物学会准备存入银行一笔基金，预期以后无限期地于每年年末取出利息 10 000 元，用以支付年度生物学奖金。若存款利息率为 8%，则该生物学会应于年初一次存入的款项是多少?

$$P=A/i=10\ 000/0.08=125\ 000(\text{元})$$

小思考

永续年金是否有终值?

知识要点提醒

遇到有关该部分的计算问题要先判断是年金问题，还是复利问题；是现值问题还是终值问题，如果是年金问题，那么先确定是普通年金还是先付年金，然后再确定用什么公式来算。准确判断的前提是对概念准确的理解。现值顾名思义就是现在的价值，终值就是将来的价值，这个将来时间可长可短，不是现在就是将来。复利只有两个时点。举个例子，现在存一笔钱，若干年后是多少，当然要给出利率，或者若干年后要想拥有多少钱，现在要存多少，这都是复利的问题。而年金，就是每期都有一笔相等金额的现金收付，这个收付发生在期初就是先付年金的问题，发生在期末就是普通年金的问题。

2.2 风险分析

资金时间价值是在没有风险和通货膨胀下的投资收益率。但是财务活动经常是在有风险的情况下进行的。投资者由于冒风险进行投资而获得的超过资金时间价值的额外收益，称为投资的风险价值，或称为风险收益、风险报酬。所以，企业在进行财务管理时，还必须考虑当企业冒着风险投资时能否获得额外收益的问题，并且必须研究风险、计量风险，并设法控制风险，以求最大限度地增加企业财富。

2.2.1 风险与资金风险价值的基本理论

1. 风险的含义

风险是一个比较难掌握的概念，其定义和计量也有很多争议。但是，风险广泛存在于企业重要的财务活动当中并且对企业实现其财务目标有重要影响，人们无法回避和忽视。

对风险的理解，国内外学者由于角度的不同，产生的观点也有所不同，现列主要的四种观点：

1）损失的可能观与损失的不确定观

损失的可能性观点最早由美国的学者海尼斯在《作为经济要素的风险》中提出。他认为：“风险一词在经济学和其他学术领域中，并无任何技术上的内容，它意味着损失的可能性。某种行为能否产生有害后果应以不确定性界定，如果某种行为具有不确定性时，其行为就反映了风险的负担。”而美国的学者哈迪(Hardy)则将风险定义为“风险是费用、损失或损害相关的不确定性”。他代表损失的不确定观，他认为不确定性的程度可以用概率来描述，如图 2.1 所示：概率在 0～1/2 时，随着概率的增加，不确定性也随之增加；概率为 1/2 时，不确定性为最大；概率从 1/2 ～1 之间，随着概率数值的增加，不确定性随之减少；当概率为 0 时，不确定性事件转化为确定性事件。

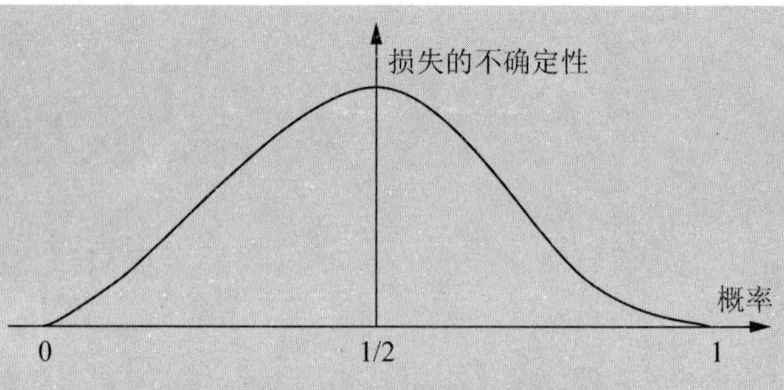

图 2.1 损失的不确定性和概率的关系

2）风险因素结合观点

美国学者佩费尔将风险定义为“风险是每个人和风险要素的结合体”。该论点明确表述了风险与人的利益的相关性。

3）预期与实际结果变动观点

持这种观点的学者威廉姆斯（Williams）和海因斯（Hines）认为：“风险是在一定条件下，一定时期内可能产生结果的变动。若结果只有一种可能，不存在变动，风险为零；若可能产生的结果有几种，则风险就存在；结果越多，变动越大，风险也越大；预期的结果和实际结果的变动，意味着猜测的结果和实际结果的不一致或偏离。”

4）风险主观和风险客观的观点

以麦尔和科梅克为代表的风险主观论者认为：风险是损失的不确定性。该不确定性是主观的、个人的和心理上的一种观点，是个人对客观事物的主观估计，不确定性包括发生与否不确定、发生事件不确定、发生结果和过程不确定。

以佩费尔为代表的风险客观论者认为：风险是可测定的客观概率的大小。它能以数学和统计的观点来客观测定。

分析以上四种观点，我们认为：首先，风险与不确定性——风险的存在是客观的、确定的，而风险的发生是不确定的；其次，风险与损失——风险是客观存在的，那些导致损失或可能导致损失也可能导致盈利的不确定事件都可称为风险；最后，风险与概率——风险既与事件的可能结果相关又与可能结果的概率的分布有关。风险可表示为事件的可能损失及概率的函数：风险＝$\sum$（各种事件的可能损失×该事件可能损失出现的概率）。

因此，根据前述的分析，风险可理解为，风险是在特定的客观条件下，存在于客观事物中的一种不确定状态。它的客观存在与客观环境和一定的时间、空间条件有关，它的大小决定于其所致的损失的概率。

2. 风险的类别

根据不同的角度，风险可划分为不同的类别。若从企业本身来看，按风险形成的原因，风险可分为以下两大类。

1）经营风险

经营风险是指由生产经营方面的原因给企业未来盈利带来的不确定性。企业生产经营的许多方面都会受到来源于企业外部和内部的诸多因素的影响，具有很大的不确定性。例如，由于原材料供应地的政治经济情况变动，运输路线改变，原材料价格变动，新材料、新设备的出现等因素带来的供应方面的风险；由于产品生产方向不对头，产品更新时期掌握不好，产品质量不合格，新产品、新技术开发试验不成功，生产组织不合理等因素带来的生产方面的风险；由于出现新的竞争对手，消费者爱好发生变化，销售决策失误，产品广告推销不力，以及货款回收不及时等因素带来的销售方面的风险。所有这些生产经营方面的不确定性，都会引起企业的利润或利润率的高低变化。

2）财务风险

财务风险又称为筹资风险，是指由于举债给企业未来财务成果带来的不确定性。企业举债经营，全部资金中除了自有资金外还有一部分借入资金，就会对自有资金的盈利能力造成影响；同时，借入资金需还本付息。一旦无力偿付到期债务，企业便会陷入财务困境甚至破产。当企业息税前资金利润率高于借入资金利息率时，使用借入资金获得的利润除了弥补举债的利息外还有剩余，从而使自有资金利润提高。当企业息税前资金利润率低于借入资金利息率时，使用借入资金获得的利润还不够支付举债的利息，还需动用自有资金的一部分利润来支付利息，从而使自有资金利润降低。如果企业息税前利润率还不够支付利息，就要用自有资金来支付，使企业发生亏损。若企业亏损严重，财务状况恶化，丧失支付能力，就会出现无法还本付息，甚至招致破产的危险。总之，由于诸多因素的影响，企业息税前资金利润率和借入资金利息率差额具有不确定性，从而引起自有资金利润率的高低变化，这种风险即为财务风险。这种风险程度的大小受借入资金对自有资金比例的影响，借入资金比例大，风险程度就会随之增大；借入资金比例小，风险程度也随之减少。

3. 现代风险管理机制

现代风险管理机制(ERM)是一个过程，它包括内部环境、目标设定、事件设别、风险评估、风险回应、控制活动、信息与沟通和监督八个基本要素，这些要素共同作用，构成了风险管理机制。ERM 实施的基本步骤：①在制定战略、经营、报告及遵循性目标时考虑风险；②识别可能影响目标的潜在事件，包括可能产生负面影响的风险和正面影响的机会；③对风险进行较准确的评估，考虑单项风险及组合风险的影响程度及发生的概率；④根据评估的风险水平，考虑相应的规避、降低、分享或者接受等方式进行风险回应，采取具体的控制活动把风险控制在可容忍的风险水平之内；⑤采取持续监督或独立评价的方式确保 ERM 有效。

4. 资金风险价值

资金风险价值(rise value of investment)是指投资者由于冒着风险进行投资而获得的超过资金时间价值的额外收益，又称投资风险收益、投资风险报酬。在商品经济条件下，进行投资决策所涉及的各个因素可能是已知、确定的，即没有风险和不确定的问题。但在实践中往往对未来情况并不十分明了，有时甚至连各种情况发生的可能性如何也并不清楚。因此，根据对未来情况的掌握程度，投资决策可分为三种类型：

第一，确定性投资决策，是指未来情况确定不变或已知的投资决策。如购买政府发行的国债，由于国家实力雄厚，事先规定的债券利息率到期肯定可以实现，就属于确定性投资。

第二，风险性投资决策，是指未来情况不能完全确定，但各种情况发生的可能性即概率为已知的投资决策。

第三，不确定性投资决策，是指未来情况不仅不能完全确定，而且各种情况发生的可能性也不清楚的投资决策。

各种长期投资方案通常都有一些不能确定的因素，完全的确定性投资方案是很少见的。不确定性投资决策，因为对各种情况出现的可能性不清楚，无法加以计量。但如对不确定性投资方案规定一些主观概率，就可进行定量分析。不确定性投资方案有了主观概率以后，与风险投资方案就没有多少差别了。因此，在财务管理中对风险和不确定性并不做严格区分，往往把两者统称为风险。

5. 资金风险价值的表示方法

资金风险价值有两种表示方法：风险收益额和风险收益率。投资者由于冒着风险进行投资而获得的超过资金时间价值的额外收益，称为风险收益额；风险收益额与投资额的比率，则称为风险收益率。在实际工作中，对两者并不严格区分，通常以相对数——风险收益率进行计量。

在不考虑物价变动的情况下，投资收益率包括两部分：一部分是资金时间价值，它是不经受投资风险而得到的价值，即无风险投资收益率；另一部分是风险价值，即风险投资收益率。其关系如下式：

投资收益率＝无风险投资收益率＋风险投资收益率

2.2.2 风险衡量

风险客观存在、广泛影响着企业的财务和经营活动。因此，正视风险并将风险程度予以量化，进行较为准确的衡量，便成为企业财务管理中的一项重要工作，而风险与概率直接相关，并由此与期望值、离散程度等相联系，因此，对风险进行衡量时应着重考虑这几方面因素。

1. 概率

在现实生活中，某一事件在完全相同的条件下可能发生也可能不发生，既可能出现这种结果又可能出现那种结果，我们称这类事件为随机事件。概率就是用百分数或小数来表示随机事件发生可能性及出现某种结果可能性大小的数值，用 X 表示随机事件，X_i 表示随机事件的第 i 种结果，P_i 为出现该种结果的相应概率。若 X_i 出现，则 $P_i=1$；若不出现，则 $P_i=0$。同时，所有可能结果出现的概率之和必定为 1。因此，概率必须符合以下两个要求：①$0\leqslant P_i\leqslant 1$；② $\sum_{i=1}^{n}P_i=1$ 。

这就是说，每一个随机变量的概率最小为 0，最大为 1，不可能小于 0，也不可能大于 1。全部概率之和必须等于 1，即 100%。n 为可能出现的所有结果的个数。

将随机事件的各种可能按一定的规则进行排列，同时列出各结果出现的相应概率，这一完整的叙述称为概率分布。

概率分布有两种类型，一种是离散型分布，其特点是概率分布在各个特定的点(指 X 值)上；另一种是连续型分布，其特点是概率分布在连续图像的两点之间的区间上。两者的区别在于，离散型分布中的概率是可数的，而连续型分布中的概率是不可数的。

2. 期望值

根据某一事件的概率分布情况，可以计算出预期收益。预期收益又称为收益期望值，是指某一投资方案未来收益的各种可能结果，期望值是一个概率分布中的所有可能结果，以各自相应的概率为权数计算的加权平均值，是加权平均的中心值，通常用符号 $\overline{E}$ 表示，其计算公式如下：

$$\overline{E}=\sum_{i=1}^{n}X_iP_i$$

式中，$\overline{E}$ 为预期收益；X_i 为第 i 种可能结果的收益；P_i 为第 i 种可能结果的概率；n 为可能结果的个数。

期望收益率反映预计收益的平均化，在各种不确定性因素影响下，它代表着投资者的合理预期。

【例 2－13】 某企业有甲、乙两个投资项目，两个投资项目的收益率及其概率分布情况见表 2－1，试计算两个项目的期望收益率。

表 2－1　甲项目和乙项目投资收益率的概率分布

项目实施情况	出现概率		投资收益率	
	项目甲	项目乙	项目甲	项目乙
好	0.20	0.30	15%	20%
一般	0.60	0.40	10%	15%
差	0.20	0.30	0	－10%

根据公式分别计算甲项目和乙项目的期望投资收益率：

甲项目的期望投资收益率＝0.2×15%＋0.6×10%＋0.2×0＝9%

乙项目的期望投资收益率＝0.3×20%＋0.4×15%＋0.3×(－10%)＝9%

从计算结果可以看出，两个项目的期望投资收益率都是 0.09。但是否可以就此认为两个项目是等同的呢？我们还需要了解概率分布的离散情况，即计算标准离差和标准离差率。

3. 概率分布图

在预期收益相同的情况下，投资的风险程度同收益的概率分布有着密切的联系。概率分布越集中，实际可能的结果就会越接近预期收益，实际收益率低于预期收益率的可能性就越小，投资的风险程度也越小；反之，概率分布越分散，投资的风险程度也就越大。为了清晰地观察概率的离散程度，可根据概率分布表绘制概率分布图进行分析。

根据例 2－13 数据，可以绘制图 2.2。可以看出，和乙项目相比，甲项目投资收益率更集中，因此投资风险比乙项目小。

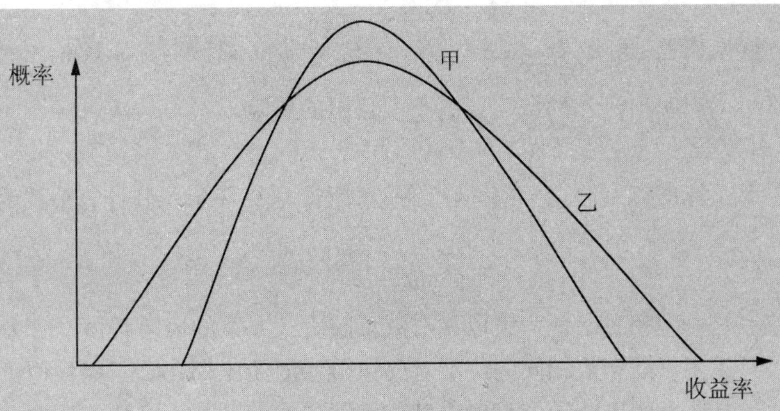

图 2.2　概率的分布图

4. 离散程度

离散程度是用以衡量风险大小的统计指标。一般来说，离散程度越大，风险越大；离散程度越小，风险越小。反映随机变量离散程度的指标包括方差、标准离差、标准离差率和全距等。本书主要介绍方差、标准离差和标准离差率 3 项指标。

1）方差

方差是用来表示随机变量与期望值之间的离散程度的一个数值。计算公式如下：

$$\sigma^2 = \sum_{i=1}^{n}(X_i - \overline{E})^2 \cdot P_i$$

2）标准离差

标准离差也叫均方差，是方差的平方根。其计算公式如下：

$$\sigma = \sqrt{\sum_{i=1}^{n}(X_i - \overline{E})^2 \cdot P_i}$$

标准离差以绝对数衡量决策方案的风险，在期望值相同的情况下，标准离差越大，风险越大；标准离差越小，则风险越小。

【例 2-14】 以例 2-13 中的数据为例，分别计算该例中两个项目投资收益率的方差和标准离差。

项目甲的方差：$\sigma^2 = \sum_{i=1}^{n}(X_i - \overline{E})^2 \cdot P_i$

$$= 0.2\times(0.15-0.09)^2 + 0.6\times(0.10-0.09)^2 + 0.2\times(0-0.09)^2 = 0.002\,4$$

项目乙的方差：$\sigma^2 = \sum_{i=1}^{n}(X_i - \overline{E})^2 \cdot P_i$

$$= 0.3\times(0.2-0.09)^2 + 0.4\times(0.15-0.09)^2 + 0.3\times(-0.1-0.09)^2 = 0.015\,9$$

项目甲的标准离差：$\sigma = \sqrt{\sum_{i=1}^{n}(X_i - \overline{E})^2 \cdot P_i} = \sqrt{0.002\,4} = 0.049$

项目乙的标准离差：$\sigma=\sqrt{\sum_{i=1}^{n}(X_i-\overline{E})^2\cdot P_i}=\sqrt{0.0159}=0.126$

以上计算结果表明项目乙的风险要高于项目甲的风险。

3）标准离差率

标准离差率是标准离差同期望值之比，通常用符号 V 表示，其计算公式为

$$V=\frac{\sigma}{E}\times100\%$$

标准离差率是一个相对指标，它以相对数反映决策方案的风险程度。方差和标准离差作为绝对数，只适用于期望值相同的决策方案风险程度的比较。对于期望值不同的决策方案，评价和比较其各自的风险程度只能借助于标准离差率这一相对数值。在期望值不同的情况下，标准离差率越大，风险越大；标准离差率越小，风险越小。

【例 2－15】 现仍以例 2－13 中的有关数据为依据，分别计算项目甲和项目乙的标准离差率为

项目甲的标准离差率：

$$V=0.049/0.09\times100\%=54.44\%$$

项目乙的标准离差率：

$$V=0.126/0.09\times100\%=140\%$$

当然，在此例中两项目的期望投资收益率是相等的，可以直接根据标准离差来比较两个项目的风险水平。但如果比较项目的期望收益率不同，则一定要计算标准离差率才能进行比较。

通过上述方法将决策方案的风险加以量化后，决策者便可据此做出决策。对于单个方案，决策者可根据其标准离差(率)的大小，并将其同设定的可接受的此项指标最高限值对比，看前者是否低于后者，然后做出取舍。对于多方案择优，决策者的行动准则应是选择低风险高收益的方案，即选择标准离差最低、期望收益率最高的方案。然而高收益往往伴有高风险，低收益方案其风险程度往往也较低，究竟选择何种方案，就要权衡期望收益与风险，而且还要视决策者对风险的态度而定。对风险比较反感的人可能会选择期望收益较低同时风险也较低的方案，喜爱冒风险的人则可能选择风险虽高但同时收益也高的方案。

2.2.3 风险收益率

上节讲述的资金时间价值是投资者在无风险条件下进行投资所要求的收益率(这里暂不考虑通货膨胀因素)。这是以确定的收益率为计算依据的，也就是以肯定能取得的收益为条件的。但是，企业财务和经营管理活动总是处于风险之中，任何经济预测的准确性都是相对的，预测的时间越长，风险程度就越高。因此，为了简化决策分析工作，在短期财务决策中一般不考虑风险因素。而在长期财务决策中，则不得不考虑风险因素，需要计量风险程度。

任何投资者宁愿要肯定的某一收益率，而不要不肯定的同一收益率，这种现象称为风险反感。在风险反感普遍存在的情况下，诱使投资者进行风险投资的因素是风险收益。标准离差率虽然能正确评价投资风险程度的大小，但还无法将风险与收益结合起来进行分析。假设我们面临的决策不是评价与比较两个投资项目的风险水平，而是要决定是否对某一投资项目进行投资，此时就需要计算出该项目的风险收益率。因此，我们还需要一个指标将对风险的评价转化为收益率指标，这便是风险价值系数。风险收益率、风险价值系数和标准离差率之间的关系可用以下公式表示：

$$R_r = b \cdot V$$

式中：R_r为风险收益率；b为风险价值系数；V为标准离差率。

在不考虑通货膨胀因素的情况下，投资的总收益率(R)：

$$R = R_f + R_r$$

式中，R为投资收益率；R_f为无风险收益率。其中无风险收益率可用加上通货膨胀溢价的时间价值来确定，在财务管理实务中一般把短期政府债券(如短期国债)的收益率作为无风险收益率，风险价值系数(b)的数学意义是指该项目投资的风险收益率占该项投资的标准离差率的比率。

知识要点提醒

在实际工作中，确定单项投资的风险系数，可采取以下4种方法：

(1) 通过对相关投资项目的总投资收益率和标准离差率，以及同期的无风险收益率的历史资料进行分析。

(2) 对相关数据进行统计回归推断。

(3) 由企业主管投资的人员会同有关专家定性评议而获得。

(4) 由专业咨询公司按不同行业定期发布，供投资者参考使用。

【例2-16】 沿用例2-13数值，假使无风险收益率为10%，风险价值系数为20%，计算两个项目的风险收益率和投资收益率是多少？

项目甲的风险收益率=20%×54.44%=10.88%

项目甲的投资收益率=10%+20%×54.44%=20.88%

项目乙的风险收益率=20%×140%=28%

项目乙的投资收益率=10%+20%×140%=38%

从计算结果可以看出，项目乙的投资收益率要高于项目甲的投资收益率，似乎项目乙是一个更好的选择。而从前面的分析来看，两个项目的期望收益率是相等的，但项目乙的风险要高于项目甲，故应选择甲项目好些。

知识要点提醒

风险价值计算的结果具有一定的假定性，并非十分明确。研究投资风险价值原理，应该学习和了解对风险的控制。风险控制是指企业根据风险评估的结果，按各类风险的重要性分别采取不同的风险控制方法，选择适合的风险管理策略，通过降低损失的频率，缩小损失程度，将可能的风险损失降低到最低点。

2.2.4 投资风险的控制策略

1. 回避风险

任何企业面对风险时，首先考虑的是避免风险。风险回避策略是指在投资作业过程中，经过预测，财务人员认为所面临的投资风险无法控制，或控制成本太高没有必要进行控制而采取的有意识的回避策略。凡风险所造成的损失不能由该项目可能获得的利润予以抵消时，回避风险是最可行的方法。

2. 减少风险

减少风险主要有两方面含义：一是控制风险因素，减少风险的发生；二是控制风险发生的频率和降低风险损害程度。在实际工作中，减少风险的常用方法主要包括：①进行准确的预测；对决策进行多方案优选；②及时与政府部门沟通获取政策信息；③在发展新产品前，充分进行市场调研；④实行设备预防检修制度以减少设备事故；⑤选择有弹性的、抗风险能力较强的技术方案，进行预先的技术模拟试验，采用可靠的保护和安全措施；⑥采用多领域、多地域、多项目、多品种的投资以分散风险。

3. 转移风险

转移风险是指投资者采取不同形式将面临的投资风险转移给其他组织或人员的策略。例如，对于可能给企业带来灾难性损失的资产，企业应以一定代价，采取某种方式，将风险损失转嫁给他人，以避免可能给企业带来的重大损失。例如，向专业性保险公司投保，采取合资、联营、增发新股、发行债券等措施实现风险共担，通过技术转让、特许经销、战略联盟、租赁经营等途径实现风险转移。

4. 接受风险

接受风险包括风险自担和风险自保两种。风险自担是指风险损失发生时，直接将损失摊入成本或费用；风险自保是指企业预留一笔风险金或随着生产经营的进行有计划地计提资产减值准备等。

5. 风险分割

风险分割策略是指企业或投资人可根据项目的风险特性进行分割。按照风险的依存状态不同可将项目分割为不同的风险等级，对那些风险程度较高的项目，更加谨慎行事，适时可请专家和技术人员帮助。

总之，要在进行投资决策时，树立风险价值观念，充分运用现代风险管理机制的先进原理，通过科学方法先识别分析风险再评价和估测风险，认真权衡风险与收益的关系，选择有可能避免风险、分散风险的控制策略，才能使企业获得较多收益的投资方案。

本章小结

资金时间价值和资金风险价值，是财务活动中客观存在的经济现象，是现代财务管理中两个重要的计量基础。资金时间价值和风险价值是制定筹资决策、投资决策时必须考虑的重要因素，对于成本管理、利润管理也有更重要的影响，应用尤其广泛。

本章主要介绍了资金价值和风险分析的有关内容。对资金时间价值要理解和掌握一次性收付款项终值和现值的计算，年金(等额系列收付款项)终值和现值的计算。

资金时间价值是资金在不同时点上价值量的计量，资金时间价值一般用利率来表示。计算资金时间价值涉及终值和现值两个概念，它们是同一资金在不同时点上的价值表现。现值也称本金，一般是指现在的价值；终值一般是指将来的价值。收付款根据情况不同，分为一次性收付款的终值和现值及年金终值和现值。年金具有普通年金、预付年金、递延年金和永续年金等多种形式。现值和终值一般用复利计算。

风险是某种行动结果的不确定性，但风险与不确定性不同。企业的财务活动经常是在有风险的条件下进行的。企业面临的主要风险有市场风险和特种风险两种。对风险的衡量可用概率、期望值和标准差(系数)来衡量；投资风险和投资报酬存在密切关系，风险越大，所希望的投资报酬越高；投资报酬由风险报酬和无风险报酬构成。在学习风险分析时，要理解和掌握概率分布和预期收益的计算。对各种计算方法，要注意从资金时间价值和风险价值的含义和基本原理上进行把握。

关键术语

资金时间价值　一次性款项复利终值　年金　普通年金　预付年金　递延年金　永续年金　风险　资金的风险价值　风险收益

知识链接

货币时间价值一直是现代财务管理的基础观念之一，因其非常重要并且涉及几乎所有理财活动，有人称之为理财的“第一原则”。因此，在实践中，货币时间价值主要应用于财务管理活动中，真正应用到会计实务中的非常少。2006 年 2 月 15 日颁布的新会计准则体系则改变了观念，在会计实务中重视并较多地考虑货币的时间价值，因此，货币时间价值在新会计准则中的应用成为研究的热点。

① 货币时间价值在固定资产、无形资产准则中的应用均体现了货币时间价值理论。

② 货币时间价值在非货币性资产交换准则中的应用和非货币性资产交换准则在商业实质的判断上引入了货币时间价值理论。

③ 货币时间价值在资产减值准则中的应用通过解读《企业会计准则第 8 号——资产减值》发现，货币时间价值理论在该准则中的应用主要体现在“资产可收回金额的计量”方面。

④ 货币时间价值在或有事项准则中的应用，或有事项准则对货币时间价值理论的运用主要体现在“或有负债初始计量”方面。

⑤ 货币时间价值在收入准则中的应用。

⑥ 货币时间价值在租赁准则中的应用，租赁准则在融资租赁中涉及承租人的会计处理及出租人的会计处理两部分均引入了货币时间价值理论。

⑦ 货币时间价值在金融工具确认和计量准则中的应用，《企业会计准则第22号——金融工具确认和计量》运用货币时间价值理论主要体现在“金融工具计量”和“金融资产减值”两个方面。

当前资金时间价值在现代企业资金管理中的应用也非常广泛，主要表现在：①企业投资活动中，需要考虑资金的时间价值影响，这包括资金量大小、资金投入时间长短、资金投资收益等问题，这就需要运用科学价值评判方法来确定。引入时间因素，在考虑时间价值的基础上对项目可行性做出评价，如财务内部收益率、财务净现值、动态投资回收期等。财务净现值的原理：假设年末资金预期收益可以完全实现，那么把初始投入金额看成是按照一定利率借入的。当净现值为正数时，说明该项目有利可图，在偿还借款本息之后，仍有盈余；当净现值为零时，说明资金可偿还本息；当净现值为负数时，表示资金投资成本高于资金收益额，企业项目亏损。通过这种资金价值评判，可以相对科学地对资金流出和资金收入进行分析，对于传统的不考虑资金时间价值，直接对资金收益进行叠加而导致过于乐观的评判方法，有一定的修正作用。②开展商品保本保利期管理方面，通过计算，算出商品资金保本周期或天数，确定商品储存的经济时间，将商品资金占用与时间联系起来，当商品储存时间大于保本天数时，则相当于耗尽了资金增值部分，就发生亏损。③可以提高结算资金的时间价值。因为不同时点上的资金具有不同的价值，故加强结算资金管理，提高结算资金的货币时间价值非常重要，拖欠资金的行为与延期收回资金的行为在公司结算中损失了时间价值。考虑资金的时间价值，将延期收回的资金折算成现值，与拖欠资金进行比较，来判断在资金循环中受到的损失。

习　题

一、选择题

1. 下列各项中，属于普通年金形式的项目有(　　)。

A. 零存整取储蓄存款的整取额　　B. 定期定额支付的养老金

C. 年资本回收额　　D. 偿债基金

2. 在下列各期资金时间价值系数中，与资本回收系数互为倒数关系的是(　　)。

A. $(P/F, i, n)$　　B. $(P/A, i, n)$　　C. $(F/P, i, n)$　　D. $(F/A, i, n)$

3. 根据资金时间价值理论，在普通年金现值系数的基础上，期数减1，系数加1的计算结果，应当等于(　　)。

A. 递延年金现值系数　B. 后付年金现值系数　C. 即付年金现值系数　D. 永续年金现值系数

4. 某企业拟进行一项存在一定风险的完整工业项目投资，有甲、乙两个方案可供选择：已知甲方案净现值的期望值为1 000万元，标准离差为300万元；乙方案净现值的期望值为1 200万元，标准离差为330万元。下列结论中正确的是(　　)。

A. 甲方案优于乙方案　　B. 甲方案的风险大于乙方案

C. 甲方案的风险小于乙方案　　D. 无法评价甲乙方案的风险大小

5. 已知甲方案投资收益率的期望值为15%，乙方案投资收益率的期望值为12%，两个方案都存在投资风险。比较甲、乙两方案风险大小应采用的指标是(　　)。

A. 方差　　B. 净现值　　C. 标准离差　　D. 标准离差率

二、思考题

1. 单利和复利有什么区别?

2. 什么是年金？

3. 普通年金、预付年金、递延年金和永续年金各自的概念是什么？它们之间有什么区别？

4. 普通年金、预付年金、递延年金和永续年金的现值如何计算？

5. 什么叫风险？什么叫资金的风险价值？

6. 如何衡量投资风险？

7. 什么叫风险收益？如何计算风险收益？

三、计算题

1. 某企业2012年年初向银行借入50 000元贷款，为10年期，在每年年末等额偿还。已知年利率为12%，年金现值系数(P/A，12%，10)为5.650 2，试计算每年应偿还多少钱？

2. 某公司向其员工集资，按照合约规定，每人集资5 000元，从第3年年末开始偿还，还期为5年，假设前3年的贴现率为3%，8年期的存款利率为5%，那么该公司所支付给每个员工的年金的现值为多少？

3. 政府计划建立一项永久性的科研奖学金基金，奖励对研究做出突出贡献的学者，每年年末计划发放金额为100万元，如果银行长期利率为8%，那么这笔奖学金的现值为多少？如果改为年初发放，其现值是多少？如果每年发放的奖学金以4%的速度增长，现值又是多少？

4. 假设你获得一项奖金，领取的方式有3种：①立即领取现金10万元人民币；②5年后获得18万元人民币；③下一年度获得6 500元人民币，然后每年在上一年的基础上增加5%，永远持续下去。如果折现率为12%，你会选择哪种方式领取？

实际操作训练

某企业有A、B两个投资项目，计划投资额均为1 000万元，其收益(净现值)的概率分布见表2-3。

表2-2　A、B项目的收益概率

市场状况	出现概率	A项目净现值/万元	B项目净现值/万元
好	0.20	200	300
一般	0.60	100	100
差	0.20	50	—50

要求：

1. 分别计算A、B两个项目收益(净现值)的期望值。

2. 分别计算A、B两个项目期望值的标准离差。

3. 判断A、B两个投资项目的优劣。

案例分析

天鹅堡由洛阳市美伦房地产开发有限公司开发，该项目位于涧西区黄金地带联盟路与青岛路交汇处，上海市场南200米，出则繁华，入则静谧。占地近14亩(1亩=666.67平方米)，总建筑面积约5万余平方米，规划2栋18层高层，一栋12层小高层，一1～3层为12 500平方米左右的商铺，近百个地下停车位，2 000余平方米地上停车场，能满足用户的生活需求。项目规划12种户型，住宅面积65～260平方米。人车分流，煤气、暖气、宽带入户，配套完善。

该公司房屋销售协议规定：A户型三室两厅两卫的毛坯房，如果购买方于购买时第一年一次性付清房款，需要支付房款24万元；如果采用5年分期付款方式，则每年需要支付房款5万元；如果第一年、第二年年初各付40 000元，第3～5年年初各付60 000元。某人需要购置该户型房屋，假定银行利率为8%。

问题：

1. 请为该房主计算一下三种付款方案的现值。
2. 如果规定必须在每年年初支付款项，试确定其采用哪种方式比较有利。

第3章 项目投资

教学要点

知识要点	掌握程度	相关知识	应用方向
现金流量的内容及其计算	掌握	营业收入的估算、经营成本的估算、净现金流量的估算	测算现金流量
现金流量指标的计算	熟练掌握	静态投资回收期、投资报酬率、净现值法、现值指数法、内含报酬率法	计算现金流量指标，评价项目可行性
评价指标的运用	熟练掌握	共同年限法、等额年金法、获利指数法、净现值法	互斥情况下与资本限量情况下的项目投资决策

导入案例

总经理的难题

某公园拥有多艘游船，其中一艘已陈旧，财务经理向总经理提出淘汰旧船购置新船的建议。新船的买价为40 000元，有望运行10年，该船每年的运行成本为12 000元。估计5年后需大修一次，其成本为2 500元，10年后，估计该船的残值为5 000元。

业务经理不同意财务经理的意见，认为该船虽然陈旧，但通过全面翻新，尚能继续发挥其运行效益。所以他向总经理提出了翻修旧船的方案。据该方案预算，立即翻修的成本为20 000元，估计5年后还需大修一次，其成本为8 000元。如这些修理计划得到实施，该船有望运行的期限也将是10年。10年内，该船每年的运行成本为16 000元，10年后其残值也将是5 000元。

根据当前的市场情况，该旧船的现时折让价为7 000元，年利率为10%。

思考：

假如你是总经理，应该选择哪一个方案呢？为什么？

3.1 项目建设投资概述

3.1.1 项目建设投资的特点

项目建设投资一般是指对具有独立设计并在竣工后可以独立发挥效益或生产出符合设计要求产品的车间、生产线或独立工程项目等的投资。项目建设投资具有如下特点。

1. 项目建设投资影响期间长

项目的建设周期及项目使用周期往往比较长，其决策一经做出，将会在相当长的时间内影响企业的经营成果和财务状况，甚至对企业的生存和发展产生重要影响。这就要求企业进行项目投资时必须小心谨慎，进行认真的可行性研究。

2. 项目建设投资变现能力较差

项目建设投资形成的主体是厂房和设备等固定资产，是企业从事生产经营活动所必需的劳动手段，但这些资产不易改变其用途。因此，项目投资一旦完成，要想改变其用途或出售是十分困难的。这种投资所具有的不可逆转性(即变现能力较差)，要求企业注重投资的有效性，防止盲目投资。

3. 项目建设投资资金占用数量相对稳定

项目建设投资一旦完成，形成生产能力，便在资金占用数量上保持相对稳定。因为营业量在一定范围内增加，往往并不需要立即增加固定资产，通过挖掘潜力、提高效率可以完成增加的业务量。而业务量在一定范围内减少，为维持一定的生产能力，企业并不能出售固定资产以调节资金占用。

4. 项目建设投资实物形态与价值形态可以分离

项目投入使用后，所形成的固定资产随时间发生磨损，其价值将逐渐地、部分地脱离其实物形态，转化为货币准备金，而其余部分仍存在于实物形态中。在使用年限内，保留在固定资产实物形态上的价值逐年减少，而脱离实物形态转化为货币资金的价值却逐年增加。直到固定资产报废，其价值才得到全部补偿。当用以往年度形成的货币准备金重新购置固定资产时，其实物也得到更新。这时，固定资产的价值与其实物形态又重新统一起来。这一特点说明，由于企业各种固定资产的新旧程度不同，实物更新时间不同，企业可以在某些固定资产需要更新之前，利用脱离实物形态的货币准备金去投资其他固定资产，然后再利用新固定资产所形成的货币准备金去更新旧的固定资产，从而充分发挥资金的使用效能。

5. 项目建设投资次数少、金额大

与流动资产相比，项目建设投资并不经常发生，特别是大规模的固定资产投资，一般要隔若干年与十几年才发生一次。虽然投资次数少，但每次投资额却比较大。根据这一特点，在进行项目建设投资时，要注意投资风险，要用较多的时间进行专门的研究和评价，并且要为项目建设投资做专门的筹资工作。

3.1.2 项目建设投资管理的基本程序

按照对企业前途的影响程度，可以把项目投资分成战术性投资与战略性投资两类。战术性投资是指不牵涉整个行业前途但与日常生产经营相关的投资，如为提高劳动生产率、提高产品质量、改善工作环境等所进行的投资；战略性投资是指对企业全局有重大影响的投资，如企业转产投资、增加新产品投资等。项目建设投资一般是指战略性投资。

项目建设投资具有所需资金较多、回收时间长、风险大的特点。一旦决策失误，就会严重影响企业的财务状况和现金流量，甚至会使企业走向破产。因此，必须运用科学的方法进行可行性分析，以保证决策的正确有效。

1. 投资项目的提出

在竞争性经济环境中，企业的生存与发展完全取决于竞争战略的正确性及其执行的有效性。企业领导者所提出的投资项目，多数是基于企业竞争战略而制定的战略性投资。

企业竞争战略是企业为获取长期的市场竞争优势，所制定的经营目标和为实现这一目标而采取的相应措施。竞争战略依据企业内外部环境的分析来具体制定。在不同的时期，企业可能会为不同的产品制定不同的竞争战略。根据波特的竞争理论，企业利用价值链分析工具，在对商品所处行业、企业的竞争对手和企业内部经营活动进行分析之后，可制定3种竞争战略；成本领先战略、差异化战略和集中战略。成本领先战略是企业为赢得价格竞争而追求行业内成本领先地位的竞争战略，多以投资扩张规模为实施方式；差异化战略是企业通过追求产品或服务的独特个性，而赢得市场竞争的竞争战略，多以投资形成产品或服务的独特性为实施方式；而集中战略是前两种战略在某一或几个细分市场的应用。

投资项目的提出，需要考虑其生存的内部环境及竞争战略。竞争战略的实施，一方面可能要求内部环境的某些方面做出相应的调整；另一方面竞争战略的成功实施也会强化享有的内部环境状态。

内部环境和竞争战略共同作用于投资项目的提出，内部环境因素是投资项目提出的基础与条件，而竞争战略则是投资项目提出的指导思想。

2. 投资项目的评价

当对长期投资项目进行决策分析时，首先应该把注意力集中在市场上，对顾客需求和竞争对手的产品进行评价。一家企业也许不能满足顾客对产品的所有要求，但是它一定要比竞争对手做得好。由这一步骤的分析应该得出：在企业一定销售基础上的产品必须具备的性能和服务的质量，以及顾客愿意支付的价格。

在确定了产品性能和目标价格之后，就进入了企业价值链的分析。它不仅包括企业内部价值链的构造(供应、生产、储运、营销、售后服务及企业辅助活动所应创造的价值)，更应该关注企业在整个价值链中的跨度是否充分发挥了自身的竞争优势，是否需要进行纵向整合或者适当缩短价值链，与供应商和顾客之间的价值流动是否畅通。从确定的价值链就可以找出满足顾客需要的各种产品性能的各类作业，然后进行成本动因分析。

此时存在一个主要问题：企业设计的价值链作业是否可以确实生产出顾客所需的产品性能，并达到企业的利润目标？(在考虑了整个产品生命周期中所发生的各种成本费用之后)要回答这个问题，显然需要使用净现值分析等定量分析模型。如果企业的投资项目不能取得产品性能和成本之间的合理配比，那么企业一方面要通过提高效率降低成本(除去不能增加价值的作业；改进生产或提供服务的流程，减少成本动因发生的次数；应用全面质量管理达到"零缺陷"，消除无效率等)；另一方面可以提高性能(通过对产品性能的重新认识和组合，改变产品价值链)，使成本和性能之间的配比合理化。

3. 投资项目的决策

投资项目评价后，企业要做出最后决策。投资额较小的项目，有时中层经理就有决策权；投资额较大的投资项目一般由总经理决策；投资额特别大的投资项目，要由董事会甚至股东大会投票表决。不管由谁最后决策，一般都可分成以下3种：①接受这个项目，可以进行投资；②拒绝这个项目，不能进行投资；③发还给项目的提出部门，重新调查后，再做处理。

4. 投资项目的执行

决定对某项目进行投资后，要积极筹措资金，实施投资。在投资项目的执行过程中，要对过程进度、工程质量、施工成本进行控制，以便使投资按预算规定保质如期完成。

5. 投资项目的再评价

在投资项目的执行过程中，应注意原来做出的决策是否合理、正确。一旦企业的竞争战略或其他主要因素发生变化，就要随时根据变化的情况做出新的评价。如果情况发生重大变化，原来投资决策已变得不合理，那么，就要对投资决策是否中途停止做出决策，以避免更大的损失。

3.2 项目现金流量分析

现金流量指的是在投资活动过程中，由于某一个项目而引起的现金支出或现金收入的数量。在投资决策分析中，"现金"是一个广义的概念，不仅包括货币资金，而且包括与项目相关的非货币资源的变现价值。例如，在投资某项目时，投入企业原有的固定资产的价值，这时的"现金"就包含了该固定资产的变现价值，或其重置成本。

3.2.1 现金流量的分类

1. 现金流量按流向的分类

由于项目投资的投入、回收及收益的形成均以现金流量的形式来表现，因此，在整个项目计算期的各个阶段上都有可能发生现金流量。必须逐年估算每一时点的现金流入量和现金流出量，并计算该时点的净现金流量，以便正确进行投资决策。

1）现金流出量

在投资决策中，一个方案的现金流出量指的是在实施此方案的过程中所需投入的资金，主要包括投放在固定资产上的资金，项目建成投产后，为正常经营活动而投放在流动资产上的资金，以及为使机器设备正常运转而投入的维护修理费等。

小思考

现金流出量在数值上是否直接等于成本费用支出？

知识要点提醒

现金流出主要是指为满足正常生产经营而动用货币资金支付的成本费用。注意：固定资产折旧费、无形资产摊销属于非付现的营运成本，所以也不属于现金流出的内容。

2）现金流入量

与现金流出量相对应，现金流入量指的是由于实施了该方案而增加的现金。现金流入量主要包括经营利润、固定资产报废时的残值收入、项目结束时收回的原投入在该项目流动资产上的流动资金及固定资产的折旧费用。因为计提固定资产折旧虽然将导致营业利润的下降，但不会引起现金的支出，所以可将其视为一项现金流入。与折旧相同，递延资产的摊销、无形资产的摊销也形成企业的一项资金流入。

3）净现金流量

净现金流量(又称现金净流量)，是指在项目计算期内由每年现金流入量与同年现金流出量之间的差距所形成的序列指标。它是计算项目投资决策评价指标的主要依据。

小思考

由经营活动产生的现金净流量在数值上是否一定等于该会计期间内企业创造的税后净利润？哪些因素导致这两个数值不直接相等？

2. 现金流量按期间的分类

一个项目从准备投资到项目结束，经历了项目准备及建设期、生产经营期和项目终止期3个阶段。因此，投资项目净现金流量包括投资净现金流量、营业净现金流量和项目终止净现金流量。但是由于交纳所得税也是企业的一项现金流出，因此在计算有关现金流量时，还应该将所得税的影响考虑进去。

1）投资净现金流量

投资现金流量包括投资在固定资产上的资金和投资在流动资产上的资金两部分。其中，投资在流动资产上的资金一般在项目结束时将全部收回。这部分现金流量由于在会计上一般不涉及企业的损益，因此不受所得税的影响。

投资在固定资产上的资金有时是以企业原有的旧设备进行投资的。在计算投资现金流量时，一般是以设备的变现价值作为其现金流出量的(但是该设备的变现价值通常并不与其折余价值相等)。另外，还必须注意将这个投资项目作为一个独立的方案进行考虑，即

考虑企业如果将该设备出售时可能得到的收入(设备的变现价值)，以及企业由此而可能将支付或减免的所得税，即

旧设备投资净现金流量＝投资在流动资产上的资金＋设备的变现价值
－(设备的变现价值－折余价值)×税率

2）营业净现金流量

从净现金流量的角度考虑，交纳所得税是企业的一项现金流出，因此这里的损益指的是税后净损益，即税前利润减所得税，或税后收入减税后成本。

折旧作为一项成本，在计算税后净损益时是包括在成本当中的，但是由于它不需要支付现金，因此需要将它当成是一项现金流入看待。

综上所述，企业的营业净现金流量可用公式表示如下：

营业净现金流量＝税后净损益＋折旧
＝税前利润×(1－税率)＋折旧
＝(收入－总成本)×(1－税率)＋折旧
＝(收入－付现成本－折旧)×(1－税率)＋折旧
＝收入×(1－税率)－付现成本×(1－税率)－折旧×(1－税率)＋折旧
＝收入×(1－税率)－付现成本×(1－税率)＋折旧×税率

3）项目终止净现金流量

项目终止净现金流量包括固定资产的残值收入和收回原投入的流动资金。在投资决策中，一般假设当项目终止时，将项目初期投入在流动资产上的资金全部收回。这部分收回的资金由于不涉及利润的增减，因此也不受所得税的影响。固定资产的残值收入如果与预定的固定资产残值相同，那么在会计上也同样不涉及利润的增减，因此也不受所得税的影响。但是在实际工作中，最终的残值收入往往不等于预计的固定资产残值，它们之间的差额会引起企业利润的增加或减少，因此在计算现金流量时，不能忽视这部分的影响。

项目终止净现金流量＝实际固定资产残值收入＋原投入的流动资金
－(实际残值收入－预计残值)×税率

3.2.2 投资项目净现金流量的测算

投资项目的净现金流量(又称现金流量，记作 NCF_t)是指在项目计算期内由建设项目每年现金流入量(记作 CI_t)与每年现金流出量(记作 CO_t)之间的差额所形成的序列指标。其理论公式：

某年净现金流量＝该年现金流入量－该年现金流出量
$=CI_t-CO_t(t=0，1，2，\cdots，n)$

式中，现金流入量(又称现金流入)是指在其他条件不变时能使现金存量增加的变动量；现金流出量(又称现金流出)是指在其他条件不变时能够使现金存量减少的变动量。

建设项目现金流入量主要包括营业收入、补贴收入、回收固定资产余值和回收流动资金等产出类财务可行性要素。

建设项目现金流出量主要包括建设投资、流动资金投资、经营成本、维持运营投资、营业税金及附加和企业所得税等投入类财务可行性要素。

1. 营业收入的估算

一般来说，营业收入是指收到现金的营业收入(即经营现金流入)，因此必须注意两个问题：一是在存在折扣和折让的情况下，会计上对营业收入是采用总价法还是采用净额法进行账务处理。如采用总价法核算营业收入，由于营业收入包括折扣和折让，而折扣和折让不能形成现金流入，因此应按扣除折扣和折让后的营业收入净额计算经营现金流入量；如采用净额法核算营业收入，由于营业收入已将折扣和折让扣除，因此应按营业收入总额计算经营现金流入量。二是不同期间的应收账款。一般情况下是假设正常经营年度内每期发生的应收账款与回收的应收账款大体相等，因而本期的营业收入均为收到现金的营业收入；但如果明确指明前后期间营业收入不等，并且当期营业收入中有一部分在本期收到现金，另一部分将在以后期间收到现金(即形成应收账款)，则经营现金流入量应根据所给资料计算。例如，某公司2010年年初有应收账款50 000元，2011年实现收入800 000元，根据以往经验，当年营业收入中有80%在当年收到现金，而其余的20%在下年收到现金，则该公司2011年的营业收入(即经营现金流入量)为690 000元(800 000×80%+50 000)。

2. 固定资产投资与固定资产原值的估算

固定资产投资是指在固定资产上的原始投资额，表示由于固定资产投资而产生的现金流出；而固定资产原值则是固定资产投资、相关税费及资本化利息之和，是计算固定资产折旧的重要影响因素。

3. 经营成本的估算

一般来说，经营成本是指经营期内所发生的，需要付出现金的成本和费用(即经营现金流出)，其数额等于某一年度的总成本减去当年计提的固定资产折旧、无形资产摊销额、开办费摊销额、递延资产摊销额后的余额。因此，形成经营现金流出的经营成本是付现的经营成本，而不包括沉没的经营成本(过去支付过现金而在现在和未来摊入成本或费用的支出，如固定资产折旧、无形资产摊销额、开办费摊销额、递延资产摊销额等)。

4. 净现金流量的估算

显然，净现金流量具有以下两个特征：第一，无论是在运营期内还是在建设期内都存在净现金流量的范畴；第二，由于项目计算期不同阶段上的现金流入量和现金流出量发生的可能性不同，使得各阶段上的净现金流量在数值上表现出不同的特点，如建设期内的净现金流量一般小于或等于零；在运营期内的净现金流量则多为正值。

净现金流量又包括所得税前净现金流量和所得税后净现金流量两种形式。前者不受筹资方案和所得税政策变化的影响，是全面反映投资项目方案本身财务获利能力的基础数据，可用于评价在考虑所得税因素时项目投资对企业价值所做的贡献。可以在税前净现金流量的基础上，直接扣除调整所得税求得。

5. 确定建设项目净现金流量的方法

确定一般建设项目的净现金流量，可分别采用列表法和简化法两种方法。列表法是指通过编制现金流量表来确定项目净现金流量的方法，又称一般方法，这是无论在什么情况下都可以采用的方法；简化法是指在特定条件下直接用公式来确定项目净现金流量的方法，又称特殊方法或公式法。

1）列表法

在项目投资决策中使用的现金流量表，是用于全面反映某投资项目在其未来项目计算期内每年的现金流入量和现金流出量的具体构成内容，以及净现金流量水平的分析报表。它与财务会计使用的现金流量表在具体用途、反映对象、时间特征、表格结构和信息属性等方面都存在较大差异。

项目可行性研究中使用的现金流量表包括项目投资现金流量表、项目资本金现金流量表和投资各方现金流量表等不同形式。本章主要介绍项目投资现金流量表的编制方法。

项目投资现金流量表要根据项目计算期内每年预计发生的具体现金流入量要素与同年现金流出量要素逐年编制。同时还要具体详细列示所得税前净现金流量、累计所得税净现金流量、所得税后净现金流量和累计所得税后现金流量，并要求根据所得税前后的净现金流量分别计算两套内含报酬率、净现值和投资回收期等可行性评价指标。

与全部投资的现金流量相比，项目资本金现金流量表的现金流入项目没有变化，但现金流出项目不同，其具体内容包括项目资本金投资、借款本金偿还、借款利息支付、经营成本、营业税金及附加、所得税和维持运营投资等。此外，该表只计算所得税后净现金流量，并据此计算资本内含报酬率指标。

由此可以看出，若要编制项目投资现金流量表，首先要做的准备工作是预计项目计算期内每年会发生哪些具体的现金流入要素与现金流出要素；其次还要通过计算可靠预计各项现金流出与现金流入的具体数值。为了使计算过程便于理解，我们通过一系列例题加以说明。

项目计算期是指投资项目从项目建设开始到最终清理结束整个过程的全部时间，包括建设期和运营期。其中，建设期的第一年年初称为建设起点，记作 0，建设期的最后一年年末称为投产日；项目计算期的最后一年年末称为终结点，记作 n，从投产日到终结点之间的时间间隔称为运营期。

【例 3-1】 A 企业拟投资新建一个项目，在建设起点开始投资。历经两年后投产，试产期为 1 年，主要固定资产的预计使用寿命为 10 年。根据上述资料，估算该项目计算期如下：

建设期为 2 年，运营期为 10 年。

$$达产期=10-1=9(年)$$

$$项目计算期=2+10=12(年)$$

知识要点提醒

项目计算期在数值上等于项目建设期＋运营期。

从项目投资的角度看，原始总投资等于企业为使该项目完全达到设计生产能力，开展正常经营而投入的全部现实资金。包括建设投资(含固定资产投资、无形资产投资和开办费投资)及流动资金投资两项内容。投资总额是反映项目投资总体规模的价值指标，它等于原始总投资与建设期资本化利息之和。

【例 3-2】B企业拟投资新建一个生产线项目，建设期为两年，运营期为20年。全部建设投资分别安排在建设起点，建设期第2年年初和建设期期末分三次投入，投资额分别为100万元、300万元和68万元；全部流动资金投资安排在建设期期末和投产后第1年年末分两次投入，投资额分别为15万元和5万元。根据项目筹资方案的安排，建设期资本化借款利息为22万元。根据上述资料，可以估算该项目各指标如下：

建设投资合计＝100＋300＋68＝468(万元)

流动资金投资合计＝15＋5＝20(万元)

原始投资＝468＋20＝488(万元)

项目总投资＝488＋22＝510(万元)

流动资金投资的估算可按照下式进行：

经营期某年的流动资金需用额＝该年流动资产需用额－该年流动负债需用额

本年流动资金投资额＝本年流动资金需用额－截至上年年末的流动资金占用额

【例 3-3】B企业拟建的生产线项目，预计投产后第1年的流动资产需用额为30万元，流动负债需用额为15万元，假定该项投资发生在建设期末；预计投产第2年流动资产需用额为40万元。流动负债需用额为20万元。假定该项投资发生在投产后第1年年末。根据上述资料，可估算各项指标如下：

投产第1年的流动资金需用额＝30－15＝15(万元)

第1次流动资金投资额＝15－0＝15(万元)

投产第2年的流动资金需用额＝40－20＝20(万元)

第2次流动资金投资额＝20－15＝5(万元)

流动资金投资合计＝15＋5＝20(万元)

经营成本的估算可以按照下式进行：

某年经营成本＝该年总成本费用－该年折旧额－该年摊销额－该年利息支出

【例 3-4】B企业拟建的生产线项目，预计投产后第1年外购原材料、燃料和动力费为48万元，工资及福利费为23.14万元，其他费用为4万元，年折旧费为20万元，无形资产摊销费为5万元，开办费摊销费为3万元；第2～5年每年外购原材料、燃料和动力费为60万元，工资及福利费为30万元，其他费用为10万元，每年折旧费为20万元，无形资产摊销费为5万元；第6～20年每年不包括财务费用的总成本费用为160万元，其中，每年外购原材料、燃料和动力费为90万元，每年折旧费为20万元，无形资产摊销费为0。

根据上述资料，估算该项目投产后各年经营成本和不包括财务费用的总成本费用指标如下：

投产后第1年的经营成本＝48＋23.14＋4＝75.14(万元)

投产后第2～5年每年的经营成本＝60＋30＋10＝100(万元)

投产后第6～20年每年的经营成本＝160－20－0＝140(万元)

投产后第1年不包括财务费用的总成本费用＝75.14＋(20＋5＋3)

＝103.14(万元)

投产后第2～5年每年不包括财务费用的总成本费用＝100＋(20＋5＋0)＝125(万元)

小思考

计算出的成本费用是否等于相对应的现金流出量?

在投资项目各项税款的估算中，通常指估算所得税。更新改造项目需要估算变价收入的营业税。

知识要点提醒

若在确定现金流入量时，已将增值税销项税额与进项税额的差列入“其他现金流入量”项目，则本项内容中就包括应缴增值税；否则，就不应包括。

【例 3-5】仍按例 3-4 的资料，企业拟建的生产线项目，预计投产后第一年营业收入为 180 万元，第 2～5 年每年营业收入为 200 万元，第 6～20 年每年营业收入为 300 万元；适用的增值税税率为 17%，城建税税率为 7%，教育费附加率为 3%。该企业不交纳营业税和消费税。根据上述资料，可估算出该项目各项指标如下：

投产后第 1 年的应交增值税＝(营业收入－外购原材料、燃料和动力费)×增值税税率
＝(180－48)×17%＝22.44(万元)

投产后第 2～5 年每年的应缴增值税＝(200－60)×17%＝23.8(万元)

投产后第 6～20 年每年的应缴增值税＝(300－90)×17%＝35.7(万元)

投产后第 1 年的营业税金及附加＝22.44×(7%＋3%)＝2.244(万元)

投产后第 2～5 年每年的营业税金及附加＝23.8×(7%＋3%)＝2.38(万元)

投产后第 6～20 年每年的营业税金及附加＝35.7×(7%＋3%)＝3.57(万元)

【例 3-6】在例 3-4 中，假定 B 企业适用的所得税税率为 25%，估算该项目各项指标如下：

投产后第 1 年的息税前利润＝180－103.14－2.24＝74.62(万元)

投产后第 2～5 年每年的息税前利润＝200－125－2.38＝72.62(万元)

投产后第 6～20 年每年的息税前利润＝300－160－3.57＝136.43(万元)

投产后第 1 年的调整所得税＝74.62×25%＝18.66(万元)

投产后第 2～5 年每年的调整所得税＝72.62×25%＝18.66(万元)

投产后第 6～10 年每年的调整所得税＝136.43×25%＝34.11(万元)

【例 3-7】在例 3-4 中，假定 B 企业拟建生产线项目的固定资产原值在终结点的预计净残值为 40 万元，全部流动资金在终结点一次回收，则：

回收的固定资产余值为 40 万元；回收的流动资金为 20 万元。

回收额＝40＋20＝60(万元)

【例 3-8】B 企业拟建生产线项目的投资估算额及投入时间如例 3-2 所示，流动资金投资的估算额及投入时间如例 3-3 所示，各年经营成本的估算额如例 3-4 所示，各年营业收入和营业税金及附加的估算额如例 3-5 所示，各年调整所得税的估算额如例 3-6 所示，回收额的估算额如例 3-7 所示。根据上述资料，可以编制该项目投资的现金流量表见表 3-1。

表 3-1 B企业生产线投资项目现金流量表 单位：万元

项目计算期（第1年）	建设期			运营期										合计
	0	1	2	3	4	5	6	7	8	9	…	21	22	
1 现金流入量				180	200	200	200	200	300	300	…	300	360	5 540
1.1 营业收入				180	200	200	200	200	300	300		300	300	5 484
1.2 补贴收入														
1.3 回收固定资产余值													40	40
1.4 回收流动资金													20	20
2 现金流出量	100	300	83	82.38	102.38	102.38	102.38	102.38	143.57	143.57	…	143.57	143.57	3 128.45
2.1 建设投资	100	300	68											468.00
2.2 流动资金投资			15	5.00										20.00
2.3 经营成本				74.15	100	100	100	100	140	140	…	140	140	2 575.14
2.4 营业税金及附加				2.24	2.38	2.38	2.38	2.38	3.57	3.57	…	3.57	3.57	65.31
2.5 维持运营投资											…			
3 所得税前净现金流量	−100	−300	−83	97.62	97.62	97.62	97.62	97.62	156.43	156.43	…	156.43	216.43	2 411.55
4 累计所得税前净现金流量	−100	−400	−483	−385.38	−287.76	−190.14	−92.52	5.10	161.53	317.96	…	2 195.12	2 411.55	—
5 调整所得税(25%)				18.66	18.16	18.16	18.16	18.16	34.11	34.11	…	34.11	34.11	602.95
6 所得税后净现金流量	−100	−300	−83	78.96	79.46	79.46	79.46	79.46	122.32	122.32	…	122.32	182.32	1 808.60
7 累计所得税后净现金流量	−100	−400	−483	−404.04	−324.58	−245.12	−165.66	−86.20	36.12	158.44	…	1 626.28	1 808.60	—

计算指标：

净现值(所得税前)＝482.45万元(基准折现率为10%)；

净现值(所得税后)＝292.04万元(基准折现率为10%)；

内含报酬率(所得税前)＝20.01%；

内含报酬率(所得税后)＝16.55%；

包括建设期的投资回收期(所得税前)＝6.95年；

不包括建设期的投资回收期(所得税前)＝4.95年；

包括建设期的投资回收期(所得税后)＝7.70年；

不包括建设期的投资回收期(所得税后)＝5.70年。

在官方公布的用于评价建设项目财务可行性的现金流量表上，除更新改造项目外，新建项目通常不列示建设起点(第0年)，理由是为便于反映时期指标。但这样做不仅估算精度有误差，而且不符合资金时间价值一律按时间点指标处理终值和现值的原理。

知识要点提醒

估算现金流量时应注意的几个问题：必须考虑现金流量的增量；尽量利用现有的会计利润数据；不能考虑沉没成本因素；充分关注机会成本；需要考虑项目对企业其他部门的影响。

2）简化法

净现金流量又称现金净流量，是指在项目计算期内由每年现金流入量与同年现金流出量之间的差额所形成的序列指标。除更新改造项目外，新建投资项目的建设期净现金流量可直接按以下简化公式计算：

$$\text{建设期某年净现金流量}(NCF_t)=-\text{该年原始投资额}=-I_t\ (t=0，1，\cdots，s，s\geqslant 0)$$

式中，I_t为第t年原始投资额；s为建设期年数。

由上式可见，当建设期s不为零时，建设期净现金流量的数量特征取决于其他投资方式是分次投入还是一次投入。

投资项目的运营期所得税前净现金流量(NCF_t)可以按以下简化公式计算：

$$\begin{aligned}\text{运营期某年所得税前净现金流量}&=\text{该年息税前利润}+\text{该年摊销}+\text{该年回收额}\\&\quad-\text{该年维持运营投资}-\text{该年流动资金投资}\\&=EBIT_t+D_t+M_t+R_t-O_t-C_t\ (t=s+1，s+2，\cdots，n)\end{aligned}$$

式中，$EBIT_t$为第t年的息税前利润；D_t为第t年的折旧费；M_t为第t年的摊销费；R_t为第t年的回收额；O_t为第t年的维持运营投资；C_t为第t年的流动资金投资。

【例3-9】B企业拟建生产线项目的投资估算额及投入时间如例3-2所示，流动资金投资的估算额及投入时间如例3-3所示，各年折旧额和摊销额如例3-4所示，各年息税前利润如例3-6所示，回收额的估算额为60万元。根据上述资料，按简化法估算的该项目投资各年所得税前净现金流量如下：

$$NCF_0=-100\text{万元}$$

$$NCF_1=-300\text{万元}$$

$$NCF_2=-(68+15)=-83(\text{万元})$$

运营期的所得税前净现金流量：

$$NCF_3=74.62+20+(5+3)+0-0-5=97.62(万元)$$

$$NCF_{4-7}=72.62+20+(5+0)+0-0-0=97.62(万元)$$

$$NCF_{8-21}=136.43+20+(0+0)+0-0-0=156.43(万元)$$

$$NCF_{22}=136.43+20+(0+0)+60-0-0=216.43(万元)$$

通过比较本例和例3-8的计算结果可以发现，简化法与列表法的计算结果完全相同。

对新建项目而言，所得税因素不会影响建设期的净现金流量，只会影响运营期的净现金流量。

运营期的所得税后净现金流量($NCF_{t'}$)可按以下简化公式计算：

运营期某年所得税后净现金流量＝该年所得税前净现金流量

－(该年息税前利润－利息)×所得税税率

$$=NCF_t-(EBIT_t-I)\cdot T$$

式中，NCF_t为第t年的所得税前净现金流量；T为适应的企业所得各年所得税税率。

【例3-10】 B企业各年所得税前净现金流量见表3-1。根据上述资料，并假定本例中财务费用(利息)为0，按简化法估算该项目运营期各年所得税后净现金流量如下：

$$NCF_{3'}=97.62-74.62\times25\%\approx78.96(万元)$$

$$NCF_{4-7'}=97.62-72.62\times25\%\approx79.46(万元)$$

$$NCF_{8-21'}=156.43-136.43\times25\%\approx122.32(万元)$$

$$NCF_{22'}=216.43-136.43\times25\%\approx182.32(万元)$$

3) 单纯固定资产投资项目净现金流量的确定方法

如果某投资项目的原始投资中，只涉及形成固定资产的费用，而不涉及形成无形资产的费用、形成其他资产的费用或流动资产投资，甚至连预备费也可以不予考虑，则该项目就纯属于单纯固定资产投资项目。

从这类项目的所得税前现金流量的内容看，仅涉及建设期增加的固定资产投资和终结点发生的固定资产余值，在运营期发生的因使用该固定资产而增加的营业收入、增加(或节约)的经营成本、增加的营业税金及附加。这些因素集中表现为运营期息税前利润的变动和折旧的变动。因此，估算该类项目的净现金流量可直接应用以下公式：

建设期某年的净现金流量＝－该年发生的固定资产投资额

运营期某年所得税前净现金流量＝该年因使用该固定资产新增的息税前利润

＋该年因使用该固定资产而新增的折旧

＋该年回收的固定资产净残值

运营期某年所得税后净现金流量＝运营期某年所得税前净现金流量

－(该年因使用该固定资产新增的息税前利润

－利息)×所得税税率

【例3-11】 企业拟构建一项固定资产，需在建设起点一次投入全部资金1 100万元(均为自有资金)，建设期为1年。固定资产的预计使用寿命10年，期末有100万元净残值，按直线法折旧。预计投产后每年可使企业新增100万元息税前利润。适用的企业所得税税率为25%。根据上述资料，估算该项目各项指标如下：

项目计算期为 11(1+10)年；固定资产原值为 1 100 万元；

投产后第 1～10 年每年的折旧额=(1 100−100)/10=100(万元)

建设期净现金流量：

$$NCF_0=-1\ 100 \text{万元}$$

$$NCF_1=0 \text{万元}$$

运营期所得税前净现金流量：

$$NCF_{2\sim10}=100+100+0=200(\text{万元})$$

$$NCF_{11}=100+100+100=300(\text{万元})$$

运营期所得税后净现金流量：

$$NCF_{2\sim10'}=200-100\times25\%=175(\text{万元})$$

$$NCF_{11'}=300-100\times25\%=275(\text{万元})$$

【例 3-12】某企业计划年度拟投资 A 项目，经可行性分析，有关资料如下：

(1) A 项目共需要固定资产投资 450 000 元，其中第 1 年年初和第 2 年年初分别投资 250 000 元和 200 000 元，第 2 年年末全部竣工交付使用。

(2) A 项目投产时需要垫支相应流动资金 320 000 元，用于购买材料、支付工资等。

(3) A 项目经营期预计为 5 年，固定资产按直线法计提折旧。A 项目正常终结处理时预计清理费用为 3 000 元，残余价值 123 000 元。

(4) 根据市场预测，A 项目投产后第 1 年营业收入为 320 000 元，以后 4 年每年营业收入为 450 000 元。第 1 年的付现成本为 150 000 元，以后 4 年每年的付现成本均为 210 000 元。

(5) 假设企业使用所得税税率为 40%。

试计算 A 项目预计 5 年的现金流量。

首先，计算 A 项目的每年折旧额：

年折旧额=(450 000−123 000+3 000)/5=66 000(元)

其次，计算经营期净现金流量(见表 3-2)。

表 3-2 经营期净现金流量计算表 单位：元

项目	第 1 年	第 2 年	第 3 年	第 4 年	第 5 年
营业收入	320 000	450 000	450 000	450 000	450 000
减：付现成本	(150 000)	(210 000)	(210 000)	(210 000)	(210 000)
折旧	(66 000)	(66 000)	(66 000)	(66 000)	(66 000)
税前净利	104 000	174 000	174 000	174 000	174 000
减：所得税	(41 600)	(69 600)	(69 600)	(69 600)	(69 600)
税后净利	62 400	104 400	104 400	104 400	104 400
加：折旧	66 000	66 000	66 000	66 000	66 000
经营期净现金流量	128 400	170 400	170 400	170 400	170 400

最后，在A项目经营期净现金流量计算出来后，便可通过加进项目建设期的投资现金流量和报废时的终结现金流量，一并计算该项目的全部现金流量。计算过程见表3-3。

表3-3　现金流量计算表　　单位：元

T期	0	1	2	3	4	5	6	7
固定资产投资	−250 000	−200 000						
流动资金投资			−320 000					
经营期净现金流量				128 400	170 400	170 400	170 400	170 400
固定资产残值								120 000
流动资产回收								320 000
现金流量合计	−250 000	−200 000	−320 000	128 400	170 400	170 400	170 400	610 400

在表3-3中，$t=0$代表第1年年初；$t=1$代表第1年年末；$t=2$代表第2年年末，以此类推。

3.3　投资项目决策评价指标

本节在介绍财务可行性评价指标定义的基础上，分别讨论计算这些指标必须考虑的因素、项目现金流量的测算和确定相关折算率的方法，重点研究主要财务可行性评价指标的计算方法，并介绍根据这些指标进行财务可行性评价的技巧。

3.3.1　财务可行性评价指标的类型

财务可行性评价指标是指用于衡量投资项目财务效益大小和评价投入产出关系是否合理，以及评价其是否具有财务可行性所依据的一系列量化指标的统称。由于这些指标不仅可用于评价投资方案的财务可行性，而且还可以与不同的决策方法相结合，作为多方案比较与选择决策的量化标准与尺度，因此在实践中又被称为财务投资决策评价指标，简称评价指标。

财务可行性评价指标很多，本书主要介绍静态投资回收期、总投资收益率、净现值、净现值率和内含报酬率5个指标。

上述评价指标可以按以下标准进行分类：

(1) 按是否考虑资金时间价值分类，财务可行性评价指标可分为静态分类指标和动态分类指标。前者是指在计算过程中不考虑资金时间价值因素的指标，简称静态指标，包括总投资收益率和静态投资回收期；后者是指在计算过程中充分考虑和利用资金时间价值因素的指标。

(2) 按指标性质不同分类，财务可行性评价指标可分为在同一范围内越大越好的正指标和越小越好的反指标两大类。上述指标中只有静态投资回收期属于反指标。

(3) 按指标在决策中的重要性分类，财务可行性评价指标可分为主要指标、次要指标和辅助指标。净现值、内含报酬率等为主要指标；静态投资回收期为次要指标；总投资收益率为辅助指标。

从总体上看，计算财务可行性评价指标需要考虑的因素包括财务可行性要素、项目计算期的构成、时间价值和投资的风险。其中，前两项因素是计算任何财务可行性评价指标都需要考虑的因素，投资风险既可以通过调整项目净现金流量来反映，又可以通过折现率指标来反映。因此本节先介绍测算投资项目各年净现金流量的技巧，然后结合动态评价指标的计算讨论如何确定折现率。

3.3.2 静态评价指标的计算方法及特征

1. 静态投资回收期

静态投资回收期(简称回收期)，是指以投资项目经营净现金流量抵偿原始总投资所需要的全部时间，即投资引起的现金流入累计到与投资额相等所需要的时间。它代表收回投资所需要的年限。回收期限越短，对于项目越为有利。回收期法的计算公式为

$$\sum_{i=0}^{PP} A_i = 0$$

式中，A_0为原始投资；A_i为第i年的净现金流量；i为年数；PP为投资回收期。

【例 3-13】设企业的资本成本为10%，有3项投资项目，有关数据见表3-4。

表3-4　A、B、C项目的现金流量表　　单位：万元

年份	A项目			B项目			C项目		
	净收益	折旧	现金流量	净收益	折旧	现金流量	净收益	折旧	现金流量
0			(20 000)			(9 000)			(12 000)
1	1 800	10 000	11 800	(1 800)	3 000	1 200	600	4 000	4 600
2	3 240	10 000	13 240	3 000	3 000	6 000	600	4 000	4 600
3				3 000	3 000	6 000	600	4 000	4 600
合计	5 040		5 040	4 200		4 200	1 800		1 800

根据例3-13的数据，A项目和B项目的回收期分别为1.62年和2.30年，计算过程见表3-5与表3-6。

表3-5　项目的投资回收期计算　　单位：万元

A项目	现金流量	回收额	未回收额
原始投资	(20 000)		
现金流入：			
第1年	11 800	11 800	8 200
第2年	13 240	8 200	0

回收期＝1＋(8 200÷13 240)＝1.62(年)

表 3-6　B项目的投资回收期计算　　单位：万元

B项目	现金流量	回收额	未回收额
原始投资	(9 000)		
现金流入：			
第1年	1 200	1 200	7 800
第2年	6 000	6 000	1 800
第3年	6 000	1 800	0

回收期＝2＋(1 800/6 000)＝2.30(年)

回收期法的优点：计算简便，容易为投资人所理解，可以基本衡量项目的流动性和风险。

回收期法的缺点：未考虑货币的时间价值，把不同时间的货币收支看成是等效的；未考虑回收期以后的现金流，也就是没有衡量项目的盈利性；有可能导致公司错误地接受短期项目而放弃具有战略意义的长期项目。

一般来说，回收期越短的项目风险越低，因为时间越长越难以预计，风险越大。短期项目给企业提供了较大的灵活性。快速收回的资金可用于其他的项目。因此，回收期法可用于快速地粗略衡量项目的流动性和风险。但是事实上有战略意义的长期项目一般早期收益较低，而中后期收益较高。回收期法优先考虑急功近利的短期项目，可能导致放弃成功的长期项目。

2. 投资报酬率法

为了克服回收期法忽视项目盈利性这一缺点，人们提出了投资报酬率法。投资报酬率ARR用来表示年平均利润占总投资的百分率。

投资报酬率法的计算公式为

ARR＝(年平均利润/投资总额)×100％

【例 3-14】 仍以例 3-13 的资料计算 A、B、C 项目的投资报酬率。

ARR_A＝［(1 800＋3 240)/2］/20 000 ×100％＝12.6％

ARR_B＝［(－1 800＋3 000＋3 000)/3］/9 000 ×100％＝15.6％

ARR_C＝600/12 000 ×100％＝5％

投资报酬率法的优点：它是一种衡量盈利性的简便方法，使用的概念易于理解；财务报表上的相关数据易于取得；考虑了整个项目寿命期的全部利润。缺点是它仍然没有考虑货币的时间价值，忽视了净收益的时间分布对于项目经济价值的影响。

知识要点提醒

静态评价指标的共同缺点是都未考虑货币的时间价值，把不同时间的现金流入与现金流出看成是等效的。正是由于在计算中忽略了资金时间价值因素，静态评价指标拥有的共同优点是计算简便，容易为投资人所理解。

3.3.3 动态评价指标的计算

1. 折现率的确定

在财务可行性评价中，折现率是计算动态评价指标所依据的一个重要参数，财务可行性评价中的折现率可以按以下方法确定：

第一，以拟投资项目所在行业(而不是单个投资项目)的权益资本必要收益率作为折现率，适用于资金来源单一的项目。

第二，以拟投资项目所在行业(而不是单个投资项目)的加权平均资金成本作为折现率，适用于相关数据齐备的行业。

第三，以社会的投资机会成本作为折现率，适用于已经持有投资所需资金的项目。

第四，以国家或行业主管部门定期发布的行业基准资金收益率作为折现率，适用于投资项目的财务可行性研究和建设项目评估中的净现值和净现值率指标的计算。

第五，完全人为主观确定折现率，适用于按逐次测试法计算内含报酬率指标。本章中所使用的折现率，按第 4 种或第 5 种方法确定。

关于财务可行性评价中使用的折现率，必须在理论上明确以下问题：

第一，折现率与金融业务中处理未到期票据贴现中所使用的贴现率根本不是一个概念，不得将两者混淆，最好也不要使用"贴现率"这个术语。

第二，在确定折现率时，往往需要考虑投资风险因素，可人为提高折现率水平，而反应时间价值的利息率或贴现率通常不考虑风险因素。

第三，折现率不应当也不可能根据单个投资项目的资金成本计算出来。因为在财务可行性评价时，不是以筹资决策和投资行为的实施为前提。筹资的目的是为了投资项目筹措资金，只有具备财务可行性的项目才有进行筹资的必要，所以投资决策与筹资决策在时间顺序上不能颠倒位置，更不能互为前提。除非假定投资决策时项目所需资金已经全部筹措到位，否则，对于无法确定其是否具有财务可行性的投资项目，根本没有进行筹资决策的必要，也无法算出其资本成本。即使已经持有投资所需资金的项目，也不能用筹资形成的资本成本作为折现率，因为由筹资所形成的资本成本中只包括了资金供给者(原始投资者)所考虑的向筹资者进行投资的风险，并没有考虑资金使用者(企业)利用这些资金进行直接项目投资所面临的风险因素。

知识要点提醒

当然，在进行证券投资决策时，由于投资者已经拥有投资所需的资金，其资金成本已经客观存在，可以在此基础上确定计算动态决策指标所需要的折现率。国外财务管理类书籍无一例外地主张以资本成本作为投资折现率，是因为这些书籍所研究的投资决策，大多以金融市场的存在为前提条件，以有价证券为主要投资内容。

2. 项目评估使用的基本方法

项目评估使用的基本方法是折现现金流量法，主要包括净现值法、现值指数法和内含报酬率法 3 种。

1）净现值法

净现值法是指投资项目未来现金流入的现值与未来现金流出的现值之间的差额，它是评估项目是否可行的最重要的指标。按照这种方法，所有未来现金流入和现金流出都要用资本成本折算现值，然后用流入的现值减去流出的现值得出净现值。如果净现值为正数，表明投资报酬率大于资本成本，可以满足投资人的获益要求，应予以采纳；如果净现值为负，表明投资报酬率小于资本成本，该项目要予以放弃。

（1）净现值指标计算的一般方法。净现值的计算公式为

$$NPV=\left[\sum_{t=1}^{n}\left(\frac{NCF_t}{(1+r)^t}\right)-A_0\right]$$

式中，n为项目期限；NCF_t为项目实施第t年的净现金流量；r为资本成本；A_0为原始总投资；t为年数($t=1$，2，…，n)投资回收期。

【例3-15】 仍以例3-13的资料计算A、B、C项目的净现值。

净现值(A)＝(11 800×0.909 1＋13 240×0.826 4)－20 000＝1 669(万元)

净现值(B)＝(1 200×0.909 1＋6 000×0.826 4＋6 000×0.751 3)－9 000＝1 557(万元)

净现值(C)＝4 600×2.487－12 000＝－560(万元)

A、B两项目投资的净现值为正数，说明这两个项目的投资报酬率均超过10%，都可以采纳。C项目的净现值为负数，说明这个项目的报酬率达不到10%，无法弥补资本成本，应予以舍弃。

（2）净现值指标计算的特殊方法。是指在特殊条件下，当项目投产后净现金流量表现为普通年金或递延年金时，可以利用计算年金现值或递延年金现值的技巧直接计算出项目净现值的方法，又称简化方法。

由于项目各年的净现金流量NCF_t($t=0$，1，…，n)属于系列款项，所以当项目的原始投资均于建设期投入，运营期不再追加投资，投产后的净现金流量表现为普通年金或递延年金的形式时，就可视情况不同分别按不同的简化公式计算净现值指标。

特殊方法一：

当建设期为零，投产后的净现金流量表现为普通年金形式时：

$$NPV=NCF_0+NCF_{1\sim n}\cdot(P/A,\ i_c,\ n)$$

【例3-16】 某投资项目的所得税前净现金流量如下：NCF_0为－100万元，$NCF_{1\sim 10}$为20万元；假定该项目的基准折现率为10%。则按照化简方法计算的该项目的净现值(所得税前)如下：

$$NPV=-100+20\times(P/A,\ 10\%,\ 10)=22.891\ 4\approx 22.89(万元)$$

特殊方法二：

当建设期为零，运营期第($1\sim n$)年每年不含回收额的净现金流量相等，但终结点第n年有回收额R_n(如残值)时，可按两种方法求净现值。

① 将运营期[$1\sim(n-1)$]年每年相等的不含回收额净现金流量视为普通年金，第n年净现金流量视为第n年终值。公式如下：

$$NPV=NCF_{1\sim(n-1)}\cdot(P/A,\ i_c,\ n-1)+NCF_n\cdot(P/F,\ i_c,\ n)$$

② 将运营期[1～(n－1)]年每年相等的不含回收额净现金流量按普通年金处理，第 n 年发生的回收额单独作为该年终值。公式如下：

$$NPV=NCF_0+NCF_{1\sim(n-1)}\cdot(P/A,\ i_c,\ n-1)+R_n\cdot(P/F,\ i_c,\ n)$$

【例 3－17】 某投资项目的所得税前净现金流量如下：NCF_0 为－100 万元，$NCF_{1\sim9}$ 为 19 万元，NCF_{10} 为 29 万元；假定该项目的基准折现率为 10%。则按照简化方法计算该项目的净现值(所得税前)如下：

$$NPV=-100+19\times(P/A,\ 10\%,\ 9)+29\times(P/F,\ 10\%,\ 10)$$

或

$$NPV=-100+19\times(P/A,\ 10\%,\ 10)+10\times(P/F,\ 10\%,\ 10)$$
$$=20.6062\approx20.60(\text{万元})$$

特殊方法三：

当建设期不为零，全部投资在建设起点一次投入，运营期每年净现金流量为递延年金形式时：

$$NPV=NCF_0+NCF_{(s+1)\sim n}\cdot[(P/A,\ i_c,\ n)-(P/A,\ i_c,\ s)]$$

或

$$NPV=NCF_0+NCF_{(s+1)\sim n}\cdot(P/A,\ i_c,\ n-s)\cdot(P/F,\ i_c,\ s)$$

【例 3－18】 某项目的所得税前净现金流量数据如下：NCF_0 为－100 万元，NCF_1 为 0，$NCF_{2\sim11}$ 为 20 万元；假定该项目的基准折现率为 10%。则按简化方法计算的该项目净现值(所得税前)如下：

$$NPV=-100+20\times[(P/A,\ 10\%,\ 11)-(P/A,\ 10\%,\ 1)]$$

或

$$NPV=-100+20\times(P/A,\ 10\%,\ 10)\times(P/F,\ 10\%,\ 1)$$
$$=11.7194\approx11.72(\text{万元})$$

特殊方法四：

当建设期不为零，全部投资在建设起点分次投入，投产后每年净现金流量为递延年金形式时：

$$NPV=NCF_0+NCF_1\cdot(P/F,\ i_c,\ 1)+\cdots+NCF_s\cdot(P/F,\ i_c,\ s)$$
$$+NCF_{(s+1)\sim n}\cdot[(P/A,\ i_c,\ n)-(P/A,\ i_c,\ s)]$$

【例 3－19】 某项目的所得税前净现金流量数据如下：$NCF_{0\sim1}$ 为－50 万元，$NCF_{2\sim11}$ 为 20 万元；假定该项目的基准折现率为 10%。则按化简方法计算的该项目净现值(所得税前)如下：

$$NPV=-50-50\times(P/F,\ 10\%,\ 1)+20\times[(P/A,\ 10\%,\ 11)-(P/A,\ 10\%,\ 1)]$$
$$=16.2648\approx16.26(\text{万元})$$

净现值法所依据的原理：假使原始投资是按资本成本借入的，当净现值为正数时偿还本息后该项目仍有剩余的收益，当净现值为零时偿还本金后一无所有，当净现值为负数时说明该项目收益不足以偿还本息。资本成本是投资人要求的最低报酬率，净现值为正数表明项目可以满足投资人的最低要求。

净现值法有其广泛的适用性，它反映一个项目按现金流量计算的现金净收益，是金额的绝对数，只有净现值指标大于或等于零的投资项目才具有财务可行性。净现值指标的优点是综合考虑了资金时间价值、项目计算期内的全部净现金流量信息和投资风险；缺点在于：无法从动态的角度直接反应投资项目的实际收益率水平，与静态投资回收期指标相比，计算过程比较烦琐，尤其在比较投资额不同的项目时有其局限性。

在例 3－13 中，A 项目和 B 项目就不能根据净现值法判断哪一个项目更好，因为它们的项目期限和投资额都不同。A 项目用 20 000 元投资，两年时间获得 1 169 万元的净现值，B 项目用 9 000 元投资，3 年时间获得 1 557 万元的净现值。这两个净现值没有直接可比性，不能判断哪一个更好。

知识要点提醒

只有净现值指标大于或等于零的投资项目才具有财务可行性。净现值法虽然有其局限性，但依然是适用范围比较广的评价项目可行性的方法，也是若干可行性方案之中，做投资选择时所依据的主要的评价标准。

2）现值指数法

为了比较初始投资额不同的投资项目，人们提出了现值指数法。

所谓现值指数，是指未来现金流入现值与现金流出现值的比率，也称获利指数、净现值率或现值比率。

现值指数的计算公式为

$$\mathrm{PI}=\left(\sum_{t=1}^{n}\left(\frac{\mathrm{NCF}_t}{(1+r)^t}\right)/A_0\right)$$

式中，PI 为现值指数或获利指数；n 为项目期限；NCF_t 为在项目实施第 t 年的净现金流量；r 为资本成本；A_0 为原始总投资；t 为年数($t=1，2，\cdots，n$)。

【例 3－20】 在例 3－13 中，项目 A、B、C 的现值指数如下：

$$\mathrm{PI(A)}=21\ 669/20\ 000=1.08>1$$

$$\mathrm{PI(B)}=10\ 557/9\ 000=1.17>1$$

$$\mathrm{PI(C)}=11\ 440/12\ 000=0.95<1$$

现值指数表示 1 元初始投资取得的现值毛收益。A 项目的 1 元投资取得 1.08 元的现金毛收益，也就是取得 0.08 元的现金净收益，或者说用股东的 1 元钱为他们创造了 0.08 元的财富。B 项目的 1 元钱取得的现金毛收益是 1.17 元，也就是说取得了 0.17 元的现金净收益。C 项目的 1 元钱只取得 0.95 元的现金毛收益，相当于 1 元钱投资损失了 0.05 元，股东财富减少了 5%。

现值指数是相对数，反映投资的效率，B 项目的效率高；净现值是绝对数，反映投资的收益，A 项目的收益大。两者各有优势。净现值率的优点是可以从动态的角度反映项目投资的资金投入与净产出之间的关系，只有该指标大于或等于零的投资项目才具有财务可行性；计算过程比较简单。缺点是无法直接反映投资项目的实际收益率。

虽然采用现值指数法考虑了初始投资额的大小，但是对于期限不同的投资项目，仍然无法比较。

知识要点提醒

现值指数又叫获利指数、净现值率或现值比率。只有现值指数大于或等于1的项目才具有财务可行性。

3）内含报酬率法

内含报酬率是指能够使未来现金流入量现值等于未来现金流出量现值的折现率，或者说是使投资项目净现值为零的折现率。

净现值法和现值指数法虽然考虑了资金的时间价值，可以说明投资项目的报酬率高于或低于资本成本，但是没有揭示项目本身可以达到的报酬率是多少。内含报酬率是根据项目的现金流量计算的，是项目本身的投资报酬率。

内含报酬率的计算，通常要用到“插值法”。首先估计一个贴现率，用它来计算项目的净现值；如果净现值为正数，证明项目本身的报酬率超过折现率，应提高折现率后进一步测试；如果净现值为负数，说明项目本身的报酬率低于折现率，应降低折现率后进一步测试。经过多次测试，寻找出使净现值接近于零的折现率，即为项目本身的内含报酬率。测试过程如下：

当 $NPV_j>0$ 时，$IRR>r_j$，继续测试；

当 $NPV_j<0$ 时，$IRR<r_j$，继续测试；

当 $NPV_j=0$ 时，$IRR=r_j$，继续测试。

【例3-21】根据例3-13中的资料，已知A项目的净现值为正数，说明它的投资报酬率大于10%，因此，应提高折现率进一步测试。假设以18%为折现率计算，净现值为−499元，下降到16%计算，净现值为9元。采用插值法计算使净现值为零的A项目的内部报酬率见表3-7。

表3-7 A项目内含报酬率的测试

单位：万元

年份	现金净流量	贴现率＝18%		贴现率＝16%	
		折现系数	现值	折现系数	现值
0	(20 000)	1	(20 000)	1	(20 000)
1	11 800	0.847	9 995	0.862	10 172
2	13 240	0.718	9 506	0.743	9 837
净现值			(499)		9

$$IRR_A=16\%+\{2\%\times[9/(9+499)]\}=16.04\%$$

依照上述方法，项目B的内含报酬率的测试见表3-8。

$$IRR_B=16\%+\{2\%\times[338/(22+338)]\}=17.88\%$$

C项目各期现金流入量相等，符合资金时间价值部分关于年金的定义，内含报酬率可借助年金现值系数表推算出来。即

$$12\,000=4\,600\times PVIFA_{i,3}$$

$$PVIFA_{i,3}=2.609$$

表 3-8 B项目内含报酬率的测试 单位：万元

年　份	现金净流量	贴现率＝18%		贴现率＝16%	
		折现系数	现值	折现系数	现值
0	(9 000)	1	(9 000)	1	(9 000)
1	1 200	0.847	1 016	0.862	1 034
2	6 000	0.718	4 308	0.743	4 458
3	6 000	0.609	3 654	0.641	3 846
净现值			(22)		338

从年金现值系数表中可以查到 $PVIFA_{7\%,3}=2.624$，$PVIFA_{8\%,3}=2.577$。用插值法计算内含报酬率：

$$IRR_C=7\%+\{1\%\times[(2.624-2.609)/(2.624-2.577)]\}=7.32\%$$

计算出各项目的内含报酬率后，可以根据企业的资本成本进行项目取舍。由于资本成本为10%，那么A、B两个项目都可以接受，而C项目则应放弃。

知识要点提醒

插值法又称试值法。在直接得到计算结果有难度时，可以采用这种方法试值，一步一步减少与目标值之间的误差，得到需要的计算结果。

内含报酬率是项目本身的盈利能力。内含报酬率与现值指数法有相似之处，都是根据相对比率来评估项目，而不像净现值法依靠绝对数值来评估项目。

内含报酬率法与现值指数法也有区别。在计算内含报酬率时不必事先估计资本成本，只是最后才需要一个切合实际的资本成本帮助企业判断投资项目是否可行。现值指数法需要一个合适的资本成本，以便将各期现金流量折为现值。

内含报酬率法的优点是既可以从动态的角度直接反映投资项目的实际收益水平，又不受折现率高低的影响，比较客观。缺点是计算过程复杂，尤其当运营期内大量追加投资时，有可能导致多个内含报酬率出现，或偏高或偏低，缺乏实际意义。

内含报酬率是使投资项目净现值为零的折现率。只有内含报酬率大于或等于基准折现率的投资项目才具有财务可行性。基准折现率可以是企业的资本成本，也可以是投资人要求的必要报酬率。

只有当该指标大于或等于基准折现率的投资项目才具有财务可行性。

3.4 项目决策评价指标的运用

3.4.1 互斥项目的选择

互斥项目是指多个互相排斥，不能同时并存的项目方案。对于投资人来说，在进行项目选择时，若要接受一个项目，就必须放弃另一个项目。通常，它们是解决问题的两种备选方案。例如，为了生产一个新产品，可以选择进口设备，也可以选择国产设备，它们的使用寿命、购置价格和生产能力均不同。企业只购买其中之一就可解决问题，并不需要同时购买。

面对互斥方案，仅仅评价哪一个项目方案可以接受是不够的，它们都有正的净现值，要在两个可行方案中选出一个更优的方案。如果一个项目方案的所有评估指标，包括净现值、内含报酬率、回收期和投资报酬率均优于另一个方案，那企业在选择时就不会有什么困扰。但是如果这些指标出现了矛盾，应该怎样做出选择呢？探讨过了，如果投资额不同，可以利用获利指数或者内含报酬率法帮助企业做决策，下面主要分析当项目有效期限不同时，要怎样做出比较判断？

面对项目有效期不同的投资方案，有两种判断方法，一种是共同年限法；另一种是等额年金法。

1. 共同年限法

如果两个互斥项目不仅投资额不同，而且项目期限也不同，则其净现值没有可比性。共同年限法的原理：假设投资项目可以在终止时重置，通过重置使两个投资项目达到相同的年限，然后比较其净现值。

【例3-22】假设公司资本成本为10%，有A和B两个互斥的投资项目。A项目的年限为6年，净现值为12 442万元，内含报酬率为20%。B项目的年限为3年，净现值为8 323万元，内含报酬率为20.61%。两个指标的评估结论有矛盾。A项目净现值大，但是B项目的内含报酬率大。

我们可以用共同年限法进行分析：假设B项目终止时可以进行重置一次，该项目的期限就延长到了6年，与A项目相同。两个项目的现金流量分布见表3-9。其中重置B项目第3年年末的现金流量−5 800万元是重置初始投资−17 800万元与第一期项目第3年年末现金流入12 000万元的现金合计。经计算，重置B项目的净现值为14 577万元，因此B项目优于A项目。

表3-9　重置B项目后的现金流量比较　　单位：万元

项　目		项目A		项目B		项目重置B	
时间	折现系数（10%）	现金流	现值	现金流	现值	现金流	现值
0	1	−40 000	−40 000	−17 800	−17 800	−17 800	−17 800
1	0.909 1	13 000	11 818	7 000	6 364	7 000	6 364
2	0.826 4	8 000	6 612	13 000	10 744	13 000	10 744
3	0.751 3	14 000	10 518	12 000	9 016	−5 800	−4 358
4	0.683 0	12 000	8 196			7 000	4 781
5	0.620 9	11 000	6 830			13 000	8 072
6	0.564 5	15 000	8 467			12 000	6 774
净现值			12 441		8 324		14 577
内含报酬率		19.73%		32.67%			

共同年限法有一个困难问题：共同比较期的时间可能很长。例如，一个项目 7 年，一个项目 9 年，就需要以 63 年作为共同比较期。而且重置时的原始投资，因为技术进步和通货膨胀几乎总会发生变化，实在难以预计。

2. 等额年金法

等额年金法是用于比较年限不同的项目另一种方法。它比共同年限法要简单，其计算步骤如下：

（1）计算两项目的净现值；

（2）计算净现值的等额年金额。

【例 3－23】 依据例 3－22 数据：

A 项目的净现值为 12 441 万元；

A 项目净现值的等额年金＝12 441/(P/A，10%，6)＝12 441/4.355 3＝2 857(万元)

B 项目的净现值为 8 324 万元；

B 项目净现值的等额年金＝8 324/(P/A，10%，3)＝8 324/2.486 9＝3 347(万元)

因为 3 347＞2 857，所以 B 项目优于 A 项目，结论与共同年限法得出的结论一致。

共同年限法与等额年金法各有优点。共同年限法易于理解，比较直观；等额年金法应用简单。但是两种方法也存在共同的缺点：①有的领域技术进步快，不可能原样复制；②如果通货膨胀严重，则必须考虑重置成本的变化。

在本章的导入案例中，购船方案与翻修方案是总经理面对的两个互斥方案。选择投资方案的分析过程见表 3－10。

表 3－10　购船方案与翻修方案的比较

购置新船	第几年	年现金流量/元	现值系数/10%	现值/元
节约运行成本	1～10 年	4 000(16 000－12 000)	6.144 6	24 578
节约大修理成本	5 年	5 500(8 000－2 500)	0.620 9	3 415
节约总数				27 993
投资支出(增量投资)	1 年	－13 000	1	－13 000
净现值				14 993

在导入案例中，由于两个投资项目的差量净现值大于零，因此该企业应该选择购船方案。

3.4.2　资本限量情况下的项目投资决策

资本限量决策是指企业投资资金已定的情况下所进行的投资决策，也就是说，尽管存在很多有利可图的投资项目，但由于无法筹集到足够的资金，只能在已有资金的限制下进行决策。

在资金有限的情况下，决策的原则是使企业获得最大的利益，即将有限的资金投放于一组能使净现值最大的项目组合。这样的项目组合可以通过以下两种方法获取。

1. 获利指数法

获利指数法是以各投资项目获利指数的大小进行项目排队，以获取投资资金为最高限额，并以加权平均获利指数为判断标准的最优化决策方法。该方法的应用步骤：

第一步，计算所有投资项目的获利指数，并列出每一个项目的初始投资。

第二步，接受所有获利指数≥1 的项目，并按获利指数的大小进行项目的顺序排队。如果所有可接受的项目都有足够的资金，则说明资本没有限量，这一过程即可完成。

第三步，在已获投资资金不能满足所有获利指数≥1 的项目需求的情况下，应对所有项目在资本限量内进行各种可能的组合，然后计算出各种组合的加权平均获利指数。

第四步，接受加权平均获利指数最大的一组项目。

2. 净现值法

净现值法是以已获投资资金为最高限额，并以净现值总额最大为判断标准的最优化决策方法。该方法的应用步骤：

第一步，计算所有项目的净现值，并列出每一项目的初始投资。

第二步，接受所有净现值≥0 的项目，如果所有可接受的项目都有足够的资金，则说明资本没有限量，这一过程即可完成。

第三步，在已获投资资金不能满足所有净现值≥0 的投资项目需求的情况下，应将所有项目在已获投资资金限量内进行各种可能的组合，并计算出各种组合的净现值总额。

第四步，接受净现值总额最大的投资组合为最优组合。

【例 3-24】 M 公司有 5 个可供选择的投资项目：A、B、C、D、E，其中 B 和 C、D 和 E 是互斥项目，M 公司已获投资资金的最大限量是 880 000 元，详细情况见表 3-11。

表 3-11 5 个投资项目的详细情况

投资项目	初始投资/元	获利指数	净现值/元
A	240 000	1.35	84 000
B	180 000	1.42	75 600
C	250 000	1.61	152 500
D	425 000	1.40	170 000
E	230 000	1.14	32 200

如果 M 公司想选取获利指数最大的项目，那么它将选用 C 项目(获利指数为 1.61)；如果 M 公司按每一个项目的净现值的大小来选取，那么它将选用 D 项目(净现值为 170 000 元)。然而，以上两种方法都是错误的，因为它们选择的都是获利指数最大或净现值最大的单一项目，而不是能使企业净现值最大的项目组合。

为了选出最优的项目组合，必须列出在资本限量内的所有可能的项目组合。为此，我们通过表 3-12 来计算所有可能的项目组合的加权平均获利指数和净现值合计数。

在表 3-12 中 ABD 的组合有 35 000 元资金没有用完，假设这 35 000 元可投资于有价证券，获利指数为1(以下其他组合也如此)，则ABD组合的获利指数可按下列方法计算。

表3-12 所有可能的项目组合的平均获利指数和净现值合计数

项目组合	初始投资/元	加权平均获利指数	净现值合计/元
ABD	845 000	1.374 5	329 600
ACD	915 000	1.50	406 500
ABE	650 000	1.218	191 800
ACE	720 000	1.305	268 700
AB	420 000	1.18	159 600
AC	490 000	1.269	236 500
AD	665 000	1.288 6	254 000
AE	470 000	1.132	116 200
BE	410 000	1.122 5	107 800
CE	480 000	1.21	184 700

$$
\begin{aligned}
\text{ABD组合的获利指数} &= (240\ 000/880\ 000)\times 1.35 \\
&\quad +(180\ 000/880\ 000)\times 1.42+(425\ 000/880\ 000)\times 1.40 \\
&= 1.374\ 5
\end{aligned}
$$

从表3-12中可以看出，M公司应选用A、B和D 3个项目组成的投资组合，其净现值为329 560元。

知识要点提醒

在进行方案选择时应注意两点：一是组合投资总额不得超过已获投资资金的限额(例3-24中为880 000元)，否则即为无效投资组合(例3-24中的A、C、D 3个项目的组合)；二是有效投资组合应当是最大投资组合，凡包容在其他组合中的组合均不会成为最优投资组合(例3-24中的A、B项目的组合，A、C项目的组合，A、D项目的组合，A、E项目的组合，B、E项目的组合，C、E项目的组合)。

3.4.3 风险情况下的项目投资决策

企业在长期投资过程中，往往面临不同种类、不同程度的风险，因而在未来现金流量中必然包含不等数量、不同分布的风险报酬。正确计量风险报酬是制定正确的投资决策的前提，实践中许多投资失败的例子都充分说明了这一点。

为了正确决策，必须在投资决策指标的计算中恰当反映风险因素的修正影响：或者在指标计算中考虑风险因素的影响，采取风险调整贴现率法；或者在指标计算中剔除风险因素的影响，采取风险调整现金流量法。

1. 风险调整贴现率法

将与特定投资项目有关的风险报酬，加入到资本成本或企业要求的最低投资报酬率中，构成按风险调整的贴现率，并据以计算投资决策指标，进行决策分析的方法叫风险调整贴现率法。采用该方法的基本原理：如果现金流量包含风险报酬，则贴现率就必须考虑风险报酬率，通过加大贴现率把现金流量中包含的风险影响(即风险报酬)予以消除，从而使指标能正确地反映无风险条件下的决策。

可以考虑采取以下三种方法调整贴现率。

1）用资本资产定价模型调整贴现率

由于企业投资往往面临两种风险：可分散风险和不可分散风险，而不可分散风险又可以由β系数值表述。因此，特定投资项目按风险调整的贴现率可按下式计算：

$$K_j = R_F + \beta_j \times (R_m - R_F)$$

式中，K_j为第j种股票或j种证券组合的必要收益率；R_F为无风险收益率；β_j为第j种或第j种证券组合的β系数；R_m为所有股票或所有证券的平均收益率。

2）按风险等级调整贴现率

按风险等级调整贴现率方法的基本思路是对影响投资项目风险的各个因素进行评分，然后根据评分确定风险等级，并据以调整贴现率。

操作时，可以根据不同期间影响因素及变动情况确定各因素得分，然后计算各期间的总得分；随总得分的增加，风险等级也随之增加，于是可以由专业人员根据经验等确定相应的贴现率。

按风险等级调整贴现率方法既可以用于多个方案贴现率的确定(此时对每一方案的整个期间讲，贴现率可以是一个，也可以在不同小期间对应不同的贴现率)，也可以用于单个方案贴现率的确定。

3）按风险价值系数调整贴现率

由于任何一项投资的报酬率均由两部分组成：无风险报酬率和风险报酬率。其计算公式如下：

$$K_j = R_F + bV$$

可以看出，风险报酬率既取决于标准离差率V，也取决于风险价值系数b。标准离差率V的确定已讲过，而风险价值系数b的大小则由投资者根据经验，并结合其他因素加以确定。通常有以下几种方法：

(1) 根据以往同类项目的有关数据确定。根据以往同类投资项目的投资收益率、无风险收益率和收益标准离差率等历史资料，可以求得风险价值系数。

【例3-25】假设进行某项投资，其同类项目的投资收益率为10%。无风险收益率为6%，收益标准离差率为50%。根据公式$K_j = R_F + bV$，可计算如下：

$$b = (K_j - R_F)/V = (10\% - 6\%)/50\% = 8\%$$

(2) 由企业领导或有关专家确定。如果现在进行的投资项目缺乏同类项目的历史资料，不能采用上述方法计算，则可以根据主观的经验加以确定。可以由企业领导，如总经理、财务副经理、财务主任等研究确定，也可以由企业组织有关专家确定。这时，风险价值系数的确定在很大程度上取决于企业对风险的态度。比较敢于冒风险的企业，往往把风险价值系数定得低些；而比较稳健的企业，则往往定得高些。

(3) 由国家有关部门组织专家确定。国家财政、银行、证券管理部门可以组织有关方面的专家，根据各行业的条件和有关因素，确定各行业的风险价值系数。这种风险价值系数的国家参数由有关部门定期颁布，供投资者参考。

2. 风险调整现金流量法

风险调整现金流量法又称肯定当量法。该方法的基本思路是先用一个系数把有风险的现金收支调整为无风险的现金收支，然后用无风险的贴现率去计算净现值，以使用净现值法的规则判断投资机会的可取程度。

$$\mathrm{NPV} = \left(\sum_{t=0}^{n} \partial_t \mathrm{NCF}_t (P/F, I_\mathrm{C}, t)\right)$$

式中，∂_t为现值指数或获利指数；I_C为项目期限；NCF_t为在项目实施第 t 年的净现金流量。

肯定当量系数是指不肯定的 1 元现金流量期望值相当于使投资者满意的肯定的金额的系数，它可以把各年不肯定的现金流量换算成肯定的现金流量。

∂_t＝肯定的现金流量/不肯定的现金流量期望值

我们知道，肯定的 1 元比不肯定的 1 元更受欢迎。不肯定的 1 元，只相当于不足 1 元的金额，两者的差额与不肯定的程度高低有关。如果仍以标准离差率表示现金流量的不确定程度，则标准离差率与肯定当量系数的经验关系见表 3－13。

表 3－13　标准离差率与肯定当量系数的经验关系

标准离差率	肯定当量系数
0.00～0.07	1
0.08～0.15	0.9
0.16～0.23	0.8
0.24～0.32	0.7
0.33～0.42	0.6
0.43～0.54	0.5
0.55～0.70	0.4

知识要点提醒

使用肯定当量法时，由于分子部分的现金流量已通过肯定当量系数，从不肯定的现金流量换算成了肯定的现金流量，分母部分的折现率也就应当使用对应的无风险折现率。

【例 3－26】 华安公司计划投资 A 项目，该项目计算期为 5 年，各年现金流量及项目规划人员根据计算期内不确定因素测得的肯定当量系数见表 3－14。另外，该公司无风险报酬率为 8%，那么该项目是否可行？

表 3-14 各年现金流量及肯定当量系数 单位：元

t	0	1	2	3	4	5
NCF_t	−50 000	20 000	20 000	20 000	20 000	20 000
∂_t	1.0	0.95	0.90	0.85	0.80	0.75

根据表 3-14 的资料，采用肯定当量法利用净现值进行项目评价：

$$\begin{aligned} NPV &= 0.95\times 20\,000\times 0.925\,8+0.9\times 20\,000\times 0.857\,3+0.85\times 20\,000\times 0.793\,8 \\ &\quad +0.8\times 20\,000\times 0.735\,0+0.75\times 20\,000\times 0.680\,6-50\,000 \\ &= 18\,485.20(\text{元}) \end{aligned}$$

从上面的计算结果可以看出，可以对 A 项目进行投资。

肯定当量法是用调整净现值公式中的分子的办法来考虑风险，风险调整贴现率法是用调整净现值公式中的分母的办法来考虑风险，这是两者的重要区别。肯定当量法克服了风险调整贴现率法夸大近期风险的缺点，可以根据各年不同的风险程度，分别采用不同的肯定当量系数，但如何确定肯定当量系数比较困难。

应用实例

2004 年，中央政府实施的宏观调控政策收紧了电解铝行业的银根，加上无法突破中国铝业对氧化铝的垄断，刘永行的造铝之路走得异常艰难，投资 150 亿元的“巨无霸”工程碰到了障碍。在一期工程于 2003 年 10 月正式投产后，东方希望集团包头稀土铝业有限公司(以下简称东方稀铝)的大多数项目却因为资金链的收紧而暂时停止运作。东方希望集团董事长刘永行，曾被《福布斯》杂志评为“中国首富”。

原定于 2003 年年底点火投产的一期 25 万吨电解铝工程 1#、2# 电解车间东段电解槽尚未完全安装，原定于 2004 年 4 月投产的二期工程更是像一个空壳，除厂房盖好了之外，作为电解铝生产线心脏部分的电解槽却仍然没有到位。除此之外，由于电解铝行业耗电量极大，电费占去电解铝成本的 30%～40%，为解决电解铝生产用电问题，东方稀铝曾经计划建设自备电厂。电厂工程共分 4 期。但是原定于去年年底点火发电的 35 万千瓦自备火电厂的建设周期也一拖再拖，一直没有如期发电。现在，整个东方希望包头稀土铝业工业园区正式投产的，仅仅是一期电解铝生产线为年产量 25 万吨工程的小半部分，而这部分生产线的电源来自 30 千米以外的华北电网乌拉山电厂。

就在同年 7 月，中国有色金属工业协会会长康义表示，在政府宏观调控政策和市场调节的双重作用下，中国电解铝行业的过度投资势头已经得到基本控制，东方稀铝已经决定将电解铝的设计生产规模从 100 万吨压缩到 50 万吨。“主要是东方稀铝项目在近期对电解铝等过热行业的宏观调控中受到了伤害。”东方稀铝一位不愿意透露姓名的人士说。他向记者透露，东方稀铝的后三期项目已经被叫停。

一个原因是东方稀铝动工至今尚未拿到国家发展和改革委员会(以下简称国家发改委)的批文。根据目前的投资审批体制，投资 3 000 万元以上的项目需要国家审批，东方稀铝项目截至 2003 年年底就已经投进去 20 亿元，远远超过了这个数字。

另一个原因是东方稀铝项目很难再获得贷款。“铁本案”和“建龙案”相继案发之后，国家对贸然上马的民营资本投资重工业项目普遍紧缩银根，这在相当大程度上导致了东方希望集团的融资进程受阻。东方希望集团在东方稀铝项目上的第一期投资就达到 37 亿元之多，尽管东方希望集团已经自筹了 20 亿元，银行原本要提供 17 亿元的贷款，但现在连这 17 亿元都很难贷到了。

其实危机埋伏在更早的时候。2003 年 9 月 24 日，国家环境保护总局公开曝光 10 起典型环境违法案件，东方希望集团的东方稀铝项目赫然位列其中。为了该项目能尽快落地，包头市和东方希望集团当时显然“没有引起足够的重视”，以至于轻易就绕过了这道程序。从东方稀铝项目的建设速度不难看出当时双方的急迫心情。主管招商的包头高新区管委会稀土产业办公室工作人员回忆，东方希望集团从洽谈、签约到开工建设仅用了40天时间，从开工建设到第一期工程建成投产只用了1年时间。

显然，东方稀铝项目过分追求速度造成的后果是各方始料不及的。在铝产业里，从上游至下游的生产链条大致如下：铝矿开采—氧化铝—电解铝—各种铝制品。受到中国高速成长预期和国际铝价上涨的刺激，许多企业近年纷纷投资铝业，虽然国家发改委多次发文，要求制止电解铝行业的重复建设，但投资热潮仍然难以退去，铝业的竞争日趋白热化。

除了程序和贷款方面的问题，东方希望集团还碰上了中国铝业股份有限公司对氧化铝的垄断，而当东方希望集团试图改变这一局面的时候，它的尝试也遭到了挫折。从制铝工业的流程上来看，必须先从铝土矿中提取氧化铝，才能将氧化铝经电解得到金属铝。所以氧化铝行业是最关键的，“得氧化铝者得天下”，这已经成为电解铝行业中的一句行话。由于中国电解铝产能飞速增长，氧化铝的需求也随之剧增，这自然引起了价格的疯涨。到2003年年底，国产氧化铝的价格涨幅高达102%，进口氧化铝的价格上涨得更加惊人。氧化铝在铝业产业链中成为暴利的代名词。

但现实情况是，中国铝业股份有限公司是中国唯一的氧化铝生产商，氧化铝在中国的生产由中国铝业股份有限公司控制。进口则由中国铝业股份有限公司、中国五矿集团公司(以下简称中国五矿)双双控制。东方稀铝一期年产量8万吨项目所需的氧化铝正是每天从中国五矿的天津码头购得。为了突破这一致命的瓶颈，解决氧化铝的供应，2003年6月，东方希望集团使出大动作，与河南黄河铝电集团、美国杰德金属公司、先锋全球投资有限公司等签署合资合同，在河南三门峡渑池投入45亿元人民币建设一个年产105万吨的氧化铝项目，其中东方希望集团占有51%股权。很明显，刘永行花费巨资建设氧化铝项目的目的就是借氧化铝来打通东方希望集团的铝业产业链，降低电解铝的生产成本。

但是实际上，就在东方稀铝陷入低潮之前，三门峡渑池氧化铝项目这个来自产业链最上游的环节也断裂了。东方希望集团在三门峡渑池的氧化铝项目不能按期投产的原因是“触碰了国家禁区”，刘永行在铝业产业链上游的突进很快引起垄断者中国铝业股份有限公司的反应。据说东方希望集团也曾经打算安抚中国铝业股份有限公司，给其三门峡项目30%的股权，但中国铝业股份有限公司试图获取控股权，于是双方没有谈成。

三门峡渑池氧化铝项目的搁浅，导致了刘永行的腹背受敌。包头的东方稀铝电解铝生产将长期受制于人，原来盘算得好好的“一揽子”产业链计划被切断。

通过对该实例的介绍，请大家分析以下几个问题：

1. 通过东方稀铝项目的投资案例分析，说明项目投资对企业发展和战略的重要意义。
2. 结合东方稀铝后期项目叫停的原因，分析项目投资的主要环境因素。
3. 东方稀铝项目在上马之初，存在哪些危机？
4. 国家的投资管理体制对电解铝项目和氧化铝项目有哪些限制？这一点东方希望集团是如何考虑的？

实例分析

(1) 项目投资活动总是着眼于未来的现实行为，是解决企业生存和发展的问题，项目投资决策反映了企业对于自己将来进入什么事业领域的选择，经常是与企业为获取竞争优势而提出的竞争战略相联系的，重大项目投资决定了企业未来的生存和发展，决定了企业战略的实现。

(2) 一个计划总投资150亿元的“巨无霸”工程碰到了障碍。主要原因是近年来国家对电解铝行业的宏观调控举措。企业项目投资的一切重大问题——项目投资的必要性、项目投资目标、项目投资规模、项目投资方向、项目投资结构、筹资方式、项目投资成本与收益等的抉择均与项目投资决策有关。项目投资决策的主要环境因素包括宏观调控、产业政策、金融政策、市场竞争和资源条件等。

(3) 东方稀铝项目在开始的时候急于上马，在审批和环保等环节都存在着问题。

(4) 对电解铝项目和氧化铝项目国家一直是严格控制的。2004年国家对原有的投资体制进行了进一步的改革，发布了《国务院关于投资体制改革的决定》，并确定了《政府核准的投资项目目录(2004年本)》。

本章小结

项目建设投资对企业的盈利能力和未来发展有着重要的影响。了解项目建设投资的特点及管理的基本程序，对掌握项目建设投资的内容体系和方法非常重要。

在解决什么是现金及其分类的基础上，应着重掌握现金流量内容及其计算问题。

在掌握各种非贴现现金流量指标和贴现现金流量指标的计算方法、优缺点和适用范围的同时，应强调的是没有一个指标适用于所有的投资决策问题，应具体问题具体分析。

在结合若干实例对贴现现金流量指标的运用进行说明的基础上，强调投资决策的复杂性及在不同决策问题中相应指标的应用。

项目建设投资决策多在不确定因素的影响下提出，因而必须充分考虑风险因素的影响，采用适当的方法计量风险影响，以做出正确的投资决策。

关键术语

现金流量　净现金流量　静态评价指标　投资回收期　投资报酬率　动态评价指标　净现值　现值指数　内含报酬率　互斥项目　风险调整贴现率　风险调整现金流量

知识链接

当前，项目投资研究的一个前沿领域是企业投资海外、进行海外并购及其风险管理研究。国际金融危机使众多海外公司面临残酷的选择，宏观经济形势对中国的企业，尤其是大企业来说，创造了产业重组、投资海外、海外并购的战略机遇。但中国海外并购的时间短，速度快，海外并购也有政治、法律、市场、财务、技术、管理等诸多方面的巨大危险。近两年，中国企业在一些海外并购上“吃亏”的例子并不少，这反映了中国企业研判全球经济走势和资产价格变动的能力与其他国际化大企业相比较，尚存在巨大差距。企业能否在投资、并购的过程中识别、度量、防范并购风险，建立一个能为并购达到预期效果的保障体系，不仅具有理论意义，而且具有现实意义。该领域的研究内容包括企业海外投资、海外并购目标的选择，管理能力、运营能力、财务承受能力的评估，并购时机的选定，海外并购基金设立的可行性等。

习　　题

一、单项选择题

1. 在全部投资均于建设起点一次投入，建设期为零，投产后每年净现金流量相等的条件下，为计算内含报酬率所求得的年金现值系数的数值应等于该项目的(　　)。

A. 净现值率指标的值　　B. 投资收益率指标的值
C. 回收系数　　D. 静态投资回收期指标的值

2. 在有资金限额的综合投资决策中，应当选择(　　)的项目。

A. 成本最低　　B. 总净现值最大　　C. 现值指数最大　　D. 内含报酬率最高

3. 下列表述中不正确的是(　　)。

A. 净现值是未来报酬的总现值与初始投资额现值之差
B. 净现值等于零时，说明此时的贴现率为内含报酬率
C. 当净现值大于零时，获利指数小于1
D. 当净现值大于零时，说明该投资方案可行

4. 下列各项中，不属于静态投资回收期优点的是(　　)。

A. 计算简便　　B. 便于理解　　C. 直观反映返本期限　D. 正确反映项目总回报

5. 某公司拟进行一项固定资产投资决策，设定折现率为10%，有4个方案可供选择。其中甲方案的净现值率为−12%；乙方案的内含报酬率为9%；丙方案的项目计算期为10年，净现值为960万元，$(P/A，10\%，10)=6.1446$；丁方案的项目计算期为11年，年等额净回收额为136.23万元。最优的投资方案是(　　)。

A. 甲方案　　B. 乙方案　　C. 丙方案　　D. 丁方案

二、多项选择题

1. 静态投资回收期法的弊端有(　　)。

A. 没有考虑时间价值因素　　B. 忽视回收期满后的现金流量
C. 无法利用现金流量信息　　D. 计算方法过于复杂

2. 确定一个投资方案可行的必要条件是(　　)。

A. 内含报酬率大于1　　B. 净现值大于0
C. 现值指数大于1　　D. 内含报酬率不低于贴现率
E. 现值指数大于0

3. 下列固定资产更新改造项目的现金流量中，应在项目投资现金流量表中现金流入量项目填列的有(　　)。

A. 因使用新固定资产而增加的营业收入
B. 处置固定资产的变现收入
C. 新旧固定资产回收余值的差额
D. 因提前报废旧固定资产所发生的清理净损失而发生的抵减所得税额

4. 若投资某项目，则直接利用年金现值系数计算该项目内含报酬率指标所要求的前提条件有(　　)。

A. 建设期为零　　B. 全部投资于建设起点一次投入
C. 在建设起点没有发生任何投资　　D. 投产后净现金流量为普通年金形式

5. 某投资项目设定折现率为10%，投资均发生在建设期，投资现值为100万元，投产后各年净现金流量现值之和为150万元，则下列各选项正确的有(　　)。

A. 净现值为50万元　　B. 净现值率为50%
C. 内含报酬率小于10%　　D. 内含报酬率大于10%

三、判断题

1. 投资项目的经营成本不应包括运营期间固定资产折旧费、无形资产摊销费和财务费用。　(　　)

2. 根据项目投资的理论，在各类投资项目中，运营期现金流出量中都包括固定资产投资。 (　　)

3. 根据项目投资理论，完整工业项目运营期某年的所得税前净现金流量等于该年的自由现金流量。 (　　)

4. 在项目投资决策中，净现金流量是指经营期内每年现金流入量与同年现金流出量之间的差额所形成的序列指标。 (　　)

5. 对可能给企业带来灾难性损失的项目，企业应主动采取合资、联营和联合开发等措施，以规避风险。 (　　)

四、计算题

1. A 项目原始投资的现值为 150 万元，项目计算期第 1～10 年得净现金流量为 29.29 万元，B 项目的原始投资额为 100 万元，项目计算期第 1～10 年的净现金流量为 20.18 万元。假定基准折现率为 10%。根据上述资料，请按差额投资内含报酬率法进行投资决策；已知 $PVIFA_{12\%,10}=5.650\ 2$，$PVIFA_{14\%,10}=5.216\ 1$。

2. 某企业进行一项投资，正常投资期为 3 年，每年投资 300 万元，3 年投资 900 万元。第 4～13 年每年现金净流量为 350 万元。如果把投资期缩短为两年，每年需要投资 500 万元，两年共投资 1 000 万元，竣工投产后的项目寿命仍为 10 年，每年现金净流量不变，资本成本为 20%，假设寿命终结时无残值，不用垫支营运资金。试分析判断应否缩短投资期。已知：$PVIF_{20\%,1}=0.833$，$PVIFA_{20\%,2}=1.528$，$PVIF_{20\%,2}=0.694$，$PVIFA_{20\%,10}=4.193$，$PVIF_{20\%,3}=0.579$。

实际操作训练

为提高生产效率，某企业拟对一套尚可使用 5 年的设备进行更新改造。新旧设备的替换将在当年内完成(即更新设备的建设期为零)，不涉及增加流动资金投资，采用直线法计提设备折旧。适用的企业所得税税率为 33%。

相关资料如下：

资料一：已知旧设备的原始价值为 309 000 元，截至当前的累计折旧为 180 000 元，对外转让可获变价净收入 109 000 元。如果继续使用该设备，到第 5 年年末的预计净残值为 9 000 元(与税法规定相同)。

资料二：该更新改造项目有甲、乙两个方案可供选择。

甲方案的资料如下：

购置一套价值 550 000 元的 A 设备替换旧设备，该设备预计到第 5 年年末回收的净残值为 50 000 元(与税法规定相同)。使用 A 设备可使企业第 1 年增加经营收入 110 000 元，增加经营成本 20 000 元；在第 2～4 年内每年增加息税前利润 100 000 元；第 5 年增加经营净现金流量 114 000 元；使用 A 设备比使用旧设备每年增加折旧 80 000 元。

经计算，得到该方案的以下数据：按照 14%折现率计算的差量净现值为 14 940.44 元，按 16%计算的差量净现值为-7 839.03 元。

乙方案的资料如下：

购置一套 B 设备替换旧设备，各年相应的更新改造增量净现金流量分别为：

$$\Delta NCF_0=-758\ 160\text{ 元}，\Delta NCF_{1\sim5}=200\ 000\text{ 元}。$$

资料三：已知当前企业投资的风险报酬率为 4%，无风险报酬率为 8%。

要求：

1. 根据资料一计算当前旧设备折余价值、提前报废发生的净损失及净损失抵减的所得税。

2. 根据资料二中甲方案的有关资料和其他数据计算与甲方案有关的指标：

(1) 更新设备比继续使用旧设备增加的投资额。

(2) 经营期第1年总成本的变动额。

(3) 经营期第1年息税前利润的变动额。

(4) 经营期第1年因更新改造而增加的息前税后利润。

(5) 经营期第2～4年每年因更新改造而增加的息前税后净利润。

(6) 第5年回收新固定资产净残值超过假定继续使用旧固定资产净残值之差额。

(7) 按简化公式计算的甲方案的增量净现金流量(ΔNCF_1)。

(8) 甲方案的差额内含报酬率($\Delta IRR_{甲}$)。

3. 根据资料二中乙方案的有关资料计算乙方案的有关指标：

(1) 更新设备比继续使用旧设备增加的投资额。

(2) B设备的投资。

(3) 乙方案的差额内含报酬率($\Delta IRR_{乙}$)。

4. 根据资料三计算企业期望的投资报酬率。

5. 以企业期望的投资报酬率为决策标准，按差额内部收益率法对甲乙两方案做出评价，并为企业做出是否更新改造设备的最终决策，同时说明理由。

第4章 证券投资

教学要点

知识要点	掌握程度	相关知识	应用方向
证券投资基本理论	掌握	证券的种类及证券投资的目的	了解证券市场中投资对象的特点，为选择投资对象做准备
股票及债券投资	重点掌握	股票及债券投资的价值评估和决策方法	传统投资对象，评估拟选择的投资对象的风险和收益，为正确投资决策打下基础
基金投资及衍生金融资产投资	熟悉	投资基金的种类、特点、估价及收益率、相关优缺点，衍生金融资产投资的基本种类	新兴投资对象，应对目前瞬息万变的风险环境

导入案例

天华公司分散证券投资风险的策略与方法

天华公司是一家大型家电企业。2000年年初，公司领导召开会议，集体通过了利用手中多余资金1 500万元对外投资的决定。经分析、整理调研资料，拟定可供公司选择的投资对象如下：

(1) 国家发行7年期国债，每年付息一次，且实行浮动利率。第1年利率为2.63%，以后每年按当年银行存款利率加利率差0.38%计算支付利息。

(2) 汽车集团发行5年期重点企业债券，票面利率为10%，每半年付息一次。

(3) 春兰股份，代码600854，中期预测每股收益0.45元，股票市场价格22.50元/股。总股本30 631万股，流通股7 979万股。公司主营：设计制造空调制冷产品，空调使用红外遥控。财务状况十分稳定，公司业绩良好，但成长性不佳。近3年财务数据及市场表现见表4-1。

(4) 格力电器，代码0615，中期预测每股收益0.40元，股票市场价格为17.00元/股。总股本29 617万股，流通股21 676万股。公司主营：家用电器、电风扇、清洁卫生器具。公司空调产销量居国内第一位，有行业领先优势，尤其是出口增长迅速，比去年出口增长70.7%，经营业绩稳定增长。近3年财务数据及市场表现见表4-2。

表 4-1 春兰股份近 3 年财务数据表

财务指标＼年份	1999 年	1998 年	1997 年
主营收入/万元	194 737		16 215
净利润/万元	26 494		24 966
扣除后净利润/万元	26 290	27 204	24 966
总资产/万元	232 372	194 198	136 493
股东权益/万元	153 660	141 690	80 310
每股收益/元	0.865	1.15	1.57
扣除后每股收益/元	0.86	1.24	1.65
每股净资产/元	5.02	6.01	5.07
每股现金流量/元	0.11	0.51	
净资产收益率/元	17.24	19.20	31.09

表 4-2 格力电器近 3 年财务数据表

财务指标＼年份	1999 年	1998 年	1997 年
主营收入/万元	516 564	429 814	345 166
净利润/万元	22 916	21 508	21 025
扣除后净利润/万元	22 916	21 508	21 025
总资产/万元	342 368	292 591	198 158
股东权益/万元	105 724	95 814	60 225
每股收益/元	0.705	0.66	1.40
每股净资产/元	3.25	2.94	4.01
每股现金流量/元	1.08	1.75	
净资产收益率/元	21.68	22.45	34.91

(5) 华工科技，代码 0988，中期预测每股收益 0.10 元，股票市场价格为 68 元/股。总股本 11 500 万股，流通股长 3 000 万股。公司主营：激光器、激光加工设备及成套设备、激光医疗设备等。该股科技含量高，成长性好，公积金也高。近 3 年财务数据及市场表现见表 4-3。

如果天华公司为了扩大经营规模，实现规模效应，应选择同行业股票进行投资，为分散或避免投资风险，应选择多种股票进行投资组合。如果该企业仅为获得投资收益，可根据企业承担风险能力的大小，选择债券、股票或两者结合进行投资，为分散或避免投资风险，应选择多种证券进行投资组合。至于选择哪些证券，应结合具体资料计算分析。

表 4-3 华工科技近 3 年财务数据

财务指标 \ 年份	1999 年	1998 年	1997 年
主营收入/万元	9 340	8 133	5 798
净利润/万元	3 056	2 221	1 845
总资产/万元	18 501	13 515	11 878
股东权益/万元	14 152	10 625	9 573
每股收益/元	0.27	0.26	0.22
每股净资产/元	1.67	1.25	1.13
净资产收益率/元	21.59	20.91	19.27

4.1 证券投资管理概述

4.1.1 证券的含义与种类

1. 证券的含义

证券是指发行人为筹集资金而发行的、表示其持有人对发行人直接或间接享有股权或债权并可转让的书面凭证。投资者通过对各种证券的投资，可有效地利用货币资本并进行资源的优化配置，取得可观的投资收益。

2. 证券的种类

证券按不同的标准，可以进行不同的分类。常见的分类标准主要包括以下几种：

(1) 按照证券性质的不同，总的来看证券可以分为两大类：无价证券和有价证券。无价证券是指单纯证明事实的凭证或认定持证人是某种财产权的合法权利者，证明对持证人所履行的义务是有效的凭证。有价证券是一种具有一定票面金额，证明持证人有权按期取得一定收入，并可以自由转让和买卖的所有权或债权凭证。有价证券是最重要的一种证券，它是权利的价值量化。有价证券按照所体现的内容不同，分为货物证券、货币证券和资本证券三类。本章“4.3 证券投资决策”中所涉及的内容就是资本证券投资决策的内容。

(2) 按照证券的发行主体不同，可以划分为政府证券、金融证券和公司证券。政府证券是指中央政府或地方政府为筹集资金而发行的证券，它通常由财政部门发行，政府担保。金融证券是指经中央银行或其他政府金融主管部门批准，由银行或其他金融机构为筹措资金而发行的证券。公司证券是指由各类企业为筹集资金而发行的证券。

(3) 按照证券的收益状况不同，可以划分为固定收益证券和变动收益证券。固定收益证券是指在证券的票面上规定有固定收益率的证券，如一般债券、优先股等。变动收益证券是指证券的票面上没有标明固定的收益率，其收益情况随企业经营状况的变动而变动的证券。普通股是最典型的变动收益证券。浮动利率债券也属于变动收益证券。

(4) 按照证券的期限不同，可以划分为短期证券和长期证券。短期证券是指到期时间短于1年的证券；长期证券是指到期时间长于1年的证券，如长期公司债券等。

(5) 按照证券所体现的权益关系不同，可以划分为所有权证券和债权证券。所有权证券又称权益证券，是指体现证券持有人和证券发行单位所有权关系的证券。这种证券的持有人一般对发行单位都有一定的管理权和控制权。股票是典型的所有权证券。债权证券是指证券的持有人是证券发行单位的债权人的证券，如债券。

(6) 按照证券收益的决定因素不同，可以划分为原生证券和衍生证券。原生证券又称基本证券，是指其收益大小主要取决于发行者的财务状况的证券，包括股票、债券和基金；衍生证券是指从原生证券上衍生出的证券，如期货合约、期权合约等，其收益主要取决于原生证券的价格。

(7) 按照证券募集方式的不同，可以划分为公募证券和私募证券。公募证券又称公开发行证券，是指发行人向不特定的社会公众广泛发售的证券。私募证券又称内部发行证券，是指面向少数特定投资者发行的证券。

小思考

了解了以上的知识，请指出下面的证券都属于哪些分类：股票、债券、优先股、国库券、可转让存单、基金、期权、期货。

4.1.2 证券投资的含义与目的

1. 证券投资的含义

证券投资是指企业通过购买股票、债券、基金及衍生证券等资产，通过证券的交易来获取收益的一种投资行为，它是企业对外投资的重要组成部分。证券投资本质属于金融投资，投资的结果具有高度的不确定性，同时也是一种高收益的投资，体现了收益与风险对称的原则。

2. 证券投资的目的

企业进行证券投资的目的从投资的期限来看是不同的：进行短期证券投资，是为了提高现金资产的效率，实现投资收益；进行长期证券投资既有收益性要求，又是为了获得对相关企业的控制权。

1) 保持资产的流动性

作为现金的替代物，企业一般都有一定量的有价证券，以替代较大量的非盈利现金余额，并在现金流出超过现金流入时，将有价证券售出，以增加现金。同时，投资于有价证券，既可以保持企业资产的流动性，提高企业的短期偿债能力；又可以使企业根据未来对资金的需求，购买期限和流动性较为恰当的证券，在满足未来财务需求的同时，获得证券带来的收益。

2）满足季节性经营对现金的需求

从事季节性经营的企业在一年内某些月份往往有剩余现金，而在另几个月则会出现资金短缺现象，这些企业通常在现金有剩余时购入短期有价证券，而在现金短缺时出售有价证券。

3）获取较高的收益

一些比较成熟的企业往往拥有比较充裕的现金，但企业本身可能没有有利可图的机会。于是为了提高收益率便把长期闲置的现金投资于证券，以便增加收益。另外，成长或扩充中的企业一般每隔一段时间就会发行或出售长期证券，但发行长期证券所获得的资金不可能一次使用完，而是逐渐、分次使用。为了与筹集长期资金相配合，企业将暂时不用的资金投资于有价证券，以获取高于银行利率的收益。

4）获得对相关企业的控制权

当从战略上考虑需要控制另一家企业时，投资者往往通过购入相关企业的股票实现对该企业的控制。按照现行规定，一般地，当企业通过股票投资拥有另一企业20%以上的股权资本时，则认为该企业对另一企业的财务与经营决策具有重大影响。

5）分散风险

企业通过多元化经营可有效地分散经营风险，其方式不排除对各种证券的投资。证券投资是一种流动性强的金融投资，在承担风险的同时又创造了转移风险的机制，投资者通过购买不同的证券，进行证券的投资组合，可以起到分散风险的作用。

4.2 证券投资的风险与收益率

4.2.1 证券投资的风险

证券投资属于高风险投资品种，企业应充分评估各种潜在的风险，有效加以控制。一般而言，证券投资的主要风险有利率风险、期限风险、购买力风险、违约风险和流动性风险。

1. 利率风险

利率风险是指由于市场利率的变动而导致证券价格和收益发生变动的风险。利率风险是各种证券都要面临的风险，市场利率的变动会使证券的价格呈反向变化。当市场利率上升时，证券市场上证券的价格下跌；而当市场利率下降时，证券市场上证券的价格上升。因此，投资者在实施证券投资时应对市场利率的发展走向进行必要的预期，从中获利。

2. 期限风险

期限风险是指证券到期日长短不同给投资者带来的风险。通常，投资期限是任何一项投资都需要考虑的重要因素之一，一般来说，证券到期的期限越长，证券市场利率发生变动的可能性就越大，投资者承受的不确定性因素就越多，该证券的投资风险就越大，为弥补期限风险必然要求相应提高投资报酬率。

3. 购买力风险

购买力风险又称通货膨胀风险，是指由于通货膨胀而使证券到期或出售时所获得的现金的购买力下降的风险。在通货膨胀时期，由于货币的贬值，从而使证券投资人获得的固定利息收入或到期收回的本金实际上也发生了贬值，从而使证券投资的实际收益率大大低于名义收益率。因此，在通货膨胀时期，投资固定收益的证券要比投资变动收益的证券(如浮动利率证券)承受更大的购买力风险。

4. 违约风险

违约风险是指由于证券发行单位不能按时支付利息和偿还本金，给证券投资者所带来损失的风险。如果证券发行者严重经营不善，并部分或全部丧失了还本付息能力时，这种违约风险就会变为现实。这种风险是证券投资中较常见的风险，除政府证券外，其他证券一般都存在违约风险，只不过违约风险大小有所不同。一般来说，信用等级低的证券违约风险要大于信用等级高的证券违约风险。

5. 流动性风险

流动性风险是指投资者无法在短期内按合理价格出售证券的风险，又称变现力风险。如果某种证券能在较短的时间内按照市价变现或转让出售，则说明这种证券的流动性较强，投资于这种证券投资者所承担的流动性风险较小；反之，如果某种证券在市场上很难按照现行市价出售，则该种证券的流动性较差，证券投资者会遭受一定的损失，承担一定的流动性风险。一般来说，证券流动性风险的大小，除了取决于证券市场的成熟与否外，主要与证券发行单位的信用状况有关。政府证券或者实力雄厚，并且又能上市交易的大公司发行的证券，信用等级高，其变现能力较强，证券投资者的流动性风险就小；而那些不知名的小公司等发行的证券，由于变现能力差，证券投资者往往要承担较大的流动性风险。

应用实例

国家统计局公布的2010年10月CPI数据显示，10月CPI同比上涨4.4%，创两年新高，涨幅比9月份扩大0.8个百分点。虽然10月20日央行宣布上调存贷利率0.25个百分点，但还是改变不了负利率的局面。对于老百姓的储蓄来说，一万元存款一年面临着“缩水四百”的尴尬。

在实际负利率时代，真是“你不理财，财就离你”。对市民来说，应该适时调整投资理财策略，更为积极主动地进行投资理财，增加收益，以抵御财富缩水。那么，家庭投资理财的策略有哪些呢？

1. 加息预期理财宜短期

自2010年10月加息以来，加之CPI的不断上涨，市场上加息的预期变得非常强烈并不断升温，即买即卖、周末理财、7天理财、14天理财等超短期产品成为最大的卖点。中国工商银行苏州分行的理财师分析说，对于普通的市民投资者，现阶段购买理财产品，可以选择中短期固定收益类产品加保本浮动收益类产品的组合。

2. 固定收益有保障

目前年收益率一般为3.5%～4.5%，可以在一定程度上弥补负利率的损失，固定收益类产品可以选择6个月到一年的信托型产品；保本浮动收益类产品一般与汇率或者股票指数挂钩，如果达到预设条件，则可获得较高收益，如果没有达到预设条件，这些产品最终也是保本的。

3. 入袋为安转新“基”

进入2010年10月，随着A股市场迎来一波大涨行情，市民购买基金的热情被迅速点燃。与此同时，各家基金公司推出新基金的速度也在明显加快。“从市场分析，市场突破相对高点，风险加大，尤其是去年买入的中小盘基金风险逐步加大。所以建议投资人及时锁定收益，‘入袋为安’。”中国农业银行苏州分行的理财师说，同时建议转而购买新发基金。“长期经济复苏方向不变，但市场已步入相对高位，新发基金的建仓期为基金经理赢得缓冲期。”

该理财师进一步分析：首先，新基金的建仓时期较合适。新基金一般有3～6个月的建仓期，在这个建仓期内基金经理有足够的时间来捕捉热点行业，并在恰当的时点进行切入投资。其次，新基金的风险相对较小。目前选择仓位较高的老基金背负着以前深度套牢的困境，调整的风险概率相对来说会更大些。而新基金可以瞄准近期市场投资热点，比较准确地建仓构筑战略投资防线，在一定程度上具备了择时优势。而且，新基金可以有效控制建仓节奏，以规避短期市场下跌带来的风险。最后，新基金的投资费用较低。

4.“转战”海外盯QDII

“从目前全球经济看，不少国家和地区的经济增长还是比较明确的；同时，投资于境外大宗商品也存在不少机会。”中国建设银行苏州分行理财师说，因此，“转战”海外盯QDII(qualified domestic institutional investor)也是“跑赢CPI”的一个不错的途径。

该理财师说，就QDII基金本身来说，并不像人们想的那么差，主要是因为第一批QDII基金对人们造成不良的影响。“2007年第一批4只QDII基金出海，不幸的是，马上就遇到全球金融海啸，而当时，正是我国资本市场最红火的时候，当时某QDII基金分发行创下了1 000多亿的天量，而使用了比例配售的办法，使得不管是购买500万还是购买5 000元的人，都持有了QDII基金，所以第一批QDII的破坏能力特别强，波及范围特别广，持续时间特别长，留下影响特别差，从而使QDII基金给广大投资者留下了一个很不好的印象。”该理财师分析，但也可以看，第二批2008年成立的QDII基金，因为发行时机比较好，投资国家选择比较好，操作得也比较好，在2009年和2010年都有很不错的收益，甚至前段时间A股市场在下跌的时候，这些QDII基金的净值还是在增长的。“第一代QDII基金生不逢时；第二代QDII基金目前涨跌互现，更有基金净值高达1.6元以上的；第三代QDII基金即2010年以来发行的QDII基金，基本上净值都在1元以上，由此可见，目前QDII基金募集时点相对合理，只要注重风险控制，便有良好的机会。”对于QDII，要从一个理性的角度去看待、分析、配置，投资者大可不必“谈QDII基金色变”。

5. 长线持有大盘蓝筹

从国庆节后的第一个交易日至今，股市大盘从2 600多点一路推高到3 100多点，不少中小股民赚了不少。不过，上周五的一次全线暴跌，又让很多投资者心中发慌。对于CPI高企的现实，作为普通投资者，如何在股市中挖掘机会，争取让手中有限的资金所产生的收益率来“跑赢CPI”呢？

华泰证券注册分析师分析，虽然上周五出现了14个月来的最大跌幅，不过总体上，大盘上升趋势还能维持，控制好仓位是控制风险的手段。在经济转型期间，中线操作上仍然围绕新兴产业做文章，特别是对新一代信息技术、高端装备制造、新材料、节能环保和新能源汽车等给予更多关注，如科技创新板块3G、云计算、电子元器件板块等。该注册分析师表示，另一方面，受到通胀预期的影响，对通货膨胀抵御能力较强的消费类个股也是未来值得关注的，重点看好受益于通货膨胀的黄金、农林牧渔、煤炭、有色金属，以及下游的医疗保健、食品饮料、超市等必需消费品板块。操作策略则依然把握两个关键，即“短期看通胀，中长期看转型”。

（资料来源：刘一丁，朱梁．姑苏晚报，2010－11－16）

实例分析

2010年，高涨的CPI(consumer price index，居民消费指数)，暗示着新一轮资产牛市的到来，案例中理财师的建议其实都是把握住了在通货膨胀期间理财工具如何选取这一重点，在通货膨胀时期，投资固定收益的证券要比投资变动收益的证券(如浮动利率证券)承受更大的购买力风险。

4.2.2 证券投资的收益率

证券投资收益是投资者让渡一定资产使用权获得的报酬，包括证券交易现价与原价的价差及定期的股利或利息收益。证券投资的收益有绝对数和相对数两种表示方法，在财务管理中通常用相对数，即收益率来表示。计算一年内收入流量的证券收益常用的有以下几种：息票收益率、本期收益率、到期收益率和持有期收益率。

1．息票收益率

息票收益率，也称息票利息率，是指证券发行人承诺在一定时期内支付的名义利息率，即证券票面上标明的收益与投资本金的比率。计算公式：

$$息票收益率=支付的年利息(股利)总额/证券的面值$$

2．本期收益率

本期收益率又称当前收益率，是指支付的证券利息额对本期证券的市场价格的比值，即证券票面上标明的收益与证券市场价格的比率。计算公式：

$$本期收益率=支付的年利息(股利)总额/证券的市场价格$$

式中，支付的年利息(股利)总额是指上年已经发放的金额。

【例4－1】某投资者购买面值为1 000元，券面利率为8%，每年付息一次的人民币债券10张，偿还期为10年，如果购买价格是950元，则该认购者本期收益率是多少？

$$本期收益率=\frac{1\ 000\times 8\%}{950}\times 100\%=8.42\%$$

3．到期收益率

到期收益率是最常用的计算证券收益率的方式。它既考虑到证券的利息收入，又考虑到市场价格与面值的差额，较前两种方法更真实。

(1) 短期证券到期收益率。短期证券到期收益率的计算一般比较简单，因为期限短，所以一般不用考虑时间价值因素，其基本的计算公式为

$$短期证券到期收益率=\frac{证券利息(股息)收入+证券卖出价-证券买入价}{证券买入价\times 到期年限}\times 100\%$$

【例4－2】某人于2012年6月1日以102元的价格购买一面值为100元、利率为

8.56%、每年12月1日支付一次利息的2007年发行的5年期国债，并持有到2012年12月1日到期，则：

$$短期证券到期收益率=\frac{100\times 8.56\%+100-102}{102\times 0.5}\times 100\%=12.86\%$$

(2) 长期证券到期收益率。长期证券到期收益率的计算比较复杂，因为涉及的时间较长，所以要考虑资金时间价值因素。在已知未来的本息收入情况下，投资者愿意付的现期价格是按照他所预期的收益率将未来的货币收入折成现值。计算公式为

$$P=\sum_{t=1}^{n}\frac{F_t}{(1+i)^t}$$

式中，i为到期收益率；F_t为证券第t年的现金收入；n为持有期限；P为证券的当期市场价格。

4. 持有期收益率

持有期收益率和到期收益率相似，只是持有人在到期前出售其证券。

(1) 短期持有收益率。短期持有收益率的计算一般不用考虑时间价值因素，其基本的计算公式：

$$短期证券持有期收益率=\frac{证券利息(股息)收入+证券卖出价-证券买入价}{证券买入价\times 持有年限}\times 100\%$$

【例4-3】 2011年2月9日，光明公司购买四方公司每股市价为64元的股票，2012年1月，光明公司每股获现金股利3.90元，2012年2月9日，光明公司将该股票以每股66.50元的价格出售。则持有期收益率为

$$i=\frac{3.9+66.5-64}{64\times 1}\times 100\%=10\%$$

(2) 长期持有收益率。长期持有收益率的计算与长期证券到期收益率的计算公式相同：

$$P=\sum_{t=1}^{n}\frac{F_t}{(1+i)^t}$$

式中所有的符号与到期收益率一致，只有F_t一项在这里是证券出售时所发生的现金流量，而不是到期时的现金流量。

下面对股票和债券两种投资对象分别举例说明长期持有收益率的计算。

(1) 持有期超过1年的股票持有期收益率的计算。如果投资者持有股票的时间超过1年，则需要按每年复利一次考虑资金时间价值。其实质是计算使所持有的股票现金流量净现值为零的折现率，也称持有股票的内含报酬率或内部收益率。股票持有期间的现金流量一般包括股利及出售股票时的卖出价。根据长期持有收益率公式确定出的i就是股票持有期年均收益率。根据长期持有收益率公式确定i，需要利用插值法的原理进行。

【例4-4】 中盛公司于2009年2月1日以每股3.2元的价格购入H公司股票500万股，2010年、2011年、2012年分别分派现金股利每股0.25元、0.32元、0.45元，并于2012年4月2日以每股3.5元的价格售出，要求计算该项投资的持有期收益率。

首先，采用测试法进行测试，见表4-4。

表4-4 测试表 单位：万元

时间	股利及出售股票的现金流量	测试		测试		测试	
		系数(10%)	现值	系数(12%)	现值	系数(14%)	现值
2009年	−1 600	1.000	−1 600	1.000	−1 600	1.000	−1 600
2010年	125	0.909	113.625	0.893	111.625	0.877	109.625
2011年	160	0.826	132.160	0.797	127.520	0.769	123.040
2012年	1 975	0.751	1 483.225	0.712	1 406.2	0.657	1 333.125
净现值			129.010		45.345		−34.210

然后，采用插值法计算投资收益率。由于折现率为12%时净现值为45.345万元，折现率为14%时净现值为−34.210万元，因此，该股票投资收益率必然介于12%～14%。这时，可以采用插值法计算投资收益率：

$$\left.\begin{array}{l}\left.\begin{array}{l}12\%\\?\end{array}\right\}x\\14\%\end{array}\right\}\qquad\left.\begin{array}{l}\left.\begin{array}{l}45.345\%\\0\end{array}\right\}45.345\\-34.21\end{array}\right\}79.555$$

$$\frac{x}{2\%}=\frac{45.345}{79.555}$$

$$x=1.14\%$$

于是，该项投资持有期收益率=12%+1.14%=13.14%。

(2) 持有期超过1年的债券持有期收益率的计算。对持有期超过1年的债券收益率的确定，应按每年复利一次计算持有期年均收益率。其实质是计算使所持有的债券现金流量净现值为零的折现率。也称特有债券的内含报酬率或内部收益率。我们只讨论基本债券模型，即所持有的债券是每年年末付息，到期还本的情况，则根据长期持有收益率公式确定出的i就是债券持有期年均收益率。根据长期持有收益率公式确定i，需要利用插值法的原理进行。

【例4-5】大明公司于2012年2月1日以924.28元购买一张面值为1 000元的债券，其票面利率为8%，每年2月1日计算并支付一次利息，该债券于2017年1月31日到期，按面值收回本金，试计算该债券的收益率。

由于无法直接计算收益率，因此必须用插值法进行计算，假设要求的收益率为9%，则其现值可计算如下：

$$\begin{aligned}P&=1\,000\times 8\%\times(P/A,\ 9\%,\ 5)+1\,000\times(P/F,\ 9\%,\ 5)\\&=80\times 3.889\,7+1\,000\times 0.649\,9\\&=311.18+649.90\\&=961.08(\text{元})\end{aligned}$$

961.2元大于924.28元，说明收益率应大于9%，下面用10%再一次进行测试，其现值计算如下：

$$
\begin{aligned}
P &= 1\,000 \times 8\% \times (P/A, 10\%, 5) + 1\,000 \times (P/F, 10\%, 5) \\
&= 80 \times 3.790\,8 + 1\,000 \times 0.620\,9 \\
&= 303.26 + 620.90 \\
&= 924.16(\text{元})
\end{aligned}
$$

计算出的现值为 924.16 元，说明该债券的收益率为 10%。

4.3 证券投资决策

4.3.1 股票投资

1. 股票投资的目的和特点

股票投资是指投资者将资金投向股票，通过股票交易和收取股利以获得收益的投资活动。例如，用资金购买优先股、购买普通股，都属于股票投资。企业进行股票投资的目的主要有两种：一是获利，即作为一般的证券投资，获取股利收入及股票买卖差价；二是控股，即通过购买某一企业的大量股票达到控制该企业的目的。

股票投资具有如下特点：

(1) 股票投资是权益性投资。股票投资与债券投资尽管都是证券投资，但投资性质不同，股票投资属于股权性质的投资，股票投资者一旦出资购买了股票，其投资资金便具有不可返还性，不会如同债券投资那样在一定期限收回投资本金。

(2) 股票投资的风险性大。股票投资的风险通常比债券投资的风险大。主要原因有二：一是股票投资除了不能定期收回投资本金外，其股利收入的大小与所投资公司的经营情况密切相关，如果出现经营亏损，投资者则不能享受到股利分配；二是股票价格受股市价格波动的影响往往脱离其票面价值，股市价格的变化莫测，使股票价格具有较大的波动性。

(3) 股票投资的收益不稳定。股票投资的收益主要是所投资公司发放的股利和转让股票的价差收益，由于股利收入和股票价差收入的不稳定性，导致股票投资收益的不稳定。

(4) 股票价格的波动性较大。股票价格既受发行公司经营状况的影响，又受股市投机等因素的影响，波动性极大。

2. 股票的估价模型

进行股票投资之前，必须对股票进行估价。所谓股票估价，就是对股票的投资价值或股票内在价值进行评估。股票的内在价值是由普通股带来的未来现金流量的现值决定的，这是股票投资决策的基础。股票投资的未来现金流量主要是股票持有期间的股利和将来出售股票的价款。

知识要点提醒

股票的价值不同于股票的市场价格。股票的市场价格是当前证券市场上形成的股票交易价格，如果所估计的股票价值大于或等于股票的市场价格，则表明企业投资于该股票是可行的，该股票值得投资；否则，应放弃对该股票的投资。

1）股票的基本估价模型

股票的基本估价模型是指对投资者短期持有、未来准备出售股票的估价。这种情况下，股票的未来现金流入是持有股票期间收到的股利和出售时的股价。因此，股票的价值用公式表示如下：

$$V=\sum_{t=1}^{n}\frac{d_t}{(1+k)^t}+\frac{P_n}{(1+k)^n}$$

式中，V 为股票目前内在价值；P_n为未来出售时预计的股票价格；K 为投资者要求的必要报酬率；d_t为第 t 期的预期股利；t 为预计持有股票的期数。

【例 4－6】 某公司拟购买 ABC 公司发行的股票，预计 4 年后出售可得收入 2 500 元，该批股票在 4 年中每年可得股利收入 150 元，该股票预期收益率为 16％，则其价值为

$$V=\sum_{t=1}^{4}\frac{150}{(1+16\%)^4}+\frac{2\ 500}{(1+16\%)^4}$$
$$=150\times2.798+2\ 500\times0.552$$
$$=1\ 799.70(\text{元})$$

即该公司在 ABC 公司的股票价格低于 1 799.70 元时，才可以进行投资。

2）永久持有、股利固定的股票估价模型

如果投资者投资的股票是准备长期持有并且股利稳定不变，则这种股票的股利类似于永续年金，股票的价值即永续年金的现值，则股票价值的估价模型如下：

$$V=\frac{d}{K}$$

式中，d 为每年固定的股利，其他符号的含义同前。

【例 4－7】 某公司股票每年分配股利 2 元，若投资者最低报酬率为 16％，要求计算该股票的价值。

$$V=2/16\%=12.5(\text{元})$$

即该公司股票价格低于 12.5 元时，投资者才可以进行投资。

3）永久持有、股利固定增长的股票估价模型

投资者投资的股票如果是准备长期持有而且股利每年按照固定的增长率增长，则这种股票属于股利固定增长的股票。假设上年股利为 d_0，每年股利比上年增长率为 g，$K>g$，则其价值的计算公式如下：

$$V=\frac{d_0(1+g)}{(K-g)}=\frac{d_1}{(K-g)}(\text{且 }K>g)$$

式中，d_0 为上年发放的股利；d_1为投资后第 1 年预期发放的股利；g 为每年股利增长率，其余符号的含义同前。

【例 4－8】 万达公司本年每股将派发股利 0.2 元，以后每年的股利按 4％递增，预期投资报酬率为 9％，要求计算该公司股票的内在价值。

$$V=\frac{0.2}{(9\%-4\%)}=4(\text{元})$$

即该公司股票价格低于4元时，投资者才可以进行投资。

小思考

例4-8中如果条件改为“本年每股派发股利0.2元”，其他条件不变，该公司股票又该怎样计算内在价值。

知识要点提醒

股票的估价模型虽然只有3种，但在实务中应用必须注意区分长期持有和短期持有，即使投资的股票满足股利固定或股利固定增长，如果只是短期持有，也必须采用基本估价模型进行估价。

股票估价模型的局限性体现在以下两个方面：

(1) 运用条件较为严格。股票估价模型的实质是未来现金流量折现法，这种方法运用的前提条件是必须已知未来各期的现金流量、折现期及折现率，反映在股票估价模型上就是必须明确未来期间股利流入量的预测数、持有期间及预期股票的必要报酬率这三个要素，而这几个数据的预测较为困难，容易造成主观随意性。

(2) 估价模型只考虑了三个基本要素，而决定股票价值的其他很多因素(如投机行为等)没有在模型中得到反映。

4.3.2 债券投资

1. 债券投资的目的和特点

债券投资是指投资者将资金投向债券以取得资金收益的一种投资活动。例如，企业购买的国库券、公司债券、短期融资券等都是属于债券投资。企业进行债券投资的主要目的是为了合理地利用暂时闲置的资金，调节现金余额，并获得适当或稳定的资金收益。

债券投资的特点主要表现在以下几个方面：

(1) 债券投资中债务人的偿还期限有限定。任何债券都规定有到期的期限，债券到期后，投资者根据规定收回投资，借款人必须按时偿还债券本金。

(2) 债券投资有较好的流动性。如果债券投资者在债券到期前需要现金，可将持有的债券售出或拿到银行等金融机构做抵押获得抵押款。

(3) 债券投资风险相对较小。债券票面价值不会受到市场价格变动的影响，并且债券利息一定，只要将债券持有到期满，一般情况下，投资者的期望收益不会发生变动，收益的稳定性高，风险较小。同时，债券交易市场越发达，债券投资的安全性也就越大。

(4) 债券投资者能获取一定的投资收益。债券投资既能保本又能生息，而且生息幅度大于银行储蓄；同时，在特定的时间还可以获取出售的价差收益；债券投资与股票投资相比，其收益相对稳定。

2. 债券的估价模型

债券估价就是对所投资的债券在某一时点内在价值量的评估。企业在进行债券投资时，首先考虑的问题是所选择的债券是否有投资的价值。如果是新发行的债券，估价模型计算结果反映了债券的发行价格。

知识要点提醒

债券的内在价值其实质就是按照企业要求的必要投资报酬率对债券投资所形成的未来资金收入的折现值，它不同于债券的市场价格。债券的市场价格是当前证券市场上形成的债券交易价格，如果所估计的债券价值大于或等于债券的市场价格，则表明企业投资于该债券是可行的，该债券值得投资；否则，应放弃对该债券的投资。

1）债券估价的基本模型

一般情况下的债券估价是对按照复利计息、票面利率固定、定期付息、到期偿还本金的债券所进行的估价。其计算公式如下：

$$V=\sum_{t=1}^{n}\frac{F\cdot i}{(1+k)^{t}}+\frac{F}{(1+k)^{n}}$$

此模型可以按照求普通年金现值的思路进行计算，可简化为

$$V=F\cdot i(P/A，k，n)+F\cdot(P/F，k，n)$$

式中，V 为债券的价值；F 为债券的面值；i 为债券的票面利率；k 为贴现率(可以用当时的市场利率或者投资者要求的必要报酬率替代)；t 为计息期数，n 为债券投资时间。

【例 4-9】某企业欲投资于面值为 1 000 元，票面利率为 8%，5 年到期，每年付息，到期还本的 A 债券。该债券现行的发行价格为 1 050 元。该企业所要求的投资必要报酬率为 10%。企业估计的该债券目前价值为多少？企业是否会投资于该债券？

企业估计的 A 债券价值如下：

$$\begin{aligned}V&=1\,000\times8\%\times(P/A，10\%，5)+1\,000\times(P/F，10\%，5)\\&=80\times3.791+1\,000\times0.621=924.28(元)\end{aligned}$$

由于该债券现行发行价格为 1 050 元，高于企业对该债券的估价，因此，企业不会对该债券进行投资。

2）到期一次还本付息的债券估价模型

我国很多债券都属于到期一次还本利息的债券。该债券估价模型是指用于估算到期一次还本付息，不计算复利的债券。其债券价值的计算公式如下：

$$V=\frac{F+F\cdot i\cdot n}{(1+k)^{n}}$$

此模型可简化为

$$V=(F\cdot i\cdot n+F)\cdot(P/F，k，n)$$

【例 4-10】某公司打算购买一种到期一次还本付息的债券，该债券的面值为 1 000 元，期限 5 年，票面利率为 10%，不计复利，当前市场利率为 8%，问该债券发行价格为多少时，公司才能购买？

$$V=1\,000\times(1+5\times10\%)\times(P/F，8\%，5)=1\,020(元)$$

债券价格必须低于 1 020 元时，该公司才可以购买。

3）贴现债券的估价模型

贴现债券是指以贴现方式发行的，没有票面利率，到期按票面额偿还的债券。其债券价值的计算公式如下：

$$V=\frac{F}{(1+k)^{n}}$$

【例 4-11】某债券面值为 1 000 元，期限为 6 年，以折现方式发行，期内不计利息，到期按面值偿还，当时市场利率为 6%。其价格为多少时，企业才能购买？

$$V=1\ 000\times(P/F,\ 6\%,\ 6)=1\ 000\times0.705=705(\text{元})$$

该债券的价格只有低于 705 元时，企业才能购买。

3. 债券投资的优缺点

1）债券投资的优点

（1）本金的安全性高。与股票投资相比，债券投资风险相对较小。政府债券有国家财政做后盾，不会发生违约风险，其本金的安全性最高，通常被视为无风险证券。金融债券和公司债券的持有人，也由于拥有优先求偿权，其本金损失的可能性较小。

（2）债券投资的收入稳定性较强。一般情况下，债券都有固定的票面利率，债券持有人可以定期取得固定的利息收入，这种较稳定的利息收入便于债券投资者合理安排资金收支。

（3）市场流动性好。债券需要经过严格审批才可发行，发行成功后债券可以在金融市场上进行流通，因此债券一般都可以在金融市场上迅速出售，具有较好的流动性。

2）债券投资的缺点

（1）债券投资者可能会承受一定的投资风险。债券投资风险主要包括利率风险、通货膨胀风险、违约风险、流动性风险及期限风险等。

（2）债券投资者对资金使用单位无经营管理权，无权对债券发行单位的经营管理施行控制和管理，投资于债券只是取得收益的一种方式。

4.3.3 基金投资

1. 投资基金概述

1）投资基金的含义

投资基金是通过发行基金股份或受益凭证等有价证券聚集众多的不确定投资者的出资，交由专业投资机构经营运作，以规避投资风险并谋取投资收益的证券投资工具。在美国投资基金称为“共同基金”，英国和我国香港地区称为“单位信托基金”，日本和我国台湾地区称为“证券投资信托基金”。

投资基金按照稳健和分散的投资原则，选择股票、债券等金融工具进行组合投资，再将组合投资的收益按照基金投资者的投资比例进行分配。基金投资人在享受证券投资的收益的同时，也承担因投资亏损而产生的风险；而专用型投资机构将收取一定的管理费用，以保证投资机构的顺利运作。所以，证券投资基金是以投资组合的方法进行证券投资的一种利益共享、风险共担的集合投资方式。

2）投资基金的种类

(1) 根据投资基金组织形式划分，投资基金可分为契约型基金和公司型基金。

契约型基金又称单位信托基金、信托型投资基金，是指专门的投资机构(银行和企业)共同出资组建一家基金管理公司并依据一定的信托契约通过发行受益凭证来募集社会上的闲散资金而设立的一种投资基金。基金管理人可以作为基金的发起人，通过发行受益凭证将资金筹集起来组成信托财产，并依据信托契约，由基金托管人负责保管信托财产，具体办理证券、现金管理及有关的代理业务等；基金投资者，即受益凭证的持有人，他们以购买受益凭证——基金单位持有证的方式加入投资基金，并依照契约享受投资收益。

公司型基金是指按照公司法以公司形态组成的，以发行股份的方式募集资金，主要投资于有价证券的投资机构。一般投资者购买该公司的股份即为认购基金，同时也就成为该公司的股东，凭其持有的基金份额领取股息或红利，依法享有投资收益。公司型投资基金成立后，通常委托专业的基金管理公司管理基金资产，同时还会委任第三方作为基金托管人保管基金资产。基金管理人和基金托管人的职责与契约型投资基金中的基金管理人和基金托管人的职责基本相同。

契约型基金与公司型基金的区别有以下两点：

首先，投资者的地位不同。契约型基金的投资者作为基金契约的受益人，对基金的重要投资决策并没有发言权；而公司型基金的投资者在购买基金的股份后成为该公司的股东，是以股利形式取得收益，并通过股东大会和董事会享有管理基金公司的权利。

其次，基金运营依据不同。契约型基金的资金是信托资产，需要依据基金契约运营基金，契约期满后一般来说基金的运营随之终止；而公司型基金的资金为公司的法人资本，公司型基金需要依据基金公司章程运营基金，除非依据公司法破产清算，否则公司型基金的运营一般都具有永久性。

(2) 根据投资基金设定后能否追加投资份额或赎回投资份额，投资基金可分为封闭式基金和开放式基金。

封闭式基金是指基金的发起人在设立基金时，提前限定基金资本总额及基金发行份数(或发行的基金单位)，筹集到这个总量后，基金即宣告成立，并封闭起来，总量不再增减的投资基金。在封闭期间内，封闭式投资基金的受益凭证不能追加认购或赎回，但由于封闭式基金一般在证券交易场所上市交易，所以投资者可以在证券交易所买卖基金证券，基金交易在基金投资者之间完成。

开放式基金是指基金规模不固定，可以随时根据市场供求状况发行新份额或被投资人赎回的投资基金。开放式基金不上市交易，一般通过银行申购或赎回，但追加购买或赎回的价格不同于原始发行价，而是以基金当时的净资产价值为基础加以确定。投资者可以随时按投资基金的报价在国家规定的场所，如银行等托管人的柜台提出申购或赎回申请，基金交易是在投资者与基金管理人或其代理人之间进行。开放式基金已经逐渐成为世界投资基金的主流。

封闭式基金与开放式基金的区别有以下几点：

首先，期限和发行规模要求不同。封闭式基金均有明确的封闭期限，我国规定一般不得少于5年，同时在招募说明书中列明其基金规模；而开放式基金没有固定期限，投资者可以随时向基金管理人赎回基金单位，投资者在基金的存续期间内也可随时申购基金单位，而且开放式基金没有发行规模限制。

其次，基金单位的交易价格计算标准不同。封闭式基金的交易由市场供求关系决定，常常出现溢价或者折价的现象，并且在基金价格之外要支付手续费；而开放式基金的交易是柜台交易，其交易价格取决于每一基金份额净资产值的大小，不直接受市场供求关系影响，通常申购价是基金份额净资产加一定的申购费，赎回价是基金份额净资产减去一定的赎回费。

最后，投资策略不同。封闭式基金在存续期内不得要求赎回，资本不会减少，可以将所募集到的资金全部进行长期投资，有利于基金管理公司制定长期的投资策略；开放式投资基金必须保留一部分的现金，基金规模不是固定的，为应对投资者随时赎回兑现的需要，开放式基金管理人往往需要保留较大份额的流动性、变现性较强的资产，不能全部用于长期投资。

(3) 根据投资对象不同，投资基金可分为股票基金、债券基金、货币基金和金融衍生品基金。

股票基金是指投资于股票的投资基金。与个人投资股票市场相比，股票基金具有风险小，变现性和流动性强的特点。

债券基金是以国债、金融债券、企业债券等固定收益类金融工具为主要投资对象的基金，债券基金一般情况下定期派息，因此较股票基金来说，其风险和收益水平都较低。

货币基金一般以货币市场短期证券或等同于现金的证券为投资对象，如银行短期存款、国库券、政府公债、商业票据等。这类基金安全性好、流动性高，投资风险小，投资成本低，享有“准储蓄”的美称。

金融衍生品基金包括期货基金、期权基金、指数基金和认股权证基金，一般来说，这类基金的投资风险较通常的股票要大得多，属于高风险基金，也可能获得较高的投资收益。

2. 投资基金的估价

投资基金的估价涉及3个概念：基金价值、基金单位净值和基金报价。

1) 基金价值

基金价值是指在基金投资上所能带来的现金流量。由于投资基金不断变换投资组合，未来收益较难预测，再加上资本利得是投资基金的主要收益来源，变化莫测的证券价格使得对资本利得的准确预计非常困难。因此基金的价值主要由基金资产的目前现金流量决定。这种目前的现金流量用基金的净资产价值来表示，即基金的价值取决于基金净资产的现在价值。

$$基金净资产价值=基金总资产市场价值-基金负债总额$$

知识要点提醒

但需要注意的是，基金价值的确定依据与股票、债券等其他证券的价值确定依据有很大的区别。股票、债券的价值都是指由于投资而带来的未来现金流量的折现值。也就是说，是未来的而不是现在的现金流量决定着股票、债券的价值；而基金的价值取决于目前能给投资者带来的现金流量。

2）基金单位净值

基金单位净值又称单位净资产值或单位资产净值，是指某一时点每一基金单位(或基金股份)所具有的市场价值。其计算公式如下：

基金单位净值＝基金净资产价值总额/基金单位总份额

基金单位净值是评价基金价值最直观的指标，也是衡量一个基金经营业绩好坏的最基本指标。基金单位净值一般应大于1，在风险一定的情况下，基金单位净值越大越好，当基金单位净值小于1时，对于开放式基金而言，管理人就会面临被赎回的压力。

3）基金报价

基金报价是指基金的交易价格。从理论上说，基金的价值决定了基金的价格，基金交易价格的计算是以基金单位净值为基础的。一般情况下，基金交易价格与基金单位净值趋于一致，即基金单位净值高，基金的交易价格也高。

封闭型基金在二级市场上竞价交易，其交易价格的高低由供求关系和基金业绩决定，围绕着基金单位净值上下波动。开放型基金是柜台交易，其基金份额的申购和赎回价格都直接按基金单位资产净值来计算。开放型基金通常采用两种报价形式，即认购价(卖出价)和赎回价(买入价)。开放型基金柜台交易价格的计算公式如下：

基金认购价＝基金单位净值＋基金认购费

基金赎回价＝基金单位净值－基金赎回费

【例4-12】某基金公司目前基金资产账面价值为4 000万元，负债账面价值为500万元，基金资产目前的市场价值为3 000万元，基金股份数为1 000万股，假设公司收取首次认购费，认购费率为基金资产净值的4%，不再收取赎回费。要求计算该基金的认购价和赎回价。

该基金净资产价值＝3 000－500＝2 500(万元)

基金单位净值＝2 500/1 000＝2.5(元/股)

基金认购价＝2.5＋2.5×4%＝2.6(元/股)

基金赎回价＝2.5－0＝2.5(元/股)

3. 投资基金的收益与风险

1）投资基金的收益

反映基金投资者的投资收益的指标是基金收益率，或称为基金投资回报率，它通过基金净资产的价值变化来衡量基金增值情况。基金净资产的价值是以市价计量的，基金资产的市场价值增加，意味着基金的投资收益增加。基金收益率的计算公式如下：

基金收益率=(年末持有基金份数×基金单位净值年末数－年初持有基金份数×基金单位净值年初数)/(年初持有基金份数×基金单位净值年初数)

当年初和年末持有基金份数没有变化，则基金的收益率就简化为基金单位净值在本年内的变化幅度。一般来说，基金收益率越高，基金资产的运营效率越高；基金的表现越好，基金投资人的收益就越高。

2）投资基金的风险

基金投资除了具有与股票投资、债券投资等相同的系统性风险外，还具有自己独特的风险。

(1）组合投资证券的价格风险。投资基金主要投资于股票和债券等证券，股票和债券等价格的下跌，会对基金收益产生很大的不利影响。当然，基金管理人可以通过组合长期投资、分散投资期限等方法来分散该风险。但是，对于开放式基金而言，基金管理人无时不在的赎回义务极大地限制了其投资的期限组合搭配，相对于封闭式基金来说，开放式基金不能有效地利用投资组合来规避这一类风险。

(2）基金管理人风险。基金管理人水平的高低、内部控制是否有效等，都会直接影响基金投资的收益水平。优秀的基金管理人可以对证券市场的走势做出比较准确的判断，并能选择出合适的标的进行投资组合以获得较高的收益；反之，基金投资便会承担较大基金管理人风险。

(3）流动性风险。任何一种投资工具都存在流动性风险，即投资人在需要卖出时面临的变现困难和不能在适当价格上变现的风险。例如，开放式基金在正常情况下投资者不存在由于在适当价位找不到买家的流动性风险，但当基金面临巨额赎回或暂停赎回的极端情况时，基金投资人有可能会承担无法赎回或因净值下跌而低价赎回的风险。这就是开放式基金的流动性风险。

4. 投资基金的优缺点

基金投资最主要的优点是具有专家理财优势，其投资风险要比股票投资小而比债券投资大，其收益比债券投资高而比股票投资低，即能够在承担不太大风险下获得较高的收益。

基金投资的缺点是不能获得很高的投资收益。由于投资基金主要运用的是投资组合策略，因此在降低投资风险的同时，也丧失了获取较大收益的机会。同时，在大盘整体大幅度下跌的情况下，投资人可能承担较大的风险。

4.3.4 衍生金融资产投资

衍生金融资产是以基础金融产品为基础和买卖对象，价格由基础金融产品决定的金融合约或支付互换协议。基础性金融产品既可以是货币、股票、债券等金融资产，又可以是金融资产的价格，如利率、汇率、股价、指数等。

1. 期货投资

1）期货投资的含义及其特点

期货是买卖双方在有组织的交易所内以公开竞价的形式达成的，在将来某一个特定时间按确定的价格购买或出售某项资产的协议。期货主要有两大类：一是商品期货，如大豆、石油等期货交易；二是金融期货，如外汇期货、利率期货、股票期货、股票指数期货等。

期货投资是指为了避免风险或实现盈利而从事期货交易的活动。企业买入期货合约，就等于同意在将来某一指定日期、指定地点、按约定价格从交易对方那里购进某种商品或证券；企业卖出期货合约，就等于同意在将来某指定日期、指定地点、按约定价格交付或卖出某种商品或证券给交易对方。

期货投资有如下特点：

(1) 以小博大。由于期货交易实行保证金交易和逐日盯市制度，所以进行期货投资不需要按照期货合约价值交纳现金，只需每日收盘时按市价计算要交纳的保证金(一般为成交金额的10%左右)数额，多退少补，因此，投资者只需支付少量的保证金就可以进行大额的期货交易。

(2) 投资管理标准化。期货交易所采用会员制，只有交易所会员才有资格进场交易，且期货交易的对象只是一纸统一的期货合约。期货合约已经由期货交易所对指定商品、证券的种类、价格、数量、交收月份、交收地点等都做出了统一规定，具有固定的格式和内容，是一种标准化书面协议书，即实行标准化管理。相关的管理机构还对期货合约的价格浮动界限与每天交易额都有限定，以防止交易欺诈和垄断。

(3) 投机性强。尽管期货合约中写明了指定数量的资产必须在规定的时日交出，但期货投资的交易中并不真正转移资产的所有权，真正需要履约进行现货交割的是极少数，绝大部分交易都在合约到期前通过做相反交易对冲交易而了结，只进行现金差额结算，减少或免除实物交换，这种交易的实质是买空和卖空。期货投资对冲交易多，实物交割少，具有明显的投机性。

(4) 具有保值和套利功能。期货投资保值是指利用期货合约为现货市场上的现货进行保值，以冲抵现货市场上价格变动所带来的价格风险从而实现现货保值。期货投资套利是指期货市场参与者利用不同月份、不同市场、不同商品之间的差价，同时买入和卖出两张不同类别的期货合约以从中获取风险利润的交易行为。

2) 期货投资策略

(1) 套期保值策略。套期保值是指通过买卖期货合约来避免因市场价格波动给自己带来的风险，具体地说，就是通过采取与现货市场上相反的立场买卖期货，以确保现在拥有或将来拥有的财产的价格。

实务中，投资者利用期货投资进行套期保值的具体方式包括买入套期保值和卖出套期保值两种。买入套期保值又称多头套期保值，是指交易者预先在期货市场买入期货，以便将来在现货市场买进现货时不致因价格上涨而给自己造成经济损失的一种套期保值方式。卖出套期保值又称空头套期保值，是指持有现货的投资者为了避免未来出售资产的价格下跌，而事先在期货市场签订卖出期货合约来达到现货保值目的的套期保值方式。如果被套期的商品与用于套期的商品相同，属于直接保值的形式；如果被套期的商品和用于套期的商品不相同，但是价格联动关系密切，则属于交叉保值的形式。

（2）套利策略。套利策略是指投资者利用不同市场之间或不同证券之间出现的暂时价格差异，立即买入过低定价的金融工具或期货合约，同时卖出过高定价的工具或期货合约，从中获取无风险或几乎无风险利润的投资策略。套利一般包括跨期套利、跨品种套利、跨市套利等形式。

2. 期权投资

1）期权投资的含义及其特点

（1）期权投资的含义。期权又称选择权，是一种能在未来指定时期、以指定价格买入或卖出一定数量的某种特定商品或证券的权利。期权根据投资的对象，可以分为利率期权、外汇期权、股票期权等。根据所赋予的权利不同，分为看涨期权(认购期权)和看跌期权(认售期权)。

期权投资是指为了固定成本或规避风险而从事期权交易的活动。期权交易的对象是期权合约。

（2）期权投资的特点。首先，期权投资买卖的是一种特殊的权利，期权投资者拥有的是权利而非责任；其次，期权投资的风险小于期货投资风险；最后，期权投资需要真正进行交割的比率比期货交易的更少，因为期权投资者可以放弃期权合约的权利。

2）期权投资策略

期权投资策略可以分为买入看涨期权、买入看跌期权、买入看涨看跌双向期权等。

（1）买入看涨期权。看涨期权又称买入期权或买进期权，是指期权的所有者在规定的期限内按所确定的履约价格(或协议价格)买进一定数量特定商品或证券的权利。买入看涨期权时，最关键的是投资者对后市的预测是否能够证实，如股票的市价在协议期限内能涨到股票的协议购买价与期权价格之和之上，则投资者购买期权就有利可图；若投资者的预测不现实，购买看涨期权的投资者就会亏损，但这种亏损是有限的，因为投资者有不行使期权的权利，所以其损失仅限于购买期权的费用。

（2）买入看跌期权。看跌期权又称卖出期权，是指期权的所有者在规定的期限内按所确定的履约价格(或协议价格)卖出一定数量特定商品或证券的权利。在投资者预测期权标的物价格将下跌的情况下，可通过买入认售期权而建立认售期权头寸，如果在有效期内，标的物价格下跌，则该认售期权的价值得到体现；若在有效期内，标的物价格并没有下跌，或虽然下跌但没有跌至协议购买价与期权价格之和之下，此时投资者只有将看跌期权以低于成本价在市场上抛售，或到期后放弃行权，这时投资者肯定要发生亏损，但这种亏损是有限的，亏损额限定在购入看跌期权成本之内。

（3）买入看涨看跌双向期权。这种期权既包括看涨期权又包括看跌期权，所以也称为多空套做。在这种期权交易合同中，购买者同时买入某种标的物的看涨权和看跌权。其目的是在股市的盘整期间，投资者对后市无法做出正确推断的情况下，在减少套牢和踏空风险的同时获得利润。购买双向期权的盈利机会最多，但其支付的费用也最大。

3. 其他金融衍生工具投资

1）可转换债券

可转换债券是指可以转换为普通股的债券，赋予持有者按事先约定在一定时间内将其转换为公司股票的选择权。在转换权行使之前债券持有者是发行公司的债权人，权利行使之后则成为发行公司的股东。

可转换债券由于具有选择权，因此具有投资价值。可转换债券的投资决策一般包括：①投资时机选择。一般在新的经济增长周期启动时、利率下调时、行业景气回升时、转股价调整时为较好的投资时机。②投资对象选择。应选择优良的债券为投资对象。③套利机会。可以在股价高涨时，决策债转股获得收益；也可以在可转换债券市场价格高于其内在价值时出售进行套利。

2）远期利率协定

远期利率协定是指交易双方约定在未来某一日期，交换协议期间内在一定名义本金基础上分别以合同利率和参考利率计算的利息的金融合约。

远期利率协定是防范将来利率变动风险的一种金融工具，其特点是预先锁定将来的利率。在远期利率协定市场中，远期利率协定的买方是为了防止利率上升引起筹资成本上升的风险，希望在现在就锁定将来的筹资成本。用远期利率协定防范将来利率变动的风险，实质上是用远期利率协定市场的盈亏抵补现货资金市场的风险，因此远期利率协定具有预先决定筹资成本或预先决定投资报酬率的功能。

3）货币互换

货币互换(又称货币掉期)是指两笔金额相同、期限相同、计算利率方法相同，但货币不同的债务资金之间的调换，同时也进行不同利息额的货币调换。

货币互换是一项常用的债务保值工具，主要用来控制中长期汇率风险，把以一种外汇计价的债务或资产转换为以另一种外汇计价的债务或资产，达到规避汇率风险、降低成本的目的。早期的平行贷款、背对背贷款就具有类似的功能。但是无论是平行贷款还是背对背贷款仍然属于贷款行为，在资产负债表上将产生新的资产和负债。而货币互换作为一项资产负债表外业务，能够在不对资产负债表造成影响的情况下，达到同样的目的。

4.4 证券投资组合

任何一种证券投资对象，都存在或多或少的风险。投资者在进行投资决策时，只能根据经验和所掌握的资料对未来的收益进行估计。实践证明，只要科学地选择足够多的证券进行组合投资，就能基本分散掉大部分可避免风险，这就是证券投资组合。

4.4.1 证券投资组合的意义

证券投资组合是证券投资的重要武器，它是指在进行证券投资时，不是将所有的资金都投向单一的某种证券，而是有选择地投向一组证券的做法。其意义表现在以下几个方面：

(1) 最大限度地降低投资风险，将风险控制在投资者可以承受的范围内。我们说证券投资组合可以最大限度地降低风险，是指那些合理有效的证券投资组合。

(2) 可以提高投资的收益。一个有效的证券投资组合可以在一定的风险条件下实现收益的最大化或在一定的收益水平上使投资风险最小化。

4.4.2 证券投资组合的策略

证券投资组合策略是投资者根据市场上各种证券的具体情况及投资者对风险的偏好与承担能力，选择相应证券进行组合时所采用的方针。常见的证券投资组合策略有以下几种：

（1）保守型投资组合策略。这种策略要求尽量模拟证券市场现状(无论是证券种类还是各证券的比重)。将尽可能多的证券包括进来，以便分散掉全部可避免风险，从而得到与市场平均报酬率相同的投资报酬率。保守型投资组合策略的好处是基本上能分散掉可避免风险，不需要高深的证券投资专业知识，证券投资的管理费用比较低。但缺点是所得到的收益也不会高于证券市场的平均收益。因此，保守型策略属于收益不高、风险不大的策略。

（2）冒险型投资组合策略。该组合策略的特点是选择成长型的股票比较多，组合的随意性强，变动频繁，因此采用这种投资组合，如果做得好，可以取得远远超过市场平均报酬的投资收益，但如果失败，会发生较大的损失。这种策略属于收益高、风险大的策略。

（3）适中型投资组合策略。该组合策略认为股票的价格主要由企业的经营业绩决定，只要企业的经济效益好，股票的价格终究会体现其优良的业绩。因此选择适中型策略的人必须具备丰富的投资经验，拥有进行证券投资的各种专业知识，善于对证券进行分析。适中型策略如果做得好，可以获得较高的收益，而又不会承担太大风险，所以是一种最常见的投资组合策略。

4.4.3 证券投资组合的方法

常用的证券投资组合方法主要有以下几种：

（1）投资组合的三分法。一般而言，风险大的证券对经济形势的变化比较敏感，当经济处于繁荣时期，风险大的证券获得高额收益，但当经济衰退时，风险大的证券却会遭受巨额损失；风险小的证券对经济形势的变化则不十分敏感，一般都能获得稳定收益，而不致遭受损失。比较流行的投资组合三分法是：1/3 投资于风险较大的有发展前景的成长型股票；1/3 投资于安全性较高的债券或优先股等有价证券；1/3 投资于中等风险的有价证券。

（2）根据风险等级和报酬高低进行投资组合。证券的风险大小可以分为不同的等级，收益也有高低之分。投资者可以测定出自己期望的投资收益率和所能承担的风险程度，然后在市场中选择相应风险和收益的证券作为投资组合。一般来说，在选择证券进行投资组合时，同等风险的证券，应尽可能选择报酬高的；同等报酬的证券，应尽可能选择风险低的；并且要选择一些风险呈负相关的证券进行投资组合。

（3）选择不同的行业、区域和市场的证券作为投资组合。这种投资组合的做法是，尽可能选择足够数量的证券进行投资组合，不可集中投资于同一个行业的证券，选择证券的区域也应尽可能分散，将资金分散投资于不同的证券市场，选择不同期限的投资进行组合等。

本章小结

对于投资者而言，证券是投资的工具，投资者通过对各种证券的投资，能有效地利用货币资本并进行资源的优化配置。实务中，投资者采用的证券投资形式较多的是债券投资、股票投资、基金投资及期货、期权投资。本章以股票、债券为代表，以基金、衍生金融资产为补充，系统介绍了证券投资及证券投资组合的策略和方法。通过学习，应掌握证券投资的目的，熟练掌握股票、债券、证券组合投资的价值评估和决策方法，熟悉基金投资和衍生金融工具的基本类型及相关操作程序。

关键术语

证券投资　有价证券　利率风险　期限风险　购买力风险　违约风险　流动性风险　证券投资收益　息票收益率　本期收益率　到期收益率　持有期收益率　股票的估价模型　债券估价的模型　投资基金　基金价值　基金单位净值　基金报价　衍生金融资产　证券投资组合　投资组合的三分法

知识链接

证券投资的技术分析方法

1. 证券投资分析的流派

证券投资分析的主要流派有以下几种：

(1) 基本分析流派。是目前西方的主要派别。体现了以价值分析理论为基础、以统计方法和现值计算方法为主要分析手段的基本特征。两个假设为“股票的价值决定其价格”、“股票的价格围绕价值波动”。

(2) 技术分析流派。指以证券的市场价格、成交量、价和量的变化及完成这些变化所经历的时间等行为，作为投资分析对象与投资决策基础的投资分析流派。以价格判断为基础，以正确的投资动机抉择为依据。

(3) 心理分析流派。其分析有两个方向：个体心理分析和群体心理分析。

(4) 学术分析流派。重点是选择价值被低估的股票并长期持有，其代表人物是本杰明·格雷厄姆(Benjamin Graham)和沃伦·巴菲特(Warren Buffett)。哲学基础是“效率市场理论”。

2. 证券投资分析的技术分析方法

1) 定义

证券投资分析的技术分析法是通过市场行为本身的分析来预测市场价格的变化方向，即主要是对期货市场的日常交易状态，包括价格变动、交易量与持仓量的变化等资料，按照时间顺序绘制成图形或图表，或形成一定的指标系统，然后针对这些图形、图表或指标系统进行分析研究，以预测期货价格走势的方法。

2) 技术分析法的三大假设

一是市场行为反映一切，这是技术分析的基础。技术分析者认为，市场的投资者在决定交易行为时，已经充分考虑了影响市场价格的各项因素。因此，只要研究市场交易行为就能了解目前的市场状况，而无须关心背后的影响因素。

二是价格呈趋势变动，这是进行技术分析最根本、最核心的因素。"趋势"概念是技术分析上的核心。根据物理学上的动力法则，趋势的运行将会继续，直到有反转的现象产生为止。事实上价格虽然上下波动，但终究是朝一定的方向前进的，这当然也是牛顿惯性定律的应用，因此技术分析法希望利用图形或指标分析，尽早确定目前的价格趋势及发现反转的信号，以掌握时机进行交易获利。

三是历史会重演，这是从人的心理因素方面考虑的。期货投资无非是一个追求的行为，不论是昨天、今天或明天，这个动机都不会改变。因此，在这种心理状态下，人类的交易将趋于一定的模式，而导致历史重演。所以，过去价格的变动方式，在未来可能不断发生，值得投资者研究，并且利用统计分析的方法，从中发现一些有规律的图形，整理一套有效的操作原则。

3）技术分析理论

粗略地进行划分，可以将技术分析理论分为以下几类：K线理论、切线理论、形态理论、技术指标理论、波浪理论和循环周期理论。这些理论是技术分析理论的主要内容。几乎所有的技术分析方法都可以归入以上的内容。

4）技术分析法的内容

(1) 指标法。是根据市场行为的各种情况建立数学模型，按照一定的数学计算公式，得出一个体现证券市场某个方面内在实质的数字，即指标值。指标的具体数值和相互关系直接反映了证券市场所处的状态，为具体操作提供方向性指导。指标反映的东西大多是从证券市场行情报告中不能直接看到的。

(2) K线法。K线法的研究侧重于若干条K线的组合情况，通过推测股票市场多空双方力量的对比来判断股票市场多空双方谁占优势，是暂时的还是决定性的。K线图是进行各种技术分析的最重要图表。

(3) 形态法。是指根据价格图表中过去一段时间价格轨迹的形态来预测证券价格的未来趋势的方法。

(4) 波浪法。是指把股价的上下波动和不同时期的持续上涨、下降看成是波浪的上下起伏。证券价格也遵循波浪起伏的规律。

5）技术分析法的特点

一是量化指标特性：技术分析提供的量化指标，可以指示出行情转折之所在。

二是驱使追逐特性：由技术分析得出的结果告诉人们如何去追逐趋势，并非是创造趋势或引导趋势。

三是技术分析直观现实：技术分析所提供的图表，是轨迹的记录，无虚假与臆断的弊端。因此，技术分析首先是制作图表，进行分析，再做判断。

6）技术分析的优缺点

技术分析的优点是同市场接近，考虑问题比较直接。与基本分析相比，通过技术分析指导证券买卖见效快，获得利益的周期短。此外，技术分析对市场的反映比较直接，分析的结果也更接近实际市场的局部现象。

技术分析的缺点是眼光太短，考虑问题的范围相对较窄。对市场长远的趋势不能进行有益的判断。正是由于这个原因，技术分析在给出结论的时候，只能给出时间相对较短的结论。在中国市场，要得到长时间的预测，仅仅依靠技术分析是不够的。

7）技术分析法的适用范围

简单地说，技术分析适用于进行在时间上较短的行情预测。要进行周期较长的分析必须依靠别的因素，这是应用技术分析最应该注意的问题。技术分析的另一个值得注意的问题是，它所得到的结论不是绝对的命令，仅仅是一种建议的性质。得到的结论都应该是以概率的形式出现，不要把它当成万能的工具。

习 题

一、单项选择题

1. 按照证券收益的决定因素不同，可将证券分为(　　)。

A. 政府证券、金融证券和公司证券　　B. 所有权证券和债权证券

C. 原生证券和衍生证券　　D. 固定收益证券和变动收益证券

2. 根据变现方式的不同，投资基金可以分为(　　)。

A. 契约型基金和公司型基金　　B. 封闭式基金和开放式基金

C. 资本基金和货币基金　　D. 期权基金和期货基金

3. 相对于公募债券而言，私募债券的主要缺点是(　　)。

A. 发行费用较高　B. 流通性较差　C. 限制条件较多　D. 发行时间较长

4. 一般认为，企业进行长期债券投资的主要目的是(　　)。

A. 控制被投资企业　B. 调剂现金余额　C. 获得稳定收益　D. 增强资产流动性

5. 企业对外进行债券投资，从其产权关系来看属于(　　)。

A. 债权投资　B. 股权投资　C. 证券投资　D. 实物投资

6. 按照组织形态的不同，基金可以分为(　　)。

A. 封闭式基金和开放式基金　　B. 契约型基金和公司型基金

C. 股票基金和债券基金　　D. 认股权基金和专门基金

二、多项选择题

1. 相对股票投资而言，债券投资的优点有(　　)。

A. 本金安全性高　B. 收入稳定性强　C. 价格波动小　D. 拥有管理权

2. 下列属于封闭型基金的特点的是(　　)。

A. 通常有固定的封闭期，在封闭期限内不能要求从基金公司赎回，只能在证券交易市场或柜台市场上出售

B. 在招募说明中要列明其基金规模

C. 买卖价格受市场供求关系的影响，并不必然反映公司的净资产值

D. 可进行长期投资

3. 下列属于金融期货的是(　　)。

A. 能源期货　B. 股指期货　C. 利率期货　D. 金属产品期货

4. 下列属于看涨期权投资中应注意的问题的是(　　)。

A. 购买权利的到期日　　B. 卖出权利的到期日

C. 股票的购买价格如何　　D. 能够卖出哪些公司的股票

5. 投资基金的特点是(　　)。

A. 具有专家理财优势　　B. 能获得很高的投资收益

C. 资金规模较大　　D. 无风险

6. 企业进行股票投资的主要目的包括(　　)。

A. 获取稳定收益　　B. 为了获得股利收入及股票买卖价差

C. 取得对被投资企业的控股权　　D. 为配合长期资金的使用，调节现金余额

7. 股票投资的缺点有(　　)。

A. 投资风险大　　B. 求偿权居后　　C. 价格不稳定　　D. 收入稳定性强

8. 下列属于开放型基金特点的是(　　)。

A. 没有固定期限，投资人可随时向基金管理人赎回

B. 在招募说明书中要列明其基金规模

C. 交易价格基本不受市场供求影响

D. 基金资产必须保持流动性，不可全部进行长期投资

9. 下列属于卖出套期保值的手段(　　)。

A. 利用利率期货交易避免将来利率上涨引起的持有债券的价格下跌，或者预定的借款费用上升的风险

B. 利用利率期货交易避免将来利率下跌引起的债券投资的预定利益减少(债券的购入价格上升)的风险

C. 利用外汇期货交易避免将来外汇价值上升引起以本币计价的预定外汇支付额增加的风险

D. 利用外汇期货交易避免将来外汇价值下跌引起持有外币期货资产的价值下跌，以及将来外汇收入的价值减少的风险

10. 下列表述正确的是(　　)。

A. 购买看跌期权可以获得在期权合约有效期内根据合约所确定的履约价格买进一种特定商品或资产的权利

B. 购买看涨期权可以获得在期权合约有效期内根据合约所确定的履约价格买进一种特定商品或资产的权利

C. 购买看跌期权可以获得一种在未来一定期限内根据合约所确定的价格卖出一种特定商品或资产的权利

D. 购买看涨期权可以获得一种在未来一定期限内根据合约所确定的价格卖出一种特定商品或资产的权利

三、思考题

1. 什么是证券投资？企业进行证券投资的风险有哪些？
2. 什么是股票投资？股票投资的目的和特点有哪些？
3. 什么是股票估价？股票估价模型有哪些？
4. 什么是债券投资？债券投资的估价模型有哪些？
5. 什么是投资基金？其有哪些种类？
6. 什么是基金的价值、基金单位净值和基金报价？如何计算？
7. 期货投资和期权投资的含义分别是什么？它们各有什么特点？

四、计算题

1. A企业于2012年1月5日以每张1 020元的价格购买B企业发行的利随本清的企业债券。该债券的面值为1 000元，期限为3年。票面年利率为10%，不计复利。购买时市场年利率为8%，不考虑所得税。

要求：

(1) 利用债券估价模型评价A企业购买此债券是否合算？

(2) 如果A企业于2013年1月5日能将该债券以1 130元的市价出售，计算该债券的持有期收益率。

(3) 如果A企业于2014年1月5日能将该债券以1 220元的市价出售，计算该债券的持有期收益率。

(4) 如果A企业打算持有至到期日，计算A企业投资债券的持有期收益率。

(5) 根据上述计算结果判断，A企业应选择债券的最佳持有期限是多少?

2. 甲公司欲投资购买债券，目前有3家公司的债券可供挑选。

(1) A公司债券，债券面值为1 000元，5年期，票面利率为8%，每年付息一次，到期还本。债券的发行价格为1 105元，若投资人要求的必要收益率为6%。则A公司债券的价值为多少? 若甲公司欲投资A公司债券，并一直持有至到期日，其持有期收益率为多少，应否购买?

(2) B公司债券，债券面值为1 000元，5年期，票面利率为8%，单利计息，到期一次还本付息，债券的发行价格为1 105元，若投资人要求的必要收益率为6%，则B公司债券的价值为多少? 若甲公司欲投资B公司债券，并一直持有至到期日，其持有期收益率为多少，应否购买?

(3) C公司债券，债券面值为1 000元，5年期，票面利率为8%，C公司采用贴现法付息。发行价格为600万元，期内不付息，到期还本，若投资人要求的必要收益率为6%，则C公司债券的价值为多少? 若甲公司欲投资A公司债券，并一直持有至到期日，其持有期收益率为多少，应否购买?

(4) 若甲公司持有B公司债券1年后，将其以1 200元的价格出售，则持有收益率为多少?

3. 甲企业计划利用一笔长期资金投资购买股票。现有M公司股票和N公司股票可供选择，甲企业只准备投资一家公司股票。已知M公司股票现行市价为每股9元，上年每股股利为0.15元，预计以后每年以6%的增长率增长。N公司股票现行市价为每股7元，上年每股股利为0.60元，股利分配政策将一贯坚持固定股利政策。甲企业所要求的投资必要报酬率为8%。

要求：

(1) 利用股票估价模型，分别计算M公司、N公司的股票价值。

(2) 代甲企业做出股票投资决策。

4. 某公司以每股12元的价格购入某种股票，预计该股票的年每股股利为0.4元，并且将一直保持稳定，若打算持有5年后再出售，预计5年后股票价格可以翻番，则投资该股票的持有收益率为多少?

实际操作训练

1. 目的：通过实训，掌握债券投资、股票投资的评价与决策方法。

2. 内容：

利用本章的导入案例，进行以下相关实训。

(1) 股票投资决策。

(2) 债券投资决策。

3. 要求：

(1) 利用股票的收益评价指标进行股票投资决策。

(2) 利用债券的收益评价指标进行债券投资决策。

案例分析

雅戈尔(600177)再次重金出手参与证券市场投资，此次目标为中联重科(000157)，与以往一样目前该项投资也获得不菲的浮盈。

2010年2月11日中联重科公布，雅戈尔以18.70元/股的价格总计花费5.61亿元，购入了中联重科3 000万股定向增发股份，占此次定向增发股份的10.07%。按照前一日中联重科收盘价22.65元/股计算，雅戈尔此次投资已经浮盈1.19亿元，收益率超过20%。

在2009年12月30日，雅戈尔斥资6.88亿元以每股17.2元认购苏宁电器4 000万股，占发行后总股本的0.86%，锁定期为1年。按照前一日苏宁电器股价计算，雅戈尔仍有浮盈近4 000万元。

从雅戈尔自身的定位来看，对包括证券投资在内的优质项目进行投资已经成为其发展主战略。2009年12月15日雅戈尔公开表示，根据公司的战略部署及目前项目储备情况，公司在未来一段时间内将继续选择优质项目进行投资，连续12个月内累计对外投资金额将超过公司最近一期经审计净资产的50%。

据雅戈尔披露，不包括上述两项增发投资，2009年雅戈尔已经相继参与了9项重大投资，包括参与浦发银行、东方电气等公司的融资及投资无锡领峰创业投资合作基金，共计斥资35.29亿元，占总资产比例为11.16%，占净资产比例为39.16%。也就是说，加上上述两项投资，目前雅戈尔的对外投资金额已经达到47.48亿元。2009年三季报显示，截至2009年9月30日雅戈尔的净资产为120.15亿元。

数据也显示，雅戈尔投资的成功率颇高，投资收益已经成为雅戈尔的重要利润来源。2009年前三季度雅戈尔实现净利润17.49亿元，其中投资收益占10.03亿元。

问题：

1. 雅戈尔选择证券投资对象的依据是什么？
2. 雅戈尔如何衡量收益与风险的关系？
3. 雅戈尔采取的证券投资策略属于哪种类型？

第5章 筹资管理

教学要点

知识要点	掌握程度	相关知识	应用方向
资金的筹集与预测	掌握	筹资的动机；筹资渠道；筹资方式；资金需要量的预测	企业资金筹集渠道与方式选择；资金需要量的预测
权益资本筹资	重点掌握	吸收直接投资的种类，出资方式；股票的分类、普通股股东的权利、股票发行条件、程序；吸收直接投资和普通股筹资的优缺点	企业吸收直接投资；发行股票，股票上市
长期债务资本筹集	重点掌握	银行借款信用条件、银行借款筹资优缺点；债券发行条件、发行价格、债券筹资的优缺点；融资租赁租金、融资租赁的优缺点	企业向银行借款；发行债券；融资租赁
混合性筹资	理解	混合性筹资的种类、特征；各种混合性筹资的优缺点	企业发行优先股和可转换债券
短期债券资本筹资	掌握	商业信用的形式、现金折扣成本、优缺点；短期银行借款的种类、优缺点	企业短期借款

导入案例

"PT 水仙"是中国证券市场上第一支被摘牌的股票，深入分析其被摘牌的原因，可以发现，除了公司战略投资失败之外，最直接的原因就是公司营运资金管理不善，债务沉重。审计发现，1999 年公司账面银行借款近 3.5 亿元，而同期的营运资金为－1.8 亿元，大量的超过 1 年的应收账款无法收回，大量的借款无法偿还，到 2000 年，公司的营运资金更是达到近－2.6 亿元。由于其已不再具备持续经营的能力，银行也不愿再向其提供贷款，公司出现严重的债务危机。

企业的生产经营过程就是资金不断运动的过程，在这个过程中，为了满足理财活动对资金的需求，企业必须通过不同的筹资渠道，采用特定的筹资方式筹集所需资金，这就是企业的资本筹资。

5.1 资金的筹集与预测

5.1.1 筹资概述

企业筹资是指企业作为筹资主体，根据其生产经营、对外投资和调整资本结构等需要，通过筹资渠道和金融市场，运用筹资方式，进行有效的筹措和集中资本的活动。资本是企业经营活动的一种基本要素，是企业创建和生存发展的一个必要条件。一个企业从创建到发展的整个过程都需要根据内外部环境的变化，适时采取调整企业资本结构的策略，需要及时地筹措资本。筹资活动是企业的一项基本财务活动，是企业财务管理的主要内容之一。

1. 企业筹资的动机

企业筹资的基本目的是为了自身的生存与发展。企业在持续的生存与发展中，其具体的筹资活动通常受特定的筹资动机所驱使。企业筹资的动机是多种多样的，归纳起来有以下 3 种基本类型。

1）扩张性筹资动机

扩张性筹资动机是企业因扩大生产经营规模或增加对外投资的需要而产生的筹资动机。处于成长时期、具有良好发展前景的企业通常会有这种筹资动机。例如，企业产品供不应求，开发生产适销对路的新产品，追加有利的对外投资规模，开拓有发展前途的对外投资领域等，往往都需要追加筹资。扩张性筹资动机所产生的直接结果是企业资产总额和资本总额的增加。

2）调整性筹资动机

调整性筹资动机是企业因调整现有资本结构的需要而产生的筹资动机。简言之，资本结构是指企业各种筹资的构成及其比例关系。企业的资本结构是企业采取的各种筹资方式组合而形成的。一个企业在不同时期由于筹资方式的不同会形成不同的资本结构。随着相关情况的变化，现有的资本结构可能不再合理，需要相应地予以调整，使之趋于合理。

3）混合性筹资动机

企业同时为扩张规模和调整资本结构而产生的筹资动机，称为混合性筹资动机。这种混合性筹资动机中兼容了扩张性筹资和调整性筹资两种筹资动机。在这种混合性筹资动机的驱使下，企业通过筹资，既扩大了资产和筹资的规模，又调整了资本结构。

2. 企业筹资的基本原则

企业筹资是一项重要而复杂的工作，为了有效地筹集企业所需资金，必须遵循以下基本原则。

1）规模适当原则

不同时期企业的资金需求量不是一个常数，企业财务人员要认真分析科研、生产、经营状况，采用一定的方法，预测资金的需要数量，合理确定筹资规模。这样，既能避免因资金筹集不足，影响生产经营的正常进行，又可防止因资金筹集过多造成资金闲置。

2）筹措及时原则

企业财务人员筹集资金时必须熟知资金时间价值的原理和计算方法，以便根据资金需求的具体情况，合理安排资金的筹集时间，适时获取所需资金。这样，既能避免过早筹集资金形成资金投放前的闲置，又能防止取得资金的时间滞后，错过资金投放的最佳时间。

3）来源合理原则

资金的来源渠道和资金市场为企业提供了资金的源泉和筹资场所，它反映资金的分布状况和供求关系，决定着筹资的难易程度。不同来源的资金，对企业的收益和成本有不同影响，因此，企业应认真研究资金来源渠道和资金市场，合理选择资金来源。

4）方式经济原则

在确定筹资数量、筹资时间、资金来源的基础上，企业在筹资时还必须认真研究各种筹资方式。企业筹集资金必然要付出一定的代价，不同筹资方式条件下的资本成本有高有低。因此，就需要对各种筹资方式进行分析、对比，选择经济、可行的筹资方式。与筹资方式相联系的问题是资金结构问题，企业应确定合理的资金结构，以便降低成本，减少风险。

3. 企业筹资的渠道

企业筹资的渠道是指企业筹集资本来源的方向与通道，体现着资本的源泉和流量。筹资渠道主要由社会资本的提供者及数量分布所决定。企业的筹资渠道可以归纳为如下几种。

1）政府财政资本

政府财政资本历来是国有企业筹资的主要来源，政策性很强，通常只有国有企业才能利用。现有的国有企业，包括国有独资公司，其筹资来源的大部分是在过去由政府通过中央和地方财政部门以拨款方式投资而形成的。政府财政资本具有广阔的源泉和稳固的基础，并在国有企业资本金预算中安排，今后仍然是国有企业权益资本筹资的重要渠道。

2）银行信贷资本

银行信贷资本是各类企业筹资的重要来源。银行一般分为商业银行和政策性银行。商业银行可以为各类企业提供各种商业性贷款；政策性银行主要为特定企业提供一定的政策性贷款。银行信贷资本拥有居民储蓄、单位存款等经常性的资本来源，贷款方式灵活多样，可以适应各类企业债务资本筹集的需要。

3）非银行金融机构资本

非银行金融机构资本也可以为一些企业提供一定的筹资来源。它们有的直接集聚社会资本，融资融物，如典当行、融资租赁公司；有的承销证券，提供信托服务，为一些企业直接筹集资本或为一些公司发行证券筹资提供承销信托服务。这种筹资渠道的财力虽然比银行要小，但具有广阔的发展前景。

4）其他法人资本

其他法人资本有时也可为筹资企业提供一定的筹资来源。在我国，法人可分为企业法人、事业法人和团体法人等。这些法人单位在日常的资本运营周转中，有时也可能形成部分暂时闲置的资本，为了让其发挥一定的效益，也需要相互融通，这就为企业提供了一定的筹资来源。

5）企业内部资本

企业内部资本主要是指企业通过提留盈余公积和保留未分配利润而形成的资本。这是企业内部形成的筹资渠道，比较便捷，有盈利的企业通常都可以加以利用。

6）民间资本

民间资本可以为企业直接提供筹资来源。我国企业和事业单位的职工和广大城乡居民持有大笔的货币资本，可以对一些企业直接进行投资，为企业筹资提供资本来源。

7）国外和我国港澳台地区资本

在改革开放的条件下，国外及我国香港、澳门和台湾地区的投资者持有的资本，也可加以吸收。

4. 企业筹资的方式

企业筹资的方式是指企业筹集资本所采取的具体形式和工具，体现着资本的属性和期限。资本属性是指资本的权益性质或债务性质。筹资方式取决于企业资本的组织形式和金融工具的开发利用程度。企业目前采用的筹资方式有以下几种。

1）吸收直接投资

吸收直接投资是企业以协议形式筹集政府、法人、自然人等直接投入的资本，形成企业投入资本的一种筹资方式。吸收直接投资方式不以股票为媒介，适用于非股份制企业，是非股份制企业取得权益资本的基本方式。

2）发行股票

发行股票筹资是股份公司按照公司章程依法发售股票直接筹资，形成公司股本的一种筹资方式。发行股票筹资要以股票为媒介，仅适于股份公司，是股份公司取得权益资本的基本方式。

3）利用留存收益

利用留存收益就是企业将实现的净利润留存于企业，形成企业的资金来源。

4）向银行借款

银行借款筹资是各类企业按照借款合同从银行等金融机构借入各种款项的筹资方式。它广泛适用于各类企业，是企业获得长期和短期债务资本的主要筹资方式。

5）发行债券

发行债券筹资是企业按照债券发行协议发售债券直接筹资。在我国，股份有限公司、国有独资公司等可以采用发行债券方式筹集资金，获得长期债务资本。

6）利用商业信用

商业信用筹资是企业通过赊购商品、预收货款、享受劳务等信用交易行为筹集短期资本的一种筹资方式。

7）租赁筹资

租赁筹资是企业按照租赁合同租入资产从而筹集资本的特殊方式。

5. 企业筹资渠道与筹资方式的配合

企业筹资需要通过一定的筹资渠道，运用一定的筹资方式来进行。不同的筹资渠道和筹资方式各有特点和适用性，两者既有联系，又有区别。一定的筹资方式可能仅适用于某一特定的筹资渠道；但同一筹资渠道的资本往往可以采取不同的筹资方式取得，而同一筹资方式又往往可以适用于不同的筹资渠道。企业筹资渠道与筹资方式相配合的对应关系见表5-1。企业在筹资时，应加以分析研究，实现筹资渠道和筹资方式两者之间的合理配合。

表5-1 筹资方式与筹资渠道的对应关系

筹资方式 / 两者配合 / 筹资渠道	吸收直接投资	发行股票	利用留存收益	向银行借款	发行债券	利用商业信用	融资租赁
政府财政资本	√	√					
银行信贷资本				√			
非银行金融机构资本	√	√		√	√	√	√
其他法人资本	√	√			√	√	√
企业内部资本	√	√	√				
民间资本	√	√			√		
国外和我国港澳台资本	√	√		√	√	√	√

6. 企业筹资的类型

企业通过各种筹资渠道和采用各种筹资方式所筹集的资本，由于具体的属性、期限、范围和机制的不同而形成不同的类型。进而，不同类型资本的结合，就构成具体的筹资组合。

1）权益筹资与债务筹资

按其属性的不同，企业筹资可以分为权益筹资和债务筹资。

权益筹资是指企业通过所有权方式筹集资本。权益资本也称自有资本，是企业依法取得并长期拥有、自主调配运用的资本。根据我国有关法规制度，企业的权益资本由实收资本(或股本)、资本公积、盈余公积和未分配利润组成。权益资本具有下列特性：权益资本的所有权归属于企业的所有者。企业所有者依法凭其所有权参与企业的经营管理和利润分配，并对企业的债务承担有限或无限责任；企业对权益资本依法享有经营权。在企业存续期间，企业有权调配使用权益资本，企业所有者除了依法转让其所有权外，不得以任何方式抽回其投入的资本，因而权益资本被视为企业的“永久性资本”。

债务筹资是指筹集借入资本，也称债务资本，是企业依法取得并依约运用、按期偿还的资本。债务资本具有下列属性：债务资本体现企业与债权人的债务与债权关系；企业的债权人有权按期索取债权本息，但无权参与企业的经营管理和利润分配，对企业的其他债务不承担责任；企业对持有的债务资本在约定的期限内享有经营权，并承担按期还本付息的义务。

知识要点提醒

企业的权益资本与债务资本具有一定的比例关系，合理安排权益资本与债务资本的比例关系是企业筹资管理的一个核心问题。

2）长期资本筹集与短期资本筹集

按照所筹措资金使用期限的长短不同，企业筹资可分为长期资本筹集和短期资本筹集。

长期资本是指企业使用期限在 1 年或超过 1 年的一个营业周期以上的资本。长期资本主要用于购建固定资产，取得无形资产，开展长期投资，营运资本投资等。企业的长期资本一般是采用吸收直接投资、发行股票、发行债券、银行借款、租赁等筹资方式取得或形成的。企业的长期资本还可分为中期资本和狭义的长期资本。一般划分标准：需用期在 1～5 年的资本为中期资本；需用期在 5 年以上的为狭义的长期资本。

短期资本是指企业需要期限在 1 年以内的资本。企业由于在生产经营过程中资本周转调度等原因，往往需要一定数量的短期资本。企业的短期资本通常是采用银行借款、商业信用等筹资方式取得。

一家企业的长期和短期资本的比例关系构成企业全部资本的期限结构。资本的期限结构对企业的风险与收益会产生一定的影响，企业应当根据资本的需用期间进行合理搭配。此外，长期资本与短期资本也可相互通融。在长期资本富余的情况下，可临时用于弥补短期资本的短缺；在短期资本充足的情况下，也可暂时用来补充长期资本的不足。

3）内部筹资与外部筹资

筹资按资本来源的范围不同，企业筹资可分为内部筹资和外部筹资。

内部筹资是指在企业内部通过留存利润而形成的筹资来源。内部筹资是在企业内部自然积累形成的，因此被称为“自动化的资本来源”。内部筹资一般无须花费筹资费用，其数量通常由企业可分配利润的规模和利润分配政策或股利政策所决定。

外部筹资是指企业向外部筹资而形成的资本来源。当内部筹资难以满足资金需要时。企业就要广泛开展外部筹资。

4）直接筹资与间接筹资

按照筹资是否借助金融中介机构，企业筹资可分为直接筹资和间接筹资。

直接筹资是指企业不借助银行等金融机构，直接与资本所有者协商融通资本的一种筹资活动。在直接筹资活动过程中，筹资企业无须借助银行等金融机构，而是直接与资本所有者协商，采用一定的筹资方式取得资本。在我国，随着宏观金融体制改革的深入，直接筹资得以不断发展。直接筹资主要有吸收直接投资、发行股票、发行债券、商业信用等方式。

间接筹资是指企业借助银行等金融机构的筹资活动。在间接筹资活动过程中，银行等金融机构发挥中介作用，它们先集聚资本，然后提供给筹资企业。间接筹资的基本方式是银行借款，此外还有租赁等筹资方式。间接筹资目前是大多数企业筹集债务资本常用的方式。

直接筹资与间接筹资相比，两者有明显的区别，这主要取决于宏观融资机制和政策。二者之间的区别主要表现为以下几个方面：①筹资机制不同。直接筹资依赖于资本市场机制如证券交易所，以各种证券如股票和债券为媒介；而间接筹资则既可运用市场机制，又可运用计划或行政手段；②筹资范围不同。直接筹资具有广阔的领域，可利用的筹资渠道和筹资方式比较多；而间接筹资的范围相对较窄，筹资渠道和筹资方式比较少；③筹资效率和筹资费用高低不同。直接筹资因程序较为繁杂，准备时间较长，故筹资效率较低，筹资费用较高；而间接筹资过程简单，手续简便，故筹资效率高，筹资费用低；④筹资效应不同。直接筹资可使企业最大限度地筹集社会资本，并有利于提高企业的知名度和资信度，改善企业的资本结构；而间接筹资有时主要是为了适应企业资本周转的需要。

5.1.2 资金需要量预测

企业在筹资之前，应当采用一定的方法预测资金需要的数量，只有这样，才能使筹集来的资金既能保证满足生产经营的需要，又不会有太多的闲置。现介绍预测资金需要量常用的方法。

1. 定性预测法

定性预测法是指利用直观的资料，依靠个人的经验和主观分析、判断能力，预测未来资金需要量的方法。这种方法通常在企业缺乏完备、准确的历史资料的情况下采用的。其预测过程：首先由熟悉财务情况和生产经营情况的专家，根据过去所积累的经验，进行分析判断，提出预测的初步意见；然后，通过召开座谈会或发出各种表格等形式，对上述预测的初步意见进行修正补充。这样经过一次或几次的修正补充，得出预测的最终结果。定性预测法是十分有用的，但它不能揭示资金需要量与有关因素之间的数量关系。例如，预测资金需要量应和企业生产经营规模相联系。生产规模扩大，销售数量增加，会引起资金需求增加；反之，则会使资金需求量减少。

2. 比率预测法

比率预测法是指以一定财务比率为基础，预测未来资金需要量的方法。能用于预测的比率可能会很多，如存货周转率、应收账款周转率等，但最常用的是资金与销售额之间的比率。以资金与销售额的比率为基础，预测未来资金需要量的方法，就是销售百分率法。

【例5-1】 A公司2012年12月31日的资产负债表(简表)见表5-2。

表5-2 A公司资产负债表(简表)

2012年12月31日　　单位：元

资　　产	金　　额	负债及所有者权益	金　　额
现金	10 000	应付费用	5 000
应收账款	15 000	应付账款	10 000
存货	25 000	短期借款	25 000
固定资产净值	40 000	公司债券	10 000

续表

资　　产	金　　额	负债及所有者权益	金　　额
		实收资本	30 000
		留存收益	10 000
资产合计	90 000	负债与所有者权益合计	90 000

已知：A公司2012年的销售收入为100 000元，现在还有剩余生产力，即增加收入不需要进行固定资产方面的投资。假定销售净利率为12%，如果2013年的销售收入到130 000元，那么要筹集多少资金呢？现将应用销售百分率法进行预测的程序说明如下：

第一步：将资产负债表中预计随销售变动而变动的项目分离出来。在A公司的实例中，资产方除固定资产外都将随销售量的增加而增加，因为较多的销售量需要占用较多的存货，发生较多的应收账款，导致现金需求增加。在负债与所有者权益一方，应付账款和应付费用也会随销售的增加而增加。公司的利润如果不全部分配出去，留存收益也会有适当增加。预计随销售增加而自动增加的项目列示在表5-3中。

表5-3　A公司销售百分率表

资　　产	与销售收入的比率	负债及所有者权益	与销售收入的比率
现金	10%	应付费用	5%
应收账款	15%	应付账款	10%
存货	25%	短期借款	不变动
固定资产净值	不变动	公司债券	不变动
		实收资本	不变动
		留存收益	不变动
合计	50%	合计	15%

在表5-3中，不变动是指该项目不随销售的变化而变化。表中的百分率都是用表5-2中有关项目的数字除以销售收入求得，如现金：10 000÷100 000=10%。

第二步：确定需要增加的资金。从表5-3中可以看出，销售收入每增加100元，必须增加50元的资金占用，但同时增加15元的资金来源。从50%的资金需求中减去15%自动产生的资金来源，还剩下35%的资金需求。因此，每增加100元的销售收入，A公司必须取得35元的资金来源。在本例中，销售收入从100 000元，增加到130 000元，增加了30 000元，按照35%的比率可预测将增加10 500元的资金需求。

第三步：确定对外界资金需求的数量。上述10 500元的资金需求可通过企业内部来筹集，2013年的净利润为15 600元(130 000×12%)，如果公司的利润分配给投资者的比率为50%，则将有50%的利润即7 800元被留存下来，从10 500元中减去7 800元的留存收益，则还有2 700元的资金必须向外界来融通。

上述预测过程可用下列公式表示：

$$\text{外界资金的需要量}=\frac{A}{S_1}\cdot \Delta S-\frac{B}{S_1}\cdot \Delta S-P\cdot E\cdot S_2$$

式中，A 为随销售变化的资产(变动资产)；B 为随销售变化的负债(变动负债)；S_1 为基期销售额；S_2 为预测期销售额；ΔS 为销售的变动额；P 为销售净利率；E 为收益留存比率；A/S_1 为变动资产占基期销售额的百分比；B/S_1 为变动负债占基期销售额的百分比。

根据A公司的资料可求得对外界资金的需求量为

$$50\% \times 30\ 000 - 15\% \times 30\ 000 - 12\% \times 50\% \times 130\ 000 = 2\ 700(\text{元})$$

3. 资金习性预测法

资金习性预测法是指根据资金习性预测未来资金需要量的一种方法。

所谓资金习性，是指资金的变动同产销量变动之间的依存关系。按照资金同产销量之间的依存关系，可以把资金区分为不变资金、变动资金和半变动资金。

不变资金是指在一定的产销量范围内，不受产销量变动的影响而保持固定不变的那部分资金。也就是说，产销量在一定范围内变动，这部分资金保持不变。这部分资金包括为维持营业而占用的最低数额的现金，原材料的保险储备，必要的成品储备，厂房、机器设备等固定资产占用的资金。

变动资金是指随产销量的变动而成同比例变动的那部分资金。它一般包括直接构成产品实体的原材料、外购件等占用的资金。另外，在最低储备以外的现金、存货、应收账款等也具有变动资金的性质。

半变动资金是指虽然受产销量变化的影响，但不成同比例变动的资金，如一些辅助材料上占用的资金。半变动资金可采用一定的方法划分为不变资金和变动资金两部分。

进行资金习性分析，把资金划分为变动资金和不变动资金两部分，从数量上掌握资金同销量之间的规律性，对正确地预测资金需要量有很大帮助。

把企业的总资金划分为不变资金和变动资金，然后再进行资金需求量预测，主要有以下两种形式：

1）根据资金占用总额同产销量的关系来预测

这种方式是根据历史上企业资金占用总额与产销量之间的关系，把资金划分成不变和变动两部分，然后结合预计的销售量来预测资金需要量。

【例5-2】某企业产销量和资金变化情况见表5-4。2012年预计销售量为160万件，试计算2012年的资金需要量。

表5-4 产销量与资金变化情况

年　度	产销量/万件	资金占用/万元
2006	120	100
2007	110	95
2008	100	90
2009	120	100
2010	130	105
2011	140	110

设产销量为自变量 x，资金占用为因变量 y，它们之间关系可用下式表示：

$$y=a+bx$$

式中，a 为不变资金；b 为单位产销量所需变动资金。

可见，只要求出 a 和 b，并知道预测期的产销量，就可以用上述公式测算资金需求情况。a 与 b 可用回归直线方程求出。其具体步骤如下。

(1) 根据表 5-4 整理出按总额预测的资金需要量预测见表 5-5。

表 5-5 资金需要量预测

年　度	产销量 x/万件	资金占用 y/万元	xy	x^2
2006	120	100	12 000	14 400
2007	110	95	10 450	12 100
2008	100	90	9 000	10 000
2009	120	100	12 000	14 400
2010	130	105	13 650	16 900
2011	140	110	15 400	19 600
$n=6$	$\sum x=720$	$\sum y=600$	$\sum xy=72\ 500$	$\sum x^2=87\ 400$

(2) 把表 5-5 中的 n，$\sum x$，$\sum y$，$\sum xy$，$\sum x^2$ 代入下式：

$$a=\frac{\sum x^2\sum y-\sum x\sum xy}{n\sum x^2-(\sum x)^2}$$

$$b=\frac{n\sum xy-\sum x\sum y}{n\sum x^2-(\sum x)^2}$$

解得：$a=40$，$b=0.5$

(3) 把 $a=40$，$b=0.5$ 代入 $y=a+bx$ 求得

$$y=40+0.5x$$

(4) 把 2012 年预计销售量 160 万件代入上式，得出 2012 年资金需要量：

$$40+0.5\times160=120(\text{万元})$$

2) 采用先分项后汇总的方法预测

这种方式是根据各资金占用项目(如现金、存货、应收账款、固定资产)同产销量之间的关系，把各项目的资金都分成变动和不变动两部分，然后汇总在一起，计算出企业变动资金总额和不变动资金总额，进而来预测资金需求量。

【例 5-3】 某企业历史上现金占用与销售收入之间的关系见表 5-6。

表 5-6 现金与销售收入变化情况

单位：元

年 度	销售收入(x)	现金占用(y)
2007	2 000 000	110 000
2008	2 400 000	130 000
2009	2 650 000	140 000
2010	2 800 000	150 000
2011	3 000 000	160 000

根据以上资料，采用适当的方法来计算不变动资金和变动资金的数额。这里，我们用高低点法(也可用回归直线法)来求 a 和 b 的值。

$$b=\frac{\text{最高收入期的资金占用量}-\text{最低收入期的资金占用量}}{\text{最高销售收入}-\text{最低销售收入}}$$

$$=\frac{160\ 000-110\ 000}{3\ 000\ 000-2\ 000\ 000}=0.05$$

把第 2009 年的相关数据代入 $a=y-bx$：

$$a=160\ 000-0.05\times 3\ 000\ 000=10\ 000(\text{元})$$

存货、应收账款、流动负债、固定资产等也可根据历史资料进行这样的划分，然后汇总列于表 5-7 中。

表 5-7 资金需要量预测

单位：元

项 目	年度不变资金(a)	每 1 元销售收入所需变动资金
流动资产		
现金	20 000	0.05
应收账款	50 000	0.14
存货	100 000	0.26
小计	170 000	0.45
减：流动负债	80 000	0.10
应付账款及应付费用	90 000	0.35
净资金占用		
固定资产	410 000	0
厂房、设备	500 000	0.35
所需资金合计		

根据表 5-7 的资料得出预测模型：

$$y=500\ 000+0.35x$$

如果第 2011 年的预计销售收入为 3 000 000 元，则

2011 年的资金需要量$=500\ 000+0.35\times 4\ 000\ 000=1\ 900\ 000$(元)

从上面的分析可以看出，资金习性预测法考虑到了资金需要量与产销业务量之间的变动关系，是一种比较简单而又准确的预测方法。

5.2 权益资本筹资

5.2.1 吸收直接投资

吸收直接投资是指企业按照“共同投资、共同经营、共担风险、共享利润”的原则直接吸收国家、法人、个人投入资金的一种筹资方式。吸收直接投资与发行股票、留存收益都是企业筹集自有资金的重要方式。

知识要点提醒

发行股票要有股票作为媒介，而吸收直接投资则无须公开发行证券。

1. 吸收直接投资的种类

(1) 吸收国家投资。国家投资是指有权代表国家投资的政府部门或者机构以国有资产投入企业，这种情况下形成的资本叫国有资本。吸收国家投资是国有企业筹集自有资金的主要方式。根据《企业国有资本与财务管理暂行办法》的规定，国家对企业注册的国有资本实行保全原则。企业在持续经营期间，对注册的国有资本除依法转让外，不得抽回，并且以出资额为限承担责任。吸收国家投资一般具有以下特点：①产权归属国家；②资金的运用受国家约束较大；③在国有企业中采用比较广泛。

(2) 吸收法人投资。法人投资是指法人单位以其依法可以支配的资产投入企业，这种情况下形成的资本叫法人资本。吸收法人投资一般具有如下特点：①发生在法人单位之间；②以参与企业利润分配为目的；③出资方式灵活多样。

(3) 吸收个人投资。个人投资是指社会个人或本企业内部职工以个人财产投入企业，这种情况下形成的资本称为个人资本。吸收个人投资一般具有以下特点：①参加投资的人员较多；②每人投资的数额相对较少；③以参与企业分配为目的。

2. 吸收直接投资中的出资方式

企业在采用吸收直接投资方式筹集资金时，投资者可以用现金、厂房、机器设备、材料物资、无形资产等作价出资。

(1) 以现金出资。它是吸收投资中一种最重要的出资方式。有了现金，便可获取其他物质资源。因此，企业应动员投资者采用现金方式出资。吸收投资中所需投入现金的数额，取决于投入的实物、工业产权之外尚需多少资金来满足建厂的开支和日常周转需要。外国公司法或投资法对现金投资占资本总额的多少，一般都有规定，我国目前尚无这方面的规定，所以，需要在投资过程中由双方协商加以确定。

(2) 以实物出资。它就是投资者以厂房、建筑物、设备等固定资产和原材料、商品等流动资产所进行的投资。一般来说，企业吸收的实物应符合如下条件：确为企业科研、生产、经营所需；技术性能比较好；作价公平合理。

（3）以工业产权出资。它是指投资者以专有技术、商标权、专利权等无形资产所进行的投资。一般来说，企业吸收的工业产权应符合以下条件：能帮助研究和开发出新的高科技产品；能帮助生产出适销对路的高科技产品；能帮助改进产品质量，提高生产效率；能帮助大幅度降低各种消耗；作价比较合理。

（4）以土地使用权出资。投资者也可以用土地使用权来进行投资。土地使用权是按有关法规和合同的规定使用土地的权利。企业吸收土地使用权投资应符合以下条件：企业科研、生产、销售活动所需要的；交通、地理条件比较适宜；作价公平合理。

3. 吸收直接投资的优缺点

（1）吸收直接投资的优点：①有利于增强企业信誉。吸收直接投资所筹集的资金属于自有资金，能增强企业的信誉和借款能力，对扩大企业经营规模、壮大企业实力具有重要作用；②有利于尽快形成生产能力。吸收直接投资可以直接获取投资者的先进设备和先进技术，有利于尽快形成生产能力，尽快开拓市场；③有利于降低财务风险。吸收直接投资可以根据企业的经营状况的好坏向投资者支付报酬，比较灵活，所以财务风险较小。

（2）吸收直接投资的缺点：①资本成本较高。采用吸收直接投资方式筹集资金所需负担的资本成本较高，特别是企业经营状况较好和盈利较强时，更是如此。②容易分散企业控制权。采用吸收投资方式筹集资金，投资者一般都要求获得与投资数量相适应的经营管理权，如果外部投资者的投资较多，则投资者会有相当大的管理权，甚至会对企业实行完全控制，这是吸收直接投资的不利因素。

5.2.2 发行普通股

股票属于股份有限公司(以下简称股份公司)为筹集自有资金而发行的有价证券，是公司签发的证明股东所持股份的凭证，它代表了股东对股份制公司的所有权。发行普通股是股份公司筹集权益资金最常见的方式。

1. 股票的分类

根据不同标准，可以对股票进行不同的分类。

1）按股东权利和义务分类

以股东享受权利和承担义务的大小为标准，可把股票分成普通股和优先股。

普通股，是股份公司依法发行的具有管理权，股利不固定的股票。普通股具备股票的最一般特征，是股份公司资本的最基本部分。

优先股，是股份公司依法发行的具有一定优先权的股票。从法律上讲，企业对优先股不承担法定的还本义务，是企业自有资金的一部分。

小思考

普通股和优先股的区别和联系有哪些？

2）按股票票面是否记名分类

以股票票面上有无记名为标准，可把股票分成记名股票与无记名股票。

记名股票是在股票上载有股东姓名或名称并将其记入公司股东名册的一种股票。记名股票要同时附有股权手册，只有同时具备股票和股权手册，才能领取股息和红利。记名股票的转让、继承都要办理过户手续。

无记名股票是指在股票上不记载股东姓名或名称的股票。凡持有无记名股票，都可成为公司股东。无记名股票的转让、继承无须办理过户手续，只要将股票交给受让人，就可发生转让效力，移交股权。

公司向发行人、国家授权投资的机构和法人发行的股票，应当为记名股票。

对社会公众发行的股票，可以为记名股票，也可以为无记名股票。

3）按股票票面有无金额分类

以股票票面上有无金额为标准，可把股票分为面值股票和无面值股票。

面值股票是指在股票的票面上记载每股金额的股票。股票面值的主要功能是确定每股股票在公司所占有的份额；另外，还表明在股份公司中股东对每股股票所负有限责任的最高限额。

无面值股票是指股票票面不记载每股金额的股票。无面值股票仅表示每一股在公司全部股票中所占有的比例。也就是说，这种股票只在票面上注明每股占公司全部净资产的比例，其值随公司财产价值的增减而增减。

4）按发行对象和上市地区分类

以发行对象和上市地区为标准，可将股票分为A股、B股、H股和N股等。

在我国内地，有A股、B股。A股是以人民币标明票面金额并以人民币认购和交易的股票。B股是以人民币标明票面金额，以外币认购和交易的股票。另外，还有H股和N股，H股为在香港上市的股票，N股是在纽约上市的股票。

小思考

A股和B股的区别和联系是什么？

2. 普通股股东的权利

普通股股票的持有人叫普通股股东，普通股股东一般具有如下权利。

1）公司管理权

普通股股东具有对公司的管理权。对大公司来说，普通股股东成千上万，不可能每个人都直接对公司进行管理。普通股股东的管理权主要体现为在董事会选举中有选举权和被选举权。通过选出的董事会代表所有股东对企业进行控制和管理。具体来说，普通股股东的管理权主要表现在以下方面。①投票权。普通股股东有权投票选举公司董事会成员并有权对修改公司章程、改变公司资本结构、批准出售公司重要资产、吸收或兼并其他公司等重大问题进行投票表决。②查账权。从原则上来讲，普通股股东具有查账权。但由于保密的原因，这种权利常常受到限制。因此，并不是每个股东都可自由查账，但股东可以委托会计师事务所代表他查账。③阻止越权的权利。当公司的管理当局越权进行经营时，股东有权阻止。

2）分享盈余权

分享盈余也是普通股股东的一项基本权利。盈余的分配方案由股东大会决定，每一个会计年度由董事会根据企业的盈利数额和财务状况来决定分发股利的多少并经股东大会批准通过。

3）出让股份权

股东有权出售或转让股票，这也是普通股股东的一项基本权利。股东出让股票的原因可能有以下几种：①对公司的选择。有的股东由于与管理当局的意见不一致，又没有足够的力量对管理当局进行控制，便出售其股票而购买其他公司的股票；②对报酬的考虑。有的股东认为现有股票的报酬低于所期望的报酬，便出售现有的股票，寻求更有利的投资机会；③对资金的需求。有的股东由于一些原因需要大量现金，不得不出售其股票。

4）优先认股权

当公司增发普通股时，原有股东有权按持有公司股票的比例，优先认购新股票。这主要是为了使现有股东保持其在公司股份中原来所占的百分比，以保证其控制权。

5）剩余财产要求权

当公司解散、清算时，普通股股东对剩余财产有要求权。但是，公司破产清算时，财产的变价收入，首先要用来清偿债务，然后支付优先股股东，最后才能分配给普通股股东。所以，在破产清算时，普通股股东实际上很少能分到剩余财产。

3. 股票的发行

1）股票发行的条件

股票的发行必须遵循一定的法律和规定。按国际惯例，股份公司发行股票必须具备一定的发行条件，取得发行资格，并在办理必要手续后才能发行。现对我国股票发行的条件做适当说明。

（1）新设立的股份有限公司申请公开发行股票，应当符合下列条件：①生产经营符合国家产业政策。②发行普通股限于一种，同股同权，同股同利。③在募集方式下，发起人认购的股份不少于公司拟发行股份总数的35%。④发起人在近3年内没有重大违法行为。⑤中国证券监督管理委员会(以下简称中国证监会)规定的其他条件。

（2）国有企业改组设立股份有限公司申请公开发行股票，除应当符合上述情况下的各种条件外，还应当符合下列条件：①发行前1年年末，净资产在总资产中所占比例不低于30%，无形资产在净资产中所占比例不高于20%，但中国证监会另有规定的除外。②近3年连续盈利。③国有企业改组设立股份有限公司公开发行股票的，国家拥有的股份在公司拟发行股本总额中所占的比例，由国务院或国务院授权的部门规定。④必须采取募集方式。

（3）股份有限公司增资申请发行股票，必须具备下列条件：①前一次发行的股份已募足，并间隔1年以上。②公司在最近3年内连续盈利，并可向股东支付股利。③公司在最近3年内财务会计文件无虚假记载。④公司预期利润率可达同期银行存款利率。

2）股票发行的基本程序

根据国际惯例，各国股票的发行都有严格的法律规定程序，任何未经法定程序发行的股票都不发生效力。这里介绍公开发行股票的最基本程序：①公司做出新股发行决议；②公司做好发行新股的准备工作，编写必备的文件资料和获取有关的证明材料；③提出发行股票的申请；④有关机构进行审核；⑤签署承销协议；⑥公布招股说明书；⑦按规定程序招股；⑧认股人交纳股款；⑨向认股人交割股票；⑩改选董事、监事。

3）股票上市

股票上市指股份有限公司公开发行的股票经批准在证券交易所进行挂牌交易。经批准在交易所上市交易的股票称为上市股票。股票获准上市交易的股份有限公司简称为上市公司。《中华人民共和国公司法》（以下简称《公司法》）规定，股东转让其股份，即股票流通必须在依法设立的证券交易场所进行。

（1）股票上市应考虑的因素。股票上市作为一种有效的筹资方式，对公司的成长起着重要的作用。发达国家的绝大部分发展迅速的公司都选择了上市。然而，股票上市也会给公司带来一些负面效果，因此，在做出股票上市的决定前，公司管理者应该非常慎重地考虑，并且应该尽可能向专家或有过类似经历的企业家进行咨询，以便做出的决策能够达到预期目的。

股票上市可为公司带来的益处有以下五点。①有助于改善财务状况。公司公开发行股票可以筹得自有资金，能迅速改善公司财务状况，并有条件得到利率更低的贷款。同时，公司一旦上市，就可以在今后有更多的机会从证券市场上筹集资金。②利用股票收购其他公司。一些公司常用出让股票而不是付现金的方式对其他企业进行收购。被收购企业也乐意接受上市公司的股票。因为上市的股票具有良好的流通性，持股人可以很容易将股票出手而得到资金。③利用股票市场客观评价企业。对于已上市的公司来说，每时每日的股市，都是对企业客观的市场估价。④利用股票可激励员工。上市公司利用股票作为激励关键人员的手段是卓有成效的。公开的股票市场提供了股票的准确价值，也可使员工的股票得以兑现。⑤提高公司知名度，吸引更多顾客。股票上市公司为社会所知，并被认为经营优良，这会给公司带来良好的声誉，从而吸引更多的顾客，扩大公司的销售。

股票上市可能对公司产生的不利影响有以下三点。①使公司失去隐私权。一家公司转为上市公司，其最大的变化是公司隐私权的消失。国家证券管理机构要求上市公司将关键的经营情况向社会公众公开。②限制经理人员操作的自由度。公司上市后其所有重要决策都需要经董事会讨论通过，有些对企业至关重大的决策则需全体股东投票决定。股东通常以公司盈利、分红、股价等来判断经理人员的业绩，这些压力往往使得企业经理人员注重短期效益而忽略长期效益。③公开上市需要很高的费用。这些费用包括资产评估费用、股票承销佣金、律师费、注册会计师费、材料印刷费、登记费等。这些费用的具体数额取决于该公司的具体情况、整个上市过程的难易程度和上市数额等因素。公司上市后须花费一些费用为证券交易所、股东等提供资料，聘请注册会计师、律师等。

（2）股票上市的条件。公司公开发行的股票进入证券交易所交易必须受严格的条件限制。《公司法》规定，股份有限公司申请股票上市，必须符合下列条件：①股票经国务院证券管理部门批准已向社会公开发行。②公司股本总额不少于人民币5 000万元。③开业时间在3年以上，最近3年连续盈利；原国有企业依法改建而设立的，或者在《公司法》实施后新组建成立、其主要发起人为国有大中型企业的股份有限公司，可连续计算。④持有股票面值人民币1 000元以上的股东不少于1 000人，向社会公开发行的股份达股份总数的25%以上；公司股本总额超过人民币4亿元的，其向社会公开发行股份的比例为15%以上。⑤公司在最近3年内无重大违法行为，财务会计报告无虚假记载。⑥国务院规定的其他条件。

具备上述条件的股份有限公司经申请，由国务院或国务院授权的证券管理部门批准，其股票方可上市。股票上市公司必须公告其上市报告，并将其申请文件存放在指定的地点供公众查阅。股票上市公司还必须定期公布其财务状况和经营情况，每年定期公布财务会计报告。

(3) 股票上市的暂停与终止。股票上市公司有下列情形之一的，由国务院证券管理部门决定暂停其股票上市：①公司股本总额、股权分布等发生变化不再具备上市条件。②公司不按规定公开其财务状况，或者对财务会计报告作虚假记载。③公司有重大违法行为。④公司最近3年连续亏损。

4. 普通股筹资的优缺点

1) 普通股筹资的优点

发行普通股是公司筹集资金的一种基本方式，其优点主要包括以下几点。

(1) 没有固定利息负担。公司有盈余，并认为适合分配股利，就可以分给股东；公司盈余较少，或虽有盈余但资金短缺或有更有利的投资机会，就可少支付或不支付股利。

(2) 没有固定到期日，不用偿还。利用普通股筹集的是永久性的资金，除非公司清算才需要偿还。它对保证企业最低的资金需求有重要意义。

(3) 筹资风险小。由于普通股没有固定到期日，不用支付固定的利息，此种筹资实际上不存在不能偿付的风险，因此风险最小。

(4) 能增加公司的信誉。普通股本与留存收益构成公司所借入一切债务的基础。有了较多的自有资金，就可为债权人提供较大的损失保障，因而，普通股筹资既可以提高公司的信用价值，同时也为使用更多的债务资金提供了强有力的支持。

(5) 筹资限制较少。利用优先股或债券筹资，通常有许多限制，这些限制往往会影响公司经营的灵活性，而利用普通股筹资则没有这种限制。

2) 普通股筹资的缺点

普通股筹资的缺点主要包括以下两点。

(1) 资本成本较高。一般来说，普通股筹资的成本要大于债务资金。这主要是股利要从净利润中支付，而债务资金的利息可在税前扣除，另外，普通股的发行费用也比较高。

(2) 容易分散控制权。利用普通股筹资，出售了新的股票，引进了新的股东，容易导致公司控制权的分散。

此外，新股东分享公司未发行新股前积累的盈余，会降低普通股的每股净收益，从而可能引起股价的下跌。

5.3 长期债务资本筹资

5.3.1 长期借款筹资

长期借款就是企业向银行等金融机构及向其他单位借入的、期限在1年以上的各种借款。

1. 长期借款的分类

1）按借款的条件分类

按是否需要担保，长期借款可以分为信用借款、担保借款。信用借款是指以借款人的信誉为依据而获得的借款，企业取得这种借款，无须以财产做抵押；担保借款是指以一定的财产做抵押或以一定的保证人做担保为条件所取得的借款。

2）按提供贷款的机构分类

按提供贷款的机构，长期借款可分为政策性银行贷款和商业银行贷款。政策性银行贷款一般是指执行国家政策性贷款业务的银行向企业发放的贷款。例如，改制前的国家开发银行为满足企业承建国家重点建设项目的资金需要提供贷款；中国进出口银行为大型设备的进出口提供买方或卖方信贷。商业银行贷款是指由各商业银行向工商企业提供的贷款。这类贷款主要为满足企业生产经营的资金需要。此外，企业还可从信托投资公司取得实物或货币形式的信托投资贷款，从财务公司取得各种贷款等。

3）按贷款的用途分类

按贷款的用途，长期贷款通常分为基本建设贷款、更新改造贷款、科研开发和新产品试制贷款等。

2. 长期借款筹资的程序

以企业向银行借款为例，通常要经过以下步骤。

1）企业提出借款申请

企业向银行借入资金，必须向银行提出申请，填写包括借款金额、借款用途、偿还能力及还款方式等主要内容的“借款申请书”，并提供以下资料：①借款人及保证人的基本情况；②财政部门或会计师事务所核准的上年度财务报告；③原有的不合理借款的纠正情况；④抵押物清单及同意抵押的证明，保证人拟同意保证的有关证明文件；⑤项目建议书和可行性报告；⑥贷款银行认为需要提交的其他资料。

2）银行审查借款申请

银行接到企业的申请后，要对企业的申请进行审查，以决定是否对企业提供贷款。一般包括如下几个方面：①对借款的信用等级进行评估。②进行相关调查。贷款人受理借款人的申请后，应当对借款人的信用及借款的合法性、安全性和盈利性等情况进行调查，核实抵押物、保证人情况，测定贷款的风险。③贷款审批。

3）银企签订借款合同

为了维护借贷双方的合法权益，保证资金的合理使用，企业向银行借入资金时，双方签订借款合同。借款合同主要包括如下四个方面的内容。①基本条款。这是借款合同的基本内容，主要规定双方的权利和义务。具体包括借款数额、借款方式、款项发放的时间、还款期限、还款方式、利息支付方式、利息率的高低等。②保证条款。这是保证款项能顺利归还的一系列条款，包括借款按规定的用途使用、有关的物资保证、抵押财产、担保人及其责任等内容。③违约条款。这是对双方若有违约行为时应如何处理的条款。主要载明对企业逾期不还或挪用贷款等行为如何处理和银行不按期发放贷款的处理等内容。④其他附属条款。这是与借贷双方有关的其他条款，如双方经办人、合同生效日期等条款。

4）企业取得借款

双方签订借款合同后，贷款银行要按合同的规定按期发放贷款，企业便可取得相应的资金。贷款人不按合同约定按期发放贷款的，应偿付违约金。借款人不按合同的约定用款的，也应偿付违约金。

5）企业还本付息

企业应按借款合同的规定按时足额归还借款本息。一般而言，贷款银行会在长期贷款到期1个月之前，向借款的企业发送还本付息通知单。企业在接到还本付息通知单后，要及时筹备资金，按期还本付息。

如果企业不能按期归还借款，应在借款到期之前，向银行申请贷款展期，但是否展期，由贷款银行根据具体情况决定。

3. 与长期借款有关的信用条件

以与长期借款有关的信用条件作为说明。按照国际惯例，银行发放贷款时，往往涉及以下信用条款。

1）信贷额度

信贷额度亦即贷款限额，是借款人与银行在协议中规定的允许借款人借款的最高限额。如借款人超过规定限额继续向银行借款，银行则停止办理。此外，如果企业信誉恶化，即使银行曾经同意按信贷限额提供贷款，企业也可能得不到借款。这时，银行不会承担法律责任。

2）周转信贷协定

周转信贷协定是银行在法律上承诺向企业提供不超过某一最高限额的贷款协定。在协定的有效期内，只要企业借款总额未超过最高限额，银行必须满足企业任何时候提出的借款要求。企业享用周转协定，通常要对贷款限额的未使用部分付给银行一笔承诺费。

【例5-4】某企业与银行商定的周转信贷额为4 000万元，承诺费率为0.5%，借款企业年度内使用了2 600万元，余额为1 400万元。则借款企业应向银行支付承诺费的金额是多少？

$$承诺费=1\ 400\times 0.5\%=7(万元)$$

3）补偿性余额

补偿性余额是银行要求借款人在银行中保持按贷款限额或实际借用额的一定百分比

（通常为10%～20%）计算的最低存款余额。补偿性余额有助于银行降低贷款风险，补偿其可能遭受的风险；但对借款企业来说，补偿性余额则提高了借款的实际利率，加重了企业的利息负担。

【例5-5】 某企业按年利率8%向银行借款100万元，银行要求保留20%的补偿余额，企业实际可以动用的借款只有80万元。则该项借款的实际利率是多少？

$$补偿性余额贷款实际利率=\frac{名义利率}{1-补偿性余额比率}\times 100\%$$

$$=\frac{8\%}{1-20\%}=10\%$$

4）借款抵押

银行向财务风险较大、信誉不好的企业发放贷款，往往需要有抵押品担保，以减少自己蒙受损失的风险。借款的抵押品通常是借款企业的应收账款、存货、股票、债券及房屋等。银行接受抵押品后，将根据抵押品的账面价值决定贷款金额，一般为抵押品账面价值的30%～50%。这一比率的高低取决于抵押品的变现能力和银行的风险偏好。抵押借款的资本成本通常高于非抵押借款，这是因为银行主要向信誉好的客户提供非抵押贷款，而将抵押贷款视为一种风险贷款，因而收取较高的利息；此外，银行管理抵押贷款比管理非抵押贷款更为困难，为此往往另外收取手续费。企业取得抵押借款这会限制其抵押财产的使用和将来的借款能力。

5）偿还条件

无论何种借款，一般都会规定还款的期限。根据我国金融制度的规定，贷款到期后仍无能力偿还的，视为逾期贷款，银行要照章加收逾期罚息。贷款的偿还有到期一次偿还和在贷款期内定期等额偿还两种方式。一般来说，企业不希望采用后种方式，因为这会提高贷款的实际利率；而银行则不希望采用前种方式，因为这会加重企业还款时的财务负担，增加企业的拒付风险，同时会降低实际贷款利率。

除了上述所说的信用条件外，银行有时还要求企业为取得借款而做出其他承诺，如及时提供财务报表，保持适当资产流动性等。如企业违背做出的承诺，银行可要求企业立即偿还全部贷款。

4. 长期借款利息的支付方式

1）利随本清法

利随本清法，又称收款法，是在借款到期时间向银行支付利息的方法。采用这种方法，借款的名义利率（约定利率）等于其实际利率（有效利率）。

2）贴现法

贴现法是银行向企业发放贷款时，先从本金中扣除利息部分，而到期时借款企业再偿还全部本金的一种计息方法。采用这种方法，企业可利用的贷款额只有本金扣除利息后的差额部分，因此，其实际利率高于名义利率。

【例5-6】 某企业从银行取得借款200万元，期限为1年，名义利率为10%，利息为20万元。按照贴现法付息，企业实际可动用的贷款为180万元（200万元－20万元），该项贷款的实际利率是多少？

$$贴现贷款实际利率=\frac{利息}{贷款金额-利息}\times100\%$$
$$=\frac{20}{200-20}\times100\%\approx11.11\%$$

或

$$贴现贷款实际利率=\frac{名义利率}{1-名义利率}\times100\%$$
$$=\frac{10\%}{1-10\%}\times100\%\approx11.11\%$$

5. 长期借款筹资的优缺点

以长期借款筹资为例，它的优缺点包括以下内容。

1）银行借款筹资的优点

（1）筹资速度快。发行各种证券筹集长期资金所需时间一般较长。做好证券发行的准备，如印刷证券、申请批准等，以及证券的发行都需要一定时间。而银行借款与发行证券相比，一般所需时间较短，可以迅速地获取资金。

（2）筹资成本低。就目前我国情况来看，利用银行借款所支付的利息比发行债券所支付的利息低，另外，也无须支付大量的发行费用。

（3）借款弹性好。企业与银行可以直接接触，可通过直接商谈来确定借款的时间、数量和利息。在借款期间，如果企业情况发生了变化，也可与银行进行协商，修改借款的数量和条件。借款到期后，如有正当理由，还可延期归还。

2）银行借款筹资的缺点

（1）财务风险较大。企业举借长期借款，必须定期还本付息，在经营不利的情况下，可能会产生不能偿付的风险，甚至会导致破产。

（2）限制条款较多。企业与银行签订的借款合同中，一般都有一些限制条款，如定期报送有关报表、不准改变借款用途等这些条款可能会限制企业的经营活动。

（3）筹资数额有限。银行一般不愿借出巨额的长期借款。因此，利用银行借款筹资都有一定的上限。

5.3.2 发行公司债券

公司债券是指公司依照法定程序发行的、约定在一定期限还本付息的有价证券。发行公司债券是公司筹集资金的重要方式之一。

1. 债券的基本要素

债券的基本要素包括以下几项。

1）债券的面值

债券面值包括两个基本内容：一是币种，二是票面金额。面值的币种可用本国货币，也可用外币，这取决于发行者的需要和债券的种类。债券的发行者可根据资金市场情况和自己的需要选择适合的币种。债券的票面金额是债券到期时偿还债务的金额。不同债券的票面金额大小可能相差十分悬殊，但考虑到买卖和投资的方便，多趋向于发行小面额债券。面额印在债券上，固定不变，到期必须足额偿还。

2）债券的期限

债券都有明确的到期日，债券从发行之日起，至到期日之间的时间称为债券的期限。如果把商业票据也看成是一种债券的话，那么债券期限从数天到几十年不等。但近些年来，由于利率和汇率剧烈波动，许多投资者都不愿投资于还本期限太长的债券，因而，债券的期限有日益缩短的趋势。在债券的期限内，公司必须定期支付利息，债券到期时，必须偿还本金，也可按规定分批偿还或提前一次偿还。

3）债券的利率

债券上通常都载明利率，一般为固定利率，近些年也有浮动利率。债券上标注的利率一般是年利率，在不计复利的情况下，面值与利率相乘可得出年利息。

4）债券的价格

理论上，债券的面值就应是它的价格，事实上并非如此。由于发行者的种种考虑或资金市场上供求关系、利息率的变化，债券的市场价格常常脱离它的面值，也就是说，债券的面值是固定的，它的价格却是经常变化的。

2. 债券的种类

债券可以从各种不同的角度进行分类，现说明其主要的分类方式。

(1) 按有无抵押担保分类，债券可分为信用债券、抵押债券。

信用债券又称无抵押担保债券，是仅凭债券发行者的信用发行的、没有抵押品做抵押或担保人做担保的债券。企业发行信用债券往往有许多限制条件，这些限制条件中最重要的称为反抵押条款，即禁止企业将其财产抵押给其他债权人。由于这种债券没有具体财产做抵押，因此，只有历史悠久，信誉良好的公司才能发行这种债券。

抵押债券是指以一定抵押品做抵押而发行的债券。这种债券在西方比较常见，当企业没有足够的资金偿还债券时，债权人可将抵押品拍卖以获取资金。抵押债券按抵押物品的不同，又可分为不动产抵押债券、设备抵押债券和证券抵押债券。

(2) 根据债券的票面上是否记名，债券可分成记名债券和无记名债券。

记名债券是指在券面上注明债权人姓名或名称，同时在发行公司的债权人名册上进行登记的债券。转让记名债券时，除要交付债券外，还要在债券上背书和在公司债权人名册上更换债权人姓名或名称。投资者须凭印鉴领取本息。这种债券的优点是比较安全，缺点是转让时手续复杂。

无记名债券是指债券票面未注明债权人姓名或名称，也不用在债权人名册上登记债权人姓名或名称的债券。无记名债券在转让同时随即生效，无须背书，因而比较方便。

除按上述几种标准分类外，还有其他一些形式的债券，这些债券主要包括以下 4 点。①可转换债券。可转换债券是指在一定时期内，可以按规定的价格或一定比例，由持有人自由地选择转换为普通股的债券。②无息债券。无息债券是指票面上不标明利息，按面值折价出售，到期按面值归还本金的债券。债券的面值与买价的差异就是投资人的收益。

③浮动利率债券。浮动利率债券是指利息率随基本利率(一般是国库券利率或银行同业拆借利率)变动而变动的债券。发行浮动利率债券的主要目的是为了对付通货膨胀。④收益债券。收益债券是指在企业有盈利时，可暂不支付利息，而到获利时支付累积利息的债券。

此外，债券还可按用途分为直接用途债券和一般用途债券；按偿还方式分为提前收回债券和不提前收回债券，分期偿还债券和一次性偿还债券等。

3. 公司债券的发行

公司债券的发行需要经过做好有关准备、向有关部门提出申请、选择合适的承销人、向社会公布债券出售说明书，以及发行债券等若干步骤，这里不再详述。现简要说明债券发行的几个特殊问题。

1）债券发行的条件

《公司法》规定，发行公司债券，必须符合下列条件：①股份有限公司的净资产额不低于 3 000 万元，有限责任公司的净资产额不低于 6 000 万元；②累计债券总额不超过公司净资产的 40%；③最近 3 年平均可分配利润足以支付公司债券 1 年的利息；④筹集资金投向符合国家产业政策；⑤债券的利率不得超过国务院限定的利率水平；⑥国务院规定的其他条件。发行公司债券筹集的资金，必须用于审批机关批准的用途，不得用于弥补亏损和非生产性支出。

发行可转换的公司债券，除应具备上述条件外，还应符合股票发行的条件，并报请国务院证券管理部门批准。

2）债券的发行价格

债券的发行价格有三种：等价发行、折价发行和溢价发行。等价发行又叫面值发行，是指按债券的面值出售；折价发行是指以低于债券面值的价格出售；溢价发行是指按高于债券面值的价格出售。

知识要点提醒

债券之所以会存在溢价发行和折价发行，这是因为资金市场上的利息率经常变化，与债券的票面利率不一致所造成的。

【例 5-7】开拓电脑公司发行面值为 1 000 元，利息率为 10%，期限为 10 年，每年年末付息的债券。

(1) 如资金市场上的利率为 10%，可采用等价发行。债券的发行价格：

$$\begin{aligned}\text{债券发行价格} &= 1\,000\times10\%\times(P/A,\ 10\%,\ 10)+1\,000\times(P/F,\ 10\%,\ 10)\\ &= 1\,000(\text{元})\end{aligned}$$

(2) 如资金市场上的利率为 15%，则应采用折价发行。发行价格：

$$\begin{aligned}\text{债券发行价格} &= 1\,000\times10\%\times(P/A,\ 15\%,\ 10)+1\,000\times(P/F,\ 15\%,\ 10)\\ &= 749.06(\text{元})\end{aligned}$$

也就是说，只有按 749.06 元的价格出售，投资者才能购买此债券，并获得 15% 的报酬。

（3）如资金市场上的利率为5%，则可采用溢价发行。发行价格：

$$债券发行价格=1\ 000\times10\%\times(P/A,5\%,10)+1\ 000\times(P/F,5\%,10)$$
$$=1\ 386.08(元)$$

也就是说，投资者把1 386.08元的资金投资于该公司面值为1 000元的债券，便可获得5%报酬。

当然，资金市场上的利息率是复杂多变的，除了考虑目前利率外，还要考虑利率的变动趋势。实际工作中确定债券的发行价格通常要考虑多种因素。

4．债券的偿还时间、形式及规定

1）债券的偿还时间

债券偿还时间按其实际发生与规定的到期日之间的关系，分为提前偿还与到期偿还两类，其中后者又包括分批偿还和一次偿还两种。

（1）提前偿还。提前偿还又称提前赎回或收回，是指在债券尚未到期之前就予以偿还。只有在企业发行债券的契约中明确规定了有关允许提前偿还的条款，企业才可以进行此项操作。提前偿还所支付的价格通常要高于债券的面值，并随到期日的临近而逐渐下降。具有提前偿还条款的债券可使企业融资有较大的弹性。当企业资金有结余时，可提前赎回债券；当预测利率下降时，也可提前赎回债券，而后以较低的利率来发行新债券。

（2）分批偿还。如果企业在发行同一种债券的当时就为不同编号或不同发行对象的债券规定了不同的到期日，这种债券就是分批偿还债券。因为各批债券的到期日不同，它们各自的发行价格和票面利率也可能不相同，从而导致发行费较高；但由于这种债券便于投资人挑选最合适的到期日，因而便于发行。

（3）一次偿还。一次偿还是指在债券到期时一次性偿还债券的本金和利息。到期一次偿还的债券是最为常见的。债券到期日前3天，债券发行人应将兑付资金划入指定的账户，以便用于债券的偿还。

2）债券的偿还形式

债券的偿还形式是指在偿还债券时使用什么样的支付手段。可使用的支付手段包括现金、新发行的本公司债券(新债券)、本公司的普通股和本公司持有的其他公司发行的有价证券。其中前三种较为常见。

（1）用现金偿还债券。由于现金是债券持有人最愿意接受的支付手段，因此本形式最为常见。为了确保在债券到期时有足额的现金偿还债券，有时企业需要建立偿债基金。如果发行债券契约的条款中明确规定用偿债基金偿还债券，企业就必须每年都提取偿债基金，不得挪做它用，以保护债券持有者的利益。

（2）以新债券换旧债券。这也叫“债券的调换”。企业之所以要进行债券的调换，一般有以下几个原因：①原有债券的契约中有较多的限制条款，不利于企业的发展；②把多次发行、尚未彻底偿清的债券进行合并，以减少管理费；③有的债券到期，但企业现金不足。

（3）用普通股偿还债券。如果企业发行的是可转换债券，那么，可通过转换变成普通股来偿还债券。

5. 债券筹资的优缺点

1）债券筹资的优点

(1) 资本成本较低。利用债券筹资的成本要比股票筹资的成本低。这主要是因为债券的发行费用较低，债券利息在税前支付，具有抵税作用。

(2) 保证控制权。债券持有人无权干涉企业的经营管理事务，不会导致控制权的稀释。

(3) 可以发挥财务杠杆作用。不论公司赚钱多少，债券持有人只收取固定的有限的利息，公司可利用财务杠杆作用增加其财富。

2）债券筹资的缺点

(1) 筹资风险高。债券有固定的到期日，并定期支付利息。利用债券筹资，要承担还本付息的义务。在企业经营不景气时，向债券持有人还本、付息，无异釜底抽薪，会给企业带来更大的困难，甚至导致企业破产。

(2) 限制条件多。发行债券的契约中往往有一些限制条款。这种限制比优先股及短期债务严得多，可能会影响企业的正常发展和以后的筹资能力。

(3) 筹资额有限。利用债券筹资有一定的限度，当公司的负债比率超过了一定比例之后，债券筹资的成本会迅速上升，有时甚至会发行不出去。

5.3.3 租赁筹资

租赁是出租人以收取租金为条件，在契约或合同规定的期限内，将资产租借给承租人使用的一种经济行为。租赁行为在实质上具有借贷属性，不过它直接涉及的是物而不是钱。在租赁业务中，出租人主要是各种专业租赁公司，承租人主要是其他各类企业，租赁物大多为设备等固定资产。在租赁业务发达的条件下，它为企业所普遍采用，是企业筹资的一种特殊方式。现代租赁的种类很多，通常按性质分为经营租赁和融资租赁两大类。

1. 经营租赁

(1) 经营租赁的含义。租赁又称服务租赁、营运租赁，是由出租人向承租企业提供租赁设备，并提供设备维修保养和人员培训等服务性业务。经营租赁通常为短期租赁。承租企业采用营运租赁的目的，主要不在于融通资本，而是为了获得设备的短期使用及出租人提供的专门技术服务。从承租企业无须先筹资再购买设备即可享有设备使用权的角度来看，经营租赁也有短期筹资的功效。

(2) 经营租赁的特点。经营租赁的特点主要包括：①承租企业根据需要可随时向出租人提出租赁资产；②租赁期较短，不涉及长期而固定的义务；③在设备租赁期间内，如有新设备出现或不再需要租入设备时，承租企业可按规定提前解除租赁合同，这对承租企业比较有利；④出租人提供专门服务；⑤租赁期满或合同终止时，租赁设备由出租人收回。

2. 融资租赁

(1) 融资租赁的含义。融资租赁又称资本租赁(capital leases)、财务租赁，是由租赁公司按照承租企业的要求融资购买设备，并在契约或合同规定的较长期限内提供给承租企业使用的信用性业务。它是现代租赁的主要类型。融资租赁集融资与融物于一身，具有借贷性质，是承租企业筹集长期借入资金的一种特殊方式。

（2）融资租赁的特点。融资租赁通常为长期租赁，可适应承租企业对设备的长期需用，有时也称为资本租赁。其主要特点包括：①一般由承租企业向租赁公司提出正式申请，由租赁公司融资购进设备租给承租企业使用；②租赁期限较长，大多为设备耐用年限的一半以上；③租赁合同比较稳定，在规定的租期内非经双方同意，任何一方不得中途解约；④由承租企业负责设备的维修保养和保险，但无权自行拆卸改装；⑤租赁期满时，按事先约定的办法处置设备，一般有退租、续租、留购3种选择，通常由承租企业留购。

（3）融资租赁的形式。融资租赁按其业务的不同特点，可细分为如下3种具体形式：①直接租赁。直接租赁是融资租赁的典型形式，通常所说的融资租赁是指直接租赁形式。②售后租回。在这种形式下，制造企业按照协议先将其资产卖给租赁公司，再作为承租企业将所售资产租回使用，并按期向租赁公司支付租金。③杠杆租赁。杠杆租赁是国际上比较流行的一种融资租赁形式。它一般要涉及承租人、出租人和贷款人三方当事人。从承租人的角度来看，它与其他融资租赁形式并无区别，同样是按合同的规定，在租期内获得资产的使用权，按期支付租金。但对出租人却不同，出租人只垫支购买资产所需现金的一部分(一般为20％～40％)，其余部分(为60％～80％)则以该资产为担保向贷款人借资支付。因此，在这种情况下，租赁公司既是出租人又是借资人，据此既要收取租金又要支付债务，这种融资租赁形式，由于租赁收益一般大于借款成本支出，出租人借款购物出租可获得财务杠杆利益，因此被称为杠杆租赁。

3. 融资租赁的程序

不同的租赁业务，具有不同的具体程序。融资租赁程序比较复杂，现介绍如下。

1）选择租赁公司

企业决定采用租赁方式取得某项设备时，首先需了解各家租赁公司的经营范围、业务能力、资信情况，以及与其他金融机构(如银行)的关系，取得租赁公司的融资条件和租赁费率等资料，加以分析比较，从中择优选择。

2）办理租赁委托

企业选定租赁公司后，便可向其提出申请，办理委托。这时，承租企业需填写“租赁申请书”，说明所需设备的具体要求，同时还要向租赁公司提供财务状况的文件。

3）签订购货协议

由承租企业与租赁公司的一方或双方合作组织选定设备供应厂商，并与其进行技术和商务谈判，在此基础上签订购货协议。

4）签订租赁合同

租赁合同系由承租企业与租赁公司签订。它是租赁业务的重要文件，具有法律效力。

5）办理验货、付款与保险

承租企业按购货协议收到租赁设备时，要进行验收，验收合格后签发交货及验收证书，并提交租赁公司，租赁公司据以向供应厂商支付设备价款。同时，承租企业向保险公司办理投保事宜。

6）支付租金

承租企业在租期内按合同规定的租金数额、支付方式等，向租赁公司支付租金。

7）合同期满处理设备

融资租赁合同期满时，承租企业根据合同约定，对设备退租、续租或留购。

4. 租金的确定

在租赁筹资方式下，承租企业需按合同规定支付租金(rental)。租金的数额和支付方式对承租企业的未来财务状况具有直接的影响，因此是租赁筹资决策的重要依据。

1）决定租金的因素

融资租赁每期支付租金的多少，取决于下列因素：①租赁设备的购置成本，包括设备的买价、运杂费和途中保险费等。②预计租赁设备的残值，指设备租赁期满时预计的变现净值。③利息，指租赁公司为承租企业购置设备融资而应计的利息。④租赁手续费，包括租赁公司承办租赁设备的营业费用及一定的盈利。租赁手续费的高低一般无固定标准，通常由承租企业与租赁公司协商确定，按设备成本的一定比率计算。⑤租赁期限。一般而言，租赁期限的长短会影响租金总额，进而也影响到每期租金的数额。⑥租金的支付方式。租金的支付方式也影响每期租金的多少，实务中，承租企业与租赁公司商定的租金支付方式，大多为后付等额年金。

2）确定租金的方法

租金的计算方法很多，名称叫法也不统一。目前，国际上流行的租金计算方法主要有平均分摊法、等额年金法、附加率法、浮动利率法。我国融资租赁实务中，大多采用平均分摊法和等额年金法。

（1）平均分摊法。平均分摊法是先以商定的利息率和手续费率计算出租赁期间的利息和手续费，然后连同设备成本按支付次数平均。这种方法没有充分考虑时间价值因素。每次应付租金的计算公式可列示如下：

$$A=\frac{(C-S)+I+F}{N}$$

式中，A 为每次支付租金；C 为租赁设备购置成本；S 为租赁设备预计残值；I 为租赁期间利息；F 为租赁期间手续费；N 为租期。

【例 5-8】某企业于 2009 年 1 月 1 日从租赁公司租入一套设备，价值 50 万元，租期为 5 年，预计租赁期满时的残值为 1.5 万元，归租赁公司所有，年利率按 9%计算，租赁手续费率为设备价值的 2%。租金每年年末支付一次。该套设备租赁每次支付租金可计算如下：

$$\frac{(50-1.5)+[50\times(1+9\%)^5-50]+50\times2\%}{5}=15.29(\text{万元})$$

（2）等额年金法。等额年金法是运用年金现值的计算原理计算每期应付租金的方法。在这种方法下，通常以资本成本作为折现率。

根据后付年金现值的计算公式，经推导可得到计算后付等额租金方式下每年年末支付租金的公式：

$$A=\frac{PVA_n}{PVIFA_{i,n}}$$

式中，A 为每年支付租金；PVA_n 为等额租金现值；$PVIFA_{i,n}$ 为等额租金现值系数；n 为支付租金期数；i 为租费率。

【例5－9】根据例5－8的资料，假定设备残值归属承租企业，资本成本率为11%，则承租企业每年末支付的租金计算如下：

$$\frac{50}{PVIFA_{11\%,5}}=\frac{50}{3.696}=13.53(\text{万元})$$

此例如果为先付等额租金方式，则每年年初支付租金计算如下：

$$\frac{50}{PVIFA_{11\%,4}+1}=\frac{50}{3.102+1}=\frac{50}{4.102}=12.19(\text{万元})$$

5. 租赁筹资的优缺点

对承租企业而言，租赁尤其是融资租赁，是一种特殊的筹资方式。通过租赁，企业可不必预先筹措一笔相当于设备价款的现金，即可获得需用的设备。因此，与其他筹资方式相比较，租赁筹资颇具特点。

（1）租赁筹资的优点：①迅速获得所需资产。融资租赁集“融资”与“融物”于一身，可使企业尽快形成生产经营能力。②租赁筹资限制较少。企业运用股票、债券、长期借款等筹资方式都受到相当多的资格条件的限制，相比之下，租赁筹资的限制条件很少。③免遭设备陈旧过时的风险。随着科学技术的不断进步，设备陈旧过时的风险很高，而多数租赁协议规定该风险由出租人承担。④全部租金通常在整个租期内分期支付，可适当减低不能偿付的危险。⑤租金费用可在所得税前扣除，具有抵税作用。

（2）租赁筹资的缺点：租赁筹资的主要缺点是成本较高，租金总额通常要高于设备价值的30%；承租企业在财务困难时期，支付固定的租金也将构成一项沉重的负担；另外，采用租赁筹资方式如不能享有设备残值，也可视为承租企业的一种损失。

5.3.4 混合性筹资

混合性筹资是指兼具债权和股权筹资双重属性的长期筹资，通常包括发行优先股筹资、发行可转换债券筹资等。

1. 发行优先股筹资

优先股是相对普通股而言的，是较普通股具有某些优先权利，同时也受到一定限制的股票。优先股的含义主要体现在“优先权利”上，包括优先分配股利和优先分配公司剩余财产。具体的优先条件须由公司章程予以明确规定。按照许多国家的公司法，优先股可以在公司设立时发行，也可以在公司增资发行新股时发行。有些国家的法律则规定，优先股只能在特定情况下，如公司增发新股或清偿债务时方可发行。

1）优先股的特征

优先股与普通股具有某些共性，公司运用优先股所筹资本，也属股权资本。但是，它又具有公司债券的某些特征。因此，优先股被视为一种混合性证券。

优先股与普通股比较一般具有如下特征：①优先分配固定的股利。优先股股东通常优先于普通股股东分配股利，且其股利一般是固定的，受公司经营状况和盈利水平的影响较少。所以，优先股类似固定利息的债券。②优先分配公司剩余财产。当公司面临解散、破产等进行清算时，优先股股东优先于普通股股东分配公司的剩余财产。③优先股股东一般无表决权。在公司股东大会上，优先股股东一般没有表决权，通常也无权过问公司的经营管理，仅在涉及优先股股东权益问题时享有表决权。④优先股可由公司赎回。发行优先股的公司，按照公司章程的有关规定，根据公司的需要，可以以一定的方式将所发行的优先股收回，以调整公司的资本结构。

2）优先股的种类

优先股按其具体的权利不同，还可进行进一步的分类。

（1）累积优先股和非累积优先股。累积优先股是指公司过去年度未支付股利，可以累积计算由以后年度的利润补足付清。非累积优先股则没有这种需求补付的权利。累积优先股比非累积优先股具有更大的吸引力，其发行也较为广泛。

（2）参与优先股和非参与优先股。当公司盈余，在按规定分配给优先股和普通股后仍有盈余可供分配股利时，能够与普通股一道参与分配额外股利的优先股，即为参与优先股。其持有人可按规定的条件和比例将其调换为公司的普通股或公司债券。这种优先股能增加筹资和投资双方的灵活性，近年来在国外日益流行。不具有这种调换权的优先股，则属非参与优先股。

（3）可赎回优先股和不可赎回优先股。可赎回优先股是指股份有限公司出于减轻股利负担的目的，可按规定以原价购回的优先股。公司不能购回的优先股，则属于不可赎回优先股。

3）发行优先股筹资的优缺点

优先股筹资的优点有如下三点。①优先股一般没有固定的到期日，不用偿付本金。股利的支付既固定又有一定的灵活性。一般而言，优先股都采用固定股利但对固定股利的支付并不构成公司的法定义务。如果公司财务状况不佳，可以暂时不支付优先股股利，即使如此，优先股股东也不能像公司债权人那样迫使公司破产。②防止公司的控制权稀释。当公司既想向外界筹措股权，又想保持原有股东的控制权时，利用优先股筹资尤为恰当。③维持公司的举债能力。从法律上讲，优先股股本属于股权资本，发行优先股能加强公司的股权资本基础，可适当增强公司的信誉，提高公司的借款举债能力。

优先股筹资的缺点有如下三点。①优先股成本虽低于普通股成本，但一般高于债券成本。②对优先股筹资的制约因素较多。例如，为了保证优先股的固定股利。当企业盈利不多时普通股就可能分不到股利。③可能形成较重的财务负担。优先股要求支付固定股利，但又不能在税前扣除，当盈利下降时，优先股的股利可能会成为公司一项较重的财务负担，有时不得不延期支付，会影响公司的形象。

2. 发行可转换证券筹资

1）可转换证券的种类

从国内外的公司筹资实务来看，可转换证券一般有可转换债券和可转换优先股两种形式。可转换债券有时简称可转债，是指由公司发行并规定债券持有人在一定期限内按约定的条件可将其转换为发行公司股票的债券。可转换优先股是指持有人在一定期限内依据约定的条件可将其转换为发行公司普通股或债券的优先股。此外，与可转换债券相类似的还有可交换债券，它允许持有人将其转换为另一公司普通股的债券，通常发行公司在该公司中拥有股东权益。

在公司筹资实务中，可转换债券发展很快，而可转换优先股和可交换债券并不多见，因此，下面仅介绍可转换债券。

2）可转换债券的特性

从筹资公司的角度看，发行可转换债券具有债务与权益筹资的双重属性，属于一种混合性筹资。利用可转换债券筹资，发行公司赋予可转换债券的持有人可将其转换为该公司股票的权利。因而，对发行公司而言，在可转换债券转换之前需要定期向持有人支付利息。如果在规定的转换期限内，持有人未将可转换债券转换为股票，发行公司还需要到期偿付债券，在这种情形下，可转换债券筹资与普通债券筹资相类似。属于债权筹资属性。如果在规定的转换期限内，持有人将可转换债券转换为股票，则发行公司将债券负债转化为股东权益，从而具有股权筹资的属性。

3）可转换债券的发行资格与条件

根据国家有关规定，上市公司和重点国有企业具有发行可转换债券的资格，但应经省级政府或者国务院有关企业主管部门推荐，报中国证监会审批。

4）可转换债券的转换

可转换债券的转换涉及转换期限、转换价格和转换比率。

(1) 可转换债券的转换期限。它是指按发行公司的约定，持有人可将其转换为股票的期限。一般而言，可转换债券转换期限的长短与可转换债券的期限相关。在我国，可转换债券的期限按规定最短期限为 3 年，最长期限为 5 年。按照规定，上市公司发行可转换债券，在发行结束后 6 个月内，持有人可以依据约定的条件随时将其转换为股票。重点国有企业发行的可转换债券，在该企业改建为股份有限公司且其股票上市后，持有人可以依据约定的条件随时将其转换为股票。可转换债券转换为股票后，发行股票上市的证券交易所应当安排股票上市流通。

(2) 可转换债券的转换价格。它是指以可转换债券转换为股票的每股价格。这种转换价格通常由发行公司在发行可转换债券时约定。按照我国的有关规定，上市公司发行可转换债券的，以发行可转换债券前 1 个月股票的平均价格为基准，上浮一定幅度作为转换价格。重点国有企业发行可转换债券的，以拟发行股票的价格为基准，折扣一定比例作为转换价格。

【例 5－10】某上市公司拟发行可转换债券，发行前 1 个月该公司股票的平均价格经测算为每股 30 元。预计本股票的未来价格有明显的上升趋势，因此确定上浮的幅度为 15%。则该公司可转换债券的转换价格测算如下：

$$30\times(1+15\%)=34.5(\text{元})$$

可转换债券的转换价格并非是固定不变的。公司发行可转换债券并约定转换价格后，由于又增发新股、配股及其他原因引起公司股份发生变动的，应当及时调整转换价格，并向社会公布。

(3) 可转换债券的转换比率。它是指每份可转换债券所能转换的股票数。它等于可转换债券的面值乘以转换价格。

【例5-11】 某上市公司发行的可转换债券每份面值为1 500元，转换价格为每股15元，则每份可转换债券可以转换100(1 500/15)股股票。

可转换债券持有人请求转换时，其所持债券面额有时发生不足以转换为一股股票的余额，发行公司则应当以现金偿付。例如，例5-11每份可转换债券的面额为1 500元，转换价格在发行时为15元，发行后根据有关情况变化决定调整为每股17元。某持有人持有10份可转换债券，总面额15 000元，决定转换为股票，则其转换股票为882(15 000/17)股，同时可转换债券总面额尚有不足以转换为一股股票的余额为6元。在这种情况下，发行公司应对该持有人交付股票882股，另付现金6元。

4) 可转换债券筹资的优缺点

可转换债券筹资的优点有以下四点。①有利于降低资本成本。可转换债券的利率通常低于普通债券，故在转换前可转换债券的资本成本低于普通债券；转换为股票后，又可节省股票的发行成本，从而降低股票的资本成本。②有利于筹集更多资本。可转换债券的转换价格通常高于发行时的股票价格，因此，可转换债券转换后，其筹资额大于当时发行股票的筹资额。另外也有利于稳定公司的股价。③有利于调整资本结构。可转换债券是一种具有债权筹资和股权筹资双重性质的筹资方式。可转换债券在转换前属于发行公司的一种债务，若发行公司希望可转换债券持有人转股，还可以借助诱导，促其转换，进而借以调整资本结构。④有利于避免筹资损失。当公司的股票价格在一段时期内连续转换价格并超过某一幅度时，发行公司可按事先约定的价格赎回未转换的可转换债券，从而避免筹资上的损失。

可转换债券筹资的缺点有以下四点。①转股后可转换债券筹资将失去利率较低的好处。②若确实需要股票筹资，但估价并未上升，可转换债券持有人不愿转股时，发行公司将承受偿债压力。③若可转换债券转股时股价高于转换价格，则发行遭受筹资损失。④回售条款的规定可能使发行公司遭致损失。当公司的股票价格在一段时期内连续低于转换价格并达到一定幅度时，可转换债券持有人可按事先约定的价格将所持债券回售公司，从而使发行公司遭受损失。

5.4 短期债务资本筹资

短期债务资本的筹资方式，一般有商业信用、短期银行借款、短期融资券等。

1. 商业信用

商业信用是指商品交易中的延期付款或延期交货所形成的借贷关系，是企业之间的一种直接信用关系。商业信用融资，是一种形式多样、适用范围很广的短期资金筹措方式。

1) 商业信用的形式

(1) 应付账款。赊购商品是一种最典型、最常见的商业信用形式。在此种情况下，买卖双方发生商品交易，买方收到商品后不立即支付现金，可延期到一定时间以后付款。

（2）预收货款。在这种形式下，卖方要先向买方收取货款，但要延期到一定时期以后交货，这等于卖方向买方先借一笔资金，是另外一种典型的商业信用形式。

（3）商业汇票。商业汇票是指单位之间根据购销合同进行延期付款的商品交易时，开出的反映债权债务关系的票据。根据承兑人的不同，商业汇票可分为商业承兑汇票和银行承兑汇票。商业承兑汇票是反映由收款人开出，经付款人承兑，或由付款人开出并承兑的汇票。银行承兑汇票是指由收款人或承兑申请人开出，由银行审查同意承兑的汇票。商业汇票是一种期票，是反映应付账款和应收账款的书面证明。对于买方来说，它是一种短期融资方式。

2）商业信用条件

所谓信用条件是指销货人对付款时间和现金折扣所做的具体规定，如“2/10，n/30”，就属于一种信用条件。信用条件从总体上来看，主要有以下几种形式。

（1）延期付款，但不涉及现金折扣。这是指企业购买商品时，卖方允许企业在交易发生后一定时期内按发票金额支付货款的情形，如“net40”，是指在40天内按发票金额付款。这种条件下的信用期间一般为30～60天，但有些季节性的生产企业可能为其顾客提供更长的信用期间。在这种情况下，买卖双方存在商业信用，买方可因延期付款而取得资金来源。

（2）延期付款，但早付款可享受现金折扣。在这种条件下，买方若提前付款，卖方可给予一定的现金折扣，如买方不享受现金折扣，则必须在一定时期内付清账款。如“3/10，n/30”便属于此种信用条件。西方企业在各种信用交易活动中广泛地应用现金折扣，这主要是为了加速账款的收现。现金折扣一般为发票金额的1%～5%。在这种条件下，双方存在信用交易。买方若在折扣期内付款，则可获得短期的资金来源，并能得到现金折扣；若放弃现金折扣，则可在稍长时间内占用卖方的资金。

3）现金折扣成本的计算

在采用商业信用形式销售产品时，为鼓励购买单位尽早付款，销货单位往往都规定一些信用条件，这主要包括现金折扣和付款期间两部分内容。如果销货单位提供现金折扣，购买单位应尽量争取获得此项折扣，因为丧失现金折扣的机会成本很高。按下式计算：

$$\text{放弃现金折扣价的成本}=\frac{CD}{1-CD}\times\frac{360}{N}\times 100\%$$

式中，CD为现金折扣的百分比；N为失去现金折扣延期付款天数，等于信用期与折扣期之差。

【例5-12】某企业拟以“2/10，n/30”信用条件购进一批原料。这一信用条件意味着企业如在10天之内付款，可享受2%的现金折扣；若不享受现金折扣，货款应在30天内付清。则放弃折扣的成本计算如下：

$$\text{放弃现金折扣的成本}=\frac{2\%}{1-2\%}\times\frac{360}{30-10}\times 100\%$$

$$=36.73\%$$

这表明，只要企业筹资成本不超过36.73%，就应当在第10天付款。

4）商业信用融资的优缺点

商业信用融资的优点如下三点。①筹资便利。利用商业信用筹措资金非常方便。因为商业信用与商品买卖同时进行，属于一种自然性融资，不用做非常正规的安排。②筹资成本低。如果没有现金折扣，或企业不放弃现金折扣，则利用商业信用集资没有实际成本。③限制条件少。如果企业利用银行借款筹资，银行往往对贷款的使用规定一些限制条件，而商业信用则限制较少。

商业信用融资的缺点：商业信用的期限一般较短，如果企业取得现金折扣，则时间会更短，如果放弃现金折扣，则要付出较高的资本成本。

2. 短期银行借款

短期银行借款是企业根据借款合同向银行(及其他金融机构，下同)借入的期限在1年以内的借款。我国目前短期借款按借款的目的和用途分为周转借款、临时借款、结算借款、贴现借款等。按照国际惯例，短期银行借款按有无担保分为信用借款(无担保借款)和抵押借款(担保借款)；按偿还方式分为一次偿还借款和分期偿还借款。

1）短期信用借款

按照国际惯例，短期银行借款往往附加一些信用条件。短期银行借款与长期银行借款在借款信用条件方面基本相同，主要有信贷额度、周转信贷协议、补偿性余额。

2）短期抵押借款

银行在发放短期贷款时，为降低贷款的风险，可向借款企业索取抵押品。企业要向贷款银行提供抵押品，方能取得有担保的短期借款。作为短期借款的抵押品，通常有应收账款、应收票据和存货等。

3）短期借款的利率

按照国际惯例，短期银行借款的利率会因借款企业的类型、借款金额及时间的不同而有所不同。例如，银行向信用好、贷款风险低的企业只收取较低利率，而向信用差、贷款风险高的企业则收取较高的利率。此外，银行贷款利率有简单利率、贴现利率和附加利率等种类。因此，企业需要根据不同情况，确定短期借款的成本，以便做出选择。

(1) 简单利率。即按单利计息。多数银行通常按单利计算收取短期贷款的利息，企业通常也按单利比较不同银行的借款成本。在单利情况下，短期借款成本取决于设定利率和银行收取利息的方法。如果利息在借款到期日随本金一并支付，则设定利率就是实际利率。

(2) 贴现利率。在贴现利率情况下，银行预先扣除贷款的贴现利息，而以贷款面值与贴现利息的差额给企业。企业的应收票据贴现，就是采用贴现利率。

(3) 附加利率。附加利率是指即使为分期偿还贷款，银行通常也按贷款总额和名义利率来计算收取利息。在附加利率方式下，虽然借款企业可以利用的借款逐期减少，但利息并不减少，故实际负担的利息费用较高。

4）短期银行借款的优缺点

短期银行借款与其他短期筹资方式和长期借款相比，具有一定的优点，主要包括：①筹资效率较高。企业获得短期借款所需时间要比长期借款短得多，因为银行发放长期贷款前，通常要对借款企业进行比较全面的调查分析，花费时间较长。②筹资的弹性大。借款企业可以按急需随时借款，在现金充裕时及早偿还，便于企业灵活安排。其突出的缺点是筹资风险大、实际利率较高。在补偿性余额和附加利率情形下，尤其如此。

3. 发行短期融资券

短期融资券在西方又称商业本票，是企业为筹措短期资金而发行的无担保短期期票。短期融资券受到《公司法》、《证券公司短期融资券管理办法》相关条款的限制，短期融资券通常由大型工商企业或金融机构发行，投资者主要为其他企业和金融机构。短期融资券具有利率较低、融资效率高，无强制担保等特点。

本章小结

筹资活动是企业财务管理的一项主要内容，企业有不同的筹资动机，应根据不同的筹资动机预测资金的需要量，并选择不同的筹资渠道和筹资方式。预测资金需要量的方法有定性预测法和比率预测法。筹资渠道是解决资金的来源问题，筹资方式是解决通过何种方式取得资金的问题，他们之间存在一定的对应关系。一定的筹资方式可能仅适用于某一特定的筹资渠道；但同一筹资渠道的资本往往可以采取不同的筹资方式取得，而同一筹资方式又往往可以适用于不同的筹资渠道。

权益资本一般通过国家财政资金、非银行金融机构资金、其他法人资金、居民个人资金等筹资渠道，采用吸收直接投资和发行股票的方式取得。债务资本一般是通过银行金融机构资金、非银行金融机构资金、其他法人资金、居民个人资金等筹资渠道采用银行借款、发行债券、商业信用和融资租赁等方式取得。混合性资本的特征是具有股权性和债权性双重性质的资本，企业常见的混合性资本有优先股和可转换债券。

关键术语

调整性筹资动机　筹资渠道　筹资方式　普通股　股票上市　长期借款　债券　优先股　可转换债券　融资租赁　信用额度　周转信贷协定　补偿性余额　商业信用　短期融资券

知识链接

银行间债券市场非金融企业债务融资工具管理办法

第一条　为进一步完善银行间债券市场管理，促进非金融企业直接债务融资发展，根据《中华人民共和国中国人民银行法》及相关法律、行政法规，制定本办法。

第二条　本办法所称非金融企业债务融资工具(以下简称债务融资工具)，是指具有法人资格的非金融企业(以下简称企业)在银行间债券市场发行的，约定在一定期限内还本付息的有价证券。

第三条　债务融资工具发行与交易应遵循诚信、自律原则。

第四条　企业发行债务融资工具应在中国银行间市场交易商协会(以下简称交易商协会)注册。

第五条　债务融资工具在中央国债登记结算有限责任公司(以下简称中央结算公司)登记、托管、结算。

第六条　全国银行间同业拆借中心(以下简称同业拆借中心)为债务融资工具在银行间债券市场的交易提供服务。

第七条　企业发行债务融资工具应在银行间债券市场披露信息。信息披露应遵循诚实信用原则，不得有虚假记载、误导性陈述或重大遗漏。

第八条　企业发行债务融资工具应由金融机构承销。企业可自主选择主承销商。需要组织承销团的，由主承销商组织承销团。

第九条　企业发行债务融资工具应由在中国境内注册且具备债券评级资质的评级机构进行信用评级。

第十条　为债务融资工具提供服务的承销机构、信用评级机构、注册会计师、律师等专业机构和人员应勤勉尽责，严格遵守执业规范和职业道德，按规定和约定履行义务。

上述专业机构和人员所出具的文件含有虚假记载、误导性陈述和重大遗漏的，应当就其负有责任的部分承担相应的法律责任。

第十一条　债务融资工具发行利率、发行价格和所涉费率以市场化方式确定，任何商业机构不得以欺诈、操纵市场等行为获取不正当利益。

第十二条　债务融资工具投资者应自行判断和承担投资风险。

第十三条　交易商协会依据本办法及中国人民银行相关规定对债务融资工具的发行与交易实施自律管理。交易商协会应根据本办法制定相关自律管理规则，并报中国人民银行备案。

第十四条　同业拆借中心负责债务融资工具交易的日常监测，每月汇总债务融资工具交易情况向交易商协会报送。

第十五条　中央结算公司负责债务融资工具登记、托管、结算的日常监测，每月汇总债务融资工具发行、登记、托管、结算、兑付等情况向交易商协会报送。

第十六条　交易商协会应每月向中国人民银行报告债务融资工具注册汇总情况、自律管理工作情况、市场运行情况及自律管理规则执行情况。

第十七条　交易商协会对违反自律管理规则的机构和人员，可采取警告、诫勉谈话、公开谴责等措施进行处理。

第十八条　中国人民银行依法对交易商协会、同业拆借中心和中央结算公司进行监督管理。

交易商协会、同业拆借中心和中央结算公司应按照中国人民银行的要求，及时向中国人民银行报送与债务融资工具发行和交易等有关的信息。

第十九条　对违反本办法规定的机构和人员，中国人民银行可依照《中华人民共和国中国人民银行法》第四十六条规定进行处罚，构成犯罪的，依法追究刑事责任。

第二十条　短期融资券适用本办法。

第二十一条　本办法自2008年4月15日起施行。《短期融资券管理办法》(中国人民银行令〔2005〕第2号)、《短期融资券承销规程》和《短期融资券信息披露规程》(中国人民银行公告〔2005〕第10号)同时终止执行。

习　题

一、单项选择题

1. 在下例各项中，不属于商业信用融资内容的是(　　)。

A. 应付账款　　B. 预收货款　　C. 应付票据　　D. 办理应收票据贴现

2. 采用销售百分比法预测企业资金需要量时，下列项目被视为不随销售收入的变动而变动的是(　　)。

A. 现金　　B. 应付账款　　C. 存货　　D. 公司债券

3. 相对于普通股股东而言，优先股股东的优先权是(　　)。

A. 优先表决权　　B. 优先购股权　　C. 优先分配股利权　　D. 优先查账权

4. 相对于借款购买设备而言，融资租赁设备的主要缺点是(　　)。

A. 筹资的速度慢　　B. 融资的成本高

C. 到期还本负担重　　D. 设备淘汰风险大

5. 股票上市的目的不包括(　　)。

A. 便于筹措新资金　　B. 促进股权流通转让

C. 便于确定公司的价值　　D. 降低公司的资本成本

6. 某企业按"1/10，n/30"的条件购进一批商品，如企业放弃现金折扣，在信用期付款，则放弃现金折扣的机会成本为(　　)。

A. 18.18%　　B. 10%　　C. 12%　　D. 16.7%

7. 关于留存收益，下列说法不正确的是(　　)。

A. 留存收益是企业资金的一种重要来源

B. 利用留存收益是企业将利润转化为股东对企业追加投资的过程

C. 由于留存收益筹资不用发生筹资费用，所以留存收益筹资是没有成本的

D. 在没有筹资费用的情况下，留存收益的成本计算与普通股是一样的

8. 下列各项中，不属于融资租赁租金构成项目的是(　　)。

A. 租赁设备的价款　　B. 租赁期间利息　　C. 租赁手续费　　D. 租赁设备维护费

9. 一企业正常生产经营所应用的原材料存在价格上涨的风险，因此企业必须持有大量的现金。该企业持有现金的动机为(　　)。

A. 交易动机　　B. 预防动机　　C. 投机动机　　D. 长期投资动机

10. 股票分为普通股和优先股是按(　　)来划分的。

A. 股东的权利和义务　　B. 票面是否记名

C. 投资主体　　D. 票面是否表明金额

二、多项选择题

1. 下列各项中，属于筹资决策必须考虑的因素有(　　)。

A. 取得资金的渠道　　B. 取得资金的方式

C. 取得资金的总规模　　D. 取得资金的成本与风险

2. 在事先确定企业资金规模的前提下，吸收一定比例的负债资金，可能产生的结果有(　　)。

A. 降低企业资本成本　　B. 降低企业财务风险

C. 加大企业财务风险　　D. 提高企业的经营能力

3. 下列权利中，属于普通股股东权利的有(　　)。

A. 公司管理权　　B. 收益分享权　　C. 优先认股权　　D. 剩余财产要求权

4. 下列各项中，能够为企业筹集权益资本的有(　　)。

A. 吸收直接投资　　B. 利用留存收益　　C. 融资租赁　　D. 利用商业信用

5. 关于长期借款筹资的优点包括(　　)。

A. 筹资的弹性较大　　B. 筹资的成本较低　　C. 限制条件较多　　D. 筹资的速度快

三、判断题

1. 吸收直接投资是企业按照“共同投资、共同经营、共担风险、共享收益”的原则，直接吸收国家、法人、个人和外商投入资金的一种筹资方式。其中以实物资产出资是吸收直接投资中最重要的出资方式。（　）

2. 优先股股东在股东大会上无表决权，所以优先股股东无权参与企业经营管理。（　）

3. 非公开直接发行股票，企业能控制股票的发行过程，节省发行费用，易于及时足额筹集资本。（　）

4. 从出租人的角度看，杠杆租赁与直接租赁并无区别。（　）

5. 经营杠杆能够扩大市场和生产等不确定因素对利润变动的影响。（　）

四、思考题

1. 什么是筹资渠道？什么是筹资方式？筹资渠道与筹资方式的联系是什么？
2. 利用销售百分率法预测企业资金需要量，其原理是什么？
3. 普通股股东的权利有哪些？普通股筹资的优缺点有哪些？
4. 优先股的性质与优先股的权利有哪些？
5. 债券筹资的优缺点有哪些？
6. 什么是商业信用，可利用的商业信用形式有哪些？
7. 什么是融资租赁，租赁筹资的优缺点有哪些？

实际操作训练

神华公司 2011 年销售收入为 20 000 万元，2011 年 12 月 31 日的资产负债简表见表 5-8。

表 5-8　资产负债表(简表)

2011 年 12 月 31 日　　单位：万元

资　产	期末余额	负债及所有者权益	期末余额
货币资金	1 000	应付账款	1 000
应收账款	3 000	应付票据	2 000
存货	6 000	长期借款	9 000
固定资产	7 000	实收资本	4 000
无形资产	1 000	留存收益	2 000
资产总计	18 000	负债及所有者权益	18 000

该公司 2012 年计划销售收入比上年增长 20%，为实现这一目标，公司需要新增一台设备，需要 320 万元资金，据历年财务数据分析，公司流动资产与流动负债随销售额同比例增减，假定该公司 2010 年的销售净利率为 10%，净利润的 60%分配给投资者。

要求：预测该公司 2012 年需对外筹集的资金量。

案例分析

东方汽车制造公司现有 58 个生产厂家，还有物资、销售、进出口、汽车配件等 4 个专业公司，一个轻型汽车研究所和一所汽车工业学院。公司现在急需 1 亿元的资金用于技术改造项目。为此，总经理赵广文于1988年2月10日召开由生产副总经理张伟、财务副总经理王超、销售副总经理李立、某信托投资公司金融专家周明、某研究中心经济学家吴教授、某大学财务学者郑教授组成的专家研讨会，讨论有关筹资问题。下面是他们的发言和有关资料。总经理赵广文首先发言他说：“公司‘七五’技术改造项目经专家、学者的反复论证已被国务院于1987年正式批准。这个项目的投资额预计为4亿元，生产能力为4万辆。项目改造完成后，公司的两个系列产品的各项性能可达到国际80年代的先进水平。现在项目正在积极实施中，但目前资金不足，准备在1988年7月筹措1亿元资金，请大家讨论如何筹措这笔资金。”生产副总经理张伟说：“目前筹集的1亿元资金，主要用于投资少、效益高的技术改造项目。这些项目在两年内均能完成建设并正式投产，到时将大大提高公司的生产能力和产品质量，估计这笔投资在投产后3年内可完全收回。所以应发行5年期的债券筹集资金。”

财务副总经理王超提出了不同意见，他说：“目前公司全部资金总额为10亿元，其中自有资金为4亿元，借入资金为6亿元，自有资金比率为40%，负债比率为60%。这种负债比率在我国处于中等水平，与世界发达国家如美国、英国等相比，负债比率已经比较高了。如果再利用债券筹集1亿元资金，负债比率将达到64%，显然负债比率过高，财务风险太大。所以，不能利用债券筹资，只能靠发行普通股或优先股筹集资金。”

但金融专家周明却认为：“目前我国金融市场还不完善，投资者对股票的认识尚有一个过程。因此，在目前条件下要发行1亿元普通股十分困难。发行优先股还可以考虑，但根据目前的利率水平和市场状况，发行时年股息率不能低于16.5%，否则无法发行。如果发行债券，因要定期付息还本，投资者的风险较小，估计以12%的利息率便可顺利发行债券。”

来自某研究中心的吴教授认为：“目前我国经济处于繁荣时期，但党和政府已发现经济“过热”所造成的一系列弊端，正准备采取措施治理经济环境，整顿经济秩序。到时汽车行业可能会受到冲击，销售量可能会下降，盲目上马，后果将是十分严重的。”

公司的销售副总经理李立认为：“治理整顿不会影响公司的销售量。这是因为该公司生产的轻型货车和旅行车，几年来销售情况一直很好，畅销全国29个省、市、自治区，市场上较长时间供不应求。1986年全国汽车滞销，但该公司的销售状况仍创历史最高水平，居全国领先地位。”

财务副总经理王超补充说：“公司属于股份制试点企业，执行特殊政策，所得税税率为35%，税后资金利润率为15%，准备上马的这项技术改造项目，由于采用了先进设备，投产后预计税后资金利润将达到18%左右。”所以，他认为这一技术改造项目仍应付诸实施。

来自某大学的财务学者郑教授听了大家的发言后指出：“以16.5%的股息发行优先股不可行，因为发行优先股筹集所花费的筹集费用较多，把筹资费用加上以后，预计利用优先股筹集资金的资金成本将达到19%，这已高出税后资金利润率，所以不可行。但若发行债券，由于利息可在税前支付，实际成本大约在9%左右。他还认为，目前我国正处于通货膨胀时期，利息率比较高，这时不宜发行较长时期的具有固定负担的债券或优先股，因为这样做会造成负担较高的利息或股息。所以，郑教授认为，应首先向银行筹措1亿元的技术改造贷款，期限为1年，1年以后，再以较低的股息率发行优先股来代替技术改造贷款。

财务副总经理王超听了郑教授的分析后，也认为按16.5%发行优先股，的确会给公司造成沉重的财务负担。但他不同意郑教授后面的建议，他认为，在目前条件下向银行筹措1亿元技术改造贷款几乎不可能；另外，通货膨胀在近1年内不会消除，要想消除通货膨胀，利息率有所下降，至少需要两年时间。金融学家周明也同意王超的看法，他认为1年后利息率可能还会上升，两年后利息才会保持稳定或略有下降。

问题：

1. 你认为总经理最后应选择何种筹资方式？
2. 本案例对你有哪些启示？

第 6 章　资本成本与资本结构

教学要点

知识要点	掌握程度	相关知识	应用方向
资本成本	重点掌握	资本成本的概念、作用；个别资本成本；加权平均资本成本；边际资本成本	企业资本成本的计算
杠杆原理	理解掌握	成本习性、固定成本、变动成本、边际贡献、息税前利润；经营杠杆系数、财务杠杆系数、总杠杆系数；经营风险、财务风险、公司风险	经营风险、财务风险、公司风险的控制
资本结构	理解掌握	资本结构、最优资本结构；资本成本比较法；每股收益分析法；公司价值分析法	企业资本结构的调整与优化

导入案例

MAC 公司是一家大型建材生产企业，2010 年年初的负债及所有者权益总额为 9 000 万元，其中公司债券为 1 000 万元(面值发行，票面年利率为 8%，每年年末付息，3 年后到期)；普通股股本为 4 000 万元(面值 1 元，4 000 万股)；资本公积为 2 000 万元，其余为留存收益。2010 年公司适应国内市场的变化，积极开发高新技术产品，为扩大市场规模，需要再筹集 1 000 万元资金，企业财务部经过审慎研究，提出了两个筹资方案。甲方案：增发普通股，预计每股发行价为 5 元；乙方案：增发同类公司债券，按面值发行，票面年利率为 8%。预计 2010 年可实现息税前利润 2 000 万元，企业所得税为 25%。

思考：

(1) 甲、乙两方案筹集资本的性质不同，可能会对企业的经营产生哪些影响？

(2) 该企业应如何进行筹资决策？

6.1 资本成本

6.1.1 资本成本的含义与作用

1. 资本成本的含义

资本成本也称资金成本，是指企业为筹集和使用资金而发生的代价。在市场经济条件下，企业使用资本，必须向资本提供者支付一定数量的费用作为补偿。

资本成本包括用资费用和筹资费用两部分内容：①用资费用。用资费用是指企业在生产经营、投资过程中因使用资金而支付的代价，如向股东支付的股利、向债权人支付的利息等，这是资本成本的主要内容。②筹资费用。筹资费用是指企业在筹措资金过程中为获取资金而支付的费用，如向银行支付的借款手续费，因发行股票、债券而支付的发行费用。

知识要点提醒

筹资费用与用资费用不同，它通常是在筹措资金时一次支付的，在用资过程中不再发生。

资本成本可以用绝对数表示，也可以用相对数表示，但在财务管理中，一般用相对数表示，即表示为用资费用与实际筹得资金(筹资数额扣除筹资费用后的差额)的比率。其通用公式如下：

$$资金成本=\frac{每年的用资费用}{筹资数额-筹资费用}$$

2. 资本成本的作用

1）资本成本在企业筹资决策中的作用

资本成本是企业选择资金来源、拟定筹资方案的依据。不同的资金来源具有不同的成本。为了以较少的支出取得企业所需资金，就必须分析各种资本成本的高低，并加以合理配置。资本成本对企业筹资决策的影响主要包括如下四点。①资本成本是影响企业筹资总额的重要因素。随着筹资数额的增加，资本成本不断变化。当企业筹资数额很大，资金的边际成本超过企业承受能力时，企业便不能再增加筹资数额。因此，资本成本是限制企业筹资数额的一个重要因素。②资本成本是企业选择资金来源的基本依据。企业的资金可以从许多方面来筹集，就长期借款来说，可以向商业银行借款，也可向保险公司或其他金融机构借款，还可向政府申请借款。企业究竟选用哪种来源，首先要考虑的因素就是资本成本的高低。③资本成本是企业选用筹资方式的参考标准。企业可以利用的筹资方式是多种多样的，在选用筹资方式时，需要考虑的因素很多，但必须考虑资本成本的这一经济标准。④资本成本是确定最优资金结构的主要参数。不同的资金结构，会给企业带来不同的风险和成本，从而引起股票价格的变动，在确定最优资金结构时，考虑的因素主要有资本成本和财务风险。资本成本并不是企业筹资决策中所要考虑的唯一因素。企业筹资还要考虑财务风险、资金期限、偿还方式、限制条件等。但资本成本作为一项重要的因素，直接关系到企业的经济效益，是筹资决策时需要考虑的首要问题。

2）资本成本在企业投资决策中的作用

资本成本在企业投资决策中的作用主要体现在以下两个方面。①在计算投资评价投资指标时，常以资本成本作为折现率。当净现值为正时，投资项目可行；反之，则该项目不可行。因此，采用净现值指标评价投资项目时，离不开资本成本。②在利用内部收益率指标进行项目可行性评价时，一般以资本成本作为基准收益率。即只有当投资项目内部收益率高于资本成本时，投资项目才可行；反之，当投资项目的内部收益率低于资本成本时，投资项目不可行。因此，国际上通常将资本成本视为投资项目的“最低收益率”或是否采用投资项目的取舍率，是比较、选择投资方案的基准。

6.1.2 个别资本成本

个别资本成本是指各种筹资方式的成本。其中主要包括银行借款资本成本、债券资本成本、优先股资本成本、普通股资本成本和留存收益资本成本，前两者可统称负债资本成本，后三者统称权益资本成本。

1. 银行借款资本成本

银行借款资本成本是指借款利息和借款手续费，利息费用税前支付，可以起抵税作用。其计算公式为

$$K_1=\frac{I(1-T)}{L(1-f)}=\frac{i\cdot L\cdot(1-T)}{L(1-f)}$$

式中，K_1 为银行借款成本；I 为银行借款年利息；L 为银行借款筹资总额；T 为所得税税率；i 为银行借款利息率；f 为银行借款筹资费率。

由于银行借款的手续费很低，式中的 f 常常可以忽略不计。则上式可简化为

$$K_1=i(1-T)$$

2. 债券资本成本

债券资本成本的利息在税前支付，具有减税效应。债券的筹资费用一般较高，主要包括申请发行债券的手续费、债券注册费、印刷费、上市费及推销费用等。其计算公式为

$$K_b=\frac{I(1-T)}{B_0(1-f)}=\frac{B\cdot i\cdot(1-T)}{B_0(1-f)}$$

式中，K_b 为债券成本；I 为债券每年支付的利息；T 为所得税税率；B 为债券面值；i 为债券票面利息率；B_0 为债券筹资额，按发行价格确定；f 为债券筹资费率。

【例 6-1】某企业发行一笔期限为 8 年的债券，债券面值为 1 000 万元，票面利率为 12%，每年付一次利息，发行费率为 3%，所得税税率为 40%，债券按面值等价发行。则该笔债券的成本为

$$K_b=\frac{1\,000\times12\%\times(1-40\%)}{1\,000\times(1-3\%)}\times100\%\approx7.42\%$$

3. 优先股资本成本

企业发行优先股，既要支付筹资费用，又要定期支付股利。它与债券不同的是股利在

税后支付，且没有固定到期日。其计算公式为

$$K_p=\frac{D}{P_0(1-f)}$$

式中，K_p 为优先股成本；D 为优先股每年的股利；P_0 为发行优先股总额；f 为优先股筹资费率。

【例 6-2】 某企业按面值发行 100 万元的优先股，筹资费率为 4%，每年支付 12%的股利，则优先股的成本为

$$K_p=\frac{100\times 12\%}{100\times(1-4\%)}=12.5\%$$

企业破产时，优先股股东的求偿权位于债券持有人之后，优先股股东的风险大于债券持有人的风险，这就使得优先股的股利率一般要大于债券的利息率。另外，优先股股利要从净利润中支付，不减少公司的所得税，所以，优先股成本通常要高于债券成本。

4. 普通股资本成本

普通股成本的计算，存在多种不同方法，其主要方法为估价法。这种方法是利用估价普通股现值的公式，来计算普通股成本的一般方法。普通股现值的计算公式为

$$V_0=\sum_{i=1}^{n}\frac{D_i}{(1+K_s)^i}+\frac{V_n}{(1+K_s)^n}$$

由于股票没有到期日，那么，当 $n\to\infty$ 时，$\frac{V_n}{(1+K_s)^n}$ 为 0。

所以，股票的现值计算公式如下：

$$V_0=\sum_{i=1}^{n}\frac{D_i}{(1+K_s)^i}$$

式中，V_0 为普通股现值，即发行价格；D_i 为第 i 期支付的股利；V_n 为普通股终值；K_s 为普通股成本。

这样，可利用以上两式求出 K_s，即普通股成本。

以上两个公式计算都比较复杂，如果每年股利固定不变，假定为 D，则可视为永续年金，计算公式可简化为

$$K_s=\frac{D}{V_0}$$

普通股筹资费用率为 f 时，则有：

$$K_s=\frac{D}{V_0(1-f)}$$

许多公司的股利都是不断增加的，假设年增长率为 g，则普通股成本的计算公式为

$$K_s=\frac{D_1}{V_0(1-f)}+g$$

式中，D_1 为第 1 年的股利。

【例 6-3】 东方公司普通股每股发行价为 100 元，筹资费率为 51%，第 1 年年末发放股利 12 元，以后每年增长 4%，则：

$$普通股成本=\frac{12}{100\times(1-5\%)}+4\%\approx16.63\%$$

5. 留存收益资本成本

留存收益是企业资金的一种重要来源。相当于股东对企业进行追加投资，股东对这部分投资与以前投给企业的股本一样，也要求有一定的报酬，所以留存收益也要计算成本。

留存收益成本的计算与普通股基本相同，但不用考虑筹资费用。

留存收益成本计算公式为

$$K_e=\frac{D}{V_0}$$

股利不断增加的企业留存收益成本的计算公式：

$$K_e=\frac{D_1}{V_0}+g$$

式中，K_e 为留存收益成本，其他符号含义与普通股成本计算公式相同。

知识要点提醒

与其他投资者相比，普通股股东所承担风险最大，因此普通股的报酬也应最高。所以，在各种资金来源中，普通股的成本最高。

6.1.3 加权平均资本成本

由于受多种因素的制约，企业往往从多种渠道、采用多种方式来筹集资金，为了正确进行筹资和投资决策，就必须计算企业加权平均资本成本。加权平均资本成本是指分别以各种资本成本为基础，以各种资金占全部资金的比重为权数计算出来的综合成本。其计算公式为

$$K_w=\sum W_jK_j$$

式中，K_w 为加权平均的资本成本；W_j 为第 j 种资金占总资金的比重；K_j 为第 j 种资金的成本。

【例 6-4】 某企业共有资金 100 万元，其中银行借款 30 万元，公司债券 10 万元，普通股 40 万元，留存收益 20 万元，各种资金的成本：$K_b=7\%$，$K_p=13\%$，$K_s=15\%$，$K_e=14\%$。试计算该企业加权平均的资本成本。

(1) 计算各种资金所占的比重。

$$W_b=\frac{30}{100}\times100\%=30\%$$

$$W_p=\frac{10}{100}\times100\%=10\%$$

$$W_s=\frac{40}{100}\times100\%=40\%$$

$$W_e=\frac{20}{100}\times100\%=20\%$$

（2）计算加权平均资本成本。

$$K_w = W_b K_b + W_p K_p + W_s K_s + W_e K_e$$
$$= 30\% \times 7\% + 10\% \times 13\% + 40\% \times 15\% + 20\% \times 14\%$$
$$= 12.2\%$$

6.1.4 边际资本成本

边际资本成本是指公司追加筹资的资本成本率，即公司每增加 1 元资本而增加的成本。加权平均资本成本是企业过去筹集的或目前使用的资金能成本。但是企业筹资的数额超过一定的限度时，原来的资本成本就会增加，这是企业投资、筹资过程中必须加以考虑的问题。

边际资本成本需要采用加权平均法计算，其权数应为市场价值权数，不应使用账面价值权数。现举例说明边际资本成本的计算。

【例 6－5】新光公司目前有资金 1 000 000 元，其中长期债券为 200 000 元，优先股为 50 000 元，普通股为 750 000 元。现在公司为满足投资要求，准备筹集更多的资金，边际资本成本的计算过程按以下步骤进行。

（1）确定公司最优的资本结构。新光公司的财务人员经过分析，认为目前的资本结构即为最优资本结构，因此，在今后筹资时，继续保持目前的资本结构，即长期债务占 20%、优先股占 5%、普通股占 75%。

（2）确定各种筹资方式的资本成本。新光公司的财务人员认真分析了目前金融市场状况和企业筹资能力，认为随着公司筹资规模的不断增加，各种筹资成本也会增加，详细情况见表 6－1。

表 6－1　新光公司筹资资料

筹资方式	目标资金结构	新筹资的数量范围/元	资本成本
长期债务	20%	0～10 000	6%
		10 000～40 000	7%
		大于 40 000	8%
优先股	5%	0～2 500	10%
		大于 2 500	12%
普通股	75%	0～22 500	14%
		22 500～75 000	15%
		大于 75 000	16%

（3）计算筹资总额分界点。根据目标资金结构和各种筹资方式资本成本变化的分界点计算筹资总额的分界点，计算公式如下：

$$\mathrm{BP}_i = \frac{\mathrm{TF}_i}{W_i}$$

式中，BP_i 为筹资总额分界点；TF_i 为第 i 种筹资方式的成本分界点；W_i 为目标资金结构中第 i 种筹资方式所占的比例。

新光公司计算的筹资总额分界点见表 6-2。

表 6-2 筹资总额分界点计算

单位：元

筹资方式及目标结构	资本成本	特定筹资方式的筹资范围	筹资总额分界点	筹资总额的范围
长期债务(20%)	6%	0～10 000	10 000/0.2=50 000	0～50 000
	7%	10 000～40 000	40 000/0.2=200 000	50 000～200 000
	8%	大于 40 000	—	大于 200 000
优先股(5%)	10%	0～2 500	2 500/0.05=50 000	0～50 000
	12%	大于 2 500	—	大于 50 000
普通股(75%)	14%	0～22 500	22 500/0.75=30 000 75 000/0.75=100 000	0～30 000
	15%	22 500～75 000		30 000～100 000
	16%	大于 75 000		大于 100 000

在表 6-2 中，分界点是指特定筹资方式成本变化的分界点。例如，对长期债务而言，在 10 000 元以内，其成本为 6%，而在目标资金结构中，债务的比重为 20%，这表明在债务成本由 6%升到 7%之前，企业可筹集 50 000(10 000/0.2)元的资金。筹资总额在 50 000～200 000 元之间时，债务成本上升到 7%。

(4) 分组计算边际资本成本。根据上步计算的筹资分界点，可得出如下五组新的筹资总额范围：

①0～30 000 元；②30 000～50 000 元；③50 000～100 000 元；④100 000～200 000 元；⑤200 000 元以上。对以上 5 个筹资总额范围计算加权平均资本成本，便可得到各种筹资总额范围的资金的边际成本。这一计算过程可通过表 6-3 来进行。

表 6-3 资金边际成本计算

序号	筹资总额的范围/元	筹资方式	目标资金结构 ①	资本成本 ②	资金的边际成本 ③=①×②
1	0～30 000	长期债务	20%	6%	1.2%
		优先股	5%	10%	0.5%
		普通股	75%	14%	10.5%
		第一个范围的资金边际成本=12.2%			
2	30 000～50 000	长期债务	20%	6%	1.2%
		优先股	5%	10%	0.5%
		普通股	75%	15%	11.25%
		第二个范围的资金边际成本=12.95%			

续表

序号	筹资总额的范围	筹资方式	目标资金结构 ①	资本成本 ②	资金的边际成本 ③=①×②
3	50 000～100 000	长期债务	20%	7%	1.4%
		优先股	5%	12%	0.6%
		普通股	75%	15%	11.25%
		第三个范围的资金边际成本=13.25%			
4	100 000～200 000	长期债务	20%	7%	1.4%
		优先股	5%	12%	0.6%
		普通股	75%	16%	12%
		第四个范围的金边际成本=14%			
5	200000以上	长期债务	20%	8%	1.6%
		优先股	5%	12%	0.6%
		普通股	75%	16%	12%
		第五个范围的资金边际成本=14.2%			

6.2 杠杆原理

6.2.1 成本习性、边际贡献和息税前利息

1. 成本习性

成本习性是指成本总额与业务量之间在数量上的依存关系。成本按习性可划分为固定成本、变动成本和混合成本三类。

1）固定成本

固定成本是指其总额在一定时期和一定业务量范围内不随业务量的变动发生任何变动的那部分成本。例如，按直线法计提的折旧费、保险费、管理人员工资、办公费，这些支出每年基本相同，即使产销业务量在一定范围内变动(生产力水平的限制范围内)，他们也是不变的。由于这些成本是固定不变的，因而，随着产量的增加，意味着它将分配给更多的产品，也就是说单位固定成本随着产量的增加而逐渐变小。

固定成本还可以进一步分为约束性固定成本和酌量性固定成本。①约束性固定成本。约束性固定成本属于企业经营能力成本，是企业为了维持一定的业务量所必需负担的最低成本。厂房、机器设备折旧费、长期租赁费等都属于这类成本。企业的经营能力一旦形成，在短期内很难有重大变化，因而这部分成本具有很大的约束性，管理当局不能轻易改变，要想降低约束性固定成本，只能从合理利用经营能力入手。②酌量性固定成本。酌量性固定成本属于企业的经营方针成本，即根据企业的经营方针由管理当局确定的一定时期

(通常为 1 年)的成本。广告费、研究与开发费、职工培训费等都属于这类成本。这些成本的支出，是可以通过企业经营方针的变化而变化的。

小思考

固定成本的成本额一直保持不变吗?

固定成本总额是在一定时期和业务量的一定范围内保持不变。超过了一定范围，固定成本也会发生变化。因此固定成本必须和一定时期、一定业务量联系起来分析。从长远的角度，没有绝对不变的固定成本。

2）变动成本

变动成本是随着业务量的变动成正比例变动的那部分成本。直接材料、直接人工等都属于变动成本，但是从产品的单位成本来看，直接材料、直接人工保持不变。与固定成本相同，变动成本也存在相关范围，即只有在一定范围之内，产量和成本才能完全成同比例变化，超过了一定的范围，这种关系就不存在。

3）混合成本

有些成本虽然也是随着业务量的变动而变动，但不成同比例变动，这类成本称为混合成本。混合成本按其与业务量的关系又可分为半变动成本和半固定成本：①半变动成本。这类成本通常有一个初始量，类似于固定成本，在这个初始量的基础上随产量的增长而增长，又类似于变动成本。②半固定成本。这类成本随产量的变动而呈阶梯型增长。产量在一定限度内，这种成本不变，但增长到一定限度后，成本就产生变化。

从上述分析，可以看出，成本按其习性可以分为变动成本、固定成本和混合成本三类，但混合成本又可以按一定的方法分解成变动成本和固定成本，这样，成本习性模型可以用下面的公式表示：

$$y=a+bx$$

式中，y 为总成本；a 为固定成本；b 为单位变动成本；x 为产销量。

2. 边际贡献

边际贡献是指销售收入减去变动成本以后的差额。其计算公式为

$$M=px-bx=(p-b)x=mx$$

式中，M 为边际贡献；P 为销售单价；b 为单位变动成本；x 为产销量；m 为单位边际贡献。

3. 息税前利润

息税前利润是指企业支付利息和缴纳所得税前的利润。其计算公式为

$$\text{EBIT}=px-bx-a=(p-b)x-a=M-a$$

式中，EBIT 为息税前利润；M 为边际贡献；a 为固定成本。

6.2.2 杠杆效应

财务管理中的杠杆效应，是指由于特定费用(如固定成本费用或固定财务费用)的存在

而导致的，当某一财务变量以较小幅度变动时，另一相关财务变量会以较大幅度变动的现象。它包括经营杠杆效应、财务杠杆效应和总杠杆效应3种形式。

1. 经营杠杆效应

1）经营杠杆

经营杠杆是指由于固定性经营成本的存在，而使得企业的息税前利润的变动率大于业务量变动率的现象。经营杠杆反映了资产报酬的波动性，用以评价企业的经营风险。

在其他因素不变的条件下，边际贡献总额随着销售量的变动而变动，固定成本总额则为一常数，与销量变动无关。因此，当销售量变动时，虽然不会改变固定成本总额，但是会降低或提高单位产品的固定成本，从而提高或降低单位产品收益，使息税前利润变动率大于销售量变动率。如果不存在固定成本，总成本随着销量变动而成正比例的变化，那么，企业息税前利润变动率就会与产销量变动完全一致。也就是说，固定成本的存在放大了企业产销量变动带给营业利润的影响。销售量上升，表现为经营杠杆收益；销售量下降，表现经营杠杆损失。

2）经营杠杆系数

只要企业存在固定性经营成本，就存在经营杠杆效应，但不同的产销业务量，其经营杠杆效应的大小程度是不一致的。反映经营杠杆的效应程度，估计经营杠杆利益的大小，评价经营风险的高低，一般可通过经营杠杆系数(DOL)进行分析。经营杠杆系数是指息税前收益变动率相当于产销量变动的倍数，其计算公式为

$$\mathrm{DOL}=\frac{\Delta \mathrm{EBIT}/\mathrm{EBIT}}{\Delta Q/Q}$$

式中，DOL为销售量为Q时的经营杠杆，用于反映公司息税前收益对销售量的敏感程度；EBIT为基期的息税前利润；ΔEBIT为息税前利润的变动额；Q为基期的销售额；ΔQ为销售量变动额。

根据公式可推导出一系列的简化计算公式：

$$\mathrm{DOL_Q}=\frac{Q(P-V)}{Q(P-V)-F}=\frac{Q(P-V)}{\mathrm{EBIT}}$$

$$\mathrm{DOL_S}=\frac{S-\mathrm{VC}}{S-\mathrm{VC}-F}=\frac{M}{\mathrm{EBIT}}=\frac{M}{M-F}$$

【例6-6】 新亚公司生产A产品，现行销售量为20 000件，销售单价(已扣除税金)为5元，单位变动成本为3元，固定成本总额为20 000元，息税前收益为20 000元。假设销售单价及成本水平保持不变，当销售量为20 000件时，经营杠杆系数为

$$\mathrm{DOL_Q}=\frac{Q(P-V)}{Q(P-V)-F}=\frac{20\,000\times(5-3)}{20\,000}=2$$

上述计算结果表明，在销售量为20 000件的基础上，销售量每增加1个百分点，息税前收益就增加2个百分点。如果销售量增长10%，息税前收益将增长20%(销售量增长百分比×DOL=10%×2=20%)。

3）经营杠杆与经营风险

经营风险是指企业由于经营上的原因而导致的资产报酬率波动的风险，引起企业经营

风险的主要原因是市场需求和成本等因素的不确定性，经营杠杆本身并不是资产报酬不稳定的根源，只是资产报酬波动的表现。但是经营杠杆放大了市场和生产等因素的变化对利润波动的影响。经营杠杆系数越高，表明资产报酬等利润波动程度越大，经营风险也就越大。在企业不发生亏损、息税前利润为正的前提下，经营杠杆系数最低为1，不会为负数；只要固定性经营成本存在，经营杠杆系数总是大于1。影响经营杠杆的因素包括企业成本结构中的固定成本比重、息税前利润水平。其中息税前利润又受产品销售量、销售价格、单位变动成本、固定成本总额高低的影响。固定成本比重越高，成本水平越高，产品销售数量和销售价格越低，经营杠杆效应越大，反之亦然。

应用实例

大宇集团1967年由金宇中创建，初创时主要从事劳动密集型产品的生产和出口。20世纪70年代侧重发展化学工业，80年代后向汽车、电子和重工业领域投资，并参与国外资源的开发。经营范围包括外贸、造船、重型装备、汽车、电子、通信、建筑、化工、金融等，有系列公司29个，国外分公司30多个。大宇集团曾经为仅次于现代集团的韩国第二大企业，世界20家大企业之一，资产达650亿美元。在一代人的心目中，金宇中及其大宇集团是韩国的象征。然而超速发展的背后，大宇集团背负了高额的债务。在1999年，经营不善、资不抵债的大宇集团不得不走上破产清算的一步。2000年12月，大宇汽车亦宣告破产。

实例分析

利用财务杠杆过度负债是导致财务危机的重要原因。

2. 财务杠杆效应

1）财务杠杆

财务杠杆是指由于固定性资本成本的存在，而使得企业的普通股收益(或每股收益)的变动率大于息税前利润变动率的现象。财务杠杆反映了股权资本报酬的波动性，用于评价企业的财务风险。当有固定利息费用等资本成本存在时，如果其他条件不变，息税前利润的增加虽然不会改变利息费用总额，但会降低每1元息税前利润分摊的利息费用，从而提高每股收益，使得普通股收益的增长率大于息税前利润的增长率，进而产生财务杠杆效应。当不存在固定利息、股息等资本成本时，息税前利润就是利润总额，此时利润总额变动率与息税前利润的变动率完全一致。如果两期所得税税率和普通股股数保持不变，每股收益的变动率与利润总额变动率也完全一致，进而与息税前利润变动率一致。

2）财务杠杆系数

只要企业融资方式中存在固定性资本成本，就存在财务杠杆效应。如固定利息、固定融资租赁费等的存在，都会产生财务杠杆效应。在同一固定的资本成本支付水平上，不同的息税前利润水平，对固定的资本成本的承受负担是不一样的，其财务杠杆效应的大小程度是不一致的。测算财务杠杆效应程度，常用的指标为财务杠杆系数(DFL)。财务杠杆系数是指普通股每股收益变动率相当于息税前利润变动率的倍数。计算公式为

$$\mathrm{DFL}=\frac{\Delta \mathrm{EPS}/\mathrm{EPS}}{\Delta \mathrm{EBIT}/\mathrm{EBIT}}$$

式中，DFL 为财务杠杆系数；EPS 为基期普通股每股收益；ΔEPS 为普通股每股收益变动额；EBIT 为基期息税前利润；ΔEBIT 为息税前利润变动额。

根据每股收益与息税前利润、债务利息、所得税税率和普通股股票数之间的关系，可以推导出杠杆系数的简化计算公式：

$$DFL=\frac{EBIT}{EBIT-I-\frac{D}{1-T}}$$

如果企业没有优先股，可以简化为

$$DFL=\frac{EBIT}{EBIT-I}$$

当企业同时存在银行借款、融资租赁，且发行优先股的情况下，其 DFL 的计算为

$$DFL=\frac{\text{息税前利润}}{\text{息税前利润}-\text{利息}-\text{融资租赁租金}-\frac{\text{优先股股利}}{1-\text{所得税税率}}}$$

【例 6-7】假设 AMK 公司的资本来源：债券 100 000 元，年利率为 5%；优先股 500 股，每股面值为 100 元，年股利率为 7%；普通股为 500 股，每股收益为 8 元，该公司所得税税率为 50%。财务杠杆系数为

$$DFL=\frac{EBIT}{EBIT-I-\frac{D}{1-T}}=\frac{20\ 000}{20\ 000-5\ 000-3\ 500/(1-50\%)}=2.5$$

计算结果表明，AMK 公司在息税前收益 20 000 元的基础上，EBIT 每变动 1 个百分点，EPS 就变动 2.5 个百分点。如果 EBIT 增长 10%，每股收益就增长 25%；每股收益将由 8 元变为 10 元。

3）财务杠杆与财务风险

财务风险是指企业由于筹资原因产生的资本成本负担而导致普通股收益波动的风险。引起企业财务风险的主要原因是资产报酬的不利变化和资本成本的负担。由于财务杠杆的作用，当企业的息税前利润下降时，企业仍需要支付固定的资本成本，导致普通股剩余收益以更快的速度下降。财务杠杆放大了资产报酬的变化对普通股收益的影响，财务杠杆系数越大，表明普通股收益的波动程度越大。只要有固定性资本成本的存在，财务杠杆系数总是大于 1。影响财务杠杆的因素包括：①企业资本结构中债务资本的比重；②普通股收益水平；③所得税税率水平。其中，普通股收益水平又受息税前利润、固定资本成本高低的影响。债务成本比重越高，固定的资本成本支付额越高，息税前利润水平越低，财务杠杆效应越大，反之亦然。

小思考

经营杠杆和财务杠杆存在的前提条件分别是什么？

3. 总杠杆效应

1）总杠杆

经营杠杆和财务杠杆可以单独发挥作用，也可以综合发挥作用，总杠杆是用来反映两

者之间共同作用结果的，即权益资本报酬与产销业务量之间的变动关系，由于固定性经营成本的存在，产生经营杠杆效应，导致产销业务量对息税前利润有放大作用；同样，由于固定性资本成本的存在，产生财务杠杆效应，导致息税前利润的变动对普通股收益有放大作用。两种杠杆共同作用，将导致产销业务量的变动引起普通股收益更大的变动。总杠杆是指由于固定性经营成本和固定性资本成本的存在，导致普通股每股收益变动率大于产销业务量的变动率的现象。

2）总杠杆系数

只要企业同时存在固定性经营成本和固定性资本成本，就会存在总杠杆效应，产销业务量变动通过息税前利润的变动，传导至普通股收益，使得每股收益发生更大的变动。用总杠杆系数(DTL)表示总杠杆效应程度，总杠杆系数是经营杠杆系数和财务杠杆系数的乘积，是普通股每股收益变动率相当于产销业务量变动率的倍数，计算公式为

$$\mathrm{DTL}=\frac{\Delta \mathrm{EPS}/\mathrm{EPS}}{\Delta Q/Q}=\frac{\Delta \mathrm{EBIT}/\mathrm{EBIT}}{\Delta Q/Q}\times\frac{\Delta \mathrm{EPS}/\mathrm{EPS}}{\Delta \mathrm{EBIT}/\mathrm{EBIT}}=\mathrm{DOL}\times\mathrm{DFL}$$

可以推导出总杠杆系数的简化计算公式为

$$\mathrm{DTL}_Q=\frac{Q(P-V)}{Q(P-V)-F-I}=\frac{M}{M-F-I}=\frac{M}{\mathrm{EBIT}-I}$$

如果存在优先股股息，DTL 的计算公式为

$$\mathrm{DTL}=\frac{(\text{单价}-\text{单位成本变动率})\times\text{销售量}}{(\text{单价}-\text{单位成本变动率})\times\text{销售量}-\text{固定成本利息}-\dfrac{\text{优先股}}{1-\text{所得税税率}}}$$

【例 6-8】 某公司长期资本总额为 500 万元，其中长期负债占 20%，负债利息为 6%，公司的销售额为 100 万元，固定成本总额为 10 万元，变动成本率为 50%。则该公司的总杠杆系数是多少?

$$\mathrm{EBIT}=S-\mathrm{VC}-F=(100-100\times50\%-10)=40(\text{万元})$$

$$I=500\times20\%\times6\%=6(\text{万元})$$

$$\mathrm{DTL}=\frac{40+10}{40-6}=1.47$$

或者分别求出营业杠杆系数、财务杠杆系数：

$$\mathrm{DFL}=\frac{\mathrm{EBIT}}{\mathrm{EBIT}-I}=1.18$$

$$\mathrm{DOL}=\frac{S-\mathrm{VC}}{S-\mathrm{VC}-F}=1.25$$

$$\mathrm{DTL}=1.25\times1.18=1.47$$

计算结果表明，该公司的财务杠杆系数为 1.18。将公司的经营杠杆系数放大了 1.18 倍，从而使得其总杠杆系数达到 1.47。如果该公司没有负债，则财务杠杆系数为 1，总杠杆系数就等于经营杠杆系数，公司的总风险就等于其经营风险。

3）总杠杆与公司风险

公司风险包括经营风险和财务风险。总杠杆系数反映了经营杠杆和财务杠杆之间的关系，用于评价企业的整体风险水平。在总杠杆系数一定的情况下，经营杠杆系数和财务杠杆系数此消彼长。总杠杆效应的意义在于：第一，能够说明产销业务量变动对普通股收益

的影响，据以预测未来普通股每股收益的水平；第二，揭示了财务管理的风险管理策略，即要保持一定的风险状况水平，需要维持一定的总杠杆系数，经营杠杆和财务杠杆可以按多种方式进行组合。一般来说，公司总杠杆系数越大，风险也随之越大；公司总杠杆系数越小，风险也随之越小。

6.3 资本结构

6.3.1 资本结构的概念及意义

1. 资本结构的概念

资本结构是指在企业资本总额中各种资本构成及其比例关系。在企业筹资管理中，资本结构有广义和狭义之分，广义的资本结构是指企业全部资金价值的构成及其比例关系，包括长期资金和短期资金。狭义的资本结构是指企业各种长期资金价值的构成及其比例关系，尤其是指长期股权资金与债务资金的构成及其比例关系。资本结构问题总的来说是负债资金的比例问题，即负债在企业全部资金中所占的比重。

2. 资本结构的意义

企业资本结构的决策问题主要是资本的属性结构决策问题，即债务资本的比例安排问题。在企业的资本结构决策中，科学合理安排债务资本比例对企业具有重要意义。

1）可以降低企业的综合资本成本

由于债务利息率通常低于股票股利率，而且债务利息在所得税前利润中扣除，企业可减少所得税，从而债务资本成本率明显低于权益资本成本率。因此，在一定的限度内合理地提高债务资本的比例可以降低企业的综合资本成本率。

2）可以获得财务杠杆利益

由于债务利息通常是固定不变的，当息税前利润增大时，每1元利润所负担的固定利息会相应降低，从而可分配给权益所有者的税后利润会相应增加。因此，在一定的限度内合理地利用债务资本，可以发挥财务杠杆的作用，给企业所有者带来财务杠杆利益。

3）可以增加公司的价值

一般而言，一个公司的价值应该等于其债务资本的市场价值与权益资本的市场价值之和，公司的价值与公司的资本结构是紧密联系的，资本结构对公司的债务资本市场价值和权益资本市场价值具有重要影响，进而对公司总资本的市场价值即公司总价值具有重要的影响。因此，合理安排资本结构有利于增加公司的市场价值。

6.3.2 资本结构的影响因素

1. 宏观因素

1）行业特征和企业发展周期

不同行业的企业资本结构差异较大。产品市场稳定的成熟产业风险较低，因此可以提高债务资本的比重，发挥财务杠杆的作用。高新技术企业的产品、市场、技术尚不成熟，经营风险较高，因此可以降低债务资本比重，控制财务杠杆风险。在同一企业的不同发展阶段，资本结构安排不同。企业初创阶段，经营风险高，在资本结构安排上应控制负债比例；企业发展阶段，产品销售量稳定和持续增长，经营风险低，可以适度增加债务资本比例，发挥财务杠杆的效应；企业收缩阶段，产品市场占有率下降，经营风险逐步加大，应降低债务资本的比重，保证经营现金流量能够偿还到期债务，减少破产风险。

2）税务政策和货币政策

企业资本结构决策必须研究理财环境，特别是宏观经济状况。政府调控经济的手段包括财税政策和货币金融政策，当所得税税率较高时，债务资本的抵税作用大，企业可以充分利用这种作用来提高其价值；货币金融政策影响资本供给，从而影响利率水平的变动，当国家执行紧缩货币政策时，市场利率较高，企业债务资本成本增大。

2. 微观因素

1）企业经营状况的稳定性和成长率

企业产销业务量的稳定程度对资本结构有重要影响，如果产销业务量稳定，企业可以较多地负担更大的财务费用；如果产销业务量和盈余有周期性，则企业负担固定的财务费用将承担较大的财务风险，经营发展能力表现为未来产销业务量的增长率；如果产销业务量能以较高的水平增长，企业可以采用高负债的资本结构，以提升权益资本的报酬率。

2）企业的财务状况和信用等级

企业财务状况良好，信用等级高，债权人愿意向企业提供信用，企业容易获得债务资本；相反，如果企业财务状况欠佳，信用等级不高，债权人投资风险大，这就会降低企业获取信用的能力，加大债务资本筹资的资本成本。

3）企业资产结构

资产结构是企业筹集资本后进行资源配置和使用后的资金占用结构，包括长短期资产构成和比例，以及长短期资产内部的构成和比例。资产结构对企业资本结构的影响主要包括：①拥有大量固定资产的企业主要通过长期负债和发行股票筹集资金；②拥有较多流动资产的企业更多地依赖流动负债筹集资金；③资产适用于抵押贷款的企业负债较多，以技术研发为主的企业则负债较少。

4）企业投资人和管理当局的态度

从企业投资人的角度看，如果企业的股权分散，企业可能更多地采用权益资本筹资以分散企业风险。如果企业为少数人控制，股东通常重视企业的控股权问题，为防止控制权稀释，企业一般尽量避免普通股筹资，而采用优先股或债务资本筹资。从企业管理当局看，高负债的资本结构对于同一个项目，不同的决策者会做出不同的筹资方案。一旦经营失败或出现财务危机，企业管理当局将面临市场接管的威胁或被董事会解聘，因此稳健的管理当局偏好于低负债比例的资本结构。

6.3.3 资本结构理论

资本结构理论是关于企业资本结构、企业综合资本成本率与企业价值三者之间关系的理论，它是企业财务理论的重要内容，也是资本结构决策的重要理论基础。

最早提出资本结构理论这一问题的是美国经济学家戴维·杜兰德(David Durand)，他认为早期企业的资本结构是按照净收益法、净营业收益法和传统法建立的。1961年，莫迪利亚尼(Modigliani)和米勒(Miller)又提出了著名的股利无关论(MM理论)。在此基础上，后人又进一步提出了代理成本理论、等级筹资理论和啄食顺序理论等。

1. 早期资本结构理论

早期资本结构理论主要有3种观点。

1）净收益理论

净收益理论认为，利用债务资本可以降低企业的综合资金成本。由于债权的投资报酬率固定，债权人有优先求偿权，所以债权投资风险低于股权投资风险，债权的资本成本率一般低于股权资本成本率。因此，负债程度越高，加权平均资本成本就越低，当负债比例达到100%时，企业的价值将达到最大。

这是一种极端的资本结构理论观点。这种理论观点虽然考虑了财务杠杆利益，但忽略了财务风险，很明显，如果企业的债务资本的比例过高，财务风险就会很高，企业的加权平均资本成本率就会上升，企业的价值反而会下降。

2）净营业收益理论

净营业收益理论认为，资本结构与企业的价值是无关的，决定企业价值高低的关键因素是企业的净营业收益。如果企业增加资本成本较低的债务资金，即使债务成本本身不变，但由于加大了企业的风险，导致权益资本成本提高。这一升一降，相互抵消，企业的加权平均资本成本仍然保持不变。也就是说，无论企业的财务杠杆程度如何，其整体的资本成本不变，企业的价值也就不受资本结构的影响，因而不存在最优资本结构。

这是另外一种极端的资本结构理论观点。这种观点虽然认识到债务资本比例的变动会产生财务风险，也有可能影响企业的股权资本成本率，但是实际上企业的加权平均资本成本率不可能是一个常数。企业的净营业收益的确会影响其价值，但大企业的价值不仅仅取决于其净营业收益的多少。

3）传统理论

传统理论认为，由于股权资本是一种风险更大的投资，其资本成本要高于债务资本成本，因此，随着财务杠杆利用程度的提高，企业的加权平均资本成本将会逐步降低，但这一过程有一定的限度。当债务资本所占的比例达到一定程度时，债权人将会开始关心利息支付和本金偿还的安全性，股东也将开始关注利息支付对股权资本的变动所产生的影响，即企业的风险显著增加，从而债务资本和股权资本成本都将会急剧上升，自然也就导致加权平均资本成本急剧上升，因此，最佳借入水平为加权平均资本成本最低的那一点，根据这一理论，资本来源结构方案的选择，就是要寻求加权平均资本成本最低的那一点。

这是一种折中观点，增加债务资本对提高企业的价值是有利的，随着债务资本结构的增加，企业的价值先增加后减少，但负债的规模必须适度，如果企业负债过度，加权平均资本成本就会上升，并使企业价值下降。

2. 股利无关论

1961年，莫迪利亚尼和米勒提出了著名的股利无关论。在无税收、资本可以自由流通、充分竞争、预期报酬率相同、证券价格相同、完全信息、利率一致、高度完善和均衡的资本市场等一系列假定之下，股利无关论提出了如下两个重要命题。

命题一：无论企业有无债务资本，其价值(普通股资本和长期债权资本的市场价值之和)等于企业所有资产的预期收益额按适合该企业风险等级的必要报酬率予以折现。其中，企业资产的预期收益额相当于企业扣除利息、税收之前的预期盈利即息税前利润，企业风险等级相适应的必要报酬率相当于企业的加权平均资本成本率。

命题二：利用财务杠杆的企业，其股权资本成本率随筹资额的增加而提高。因为便宜的债务给企业带来的财务杠杆利益会被股权资本成本率的上升而抵消，所以企业的价值与其资本结构无关。因此在没有企业和个人所得税的情况下，任何企业的价值，无论其有无负债，都等于经营利润除以适用其风险等级的收益率。风险相同的企业，其价值不受有无负债及负债程度的影响。

修正的股利无关论提出，有债务的企业价值等于有相同风险但无债务企业的价值加上债务的节税利益。因此，在考虑所得税的情况下，由于存在税额的庇护利益，企业的价值会随着负债程度的提高而增加，股东也可获得更多的的好处。于是，负债越多，企业的价值也会越大。

3. 新资本结构理论

在19世纪七八十年代又出现了一些新的资本结构理论，主要有代理成本理论、等级筹资理论、啄食顺序理论等。

1) 代理成本理论

代理成本理论的创始人詹森(Jansen)和梅克林(Meckling)认为，企业资本结构会影响经理人员的工作水平和其他行为选择，从而影响企业未来现金流入和企业市场价值。该理论认为，企业债务的违约风险是财务杠杆系数的增函数，随着企业股权资本的增加，债权人的监督成本随之上升，债权人会要求更高的利率，这种代理成本最终要由股东承担(即股权的代理成本增加)，企业资本结构中债务比例过高会导致股东价值的降低。均衡的企业所有权结构是由股权代理成本和债权代理成本之间的平衡关系来决定的，债务资本适度的资本结构会增加股东的价值，除债务的代理成本之外，还有一些代理成本涉及企业雇员、消费者和社会等，在资本结构决策中也应予以考虑。

2) 等级筹资理论

1984年，迈耶斯(Mayers)等学者提出了一种新的优序筹资理论。该理论认为：首先外部筹资的成本不仅包括管理和证券承销成本，还包括不对称信息所产生的“投资不足效应”而引起的成本。为了消除“投资不足效应”引起的成本，企业可以选择使用内部积累的资本去满足净现值为正的投资机会。所以，通过比较外部筹资和内部筹资的成本，当企业面临投资决策时，理论上首先考虑运用内部资金。其次，债务筹资优于股权筹资。优序筹资理论的两个中心思想：①偏好内部筹资；②如果需要外部筹资，则偏好债务筹资。由于企业所得税的节税利益，负债筹资可以增加企业的价值，即负债越多，企业价值增加越多，这是负债的第一种效应；但是，财务危机成本期望值的现值和代理成本的现值会导致企业价值的下降，即负债越多，企业价值减少额越大，这是负债的第二种效应。由于上述两种效应相互抵消，企业应适度负债。负债比例较小时，第一种效应大；负债比例较大时，第二种效应大。最后，由于非对称信息的存在，企业需要保留一定的负债容量以便有利可图的投资机会来临时可发行债券，避免以过高的成本发行新股。按照等级筹资理论，不存在明显的目标资本结构，因为留存收益和发行新股均属于股权筹资，但前者最先选用，后者最后选用。获利能力较强的企业之所以安排较低的债权比率，并不是由于已确立较低的目标债权比率，而是由于不需要外部筹资；获利能力较差的企业选用债权筹资是由于没有足够的留存收益，而且在外部筹资选择中债权筹资为首选。

从成熟的证券市场来看，企业的筹资优序模式首先是内部筹资，其次是借款、发行债券、可转换债券，最后是发行新股筹资，但是，对于新兴证券市场来说却未必如此。

20世纪80年代，新兴证券市场具有明显的股权融资偏好，企业筹资顺序的选择几乎与等级筹资模型是背道而驰的。其原因主要有3点：①在不健全的资本市场机制的前提下，市场和股东对代理人(董事会和经理)的监督效率很低，经理拥有较多的私人信息和可以自由支配的现金流量；②代理人认为企业股权筹资的成本是以股利来衡量的，而股利的发放似乎是按代理人的计划分配的，从而使他们认为股票筹资的成本是廉价的；③经理利用股权筹资可使他们承担较小的破产风险。

由此可以得出以下启示：股票筹资的成本并不低，不是上市公司或拟上市公司筹资的唯一途径。特别是对于进入稳定成长期或成熟期的企业来说，其筹资最优策略选择应是发行债券及可转换债券，或通过银行等金融机构进行商业借贷更为合理。无理性地进行大规模的股票筹资，不仅带来资本成本的提高，而且其经营业绩压力也是不可忽视的，这也是西方国家在进入成熟期后举债回购股票的主要原因。由此，股票筹资并不是企业筹资策略的唯一选择。

3）啄食顺序理论

啄食顺序理论认为，企业倾向于首先采用内部筹资，如留存收益，因此不会传导任何可能对股价不利的信息；如果需要外部筹资，企业将首先选择债务筹资，再选择其他外部股权筹资，这种筹资顺序的选择也不会传递对企业股价产生不利影响的信息。

按照啄食顺序理论，不存在明显的目标资本结构，因为虽然留存收益和增发新股均属于股权筹资，但前者最先选用，后者最后选用，获利能力较强的企业之所以安排较低的债务比例，并不是由于已确立较低的目标债务比率，而是不需要外部筹资；获利能力较差的企业选用债务筹资是由于没有足够的留存收益，而且外部筹资选择中债务筹资为首选。

6.3.4 资本结构优化

利用债务资本具有双重作用，适当利用债务资本，可以降低企业资本成本，但是当企业负债比例太高时，会带来较大的财务风险。因此企业必须在财务风险和资本成本之间进行权衡，确定企业最优资本结构。所谓最优的资本结构是指企业在一定条件下，使企业加权平均资本成本最低、企业价值最大化的资本结构。企业资本结构优化的目标，就是降低加权平均资本成本率或提高普通股每股收益。

从理论上讲，最优资本结构是存在的，但由于企业内部条件和外部条件经常发生变化，动态地保持最优资本结构十分困难。因此目标资本结构通常是企业结合自身实际情况进行适度负债经营所确立的资本结构。

1. 资本成本比较法

资本成本比较法是指通过计算不同资本结构下的加权平均资本成本，并从中选出加权平均资本成本最低筹资方案的方法。

【例 6-9】 宏大公司须筹集 1 000 万元的长期资本，可用长期借款、发行债券、发行普通股三种方式筹集，其个别资本成本率已分别测定为 6%、8%、9%。现有如下三个方案可供选择：

甲方案：长期借款 400 万元，发行债券 100 万元，发行普通股 500 万元；

乙方案：长期借款 300 万元，发行债券 150 万元，发行普通股 550 万元；

丙方案：长期借款 200 万元，发行债券 200 万元，发行普通股 600 万元。

为了确定上述 3 个方案哪个最好，下面分别计算其加权平均资本成本 K。

甲方案：

$$K=\frac{400}{1\ 000}\times 6\%+\frac{100}{1\ 000}\times 8\%+\frac{500}{1\ 000}\times 9\%=7.7\%$$

乙方案：

$$K=\frac{300}{1\ 000}\times 6\%+\frac{150}{1\ 000}\times 8\%+\frac{550}{1\ 000}\times 9\%=7.95\%$$

丙方案：

$$K=\frac{200}{1\ 000}\times 6\%+\frac{200}{1\ 000}\times 8\%+\frac{600}{1\ 000}\times 9\%=8.2\%$$

根据公司筹资评价的其他标准，考虑到公司的其他因素，对各个方案进行修正后，再选择其中成本最低的方案。本例中，假设其他因素对方案选择影响甚小，则甲方案的加权资本成本最低，这样，该公司的资本结构为长期借款 400 万元，发行债券 100 万元，发行普通股 500 万元。

2. 每股收益分析法

资本结构是否合理，可以通过每股收益的变化来进行分析。凡是能提高每股收益的资本结构就应该是合理的。每股收益的变化，不仅受到资本结构的影响，而且还受到销售收入等因素的影响，要分析这些因素之间的关系。可以运用每股收益无差别点的方法进行。

每股收益分析法是指利用每股收益无差别点进行资本结构决策的方法。每股收益无差别点也称息税前利润平衡点，是指两种或两种以上筹资方式下普通股每股收益相等时的息税前利润点，运用这种方法，根据每股收益无差别点，可以分析判断在什么情况下可利用债务或股权筹资来安排及调整资本结构，进行资本结构决策，以达到每股收益最大。

每股收益无差别点是通过分析资本结构与每股收益之间的关系，计算各种方案的每股收益无差别点，进而来确定合理的资本结构的方法，这种方法确定最优的资本结构即每股收益最大的资本结构。

每股收益无差别点的决策标准为能提高每股收益的资本结构是合理的，反之则不够合理。

负债的偿还能力是建立在未来盈利能力基础之上的。研究资本结构不能脱离企业的盈利能力。企业的盈利能力一般是用息税前利润(EBIT)表示的。

负债筹资是通过它的杠杆作用来增加股东财富的，确定资本结构不能不考虑它对股东财富的影响。股东财富用每股收益(EPS)来表示。

将上面两个方面联系起来，有下面的公式：

$$\mathrm{EPS}=\frac{(S-\mathrm{VC}-F-I)(1-T)}{N}=\frac{(\mathrm{EBIT}-I)(1-T)}{N}$$

也可以写成：

$$\frac{(S_1-\mathrm{VC}-F-I_1)(1-T)}{N_1}=\frac{(S_2-\mathrm{VC}-F-I_2)(1-T)}{N_2}$$

$$\frac{(S_1-\mathrm{VC}-F-I_1)(1-T)-D_1}{N_1}=\frac{(S_2-\mathrm{VC}-F-I_2)(1-T)-D_2}{N_2}$$

或

$$\frac{(\mathrm{EBIT}_1-I_1)(1-T)-D_1}{N_1}=\frac{(\mathrm{EBIT}_2-I_2)(1-T)-D_2}{N_2}$$

式中，S 为销售收入；VC 为变动成本总额；F 为固定成本总额；I 为负债利息；N 为普通股股数；EBIT 为每股收益无差别点的息税前利润。

在每股收益无差别点上，无论采用债务还是股权筹资方案，每股收益都是相等的；当预计的息税前利润水平大于每股收益无差别点时，应当选择财务杠杆效应较大的筹资方案，反之亦然。

【例 6-10】 华光公司目前的资本结构为总资本 1 000 万元，其中债务资本为 400 万元(年利息 40 万元)；普通股资本为 600 万元(600 万股，面值 1 元，市价 5 元)。公司由于有一个较好的新投资项目，须追加筹资 300 万，有两种筹资方案：

甲方案：向银行取得长期借款 300 万元，利息率 16%；

乙方案：增发普通股 100 万股，每股发行价 3 元。

根据测算，追加筹资后销售额可达到 1 200 万元，变动成本率为 60%，固定成本为 200 万元，所得税税率为 25%，不考虑筹资费用，根据以上数据，代入无差别点公式：

$$\frac{(\mathrm{EBIT}-40)\times(1-25\%)}{600+100}=\frac{(\mathrm{EBIT}-300\times16\%-40)\times(1-25\%)}{600}$$

得

$$\mathrm{EBIT}=376(\text{万元})$$

在这里，EBIT 为 376 万元是两个筹资方案的每股收益无差别点。在此点上，两个方案的每股收益相等，均为 0.384 元，企业预计追加筹资后销售额为 1 200 万元，预计获利 280 万元，低于无差别点 376 万元，应当采用财务风险较小的乙方案，即增发普通股方案。

在 1 200 万元的销售水平上，甲方案的每股收益为 0.274 元，乙方案的每股收益为 0.256 元。

3. 公司价值分析法

公司价值分析法是通过计算和比较各种资本结构下公司的总价值进而确定最优资本结构的方法。财务管理的目标在于追求企业价值的最大化。但是，只有在风险不变的情况下，每股收益的增长才会导致股价上升，实际上经常是随着每股利润的增长，风险也会加大。如果每股收益的增长不足以弥补风险增加所需的报酬，尽管每股收益增加，股价仍可能下降。所以最优资本结构应当是可使企业的总价值最高，而不是每股利润最大的资本结构。同时企业总价值最大的资本结构，也是企业的加权平均资本成本最低的资本结构。该方法更符合企业价值最大化的财务目标，通常适用于资本规模较大的上市公司。

1) 公司价值的测算

关于公司价值的内容和测算方法基础与方法，目前主要有三种认识：

(1) 公司价值等于其未来净收益(或现金流量，下同)按照一定的折现率折现的现值，即公司未来净收益的折现值。这种测算方法的原理有其合理性，但其中所含的不易确定因素很多，难以在实践中加以应用。

(2) 公司价值是其股票的现行市场价值。公司股票的现行市场价值可按其现行市场价格来计算，有其客观合理性，但还是存在两个问题：一是企业股票受各种因素的影响，其市场价格处于经常波动变化中，很难确定按照哪个交易日的市场价格计算；二是企业价值的内容是否只是包括股票的价值，是否还应包括长期债务的价值。如果企业的价值只是包括股票的价值，那么就无须进行资本结构决策，这种方法也就不能用于资本结构决策。

(3) 公司的价值等于其长期债务和股票的折现价值之和。这种测算方法比较合理，也比较现实。从内容来看，公司价值不仅包括了企业股票的价值，而且包括企业长期债务价值；从净收益的归属来看，它属于企业的所有者即属于股东。用公式表示如下：

$$\text{公司价值}(V)=\text{公司长期债务的现值}(B)+\text{公司股票的现值}(S)$$

为简化起见，长期债务(含长期借款和长期债券)的现值等于其面值。股票的现值按企业未来净收益的折现价值测算，测算的计算公式为

$$\text{公司股票现值}=\frac{(\text{息税前利润}-\text{利息})\times(1-\text{所得税税率})}{\text{普通股资金成本率}}$$

其中普通股资金成本率可使用资本资产定价模型计算，即：

$$K_s=R_F+\beta(R_m-R_F)$$

2) 公司加权平均资本成本的测算

$$\begin{aligned}\text{公司加权平均资本成本}=&\text{税前债务资本成本}\times\text{债务资本占总资本的比重}\\&\times(1-\text{所得税税率})+\text{权益资本成本}\\&\times\text{权益资本占总资本的比重}\end{aligned}$$

即

$$K_w=K_b\left(\frac{B}{V}\right)+K_s\left(\frac{S}{V}\right)$$

3）公司最优资本结构的确定

运用上述原理测算企业的总价值和加权平均资本成本，并以企业价值最大化为标准比较确定企业的最优资本结构。下面举例说明公司价值分析法的应用。

【例6－11】 宏达公司年息税前盈余为1 000万元，资金全部由普通股资本组成，股票账面价值为2 000万元，所得税税率为30%。该公司认为目前的资本结构不合理，准备按面值发行债券(不考虑筹资费用率)购回部分股票的办法予以调整。经过咨询调查，目前的债务资金成本和普通股资金成本的情况见表6－4。

表6－4　宏达公司资本成本及相关资料

债券的市场价值/万元	债务资金成本	股票β值	无风险报酬率(R_F)	平均风险股票必要报酬率(R_m)	普通股资本成本率
0		1.2	10%	12%	12.4%
200	6%	1.25	10%	12%	12.5%
400	6%	1.30	10%	12%	12.6%
600	7%	1.40	10%	12%	12.8%
800	8%	1.50	10%	12%	13.0%
1 000	9%	1.60	10%	12%	13.2%

根据表6－4可以计算不同金额债务时的公司债务和资本成本，分别见表6－5、表6－6。

表6－5　公司市场价值计算分析

债券的市场价值	股票的市场价值	公司的市场价值
0	5 645	5 645
200	5 504	5 704
400	5 365	5 765
600	5 140	5 740
800	4 892	5 692
1 000	4 621	5 621

表6－6　加权平均资本成本

债券的市场价值/万元	债务资本成本	普通股资本成本	加权平均资本成本率
0		12.4%	12.4%
200	6%	12.5%	12.27%
400	6%	12.6%	12.14%
600	7%	12.8%	12.19%
800	8%	13.0%	12.30%
1 000	9%	13.2%	12.45%

从表中可以看出，在没有债务的情况下，公司价值就是其原有股票的现值。当公司增加一部分债务时，财务杠杆开始发挥作用，股票的市场价值开始大于其账面价值，公司的总价值上升，加权平均资金成本率下降。当债务资金达到400万元时，公司价值最高，加权平均资金成本最低。当债务资金超过400万元时，公司价值下降，加权平均资金成本上升。因此，债务为400万元时的资本结构是该公司最优的资本结构。

表中有关计算说明如下：

(1) 股票的市场价值的计算。

$$公司股票现值=\frac{(息税前利润-利息)\times(1-所得税税率)}{普通股资金成本率}$$

$$=\frac{息税前利润\times(1-所得税税率)-税后利息}{普通股资本成本率}$$

宏达公司的债务资金为200万元时，公司股票现值的计算如下：

$$5\ 504=\frac{1\ 000\times(1-30\%)-200\times6\%}{12.5\%}$$

(2) 加权平均资本成本的计算。

计算加权平均资本成本时，用市场价值权数：

以债务资金为200万元时，加权平均资本成本的计算为例：

$$12.27\%=\frac{200}{5\ 704}\times6\%+\frac{5\ 504}{5\ 704}\times12.5\%$$

本章小结

资本成本是企业筹集和使用资金所付出的代价。资本成本可分为个别资本成本、加权平均资本成本和边际资本成本。个别资本成本主要用于筹资方式的决策，加权平均资本成本主要用于资本结构决策，边际资本成本主要用于新追加资本的决策。

杠杆利益与风险是企业资本结构决策的一个基本因素。它包括经营杠杆与经营风险、财务杠杆与财务风险、总杠杆与公司风险。

资本结构是企业各种资本的价值构成及其比例关系。最优资本结构是指在一定条件下使企业加权平均资本成本最低、企业价值最大的资本结构。确定最优资本结构的方法主要有资本成本比较法、每股收益分析法和企业价值分析法。

资本结构理论是关于企业资本结构、企业加权平均资本成本与企业价值三者之间关系的理论。从资本结构理论的发展来看，资本结构理论的发展可以分为早期资本结构理论、股利无关论理论和新资本结构理论三个阶段。

关键术语

资本成本　加权平均资本成本　边际资本成本　经营杠杆　经营风险　财务杠杆　财务风险　总杠杆　资本结构　最优资本结构

知识链接

资本成本与生产经营成本的比较

(1) 生产经营成本全部从营业收入中抵补，而资本成本有的是从营业收入中抵补，如向银行借款支付的利息和发行债券支付的利息；有的是从税后利润中支付，如发行普通股支付的股利；有的则没有实际成本的支出，而只是一种潜在和未来的收益损失的机会成本，如留存收益。

(2) 生产经营成本是实际耗费的计算值，而资本成本是一种建立在假设基础上的不很精确的估算值。如按固定增长模型计算普通股成本率，就以假定其股利每年平均增长作为基础。

(3) 生产经营成本主要是为核算利润服务的，其着眼点是已经发生的生产经营过程中的耗费。资本成本主要是为企业筹资、投资决策服务的，其着眼点在于将来资金筹措和使用的代价。

(4) 生产经营成本都是税前的成本，而资本成本是一种税后的成本。

习　题

一、单项选择题

1. 下列各项中，不影响经营杠杆系数的是(　　)。

A. 产品销售数量　　B. 产品销售价格　　C. 固定成本　　D. 利息费用

2. 下列筹资活动不会加大财务杠杆作用的是(　　)。

A. 增发普通股　　B. 增发短期融资券

C. 增发公司债券　　D. 增加银行借款

3. 某公司发行债券，债券面值为 1 000 元，票面利率为 5%，每年付息一次，到期还本，债券的发行价为 1 010 元，筹资费为发行价的 2%，企业所得税税率为 40%，则该债券的资本成本为(　　)。

A. 3.06%　　B. 3%　　C. 3.03%　　D. 3.12%

4. 下列措施有利于降低复合杠杆系数，从而降低企业复合风险的是(　　)。

A. 降低产品销售单价　　B. 提高资产负债率

C. 节约固定成本支出　　D. 减少产品销售量

5. 关于总杠杆系数，下列说法正确的是(　　)。

A. 等于经营杠杆系数和财务杠杆系数之和

B. 该系数等于普通股每股收益变动率与息税前利润变动率之间的比率

C. 该系数反映产销量变动对普通股每股收益变动的影响

D. 总杠杆系数越大，企业风险越小

6. 某公司经营杠杆系数为 2，预计息税前盈余将增长 20%，在其他条件不变的情况下销售量要增长(　　)。

A. 15%　　B. 10%　　C. 25%　　D. 5%

7. 某公司普通股目前的股价为每股 10 元，筹资费率为 6%，刚刚支付的每股股利为 2 元，股利固定增长率为 2%，则该企业利用留存收益的资本成本为(　　)。

A. 22.40%　　B. 22%　　C. 23.70%　　D. 23.28%

8. 某企业固定经营成本为20万元，全部资金中公司债券占25%，则该企业(　　)。

A. 只存在经营杠杆　　B. 只存在财务杠杆

C. 存在经营杠杆和财务杠杆　　D. 经营杠杆和财务杠杆可以相互抵消

9. 在不考虑筹资数额限制的前提下，下列筹资方式中个别资本成本最高的通常是(　　)。

A. 发行普通股　　B. 融资租赁筹资

C. 长期借款筹资　　D. 发行公司债券

10. 当财务杠杆系数为1时，下列表述正确的是(　　)。

A. 息税前利润增长率为0　　B. 息税前利润为0

C. 利息与优先股股息为0　　D. 固定成本为0

二、多项选择题

1. 在总杠杆系数大于0的情况下，可以通过降低企业的总杠杆系数，进而降低企业风险的措施包括(　　)。

A. 提高单价　　B. 提高利息率

C. 降低资产负债率　　D. 降低销量

2. 下列各项中，运用利用每股收益无差别点确定最优资本结构时，可计算的指标有(　　)。

A. 息税前利润　　B. 净利润　　C. 业务量　　D. 利润总额

3. 在计算下列各项资本的筹资成本时，需要考虑筹资费用的有(　　)。

A. 普通股　　B. 债券　　C. 长期借款　　D. 留存收益

4. 影响经营风险的因素有(　　)。

A. 销售量　　B. 单价　　C. 固定经营成本　　D. 经营杠杆

5. 最优资本结构是指(　　)。

A. 加权资本成本最低　　B. 企业价值最大

C. 负债率最低　　D. 财务杠杆效益最大

三、思考题

1. 什么是资本成本？资本成本的作用有哪些？

2. 影响经营杠杆和财务杠杆大小的因素有哪些？

3. 简述经营杠杆的基本原理。

4. 简述财务杠杆的基本原理。

5. 简述影响企业资本结构的因素。

四、计算题

某企业只生产和销售A产品，其总成本习性模型 $y=10\ 000+3x$，假定该企业2010年度A产品销售量为10 000件，每件售价为5元，按市场预测2013年A产品的销售数量将增长10%。

要求：

1. 计算2012年该企业的边际贡献总额、息税前利润。

2. 计算2013年的经营杠杆系数。

3. 假定2012年发生负债利息5 000元，2013年保持不变，计算2013的总杠杆系数。

4. 计算2013年息税前利润增长率。

实际操作训练

MAC公司2012年年初的负债及所有者权益总额为9 000万元，其中公司债券为1 000万元(面值发行，票面年利率为8%，每年年末付息，3年后到期)；普通股股本为4 000万元(面值1元，4 000万股)；资本公积为2 000万元，其余为留存收益。

2012年该公司为扩大市场规模，需要再筹集1 000万元资金，有以下两个筹资方案可供选择。方案一，增发普通股，预计每股发行价为5元；方案二，增发同类公司债券，按面值发行，票面年利率为8%。预计2012年可实现息税前利润2 000万元，适用的企业所得税为25%。

要求：请说明MAC公司该如何进行筹资决策。

案例分析

在光伏危机背景下，江西赛维LDK太阳能高科技有限公司(以下简称赛维)的掌门人彭小峰固守“信贷支撑产能扩张”模式，直至爆发财务危机。赛维成为2009年“最受伤”的光伏企业，期间股价下滑近五成。若多晶硅业务重组无法完成，其经营将面临能否继续的风险。彭小峰也为此付出了沉重的代价，大量财富缩水。在过剩产能难于消化，转型垂直一体化基础不牢的情况下，曾经令人艳羡的“LDK速度”或将终结。在本轮光伏危机中，多晶硅产业链最上游的硅料和硅片制造受冲击最大。彭小峰一手打造的赛维，2009年度股价跌去49.82%，由此其财富大幅缩水。

在“信贷支撑产能扩张”模式下，赛维实践着产能的极速扩张。2006年4月投产，3个月后赛维的多晶硅产能就达100兆瓦，到同年10月产能再扩1倍，至200兆瓦。2007年6月1日，赛维成功在美国纽约证券交易所上市，成为当时中国企业在美国单一发行最大的一次IPO(首次公开募股)。受到投资者充分认可的赛维的二级市场股价也大幅上扬。2008年二季度末，赛维的产能跃升至880兆瓦，2009年四季度产能扩至1.8吉瓦，不到4年的时间，赛维产能扩张了18倍。

支撑极速产能扩张的是赛维庞大的银行信贷。2007年二季度上市以来，赛维的银行信贷(含短期贷款和长期贷款)增长13倍。随之而来的，是赛维的资产负债率和净负债率升到不能再升的高度。2009年二、三季度，赛维的资产负债率分别达到85.93%和85.15%，财务杠杆也上升到7.11倍和6.73倍，剔除现金的净负债率高达209.11%和223.99%。至此，固守“信贷支撑产能扩张”模式的彭小峰将赛维推向资不抵债的境地。那么，产能扩张和信贷支持下的经营绩效如何呢？数据显示，赛维的产能利用率一直在20%左右的低位徘徊。相比而言，尚德控股在行业危机最严重的2008年9月—2009年6月，其开工率仍能达到50%。

其二是毛利的变化。在2008年三季度以前，赛维毛利率保持在25%以上，即在行业整体向好时，赛维同样搭上了顺风车，做得顺风顺水。但自2008年四季度起，赛维的毛利率急速恶化，转为−29.51%，2009年二季度更是跌至−90.35%，而后在多晶硅价格跌速放缓的背景下，其毛利率才艰难回复至10%。两个指标反映出，“信贷支撑产能扩张”模式下的赛维在扩大产能、追求规模的同时牺牲了效率，并且在行业趋势发生逆转时变得不堪一击，毫无抗风险能力可言。

在“信贷支撑产能扩张”的增长模式下，一旦行业低位徘徊时间拉长，那么，爆发财务危机就只是时间问题了。2008年8月，持续了4年的多晶硅大牛市戛然而止，同年9月，多晶硅行业掉头向下，遭遇价格暴跌，并且受产能过剩的影响，多晶硅价格至今未能企稳。2009年四季度，赛维财务危机被踢爆，至2009年三季度仅银行贷款就高达14.03亿美元，且以短期贷款为主，占银行总贷款的79%。彭小峰此时认识到唯有发行新股，才有可能渡过财务难关。于是，赛维2009年12月紧急向美国证监会提出流动性计划，重整多晶硅业务，发行新股筹资还债。2009 年 12 月 18 日，赛维计划发行 1 890 万股 ADS（美国存托股票），拟筹资 1.7 亿美元，但随着股价下跌，赛维未能如愿。

根据赛维呈送的资料，赛维将总价值 13 亿～16.5 亿美元的多晶硅业务，交由其子公司 Cayman Islands 接管，再引入 VMS Investment Group Limited 等企业，收购 Cayman Islands 发行的 5 000 万～8 000 万美元可转换优先股。成败在此一举，如果重整多晶硅的流动性计划无法完成，那么，彭小峰一手打造的赛维将面临能否继续经营的考验。

问题：

1. “赛维”出现财务危机的原因是多方面的，其中财务杠杆起到了什么样的作用？
2. 如何理解“财务杠杆效应是一把双刃剑”这句话的含义。

第 7 章 营运资本管理

教学要点

知识要点	掌握程度	相关知识	应用方向
营运资本概念	理解	营运资本的概念及特征；营运资本投资政策；营运资本筹资政策；营运资本需要量预测	制定营运资本管理政策、营运资本需要量预测
现金管理	重点掌握	现金的持有动机与成本；现金收支的日常管理；最佳现金持有量的确定	确定企业的最佳现金持有量
应收账款管理	重点掌握	应收账款的功能与成本；信用政策的含义与内容；应收账款的日常管理	应收账款日常管理
存货管理	重点掌握	储备存货的成本；经济订货量基本模型；存货的日常控制方法	存货日常控制
流动负债管理	掌握	流动负债筹资特点；商业信用；短期借款	流动负债筹资的方式和渠道

导入案例

青岛海尔的零营运资本管理

青岛海尔股份有限公司的零营运资本管理实施的是“一个订单信息流加三个资源网”的物流管理模式，该模式是海尔集团(以下简称海尔)零营运资本管理实践的基础。它实现了以最小的物流成本投入实现最大的营运资本效率。公司的一切业务流程和活动均以“订单信息流”提供的信息为依据，先获得订单，然后安排生产和采购。三个资源网则是“海尔全球供应链资源网、海尔全球用户资源网和海尔计算机信息资源网”，海尔的一切业务流程均以“订单信息加三个资源网”为依托，实现零库存、零距离管理、零营运资本的 3 个相互联系的战略目标。从公司营运资本管理的视角看，零库存和零距离管理突破了传统的成本管理制约，从空间和时间上拓宽了海尔的成本管理范围，为海尔实现零营运资本管理打下坚实的基础。

1. 零库存战略

海尔认为，企业之间的竞争已经从过去直接的市场竞争转向了客户竞争。传统管理下的企业根据生产计划进行采购，由于不知道市场在哪里，所以为了库存而采购，企业内部沉淀了大量存货。现在以订单为中心，拿到订单再组织生产，这就减少了存货占用的高额成本。海尔的做法是，通过实施3个JIT(just in time,准时生产方式)实现零库存目标。3个JIT分别是JIT采购、JIT送料、JIT配送，其中，JIT采购是按照计算机系统的采购计划，需要多少就采购多少；JIT送料是各种零部件暂时存放在海尔的立体库，然后由计算机进行配套，把配套好的零部件直接送到生产线；JIT配送则是海尔建设的全球配送网络，无论什么地方都可以快速送货。

2. 零距离管理

零距离管理就是零距离为客户服务。具体做法是，企业根据用户的需求拿到订单，再以最快的速度满足客户需求。零距离管理与商流有关，强调商流直接面对客户，以用户为中心。那么如何使服务时间缩短为零呢，方法是以空间换时间，利用自己的供应链网络来实现这一目标。现在，海尔的青岛开发区国际工业园和海尔胶州国际工业园，已成为海尔国际化分供方配套基地，吸引了众多国际分供方入住。此外，海尔还在全国建立了42个配送中心，以便及时将产品送到用户手里。这种零距离做法，使海尔因服务时间的极度缩短而使企业产品不会积压，从而减少了产成品库存，同时也节约了商品在时滞中发生的成本。

3. 零营运资本

海尔效仿戴尔公司的营运资本管理，推行零营运资本管理战略。但是，海尔与戴尔公司也有不同之处，海尔的零营运资本管理的目的是减少不必要的流动资产占用和投资，使资金流形成一个整体的良性循环；而不是戴尔公司所追求的负营运资本的管理目标。因此，海尔的营运资本管理重点是存货和应收账款。在“一个订单信息流加三个资源网”的即时物流战略管理模式下，零库存、零距离管理使企业物流极大地加速，而加速的物流又带动了流动资产的高效运行，从而节约了大量沉淀在存货中的资本成本。所以，零库存、零距离管理是实现零营运资本的前提。

思考：

1. 青岛海尔的零净营运资本管理包括哪些内容?
2. 通过阅读上述案例，你能得到哪些启示?

营运资本管理是一个越来越受重视的领域。由于竞争加剧和环境动荡，营运资本管理对于企业盈利能力及生存能力的影响越来越大，在企业管理中占据着重要地位，财务经理的大部分时间也被用于营运资本管理，而非长期决策。营运资本管理比较复杂，涉及企业的所有部门，尤其需要采购、生产、销售和信息处理等部门的配合与努力。

由于财务管理可以划分为投资和筹资两个主要方面，因此，作为短期财务问题的营运资本管理，也包括投资和筹资两个方面。本章将主要讨论营运资本的投资和筹资管理问题。

7.1 营运资本管理概述

7.1.1 营运资本的概念及特征

1. 营运资本的概念

营运资本又称营运资金，是指企业投入日常经营活动(营业活动)的资本。营运资本概念有广义和狭义之分。广义的营运资本是指企业的流动资产总额；狭义的营运资本又称净营运资本，是指流动资产减去流动负债后的差额。通常所说的营运资本是指净营运资本。因此，营运资本管理既包括流动资产管理，也包括流动负债管理。

净营运资本＝流动资产－流动负债

流动资产是指可在1年以内或超过1年的一个营业周期内变现或运用的资产，主要包括现金、应收账款、存货等；流动负债是指需要在1年或超过1年的一个营业周期内偿还的债务，主要包括应付账款、短期借款等。

资产＝负债＋所有者权益流动资产＋非流动资产

＝流动负债＋非流动负债＋所有者权益＝流动负债＋长期资本

流动资产－流动负债＝长期资本－非流动资产

因此，可以推导：营运资本＝流动资产－流动负债＝长期资本－非流动资产。如图7.1所示。

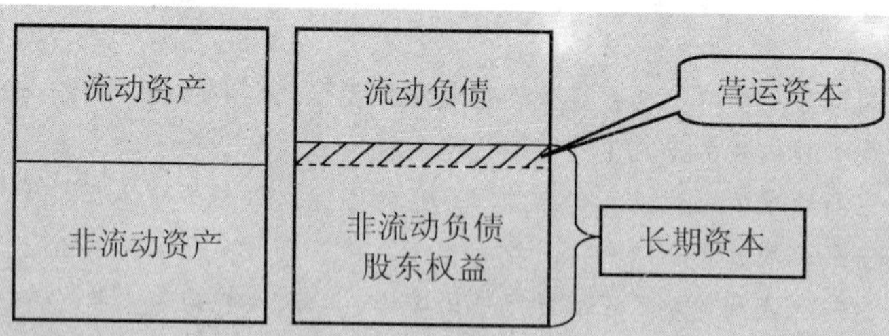

图7.1　营运资本结构

2. 营运资本的特征

营运资本的本质特征是流动性，在营运资本不断流动过程中，又使企业实现了价值的补偿和增值。从循环周转情况看，营运资本具有下列特征。

1）流动性

企业占用在营运资本上的资金或者是货币，或者是能够快速地转换为货币的有价证券、应收账款和存货。流动负债也均应在1年或长于1年的一个营业周期内偿还。正是营运资本的不断流动，才能使企业不断地实现销售收入并获得利润。

2）补偿性

营运资金周转是一个资金不断被消耗，又不断地予以补偿的过程，营运资金周转不应导致资金价值的丧失，而应使其得到足额的补偿。消耗的足额补偿不仅要求货币形式的补偿，而且应保证实物形态的补偿和生产能力的补偿。

3）增值性

营运资金周转不仅仅是资金由一种形态向另一种形态的简单过渡，而应当是一个价值增值的过程，这是营运资金存在和延续的动力源泉。

7.1.2 营运资本管理的重要意义

（1）企业现金流量预测上的不准确性及现金流入和流出的非同步性，使营运资本成为企业生产经营的重要组成部分。另外，营运资本的持有额越多，其偿还到期债务的能力越强。

(2) 营运资本周转是整个企业资本周转的依托，是企业生存与发展的基础。只有营运资本能够正常周转，企业供产销各个环节得以相继，进而通过实现销售收入来补偿生产经营中的耗费，并赚取一定的利润用于未来的发展。

(3) 营运资本在企业资金总额所占比重很高。流动资产占企业资产总额的比重一般在50%以上，流动负债的比重也不低。因此，如果营运资本管理不善，会导致企业资本周转不灵，甚至破产。因此，一个企业的经营失败或陷入财务危机往往首先表现为营运资本管理的失败。

(4) 营运资本管理水平决定着财务报表所披露的企业形象。例如，现金管理水平直接影响着现金流量表；应收账款、存货管理水平直接影响着销售收入、销售成本，进而影响利润表；流动资产、流动负债管理水平直接影响着资产负债表等。

7.1.3 营运资本管理政策

由于营运资本管理包括投资和筹资两个方面，因此，营运资本管理政策主要包括营运资本投资政策和营运资本筹资政策。它们分别研究如何确定营运资本最佳投资需要量和如何筹集营运资金这两方面问题。

1. 营运资本投资政策

营运资本投资政策主要解决在既定的总资产水平下，流动资产与固定资产、无形资产等长期资产之间的比例关系问题。即如何确定流动资产投资的相对规模。

通常情况下，流动资产随业务量的变化而变化，业务量越大，所需流动资产越多。但是，由于规模经济、使用效率等因素影响，造成流动资产以递减的比率随业务量增长。这就产生了如何确定营运资本最佳投资需要量的问题，即营运资本投资政策问题。可供企业选择的营运资本投资政策可以分为以下三类。

1) 宽松的营运资本投资政策

宽松的营运资本投资政策，就是企业持有较多的现金和有价证券，充足的存货，提供给客户宽松的付款条件并保持较高的应收账款水平。这种政策需要较多的流动资产投资，承担较大的流动资产持有成本，主要是资金的机会成本，有时还包括其他的持有成本。但是，充足的现金、存货和宽松的信用条件，使企业中断经营的风险很小，其短缺成本较小。

2) 紧缩的营运资本投资政策

紧缩的营运资本投资政策，就是公司持有尽可能低的现金和小额的有价证券投资；在存货上做少量投资；采用严格的销售信用政策或者禁止赊销。该政策可以节约流动资产的持有成本，如节约资金的机会成本。与此同时，公司要承担较大的风险，如经营中断和丢失销售收入等短缺成本。

3）适中的营运资本投资政策

适中的营运资本投资政策，介于宽松的营运资本投资政策与紧缩的营运资本投资政策之间。就是企业流动资产持有量适中，现金和存货等流动资产在满足正常需要的情况下，再适当增加一定的保险储备。在适中的营运资本投资政策下，由于其流动资产比例在宽松政策与紧缩政策之间，因此，其风险水平和收益水平也介于两者之间。

知识要点提醒

综合以上分析可以看出，不同营运资本投资政策下的风险和收益水平有着明显的不同。见表7-1。企业应根据自身的具体情况，结合其对风险的态度和对收益的偏好程度，做出相应选择。一般来说，不存在一种适用于所有企业的单一的营运资本最优投资政策。

表7-1　不同营运资本投资政策下的收益和风险水平

营运资本投资政策	收益水平	风险水平
宽松的营运资本投资政策	低	低
适中的营运资本投资政策	一般	一般
紧缩的营运资本投资政策	高	高

2. 营运资本筹资政策

营运资本筹资政策是指在总体上如何为流动资产筹资，采用短期资金来源还是长期资金来源，或者兼而有之。制定营运资本筹资政策，就是确定流动资产所需资金中短期来源和长期来源的比例。流动资产的投资政策，决定了投资的总量，也就是需要筹资的总量。营运资本的筹资政策主要是决定筹资的来源结构。

营运资本筹资政策大体上分为三类：配合型筹资政策、激进型筹资政策和保守型筹资政策。

1）配合型筹资政策

配合型筹资政策的特点是，尽可能贯彻筹资的匹配原则，即长期投资由长期资金支持，短期投资由短期资金支持。

将流动资产按照投资需求的时间长短分为两部分：长期性流动资产和临时性流动资产。长期性流动资产是指那些即使企业处于经营淡季也仍然需要保留的、用于满足企业长期、稳定运行的流动资产所需的资金，也被称为永久性流动资产；临时性流动资产是那些受季节性、周期性影响的流动资产需要的资金，如季节性存货、销售旺季的应收账款等。从投资需求上看，长期性流动资产是长期需求，甚至可以说是永久需求，应当用长期资金支持。只有季节性变化引起的资金需求才是真正的短期需求，可以用短期资金来源支持。

对于临时性流动资产，用临时性负债筹集资金，也就是利用短期银行借款等短期金融负债工具取得资金；对于长期性流动资产需求和长期资产，用长期负债和权益资本筹集。该政策如图7.2所示。

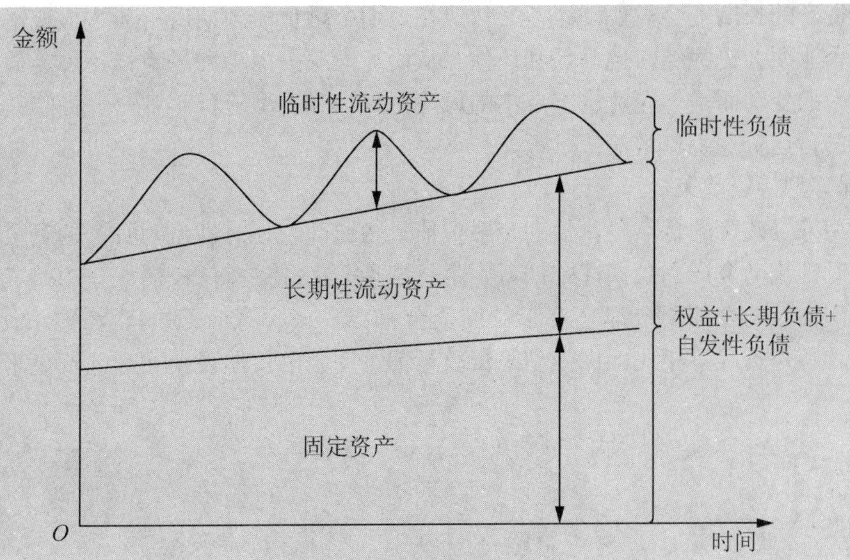

图 7.2　配合型筹资政策

2）激进型筹资政策

激进型筹资政策的特点是，短期金融负债不但融通临时性流动资产的资金需要，而且解决部分长期性资产的资金需要。极端激进的筹资政策是全部长期性流动资产都采用短期借款，甚至部分固定资产也采用短期借款。该筹资政策如图 7.3 所示。可以看到，激进型筹资政策下短期金融负债在企业全部资金来源中所占比重大于配合型筹资政策。

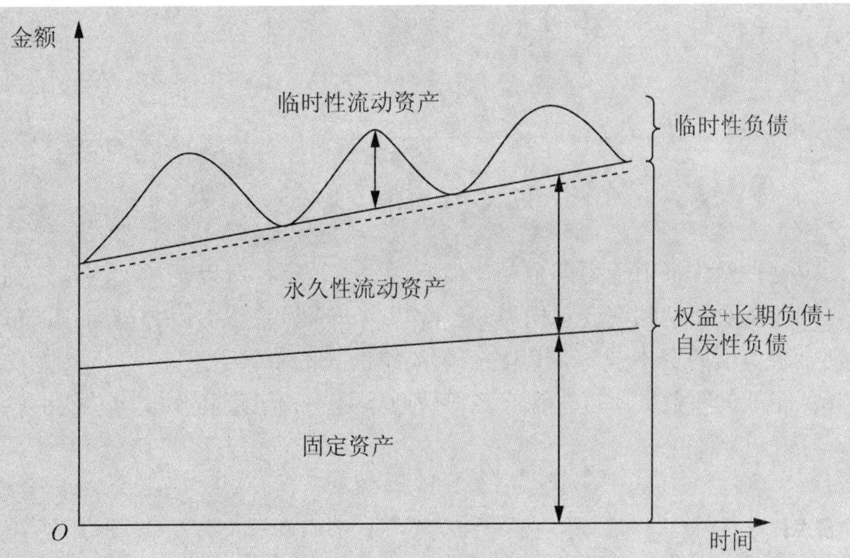

图 7.3　激进型筹资政策

由于短期金融负债的资本成本一般低于长期负债和权益资本的资本成本，而激进型筹资政策下短期金融负债所占比重较大，所以该政策下企业的资本成本较低。但是，为了满足长期性资产的长期资金需要，企业必然要在短期金融负债到期后重新举债或申请债务展期，这样企业便会更为经常地举债和还债，从而加大筹资困难和风险；还可能面临由于短期负债利率的变动而增加企业资本成本的风险，所以激进型筹资政策是一种收益性和风险性均较高的营运资本筹资政策。

3）保守型筹资政策

保守型筹资政策的特点是，短期金融负债只融通部分临时性流动资产的资金需要，另一部分临时性流动资产和长期性资产，则由长期资金来源支持。极端保守的筹资政策完全不使用短期借款，全部资金都来自于长期资金来源。该筹资政策如图 7.4 所示。可以看到，与配合型筹资政策相比，保守型筹资政策下短期金融负债占企业全部资金来源的比例较小。

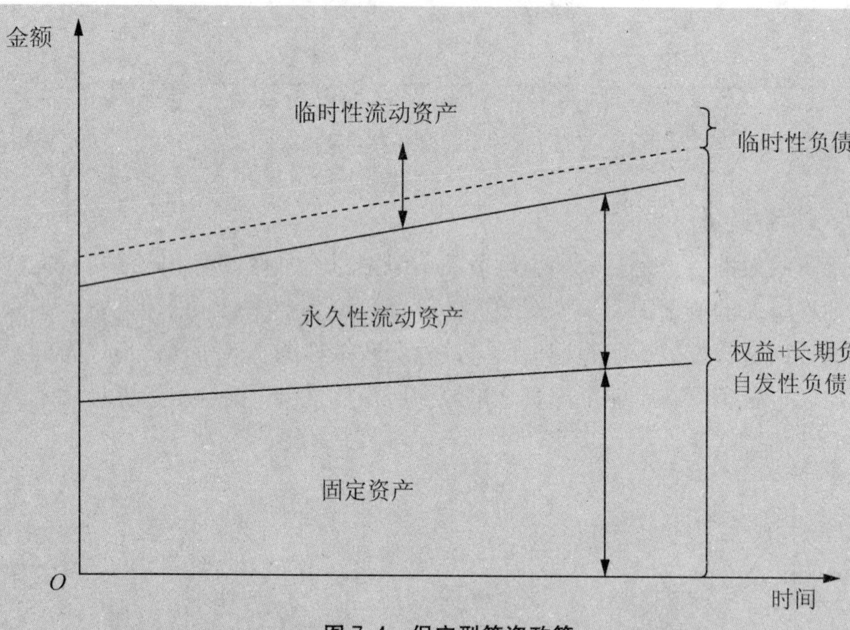

图 7.4 保守型筹资政策

一方面，这种做法下由于短期金融负债所占比重较小，所以企业无法偿还到期债务的风险较低，同时蒙受短期利率变动损失的风险也较低。另一方面，却会因长期负债资本成本高于短期金融负债的资本成本，以及经营淡季时资金有剩余但仍需要负担长期负债利息，从而降低企业的收益。所以，保守型筹资政策是一种风险和收益均较低的营运资本筹资政策。

知识要点提醒

综合以上分析可以看出，不同筹资政策下的收益和风险水平有着明显的不同。见表 7-2。因此，在营运资本筹资政策的决策上，首要的问题仍然是风险和收益的权衡。企业应根据自身的具体情况，结合其对风险的态度和对收益的偏好程度，做出相应选择。

表7-2 不同筹资政策下的收益和风险水平

筹资政策	收益水平	风险水平
配合型筹资政策	一般	一般
激进型筹资政策	高	高
保守型筹资政策	低	低

小思考

由于激进的营运资本投资与筹资政策获利水平较高，因此，企业的经理人员更乐于采用。这种说法是否正确？

7.1.4 营运资本需要量预测

准确预测营运资本需求量，对于保证企业日常生产活动的顺利进行，提高企业资金使用效率，提高企业管理水平，有着至关重要的作用。营运资本常用预测方法有以下几种。

1. 定性预测法

定性预测法一般由熟悉业务，并有一定理论知识和综合判断能力的专家和专业人员根据自己的经验和掌握的情况，对未来营运资本的需求量进行预测。这种方法适用于缺乏完备、准确历史数据资料的场合。这种方法下预测的结果最好是经过一次或几次讨论、修正和补充。通过意见的反馈和总结，集思广益，得出相对正确的预测结果。尤其对于新办企业，营运资本的预测只能如此。

2. 趋势外推法

趋势外推法是依靠被预测变量的历史信息进行预测的方法。其隐含的前提条件是目前的变化情况会持续到将来，而且被预测变量只随时间的变化而变化，与其他财务变量的变化无关。趋势外推法的具体做法是将被预测变量的历史资料按年或按月排成一个时间序列，进而找出其变动规律，并将这一发展趋势予以延伸来推断未来。可供选用的计算方法包括简单平均法、移动平均法、指数平滑法等。假设某企业2001—2011年平均每年营运资本需求量增长10%，2011年占用营运资本为1 000万元，则该企业2012年营运资本的需求量为1 100万元[1 000×(1+10%)]。由于这种方法假设营运资本需求量仅仅与时间有关，而与其他财务变量无关，在很多情况下是不成立的。因此这种方法的应用具有很大局限性。

3. 销售百分比法

销售百分比是根据销售与资产负债表和利润表各项目之间的比例关系，进而预测各营运资本项目资本需要量的方法。这种方法在已知某项目与销售的比率固定不变的前提下，可以预测未来一定销售额下该项目的资本需要量。

首先，将资产负债项目分为敏感项目和非敏感项目。资产项目中，随着销售额变化而按固定比例变化的项目称为敏感性资产。一般情况下现金、应收账款和存货都属于敏感性资产。同样，随着销售额变化而按固定比例变化的负债项目称为敏感性负债，如应付账款、应付票据都是属于敏感性负债。其次，求出敏感性项目随销售额变化而变化的固定比例。最后求出需要外部筹资的金额。

销售百分比法下企业需要追加资金量的基本计算公式如下：

$$\Delta F=K(A-L)-R$$

式中，ΔF 是企业在预测年度需从企业外部追加的资金数额；K 是预测年度销售收入对于基期年度增长的百分比；A 是随销售收入变动而按固定比例变动的敏感性资产项目基期金额；L 是随销售收入变动而按固定比例变动的敏感性负债项目基期金额；R 是预测年度增加的可以使用的留存收益。

其中：

$$R=\text{预测期销售额}\times\text{预计税后销售净利率}\times(1-\text{股利支付率})$$

【例 7-1】 某公司 2012 年的销售收入为 600 000 元，假设税后销售净利率为 10%，股利支付率为 80%，对销售敏感的资产(如现金、应收账款、存货等)占销售额的比例为 24%，对销售敏感的负债(如应付票据、应付账款等)占销售额的比例为 8%。如果 2012 年的销售收入增长到 900 000 元(假设公司目前仍有剩余生产能力)，则需要追加的外部筹资额是多少？

$$K=\frac{900\ 000-600\ 000}{600\ 000}\times100\%=50\%$$

$$A=600\ 000\times24\%=144\ 000(\text{元})$$

$$L=600\ 000\times8\%=48\ 000(\text{元})$$

$$R=900\ 000\times10\%\times(1-80\%)=18\ 000(\text{元})$$

需要追加的外部资金量为

$$\Delta F=K(A-L)-R=50\%\times(144\ 000-48\ 000)-18\ 000=30\ 000(\text{元})$$

除了上述三种方法外，还可以根据资本习性，即资本需要量与年销量的关系，将企业资金划分为不变资金、可变资金和半变动资金。通过建立资本需要量与产销量之间的线性关系来预测，这种方法被称为资金习性预测法。

7.2 现金管理

现金作为可以立即投入流动的交换媒介，它的首要特点是普遍的可接受性，即可以有效地立即用来购买商品、货物、劳务或偿还债务。因此，现金是企业中流动性最强的资产。

现金的定义有广义和狭义之分。狭义的现金只包括库存现金，而广义的现金是指货币资金，包括库存现金、各种形式的银行存款和银行本票、银行汇票。本章所称的现金是广义的现金。

7.2.1 现金的持有动机与成本

1. 现金的持有动机

根据现金流动性强的特点，企业持有一定数量的现金，主要基于以下3个方面的动机。

1）交易动机

交易动机是指企业为正常生产经营而需要保持的现金交易能力。企业为了组织日常生产经营活动，必须保持一定数额的现金余额，用于购买原材料、支付工资、缴纳税款、偿付到期债务、派发现金股利等。企业每天的现金流入量与现金流出量在时间上、数额上通常存在一定程度的差异，为满足日常交易的需要，企业持有一定数量的现金余额是十分必要的。一般说来，企业为满足交易动机所持有的现金余额主要取决于企业销售水平。企业销售额增加，所需现金余额也随之增加。

2）预防动机

预防动机是指企业为应付意外情况而需要保持必要的现金支付能力。由于财务环境的复杂性，企业通常难以对未来现金流入量与流出量做出准确的估计和预期。一旦企业对未来现金流量的预期与实际情况发生较大偏离，必然对企业的正常经营产生不利的影响。因此，在正常现金需要量的基础上，追加一定数量的现金余额以应付未来现金流量的波动，是企业现金管理的一项重要要求。企业为应付意外情况所必需的现金数额主要取决于以下3个因素：一是企业愿意承担风险的程度；二是企业临时举债能力的强弱；三是企业预测现金流量的可靠程度。

3）投资动机

投资动机是指企业为了抓住稍纵即逝的投资机会，以获取较大的利益而需要保持适当的现金支付能力。例如，利用证券市价大幅度跌落购入有价证券，以期在价格反弹时卖出证券获取高额资本利得(价差收入)等。投资动机只是企业确定现金余额时所需考虑的次要因素之一，其持有量的大小往往与企业在金融市场的投资机会及企业对待风险的态度有关。

企业除了以上原因持有现金外，也会基于满足将来某一特定要求(如为在银行维持补偿性余额)而持有现金。企业在确定现金余额时，一般应综合考虑各方面的持有动机。

2. 现金的持有成本

现金的持有成本通常由以下4部分组成。

1）机会成本

机会成本是企业因持有一定数量的现金而丧失的再投资收益。由于现金属于非盈利性资产，保留现金必然丧失再投资的机会及相应的投资收益，从而形成持有现金的机会成本，这种成本在数额上等同于资金的投资收益。例如，某企业要求的收益率为10%，欲持有5万元现金，则只能放弃5 000元的投资收益。可见，机会成本与现金持有量密切相关，即现金持有量越大，机会成本越高，反之就越小。

2）管理成本

管理成本是企业因持有一定数量的现金而发生的管理费用，如管理人员工资及必要的安全措施费，这部分费用在一定范围内与现金持有量的多少关系不大，一般属于固定成本。

3）转换成本

转换成本是企业用现金购入有价证券及转让有价证券换取现金时付出的交易费用，如委托买卖佣金、委托手续费、证券过户费、交割手续费等。转换成本与证券变现次数呈线性关系，即转换成本总额＝证券变现次数×每次的转换成本。证券转换成本与现金持有量的关系：在现金需要量既定的前提下，现金持有量越少，进行证券变现的次数越多，相应的转换成本就越大；反之，现金持有量越多，证券变现的次数就越少，需要的转换成本也就越小。因此，现金持有量的高低必然通过证券变现次数多少而对转换成本产生影响。

4）短缺成本

短缺成本是在现金持有量不足而又无法及时通过有价证券变现等方式加以补充而给企业造成的损失，包括直接损失与间接损失。现金的短缺成本随现金持有量的增加而下降，随现金持有量的减少而上升，即与现金持有量呈负相关。

明确与现金有关的成本及其各自的特性，有助于从成本最低的角度出发确定现金最佳持有量。

小思考

企业持有现金的动机与成本有哪些？

7.2.2 最佳现金持有量的确定

基于交易、预防、投资等动机的需要，企业必须保持一定数量的现金余额。现金作为盈利性最差的资产，其数额过多会导致企业盈利水平下降；其数额过少，又可能出现现金短缺，影响生产经营。因此，企业确定最佳现金持有量，必须对收益和风险进行权衡。

最佳现金持有量的确定方法很多，这里主要介绍三种常见的模式。

1. 成本分析模式

成本分析模式是通过分析持有现金的成本，寻找持有成本最低的现金持有量。在成本分析模式下，只考虑持有一定数量的现金而发生的管理成本、机会成本和短缺成本，而不考虑转换成本。管理成本具有固定成本的性质，与现金持有量不存在明显的线性关系；机会成本与现金持有量成正比例变动，即机会成本＝现金持有量×有价证券收益率；短缺成本同现金持有量呈负相关，现金持有量愈大，现金短缺成本愈小；反之，现金持有量愈小，现金短缺成本愈大。这些成本与现金持有量之间的关系可以从图 7.5 反映出来。

从图 7.5 可以看出，由于各项成本同现金持有量的变动关系不同，使得现金持有总成本呈抛物线型，抛物线的最低点即为成本最低点，该点所对应的现金持有量便是最佳现金持有量，此时总成本最低。

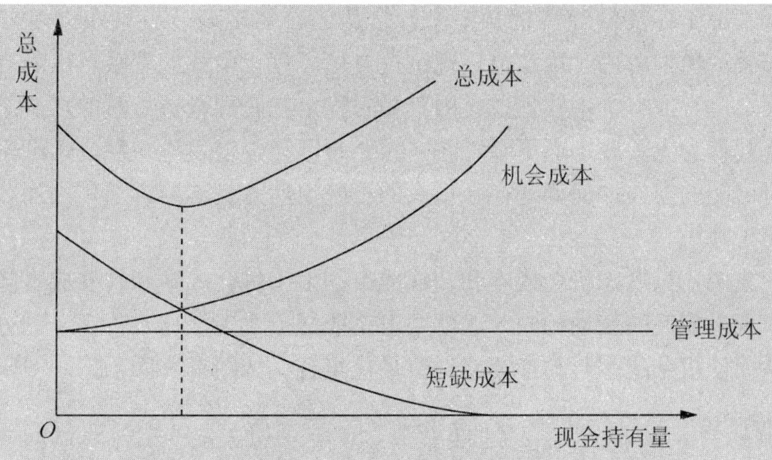

图 7.5 持有现金的总成本

最佳现金持有量的具体计算，可以先分别计算出各种方案的机会成本、管理成本、短缺成本之和，再从中选出总成本之和最低的现金持有量即为最佳现金持有量。

【例 7-2】 某企业现有 A、B、C、D 4 种现金持有方案，有关成本资料见表 7-3。

表 7-3 现金持有方案 单位：元

方　案	现金持有量	机会成本率	管理成本	短缺成本
A	10 000	10%	1 800	4 300
B	20 000	10%	1 800	3 200
C	30 000	10%	1 800	900
D	40 000	10%	1 800	0

根据表 7-3 编制最佳现金持有量测算，见表 7-4。

表 7-4 最佳现金持有量测算 单位：元

方　案	现金持有量	机会成本	管理成本	短缺成本	总成本
A	10 000	1 000	1 800	4 300	7 100
B	20 000	2 000	1 800	3 200	7 000
C	30 000	3 000	1 800	900	5 700
D	40 000	4 000	1 800	0	5 800

通过分析各方案的总成本可知，C 方案的总成本最低，因此，企业持有 30 000 元现金时，各方面的总成本最低，30 000 元为最佳现金持有量。

2. 存货模式

存货模式是 1952 年美国经济学家威廉·鲍曼(William Baumol)提出的，用于确定目标现金持有量的模型，又称鲍曼模型。

存货模式来源于存货的经济批量模型，它认为公司现金持有量在许多方面与存货相似，存货经济批量模型可用于确定目标现金持有量。存货模式的着眼点也是现金的有关成本最低。在现金持有成本中，管理成本因其相对稳定并同现金持有量的多少关系不大，因此存货模式将其视为无关成本而不予考虑。由于现金是否会发生短缺、短缺多少，各种短缺情形发生时可能的损失如何等都存在很大的不确定性并且不易计量，因而，存货模式对短缺成本也不予考虑。

在存货模式中，只考虑机会成本和转换成本。由于机会成本和转换成本随着现金持有量的变动而呈现出相反的变动趋向，这就要求企业必须对现金与有价证券的分割比例进行合理安排，从而使机会成本与转换成本保持最佳组合。如图 7.6 所示。

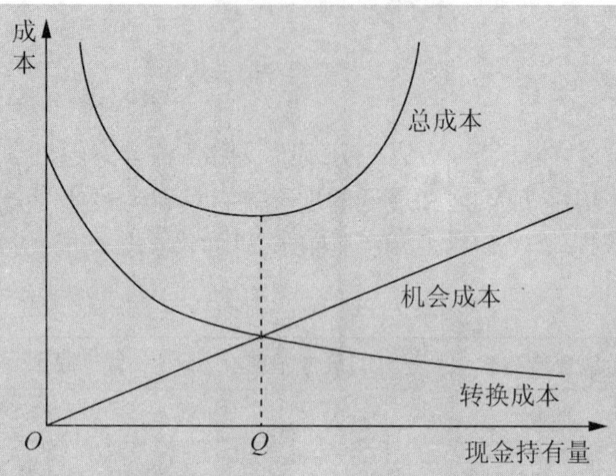

图 7.6　现金管理总成本与机会成本、转换成本的关系

在图 7.6 中，现金的机会成本和转换成本是两条随现金持有量呈不同方向发展的曲线，两条曲线交叉点相应的现金持有量就是总成本最低的现金持有量，即为最佳现金持有量。它可以运用现金持有量存货模式求出。

假设，T 为一定期间内现金总需求量，F 为每次转换有价证券的固定成本(即转换成本)，Q 为最佳现金持有量(每次证券变现的数量)，K 为有价证券收益率(机会成本)，TC 为总成本，则

$$总成本=机会成本+转换成本$$

即

$$\mathrm{TC}=(Q/2)\times K+(T/Q)\times F \quad (1)$$

由于持有现金的机会成本与证券变现的转换成本相等时，现金总成本最低，此时的现金持有量为最佳现金持有量，即

$$Q=\sqrt{(2T\times F)/K} \quad (2)$$

将(2)代入(1)中得最佳现金管理总成本：

$$\mathrm{TC}=\sqrt{2T\times F\times K}$$

【例 7-3】某企业预计全年(按 360 天计算)需要现金 400 000 元，现金与有价证券的转换成本为每次 800 元，有价证券的年收益率为 10%，则最佳现金持有量的计算如下：

$$Q=\sqrt{(2\times400\ 000\times800)\div10\%}=80\ 000(\text{元})$$

最低现金管理成本的计算如下：

$$TC=\sqrt{2\times400\ 000\times800\times10\%}=8\ 000(\text{元})$$

知识要点提醒

现金持有量的存货模式是一种简单、直观地确定最佳现金持有量的方法；但它也有缺点，主要是假定现金的流出量稳定不变，实际上这种情况很少出现。相比而言，那些适用于现金流量不确定的控制最佳现金持有额的方法，就显得更具普遍应用性。

3. 随机模式

随机模式是在现金需求量难以预知的情况下进行现金持有量控制的方法。对企业来讲，现金需求量往往波动大且难以预知，但企业可以根据历史经验和现实需要，测算出一个现金持有量的控制范围，即制定出现金持有量的上限和下限，将现金量控制在上下限之内。当现金量达到控制上限时，用现金购入有价证券，使现金持有量下降；当现金持有量降到控制下限时，则抛售有价证券换回现金，使现金持有量回升。若现金量在控制的上下限之内，便不必进行现金与有价证券的转换，保持它们各自的现有存量。这种对现金持有量的控制如图 7.7 所示。

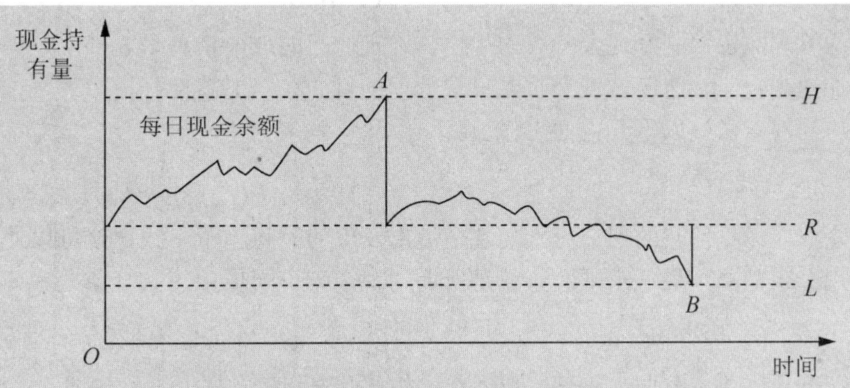

图 7.7　现金持有量的随机模式图

图 7.7 中，虚线 H 为现金存量的上限，虚线 L 为现金存量的下限，实线 R 为最优现金返回线。从图 7.7 中可以看到，企业的现金存量(表现为现金每日余额)是随机波动的，当其达到 A 点时，即达到了现金控制的上限，企业应用现金购买有价证券，使现金持有量回落到现金返回线(R 线)的水平；当现金存量降至 B 点时，即达到了现金控制的下限，企业则应出售有价证券换回现金，使其存量回升至 R 线的水平。现金存量在上下限之间的波动属控制范围内的变化是合理的，不予理会。以上关系中的上限 H、现金返回线 R 可按下列公式计算：

$$R=\sqrt[3]{\frac{3b\delta^2}{4i}}+L$$

$$H=3R-2L$$

式中，b 为每次有价证券的固定转换成本；i 为有价证券的日利息率；δ 为预期每日现金余额变化的标准差(可根据历史资料测算)。而下限 L 的确定，则要受到企业每日的最低现金需要、管理人员的风险承受倾向等因素的影响。

【例 7-4】 假设某公司有价证券的年利率为 9%，每次转换有价证券的固定成本为 50 元，公司认为任何时候其银行存款及现金余额不能低于 1 000 元，又根据以往经验测算出日现金净流量的标准差为 800 元。此时，最佳现金持有金额 R、现金控制上限 H 可计算如下：

$$\text{有价证券日利率 } K=9\%/360=0.025\%$$

$$R=\sqrt[3]{\frac{3\times 50\times 800^2}{4\times 0.025\%}}+1\ 000=5\ 579(\text{元})$$

$$H=3\times 5\ 579-2\times 1\ 000=14\ 737(\text{元})$$

随机模式建立在企业的现金未来需求总量和收支不可预测的前提下，因此计算出来的现金持有量比较保守。

小思考

请说明企业确定最佳现金持有量的模型有哪些?

7.2.3 现金收支的日常管理

现金的管理除了控制好现金持有的规模，确定适当的现金持有量之外，还需要做好日常收支，加速现金流转速度。现金收支日常管理的目的在于提高现金使用效率，为达到这一目的，应当注意做好以下几方面工作。

1. 力争现金流量同步

如果企业能尽量使它的现金流入与现金流出发生的时间趋于一致，就可以使其所持有的交易性现金余额降到最低水平。这就是所谓的现金流量同步。

2. 使用现金浮游量

从企业开出支票，收票人收到支票并存入银行，至银行将款项划出企业账户，中间需要一段时间。现金在这段时间的占用称为现金浮游量。在这段时间里，尽管企业已开出了支票，却仍可动用在活期存款账户上的这笔资金：不过，在使用现金浮游量时，一定要控制好使用的时间，否则会发生银行存款的透支。

3. 加速收款

加速收款主要指缩短应收账款的时间。发生应收账款会增加企业资金的占用，但它又是必要的，因为它可以扩大销售规模，增加销售收入。问题在于如何既利用应收账款吸引顾客，又缩短收款时间。这要在两者之间找到适当的平衡点，并需要实施妥善的收账策略。

4. 推迟应付账款的支付

推迟应付账款的支付是指企业在不影响自己信誉的前提下，尽可能地推迟应付款付款的支付期，充分运用供货方所提供的信用优惠。如遇企业急需现金，甚至可以放弃供货方的折扣优惠，在信用期的最后一天支付款项。当然，这要权衡折扣优惠与急需现金之间的利弊得失而定。

小思考

现金管理模式在现金的日常管理中是否具有应用价值？有哪些因素需要特别关注？

应用实例

中国交通建设股份有限公司(以下简称中交集团)是经国务院批准，由中国交通建设集团有限公司(国务院国资委监管的中央企业)整体重组改制并独家发起设立的股份有限公司。作为一家国有特大型基建企业，下属单位总计4 000余家，业务足迹遍及中国所有省、自治区、直辖市及港澳特区和世界50多个国家和地区。对于这样一家分支机构分布较广、成员机构类型多样的大型企业集团，实施现金集中管理是一项艰巨的工程。如何采用适合自身组织架构及业务特点的现金集中管理项目实施方案，对于项目成功至关重要。

1. 现金集中管理与监控

作为一家特大型企业，其分支机构遍布全国，传统方法无法及时准确地了解整个集团真实头寸和经营活动情况，无法为管理层的决策提供最精准的资金信息，一定程度上影响了决策的准确性和时效性。中交集团选定了多家合作银行，希望借助银行及内部系统，实现全集团现金集中管理与监控。

2. 分结算中心

结算中心是大型集团企业经常采用的现金管理形式。它一般是代表集团母公司进行现金管理的内部职能部门，负责集团现金流管理，为全集团提供日常结算。中交集团在北京、上海、天津、广州、武汉、西安成立分结算中心，负责本区域内各分支机构的现金管理。各地分结算中心在当地各合作银行以“中国交通建设股份有限公司”名义开立分结算中心总账户。

3. 账户结构、收支两条线及预算管理

对于所属各级子公司，可以选择一家合作银行，开立各类用途账户，实现收支两条线及预算管理。

(1) 专用收款账户：只收不支，并与分结算中心总账户建立资金实时或定时归集关系，实现零余额管理。

(2) 专用付款账户：用于分结算中心对外支付款项的下拨。下属子公司对外付款时，可以向分结算中心发出申请。

(3) 一般用途结算账户：作为支出账户，实行限额管理。该账户款项用于托收、零星费用开支、归还该开户行发放的贷款、支付贷款利息、保函及信贷证明费用扣收、同城支票及异地汇票方式的对外付款。

(4) 其他账户：除了上述主结算账户外，还有一些特殊类型账户，如专用税金及公积金账户、工程款结算账户等。

实例分析

中交集团启动现金管理项目后，首先选定了中国银行、中国农业银行、中国工商银行、中国建设银行、交通银行及招商银行行作为其主要合作银行。同时由第三方软件公司为其提供资金管理平台系统，并通过银企直联与各主要合作银行对接。统一的资金管理平台大大提高了集中管理的效率，如集团实时头寸查询、资金调拨等。对于涉及分结算中心区域现金管理的部分，中交集团仍采用各合作银行提供的现金管理产品实现。

在企业现金管理需求不断提升的今天，专业化的资金管理平台日趋成为更多企业的选择。而银企直联凭借完善的网上企业银行平台和流动性管理产品，协助企业实施全面现金集中管理，以最低成本获取最大效益。

7.3 应收账款管理

应收账款是指企业因对外销售商品、提供劳务等而应向购买货物或接受劳务的单位收取的款项。在社会主义市场经济条件下，存在着激烈的商业竞争。除了依靠产品质量、价格、售后服务、广告等外，赊销也是扩大销售的手段之一。出于扩大销售的竞争需要，企业不得不以赊销或其他优惠方式招揽顾客，于是就产生了应收账款。由竞争引起的应收账款，是一种商业信用。

7.3.1 应收账款的功能与成本

1. 应收账款的功能

1）增加销售

采用赊销方式，意味着企业在销售产品的同时，向买方提供了可以在一定期限内无偿使用资金的优惠条件(即商业信用)，这对于购买方而言具有很大的吸引力。因此，赊销是一种重要的促销手段，对于企业扩大产品销售、开拓市场、增强企业竞争力都具有重要意义。

2）减少存货

赊销可以加速产品销售的实现，加快产成品向销售收入的转化速度，从而对降低存货中的产成品数额有着积极的影响。这有利于缩短产成品的库存时间，降低产成品存货的管理费用、仓储费用和保险费用等各方面的支出。因此，当产成品存货较多时，企业可以采用较为优惠的信用条件进行赊销，尽快地实现产成品存货向销售收入的转化，变持有产成品存货为持有应收账款，以节约各项存货支出。

2. 应收账款的成本

企业在采取赊销方式促进销售的同时，会因持有应收账款而付出一定的代价，即应收账款的成本。主要包括以下内容。

1）机会成本

机会成本是指资金由于投放在应收账款上而不能用于其他投资所丧失的收益，如投资于有价证券所能获得的利息收入。

2）管理成本

管理成本是指企业对应收账款进行管理而耗费的开支，是应收账款成本的重要组成部分，主要包括对客户的资信调查费用、应收账款账簿记录费用、收账费用及其他费用。

3）坏账成本

坏账成本是指由于客户破产、解散、财务状况恶化、拖欠时间较长等原因，企业持有应收账款会发生无法收回的损失。

3. 应收账款管理的目标

综上所述，在应收账款的管理中，面临着收益和成本的权衡问题。企业需要在应收账款及信用政策所增加的收益与该政策所增加的成本之间做出权衡，进而采取科学有效的措施，实现企业效益的最大限度的提高。

7.3.2 信用政策

应收账款赊销效果的好坏，依赖于企业的信用政策。信用政策即应收账款的管理政策，是指企业对应收账款投资进行规划与控制而确立的基本原则与行为规范，包括信用标准、信用条件和收账政策三部分内容。

1. 信用标准

信用标准是指顾客获得企业的交易信用所应具备的条件。如果顾客达不到信用标准，便不能享受企业的信用或只能享受较低的信用优惠。

企业在设定某一顾客的信用标准时，往往先要评估其赖账的可能性。这可以通过“5C”系统来进行。所谓“5C”系统，是评估顾客信用品质的五个方面，即品质(character)、能力(capacity)、资本(capital)、抵押(collateral)和条件(conditions)。

1）品质

品质指顾客的信誉，即履行偿债义务的可能性。企业必须设法了解顾客过去的付款记录，看其是否有按期如数付款的一贯做法，以及与其他供货企业的关系是否良好。这一点经常被视为评价顾客信用的首要因素。

2）能力

能力指顾客的偿债能力，即其流动资产的数量和质量及与流动负债的比例。顾客的流动资产越多，其转换为现金支付款项的能力越强。同时，还应注意顾客流动资产的质量，看是否有存货过多、过时或质量下降，影响其变现能力和支付能力的情况。

3）资本

资本指顾客的财务实力和财务状况，表明顾客可能偿还债务的背景。

4）抵押

抵押指顾客拒付款项或无力支付款项时能被用做抵押的资产。这对于不知底细或信用状况有争议的顾客尤为重要。一旦收不到这些顾客的款项，便以抵押品抵补。如果这些顾客提供足够的抵押，就可以考虑向他们提供相应的信用。

5）条件

条件指可能影响顾客付款能力的经济环境。例如，如果出现经济不景气，会对顾客的付款产生什么影响，顾客会如何做等，这需要了解顾客在过去困难时期的付款历史。

2. 信用条件

信用标准是企业评价客户等级，决定给予或拒绝客户信用的依据。一旦企业决定给予客户信用优惠时，就需要考虑具体的信用条件。所谓信用条件就是指企业接受客户信用时所提出的付款要求，主要包括信用期限、折扣期限及现金折扣等。信用条件的基本表现方式为“2/10，n/45”，意思是，若客户能够在发票开出后的10日内付款，可以享受2%的现金折扣；如果放弃折扣优惠，则全部款项必须在45日内付清。在此，45天为信用期限，10天为折扣期限，2%为现金折扣率。

1）信用期限

信用期限是企业允许顾客从购货到付款之间的时间，或者说是企业给予顾客的付款期限。信用期的确定，主要是分析改变现行信用期对收入和成本的影响。延长信用期，会使销售额增加，产生有利影响；与此同时，应收账款、收账费用和坏账损失增加，会产生不利影响。当前者大于后者时，可以延长信用期，否则不宜延长。如果缩短信用期，情况则与此相反。

2）现金折扣政策

现金折扣是企业对顾客在商品价格上所做的扣减。向顾客提供这种价格上的优惠，主要目的在于吸引顾客为享受优惠而提前付款，缩短企业的平均收款期。另外，现金折扣也能招揽一些视折扣为减价出售的顾客前来购货，借此扩大销售量。折扣的表示常采用如5/10、3/20、n/30这样一些符号形式。这三种符号的含义为5/10表示10天内付款，可享受5%的价格优惠，即只需支付原价的95%；3/20表示20天内付款，可享受3%的价格优惠，即只需支付原价的97%；n/30表示付款的最后期限为30天，此时付款无优惠。

知识要点提醒

现金折扣实际上是产品售价的扣减，企业决定是否提供及提供多大程度的现金折扣，应着重考虑提供折扣后所得的收益是否大于现金折扣的成本。

3. 收账政策

收账政策是指当客户违反信用条件，拖欠甚至拒付账款时，企业所采取的收账策略与措施，包括为收回账款拟采取的收款方式和为收回账款而准备付出的代价。严格的收账政策，将有利于尽快收回账款，减少应收账款的资金占用，从而减少机会成本。同时严格的收账政策有利于有效地收回账款，从而减少坏账成本；但严格的收账政策需要付出较多的收账费用。反之则情况相反。

一般来说，收账费用支出越多，坏账成本越少，但这两者并不一定是线性关系。开始花费一些收账费用，坏账成本的减少很小；继续增加收账成本，应收账款的机会成本和坏账成本会明显降低；收账费用达到一定限度后，继续增加收账费用，机会成本和坏账成本又表现为不再明显降低。如图7.8所示。

可以看出，当收账费用增加到P点后，继续增加收账费用，坏账成本不再明显降低，此时，继续增加收账费用，收效甚微，因此，收账费用有一个最佳点。企业应当对不同收账政策所增加的收账费用与减少的坏账损失及应收账款机会成本之间进行权衡，以确定最佳的收账策略。

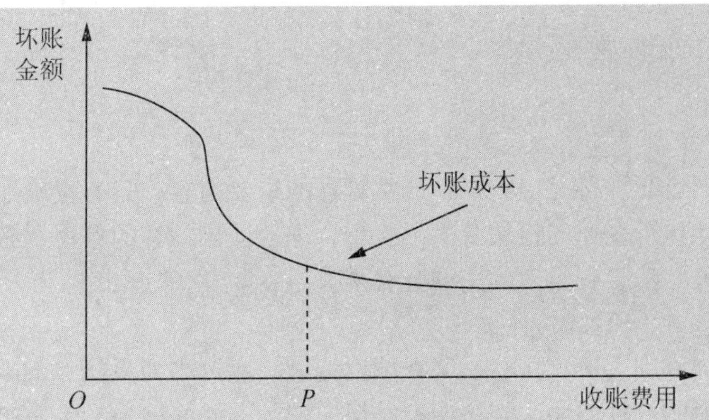

图 7.8　坏账与收账费用的关系

【例 7-5】假设某企业应收账款原有的收账政策和拟定的收账政策见表 7-5。

表 7-5　收账政策备选方案

项　　目	现行收款政策	拟改变的收账政策
年收账费用/万元	8	12
平均收账期/天	90	60
坏账损失占赊销额	3%	2%
赊销额/万元	520	520
变动成本率	60%	60%

假设资金利润率为 12%，根据表 7-5 中的资料，两种方案的收账总成本可计算见表 7-6。

表 7-6　收账政策分析评价　单位：万元

项　　目	现行收款政策	拟改变的收账政策
赊销额	520	520
应收账款周转次数/次	360/90=4	360/60=6
应收账款平均余额	520/4=130	520/6=86.67
应收账款占用的资金收账成本	130×60%=78	86.67×60%=52
应收账款机会成本	78×12%=9.36	52×12%=6.24
坏账损失	520×3%=15.60	520×2%=10.40
年收账费用	8.00	12.00
收账总成本	32.96	28.64

7.3.3 应收账款的日常管理

1. 信用调查

对顾客的信用进行评价是应收账款日常管理的重要内容。只有正确地评价顾客的信用状况，才能合理地执行企业的信用政策。要想合理地评价顾客的信用，必须对顾客信用进行调查，搜集有关的信息资料。信用调查有两类。

1）直接调查

直接调查是指调查人员直接与被调查单位接触，通过当面采访、询问、观看、记录等方式获取信用资料的一种方法。直接调查能保证搜集资料的准确性和及时性，但若不能得到被调查单位的合作，则会使调查资料不完整。

2）间接调查

间接调查是以被调查单位及其他单位保存的有关原始记录和核算资料为基础，通过加工整理获得被调查单位信用资料的一种方法。这些资料主要来自于企业财务报告、信用评估机构发布的企业信用等级报告、银行及其他部门。

2. 信用评估

信用评估是根据信用调查搜集到的信用资料，采取一定的方法，对客户的信用状况做出正确的估计。常见的信用评估方法，除了前面提过的"5C"评估法，还有信用评分法等。

信用评分法是先对一系列财务比率和信用情况指标进行评分，然后进行加权平均，得出顾客综合的信用分数，并以此进行信用评估的一种方法。进行信用评分的基本公式如下：

$$Y = A_1X_1 + A_2X_2 + A_3X_3 + \cdots + A_nX_n = \sum_{i=1}^{n} A_iX_i$$

式中，Y 是指某企业的信用评分；A_i 是指事先拟定出的对第 i 种财务比率和信用品质进行加权的权数（$\sum_{i=1}^{n} A_i = 1$）；X_i 是指第 i 种财务比率或信用品质的评分。

在采用信用评分法进行信用评估时，分数在 80 分以上者，说明企业信用状况良好；分数在 60～80 分者，说明信用状况一般；分数在 60 分以下者，则说明信用状况较差。

【例 7-6】 某企业根据信用调查的结果，运用信用评分法对客户信用状况的评估见表 7-7。

表 7-7 信用评分

项　　目	指　　标	评分（X）	权数（A）	加权平均得分
流动比率	1.8	90	0.20	18.00
资产负债率	55%	90	0.10	9.00
净资产收益率	15%	85	0.10	8.50
信用评估等级	AA 级	80	0.25	20.00

续表

项　　目	指　　标	评分(X)	权数(A)	加权平均得分
付款历史	尚好	70	0.25	17.50
未来发展	较好	70	0.05	3.50
其他因素	好	85	0.05	4.25
合计	—	—	1.00	80.75

3. 账龄分析

企业决定对客户予以赊销后，需要了解应收账款的回收情况，分析各笔应收账款的账龄，以便对不同的应收账款采取不同的措施。账龄分析需要编制账龄分析表。账龄分析表是根据未收账款发生时间长短而编制的表格，其格式见表7-8。

表7-8　账龄分析

2011年12月31日

应收账款账龄	账户数量	金额/千元	占比率
信用期内	300	120	40%
超过信用期1—20天	120	60	20%
超过信用期21～40天	60	30	10%
超过信用期41～60天	40	30	10%
超过信用期61～80天	30	30	10%
超过信用期81～100天	20	15	5%
超过信用期100天以上	10	15	5%
合计	580	300	100%

利用账龄分析表，企业可以了解到以下有关情况：

(1) 有多少欠款尚在信用期内。表7-8显示，有价值120 000元的应收账款处在信用期内，占全部应收账款的40%。这项款项尚未到期，欠款是正常的；到期后能否收回，要待时再定。因此，及时的监督是必要的。

(2) 有多少欠款超过了信用期，超过时间长短的款项各占多少，有多少欠款会因拖欠时间太久而可能成为坏账。表7-8显示，有价值180 000元的应收账款已超过了信用期，占全部应收账款的60%。不过，其中拖欠时间较短的(20天内)有60 000元，占全部应收账款的20%，这部分欠款收回的可能性很大；拖欠时间较长的(21～100天)有105 000元，占全部应收账款的35%，这部分欠款的回收有一定难度；拖欠时间很长的(100天以上)有15 000元，占全部应收账款的5%，这部分欠款有可能成为坏账。

知识要点提醒

对不同拖欠时间的欠款，企业应采取不同的收账方法，制定出经济、可行的收账政策；对可能发生的坏账损失，则应提前做好准备，充分估计这一因素对损益的影响。

4. 收账实务

企业对各种不同过期账款的催收方式，包括准备为此付出的代价，就是它的收账策略。例如，对过期较短的顾客，不过多地打扰，以免将来失去这一市场；对过期稍长的顾客，可措辞婉转地写信催款；对过期较长的顾客，频繁地信件催款并电话催询；对过期很长的顾客，可在催款时措辞严厉，必要时提请有关部门仲裁或提起诉讼等。

催收账款要发生费用，某些催款方式的费用还会很高(如诉讼费)。一般来说，收账的花费越大，收账措施越有力，可收回的账款应越多，坏账损失也就越小。因此，制定收账策略，要在收账费用和减少的坏账损失之间做出权衡。

总之，催收账款是一项艰巨复杂的工作，需要财务部门、销售部门和收账部门的相互协调与配合，各尽其责，才能够使收账工作真正有成效。当然，良好的外部环境也是必不可少的，如建立健全社会信用体系，形成以道德、产权为基础，法律为保障的社会信用制度；健全的信用激励制度及惩罚制度等。

小思考

应收账款管理包括哪些内容?

7.4 存货管理

7.4.1 存货管理的目标

存货是指企业在生产经营过程中为销售或者耗用而储备的物资，包括材料、燃料、低值易耗品、在产品、半成品、产成品、协作件、商品等。如果工业企业能在生产投料时随时购入所需的原材料，或者商业企业能在销售时随时购入该项商品，就不需要存货。但实际上，企业总有储存存货的需要，并因此占用或多或少的资金。这种存货的需要出自以下原因。

1. 保证生产或销售的经营需要

一般来说，企业很少能做到随时购入生产或销售所需的各种物资，即使是市场供应量充足的物资也如此。企业的供、产、销在数量上往往难以保持绝对的平衡。因此，一旦生产或销售所需物资短缺，生产经营将被迫停顿，造成损失。为了避免或减少出现停工待料、停业待货等事故，企业需要储存存货。

2. 获取规模效益

零购物资的价格往往较高，而批量购买在价格上常有优惠，也可以减少采购费用。但是，过多的存货要占用较多的资金，并且会增加仓储费、保险费、维护费、管理人员工资等开支。因此，进行存货管理，就要尽量在各种存货成本与存货效益之间做出权衡，达到两者的最佳结合。这也就是存货管理的目标。

7.4.2 储备存货的成本

与储备存货有关的成本，包括以下三种。

1. 取得成本

取得成本指为取得某种存货而支出的成本，通常用 TC_a 来表示。其又分为订货成本和购置成本。

1）订货成本

订货成本指取得订单的成本，如办公费、差旅费、邮资、电报电话费等支出。其中，有一部分与订货次数无关，如常设采购机构的基本开支等，称为订货的固定成本，用 F_1 表示；另一部分与订货次数有关，如差旅费、邮资等，称为订货的变动成本。每次订货的变动成本用 K 表示；订货次数等于存货年需要量 D 与每次进货量 Q 的商。订货成本的计算公式为

$$订货成本=F_1+\frac{D}{Q}K$$

2）购置成本

购置成本指存货本身的价值，经常用数量与单价的乘积来确定。年需要量用 D 表示，单价用 U 表示，于是购置成本为 DU。

订货成本加上购置成本，就等于存货的取得成本。其公式表达为

$$取得成本=订货成本+购置成本$$

$$TC_a=F_1+\frac{D}{Q}K+DU$$

2. 储存成本

储存成本指为保持存货而发生的成本，包括存货占用资金应计的利息、仓库费用、保险费用、存货破损和变质损失等，通常用 TC_c 来表示。

储存成本也分为固定成本和变动成本。固定成本与存货数量的多少无关，如仓库折旧、仓库职工的固定月工资等，常用 F_2 表示。变动成本与存货的数量有关，如存货资金的应计利息、存货的破损和变质损失、存货的保险费用等，单位成本用 K_c 来表示。用公式表达的储存成本为

$$储存成本=储存固定成本+储存变动成本$$

$$TC_c=F_2+K_c\frac{Q}{2}$$

3. 缺货成本

缺货成本指由于存货供应中断而造成的损失，包括材料供应中断造成的停工损失、产成品库存缺货造成的拖欠发货损失和丧失销售机会的损失等；如果生产企业以紧急采购材料解决库存材料中断之急，那么缺货成本表现为紧急额外购入成本(通常会大于正常采购的开支)。缺货成本用 TC_s 表示。

如果以 TC 来表示储备存货的总成本，它的计算公式为

$$\begin{aligned} TC &= TC_a + TC_c + TC_s \\ &= F_1 + \frac{D}{Q}K + DU + F_2 + K_c\frac{Q}{2} + TC_s \end{aligned}$$

要使企业存货管理达到最优化，也就是使上式 TC 值最小。

7.4.3 存货控制决策

经济批量控制是最基本的存货定量控制方法，其目的在于决定进货时间和进货批量，以使存货的总成本最低。在这一决策过程中，经济批量模型(也称为经济订货量模型)及其扩展模型有着广泛的应用。

1. 经济订货量基本模型

经济订货量基本模型需要设立的假设条件包括以下内容。

(1) 企业能够及时补充存货，即需要订货时便可立即取得存货。

(2) 能集中到货，而不是陆续入库。

(3) 不允许缺货，即无缺货成本，TC_s 为零，这是因为良好的存货管理本来就不应该出现缺货成本。

(4) 需求量稳定，并且能预测，即 D 为已知常量。

(5) 存货单价不变，即 U 为已知常量。

(6) 企业现金充足，不会因现金短缺而影响进货。

(7) 所需存货市场供应充足。

设立了上述假设后，存货总成本的公式可以简化为

$$TC = F_1 + \frac{D}{Q}K + DU + F_2 + K_c\frac{Q}{2}$$

根据假设，当 F_1、K、D、U、F_2、K_c 为常数量时，TC 的大小取决于 Q。为求出 TC 的极小值，对公式进行求导后可得：

$$Q^* = \sqrt{\frac{2KD}{K_c}}$$

即经济订货量基本模型，求出的每次订货批量，可使 TC 达到最小值。

经济订货量基本模型下的存货流转过程如图 7.9 所示。

相应的经济订货量与存货成本的关系如图 7.10 所示。

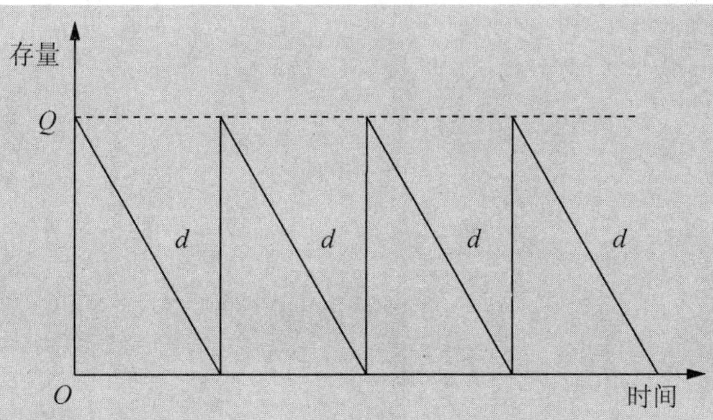

图 7.9　经济订货量基本模型下的存货流转过程

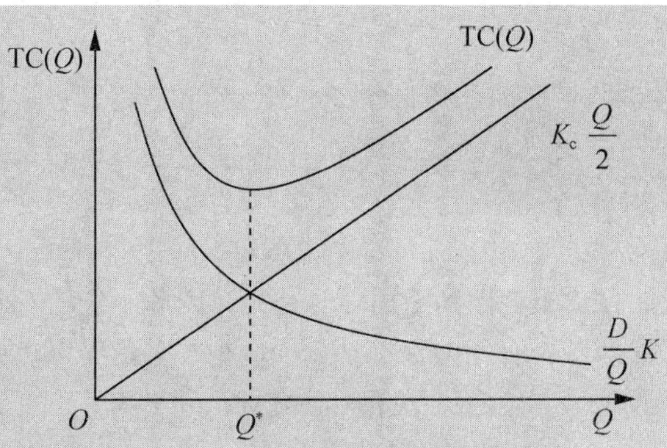

图 7.10　经济订货量与存货成本

经济订货量基本模型还可以演变为其他形式：

每年最佳订货次数：

$$N^* = \frac{D}{Q^*} = \frac{D}{\sqrt{\frac{2KD}{K_c}}} = \sqrt{\frac{DK_c}{2K}}$$

与批量有关的存货总成本：

$$TC(Q^*) = \frac{KD}{\sqrt{\frac{2KD}{K_c}}} + \frac{\sqrt{\frac{2KD}{K_c}}}{2} \times K_c = \sqrt{2KDK_c}$$

最佳订货周期：

$$t^* = \frac{1}{N^*} = \frac{1}{\sqrt{\frac{DK_c}{2K}}}$$

经济订货量占用资金：

$$I^* = \frac{Q^*}{2} \times U = \frac{\sqrt{\frac{2KD}{K_c}}}{2} \times U = \sqrt{\frac{KD}{2K_c}} \times U$$

【例 7-7】 某企业每年耗用某种材料 3 600 千克，该材料单位成本为 10 元，单位储存成本为 2 元，一次订货成本为 25 元，则

$$Q^*=\sqrt{\frac{2KD}{K_c}}=\sqrt{\frac{2\times3\ 600\times25}{2}}=300(\text{千克})$$

$$N^*=\frac{D}{Q^*}=\frac{3\ 600}{300}=12(\text{次})$$

$$TC(Q^*)=\sqrt{2KDK_c}=\sqrt{2\times25\times3\ 600\times2}=600(\text{元})$$

$$t^*=\frac{1}{N^*}=1/12(\text{年})=1(\text{月})$$

$$I^*=\frac{Q^*}{2}\times U=\frac{300}{2}\times10=1\ 500(\text{元})$$

2. 基本模型的扩展

经济订货量的基本模型是在前述各假设条件下建立的，但现实生活中很难能够完全满足这些假设条件。为使模型更接近于实际情况，具有较高的可行性，需要逐一放宽假设，同时改进模型。

1）订货提前期

一般情况下，企业的存货不能做到随用随时补充，因此不能等存货用光再去订货，而需要在没有用完时提前订货。在提前订货的情况下，企业再次发出订货单时，尚有存货的库存量，称为再订货点，用 R 来表示。它的数量等于交货时间 L 和每日平均需用量 d 的乘积：

$$R=L\cdot d$$

【例 7-8】 根据例 7-7 的资料，企业订货日至到货期的时间为 10 天，每日存货需要量为 10 千克，则

$$R=L\cdot d=10\times10=100(\text{千克})$$

即表示企业在尚存 100 千克存货时，就应当再次订货，等到下批订货到达时，原有库存刚好用完。此时，有关存货的每次订货批量、订货次数、订货间隔时间等并无变化，与瞬时补充相同。订货提前期的情形如图 7.11 所示。也就是说，订货提前期对经济订货量并无影响，可仍按原来瞬时补充情况下的 300 千克为订货批量，只不过在达到再订货点(库存 100 千克)时即发出订货单。

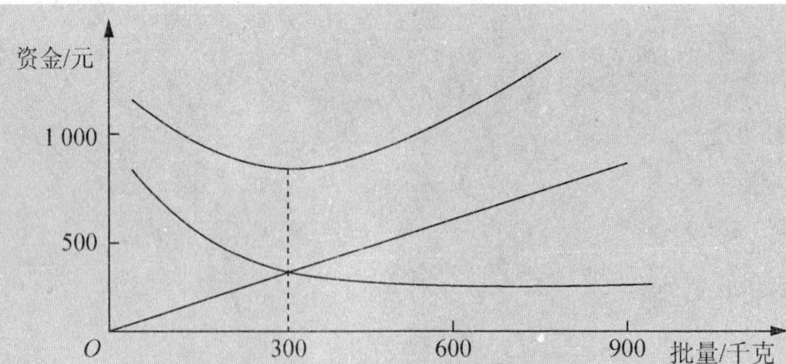

图 7.11　不同批量的成本变动情况

2）存货陆续供应和使用

在建立基本模型时，假设存货一次全部入库，所以存货增加时存量变化为一条垂直的直线。然而事实上，各批存货可能陆续入库，使存量陆续增加。尤其是产成品入库和在产品转移，几乎总是陆续供应和陆续耗用的。在这种情况下，需要对原有基本模型做一些修改。

【例7-9】 某零件年需要量D为3 600件，每日送货量P为30件，每日耗用量d为10件，单价U为10元，一次订货成本(生产准备成本)K为25元，单位存储变动成本K_c为2元。存货数量的变动如图7.12所示。

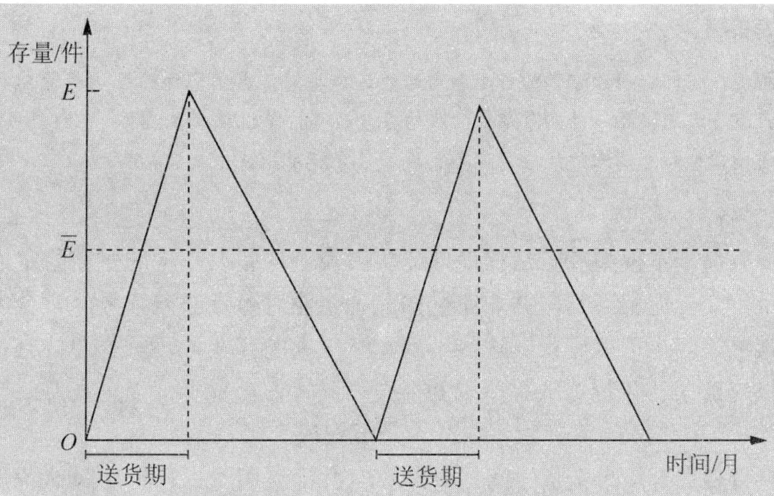

图7.12　陆续供货时存货数量的变动

设每批订货数为Q。由于每日送货量为P，故该批货全部送达所需日数为Q/P，称之为送货期。

因零件每日耗用量为d，故送货期内的全部耗用量为：$\frac{Q}{P}\cdot d$。

由于零件边送边用，所以每批送完时，最高库存量E为：$Q-\frac{Q}{P}\cdot d$。

平均存量$\overline{E}$为：$\frac{1}{2}(Q-\frac{Q}{P}\cdot d)$。

这样，与批量有关的总成本为

$$TC(Q)=\frac{D}{Q}\cdot K+\frac{1}{2}(Q-\frac{Q}{P}\cdot d)\cdot K_c=\frac{D}{Q}\cdot K+\frac{Q}{2}(1-\frac{d}{P})\cdot K_c$$

当订货变动成本与存储变动成本相等时，TC(Q)达到最小值，由此可得存货陆续供应和使用的经济订货量为

$$\frac{D}{Q}\cdot K=\frac{Q}{2}(1-\frac{d}{P})\cdot K_c$$

$$Q^*=\sqrt{\frac{2KD}{K_c}\cdot\frac{P}{P-d}}$$

存货陆续供应和使用的经济订货量的总成本为

$$TC(Q^*)=\sqrt{2KDK_c(1-\frac{d}{P})}$$

将数据代入，则：

$$Q^*=\sqrt{\frac{2\times25\times3\ 600}{2}\times\frac{30}{30-10}}=367(件)$$

$$TC(Q^*)=\sqrt{2\times25\times3\ 600\times2\times(1-\frac{10}{30})}=490(元)$$

知识要点提醒

这一扩展模型，还可以用于零件的自制和外购的选择决策。自制零件的平均存量较少，单位生产成本较低，但生产准备成本较高；外购零部件的平均存量较高，单位成本也较高，但订货成本较低。因此，只有全面衡量自制零件和外购零件的存货储备总成本，才有可能得出正确的结论。

3）保险储备

上述经济批量基本模型和订货提前期的扩展模型均假设存货的供需稳定而且确知，即每日的需求量不变。但实际情况并非完全如此，企业对存货的需求量经常会发生变动，交货时间由于某些原因也可能延误。这些不确定性因素的存在，要求企业持有一定的保险储备，以防止供应延误、存货短缺等造成的损失。此时，存货再订货点变为：

$$R=L\cdot d+B$$

式中，R 为再订货点；L 为交货时间；d 为平均每日需用量；B 为保险储备量。若交货时间 L 与平均每日需用量 d 存在概率分布，则采用期望值指标确定。

同时，建立保险储备会使存货储备成本相应增加。而最佳保险储备的确定就是在存货短缺所造成的缺货成本和保险储备的储存成本之间做出权衡，使两者之和最小。

两者之和的计量模型为

$$TC(S、B)=C_s+C_b=K_u\cdot S\cdot N+BK_c$$

式中，$TC(S、B)$为与保险储备有关的总成本；C_s 为短缺成本；C_b 为保险储备成本；K_u 为单位缺货成本；S 为缺货量；N 为年订货次数；B 为保险储备量；K_c 为单位储存成本。

$TC(S、B)$中，缺货量 S 具有一定的概率分布，其概率可根据历史经验估计得出：

$$S_i=L_id_i-R(若\ L_id_i\leqslant R，取\ S_i=0)$$

式中，S_i 为不同概率分布下的缺货量；L_id_i 为不同概率分布下交货时间内的存货需求量；R 为再订货点。

据此，可以计算出不同保险储备量下缺货量 S 的期望值，进而通过计算不同保险储备量 B 下的 $TC(S、B)$并相互比较，$TC(S、B)$最小时的保险储备量即为最佳保险储备量。

【例 7-10】假设某公司每年需外购零件 3 600 件，该零件单位储存变动成本 20 元，一次订货成本 25 元，单位缺货成本 100 元。在交货间隔期内的需要量及其概率见表 7-9。

表 7－9　交货间隔期内的需要量及其概率

需要量/件	概率
50	0.1
60	0.2
70	0.4
80	0.2
90	0.1

可供选择的保险储备方案为 0 件、10 件和 20 件，则可进行如下计算：

$$经济订货量=\sqrt{\frac{2\times 25\times 3\ 600}{20}}\approx 95(件)$$

$$年订货次数=3\ 600/95\approx 38(次)$$

$$交货间隔期内的平均需求=50\times 0.1+60\times 0.2+70\times 0.4+80\times 0.2+90\times 0.1=70(件)$$

不同保险储量下的缺货量

$B=0$ 时，$S=(80-70)\times 0.2+(90-70)\times 0.1=4$(件)

$B=10$ 时，$S=(90-80)\times 0.1=1$(件)

$B=20$ 时，$S=0$(件)

不同保险储备下的总成本 TC(S、B)

$B=0$ 时，$\mathrm{TC}=100\times 4\times 38=15\ 200$(元)

$B=10$ 时，$\mathrm{TC}=100\times 1\times 38+10\times 20=4\ 000$(元)

$B=20$ 时，$\mathrm{TC}=20\times 20=400$(元)

因此，应设置保险储备量 20 件，此时的再订货点为 90 件(70＋20)。

以上举例解决了由于需求量变化引起的缺货问题。至于由于迟延交货引起的缺货，也可以通过建立保险储备量的方法来解决。确定其保险储备量时，可将延迟的天数折算为增加的需求量，其余计算过程与前述方法相同。

小思考

建立存货合理保险储备的目的有哪些？

7.4.4　存货的日常控制

1. 定额控制

所谓定额控制，就是从满足生产经营的需求和最大限度地节约资金的角度出发，采用一定的核定方法，制定生产经营过程中存货资金占用的数量标准，并用于指导存货管理的实践，从而对存货进行有效的控制。定额控制是财务控制的一种方式，存货定额作为一种数量标准，是衡量存货资金运用效率的尺度，一旦确定下来，就成为各个部门、各个生产环节存货占用资金的计划依据，也可作为对各职能部门的存货管理水平进行评价的标准。在定额的执行中出现偏差是正常的。一般来说，在业务量一定的前提下，如果发现超定额偏差，应及时分析原因，并采取措施加以纠正，以通过纠正偏差来达到对存货的有效控制。存货的定额控制是否成功，关键在于定额标准的制定是否科学合理并得到有效贯彻。

2. 分级归口控制

所谓分级归口控制，是指在厂长经理的领导下，以财务部门为核心，按照使用资金和管理资金相结合、物资管理和资金管理相结合的原则，将存货的定额和计划指标，按各职能部门所涉及的业务归口管理，然后各归口的职能部门再根据具体情况，将资金计划指标进行分解，落实到车间、班组以致个人，实行分级管理。

需要注意的是，存货的分级归口控制和定额控制常常结合在一起使用，从而对存货实行更有效的控制。

3. ABC 控制法

ABC 控制法是根据各项存货在全部存货中重要程度的大小，将存货划分为 ABC 三类，A 类存货数量少，资金占用多，应实行重点管理；B 类存货为一般存货，应实行常规管理；C 类存货数量多，资金占用少，不必花费太多精力，一般凭经验管理即可。对存货进行分类并实行不同的控制方法，有利于抓住重点，从而有效地控制主要存货资金。

ABC 控制法一般分为以下几个步骤。

（1）计算每一种存货在一定时间内(一般为 1 年)的资金占用额。

（2）计算每一种存货资金占用额占全部资金占用额的百分比，并按大小顺序排列，编制表格。

（3）根据事先规定的标准，将最重要的存货归为 A 类，此类存货的品种数量占全部存货总品种数的 10%左右，而资金占用额可达 70%左右；将一般存货归为 B 类，此类存货的品种数量占全部存货总品种数的 20%～30%，而资金占用额约占 15%～30%；将不重要的存货归为 C 类，此类存货的品种数量约占 50%左右，而资金占用额约占 10%左右。

（4）确定公司的存货控制原则：由于 A 类存货品种数量少，公司完全有能力对 A 类存货进行重点管理和控制，实行最为严格的内部控制制度(如定期盘点的间隔期最短)，逐项计算各种存货的经济订货量与再订货点，将存货量严格控制在定额之内，努力加速这类存货的周转；并经常检查有关计划和管理措施的执行情况，以便及时纠正各种偏差。只要能够控制好该存货，一般不会出现大问题。对 B 类存货，由于金额相对较小，而品种数量远多于 A 类存货，因此，不必像 A 类存货那样严格管理，可通过分类别的方式进行管理和控制；至于 C 类存货管理可采用较为简化的方法，只要把握一个总金额就完全可以了，所以，对 C 类存货只要进行一般控制和管理，不必因此花费较多的管理费用。

【例 7－11】 兴华公司共有 20 种材料，共占用资金 100 000 元，按占用资金多少的顺序排列后，根据上述原则划分成 A、B、C 三类，见表 7－10。

表 7-10 材料资金的分类情况

材料品种(编号)	占用资金数额/元	类别	各类存货品种数量	各类存货品种所占比重	各类存货占用资金数额/元	各类存货占用资金比重
1	50 000					
2	25 000	A	2	10%	75 000	75%
3	10 000					
4	5 000					
5	2 500					
6	1 500					
7	1 000	B	5	25%	20 000	20%
8	900					
9	800					
10	700					
11	600					
12	500					
13	400					
14	300					
15	200					
16	190					
17	180					
18	170					
19	50					
20	10	C	13	65%	5 000	5%
合计	100 000		20	100%	100 000	100%

从表 7-10 中可以看出：A 类存货品种虽少，但占用资金多，因而应集中主要力量，对其收入、发出进行严格控制和管理；C 类存货虽然品种繁多，但占用资金不多，对这类存货不必花费大量时间和精力去进行规划和控制；B 类存货介于 A 类和 C 类之间，应给予相当的重视，但不必像 A 类那样进行非常严格的控制。

4. 现代存货控制方法

国内外的学者和企业在生产实践中不断总结提出了许多卓有成效的生产管理思想、方法和模式，形成了先进实用的生产管理系统。如准时生产方式、制造资源计划(manufacturing resource planning，MRPⅡ)、供应链环境下的供应商管理库存(vendor managed inventory，VMI)等。这些先进的管理思想对库存控制方法的研究具有一定的借鉴作用。

1) 准时生产方式

准时生产方式基本思想可以概括为“在需要的时候，按需要的量生产所需的产品”。准时生产方式的核心是追求一种无库存的生产系统，或使库存达到最小的生产系统。由于它起源于日本的丰田汽车公司，因而曾被称为“丰田生产方式”，后来随着这种生产方式的独特性和有效性被越来越广泛地认识、研究和应用，人们才称为准时生产方式。

准时生产方式以准时生产为出发点，首先暴露出生产过量和其他方面的浪费，然后对设备、人员等进行淘汰、调整，达到降低成本、简化计划和提高控制的目的。在生产现场控制技术方面，准时生产方式的基本原则是在正确的时间，生产正确数量的零件或产品，即准时生产。这种方法可以减少库存，缩短工时，降低成本，提高生产效率。

2）制造资源计划

制造资源计划是在物料需求计划 MRP(materials requirements planning)基础上发展起来的。制造资源计划覆盖企业生产活动所有领域，是有效利用资源的生产管理思想和方法的人-机应用系统。它利用电子计算机把企业的各子系统有机地结合起来，首先根据市场需求预测和客户订单编制主生产计划(master production schedule，MPS)，然后对产品进行分解，列出物料清单(bill of material，BOM)，进而对物料清单进行分析，得出基本零件和原材料不同的需求时间，最终确定物料的采购品种、数量和时间。在整个过程中，要不断进行信息反馈并适时做出调整，从而达到整个系统的动态优化。制造资源计划可在周密的计划下有效地利用各种制造资源，控制资金占用，缩短生产周期，降低成本，实现企业整体优化，以最佳的产品和服务占领市场。

3）供应商管理库存

近年来，为了降低库存成本，整合供应链资源，越来越多的企业开始尝试一种新型的供应链管理模式——供应商管理库存。它是一种以用户和供应商双方都获得最低成本为目的，在一个共同的协议下由供应商管理库存，并不断监督协议执行情况和修正协议内容，使库存管理得到持续地改进的合作性策略。这种库存管理策略打破了传统的各自为政的库存管理模式，体现了供应链的集成化管理思想。以实际或预测的消费需求和库存量，作为市场需求预测和库存补货的解决方法。供货商可以更有效地计划、更快速地反应市场变化和消费需求。它是一种新的、有代表性的库存管理思想。目前供应商管理库存在分销链中的作用十分重要，因此便被越来越多的人重视。

综上所述，以上几种存货控制方法适用于不同的情况。

制造资源计划法适用于相关需求物资的采购，优点是对于复杂产品的物资相关性需求通过计算机的精确计划和计算，可以使所需采购的物资按时按量到达。但由于制造资源计划法属于一种推动式的采购和库存管理方法，因此库存也相对较高。同时由于制造资源计划系统要求的输入信息多、操作规范、数据库更新及时，因此加大了制造资源计划库存管理工作的复杂程度和工作量。

准时生产方式和供应商管理库存是供应链管理下有效的库存管理方法。它们的优点是采用订单驱动的方式，订单驱动使供应与需求双方都围绕订单运作，信息高度共享，也就实现了准时化、同步化运作。因此在降低库存、优化供应链运作成本上效果显著。准时生产方式和供应商管理库存策略是以供应链企业间的协作性战略伙伴关系为基础的，体现了供应链管理的协调性、同步性和集成性。两者的区别在于准时生产方式是由客户自己管理库存，而供应商管理库存是由供应商按照协议决定什么时候给客户补充库存、补充多少。

两种库存管理方式都能有效地降低库存，具体选择何种方式要根据每个企业的具体情况来制定。

应用实例

海尔的供应商提供物料，并将它们存储在海尔的物流中心，物料在寄存耗用之前，物料的物权属于供应商，供应商通过海尔的B2B网站，随时查看库存信息：当生产用料时，在海尔的企业资源计划(enterprise resource planning,ERP)系统中做寄售释放，此时系统会将其物权转移到海尔公司下，在系统中产生结算的凭证，供应商提出支付后给予结算。

目前80%以上的海尔供应商实现了VMI管理，不但实现海尔零库存的目标，而且降低了供应商的库存，使库存信息达到共享，实现了供应商的成本最低，提高了整条供应链的响应速度，达到了互动双赢。

海尔实施VMI可以降低存货，提高海尔的核心竞争力；减少供应商的数目；通过改进供应商之间、供应商与用户之间的流程节约采购时间；提高供应链的持续改进能力；加强供应商的伙伴关系；降低采购订单、发票、付款、运输、收货等交易成本。实施VMI，可以实现海尔和供应商的"双赢"。

实例分析

分析：海尔之所以能够实现VMI，是因为已经具备以下4个必备条件：

第一，企业资源计划系统。2000年10月，海尔企业资源计划系统成功上线，该系统集成了销售管理的功能，通过对这些功能的扩展，可以建立完善的销售网络管理系统。实现了库存状态的透明化，以及业务处理的标准化，使供应商对海尔的库存状态能随时进行跟踪调查和检查。

第二，基于Internet的电子数据传递。海尔B2B网站是基于Internet建立的与供应商之间零距离的信息沟通手段，供应商可借助Internet，通过高速数据专用线与Internet实现联网，通过路由器与自己的Intranet(企业内部网)相连，再由Intranet内服务器为供应商的库存管理部门提供各种信息存取、处理等服务。

第三，条码技术的应用。海尔的出入库实行条码扫描，实现对物料的准确识别，便于供应商随时跟踪和检查海尔的库存状况，快速反应需求。

第四，供应商与海尔之间互动双赢的合作框架协议。海尔通过与供应商协商来确定库存检查周期、库存的维持水平、订货点等有关库存控制的核心问题，以及合作双方之间如何进行信息的交流和存取、订单的传递和处理等有关业务流程的问题。

小思考

请说明存货控制的方法包括哪些？

7.5 流动负债管理

7.5.1 流动负债筹资的特点

流动负债筹资所筹集资金的可使用时间较短，一般不超过1年。流动负债筹资具有以下特点。

1. 筹资富有弹性，易于取得

举借长期负债，债权人往往要对债务人进行全面的财务调查，同时向债务人提出很多限定性条件或管理规定，因而筹资所需时间一般较长且不易取得；而流动负债则较容易取得，并且限制相对宽松些，使筹资企业资金使用较为灵活、富有弹性。

2. 筹资成本较低

一般来讲，流动负债的利率低于长期负债，流动负债筹资的成本也就较低。

3. 筹资风险较高

流动负债需要在短期内偿还，因而要求筹资企业在短期内拿出足够的资金偿还债务，若企业届时资金安排不当，就会陷入财务危机。此外，短期负债利率的波动比较大，这也意味着一种筹资风险。

流动负债的主要项目是自发性负债项目、商业信用和短期银行借款 3 种。其中，自发性负债项目是指应付职工薪酬、应交税费等随着经营活动扩张而自动增长的流动负债。这些项目企业通常不能按自己的愿望进行控制。因此，自发性负债项目基本上无法控制，也不需要专门管理。因此，商业信用和短期银行借款是两个最主要的短期筹资来源，成为流动负债日常管理的重点。

7.5.2 商业信用

商业信用是指在商品交易中由于延期付款或预收货款所形成的企业间的借贷关系。商业信用产生于商品交换中，是“自发性筹资”。商业信用筹资最大的优点在于容易取得。首先，对于多数企业来说，商业信用是一种持续性的信贷形式，且无须正式办理筹资手续。其次，如果没有现金折扣或使用不带息票据，商业信用筹资不负担成本。其缺点在于放弃现金折扣时所付出的成本较高。

商业信用的具体形式有应付账款、应付票据、预收账款等。

1. 应付账款

应付账款是最典型、最常见的商业信用形式，它是由于赊购商品而形成的。销货企业在将商品转移给购货方时，并不需要买方立即支付现款，而是由卖方根据交易条件向买方开出发票或账单，买方在已取得商品后的一个时期再付清货款。这样，买方实际上就以应付账款的形式获得了卖方提供的信贷，从而形成其短期资本来源。

1）应付账款的成本

假如买方企业购买货物后在卖方规定的折扣期内付款，便可以享受免费信用，这种情况下企业没有因为享受信用而付出代价。

【例 7－12】 某企业按 2/10，n/30 的条件购入货物 10 万元。如果该企业在 10 天内付款，便享受了 10 天的免费信用期，并获得折扣 0.2 万元(10×2%)，免费信用额为 9.8 万元(10－0.2)。

倘若买方企业放弃折扣，在 10 天后(不超过 30 天)付款，该企业便要承受因放弃折扣

而造成的隐含利息成本。一般而言，放弃现金折扣的成本计算公式为

$$放弃现金折扣成本=\frac{折扣百分比}{1-折扣百分比}\times\frac{360}{信用期-折扣期}$$

运用上式，则该企业放弃折扣所负担的成本为

$$\frac{2\%}{1-2\%}\times\frac{360}{30-10}=36.7\%$$

公式表明，放弃现金折扣的成本与折扣百分比的大小、折扣期的长短同方向变化，与信用期的长短反方向变化。可见，如果买方企业放弃折扣而获得信用，其代价是较高的。

2）利用现金折扣

在附有信用条件的情况下，因为获得不同信用要负担不同的代价，买方企业便要在利用哪种信用之间做出决策。一般来说，如果能以低于放弃折扣的隐含利息成本(实质是一种机会成本)的利率借入资金，便应在现金折扣期内用借入的资金支付货款，享受现金折扣。例7-12中，同期的银行短期借款年利率为12%，则买方企业应利用更便宜的银行借款在折扣期内偿还应付账款；反之，企业应放弃折扣。

知识要点提醒

如果在折扣期内将应付账款用于短期投资，所得的投资收益率高于放弃折扣的隐含利息成本，则应放弃折扣而去追求更高的收益。当然，假使企业放弃折扣优惠，也应将付款日推迟至信用期内的最后一天(如例7-12中的第30天)，以降低放弃折扣的成本。

2. 应付票据

应付票据是在应付账款的基础上发展起来的一种商业信用。此时，买方企业以票据形式代替了没有正式法律凭据的赊账方式——应付账款。根据承兑人的不同，应付票据分为商业承兑汇票和银行承兑汇票两种。支付期最长不超过6个月。应付票据可以带息，也可以不带息。应付票据的利率一般比银行借款的利率低，且不用保持相应的补偿余额和支付协议费，所有应付票据的筹资成本低于银行借款成本。但是，应付票据到期必须归还，如若延期便要交付罚金，因而风险较大。

3. 预收账款

预收账款是指销货企业按照合同或协议约定，在货物交付之前，向购货企业预先收取部分或全部货款的一种信用形式。与前面两种形式不同，这是由买方向卖方提供的一种商业信用，预收的货款成为卖方的一种短期资本来源。这种信用形式的应用是受到限制的，一般用于生产周期长、资金需要量大的货物销售，如电梯、轮船等。

7.5.3 短期借款

短期借款是指企业向银行和其他非银行金融机构借入的期限在1年以内的借款。在流动负债筹资中，短期借款的重要性仅次于商业信用。就其具体内容来说，可划分为无担保贷款和担保贷款两类。

1. 无担保贷款

信誉良好、财务状况上佳的企业，可以从银行以较低成本获得无担保贷款。短期无担保贷款一般运用于应收账款和存货的季节性增加。关于短期无担保贷款合同的要点包括以下内容。

1）本票形式

本票形式是指银行向企业发放贷款时，一般要求企业签发一张本票，本票上载明贷款金额、利率、贷款偿还方式、贷款期限等基本内容。期限届满，企业应清偿该本票或更换另一张本票。

2）信贷限额

信贷限额是银行对借款人规定的无担保贷款的最高额。信贷限额的有效期限通常为1年，但根据情况也可延期1年。一般来讲，企业在批准的信贷限额内，可随时使用银行借款。但是，银行并不承担必须提供全部信贷限额的义务。如果企业信誉恶化，即使银行曾同意过按信贷限额提供贷款，企业也可能得不到借款。这时，银行不会承担法律责任。

3）周转信贷协议

周转信贷协议是一种比较特殊的正式的信贷额度形式。此时，银行所做出的信贷额度承诺，往往具有法律约束力。即只要企业在银行的贷款总额不超过信贷额度，则在信用期限内企业任何时刻的贷款要求，银行均应予以满足。相应地，企业除了对其使用的信用额度要支付利息费用以外，还应对其未使用的信贷额度支付一定的费用以补偿银行所做出的承诺。

例如，某周转信贷额为1 000万元，承诺费率为0.5%，借款企业年度内使用了600万元，余额400万元，借款企业该年度就要向银行支付承诺费2万元(400×0.5%)。这是银行向企业提供此项贷款的一种附加条件。

4）补偿性余额

补偿性余额是银行要求借款企业在银行中保持按贷款限额或实际借用额一定百分比(一般为10%～20%)的最低存款余额。从银行的角度讲，补偿性余额可降低贷款风险，补偿遭受的贷款损失。对于借款企业来讲，补偿性余额则提高了借款的实际利率(此时的实际利率大于名义利率)。

小思考

某企业按年利率10%向银行借入1年期的短期借款，银行要求企业在银行中保留贷款额的20%作为补偿性余额，则企业该项借款的实际利率计算如下：

$$\frac{10\%}{1-20\%}=12.5\%$$

2. 担保贷款

银行向财务风险较大的企业或对其信誉不甚有把握的企业发放贷款，有时需要有抵押品担保，以减少自己蒙受损失的风险。短期借款的抵押品经常是借款企业的应收账款、存货、股票、债券等。

1）应收账款抵押贷款

应收账款抵押贷款是指企业以应收账款作为抵押品向银行或其他金融机构取得贷款。

此时，企业和银行双方会签订有关协议，就权利、义务及其他事项做出明确规定。一般来说，银行会要求企业承担应收账款的收账费用和收账责任，并拥有对应收账款的受偿权及对企业的追索权。

2）应收票据贴现贷款

票据贴现是指企业将持有的未到期的应收票据交付贴现银行兑收现金。此时，银行以信贷资金从企业(持票人)手中购入未到期的应收票据，银行将票据到期值扣除贴现息后的金额付给企业，而票据到期时，银行再向最初发票的债务人或背书人兑取款项。应收票据贴现贷款构成了企业的一项或有负债，因为当应收票据到期而付款人不能付款时，贴现银行对贴现企业具有追索权。

3）存货抵押贷款

由于存货的流动性较强，因此也可以作为短期借款的担保品。此时，企业对担保品的处置(如销售等)应事先得到银行的批准或授权，并将收回的货款交给银行，作为归还借款的一部分，直至借款还清。一般来说，比较标准化、具有较强的可变现性和稳定的价格、品质可靠不易损坏的存货项目更适合作为担保品，也更易为贷款人所接受。而专用性强、易烂易坏商品、价格波动剧烈的商品则不宜作为担保品。

小思考

试比较商业信用筹资和短期借款筹资的特点。

本章小结

营运资本管理主要包括流动资产和流动负债两个方面。营运资本管理政策包括营运资本投资政策和营运资本筹资政策，它们分别研究如何确定营运资本最佳投资需要量和如何筹集营运资本两个问题。主要营运资本项目管理包括现金管理、应收账款管理、存货管理及流动负债管理等内容。

企业持有现金主要出于交易动机、预防动机和投资动机，但过量持有现金又会导致企业盈利能力降低，为此必须确定最佳的现金持有金额。可以采用成本分析模式、存货模式、随机模式等。进行现金收支日常管理应做好四个方面的工作：一是力争现金流量同步，二是使用现金浮游量，三是加速收款，四是推迟应付账款的支付。

企业持有应收账款目的在于增加销售和降低存货占用，相应地要承担机会成本、管理成本、坏账成本。为此，企业在制定信用政策时，需要进行成本——效益分析。信用政策主要包括信用标准、信用条件、收账政策三方面内容。在应收账款的日常管理中，需要注意信用调查、信用评估、账龄分析、收账实务四个方面的内容。

企业持有存货可以保证生产和销售的正常进行，获取规模效益。相应的持有成本包括取得成本、储存成本、缺货成本。经济批量控制是最基本的存货定量控制方法，包括基本模型和一系列的扩展模型。存货的日常控制方法包括定额控制、分级归口控制、ABC 控制法、准时生产方式、制造资源计划和供应商管理库存等。

企业短期资本来源属于流动负债，主要包括商业信用和短缺借款。商业信用包括应付账款、应付票据、预收账款等，短期借款则包括无担保贷款和担保贷款两大类。

关键术语

营运资本　营运资本投资政策　营运资本筹资政策　现金　商业信用　信用政策　信用标准　取得成本　储存成本　缺货成本　ABC控制法　准时生产方式　制造资源计划　供应商管理库存　周转信用协议　补偿性余额

知识链接

供应链管理

供应链最早来源于彼得·德鲁克(Peter Drucker)提出的“经济链”，而后经由迈克尔·波特(Michael Porter)发展成为“价值链”，最终日渐演变为“供应链”。它的定义：“围绕核心企业，通过对信息流、物流、资金流的控制，从采购原材料开始，制成中间产品及最终产品，最后由销售网络把产品送到消费者手中。它是将供应商、制造商、分销商、零售商、直到最终用户连成一个整体的功能网链模式”。所以，一条完整的供应链应包括供应商(原材料供应商或零配件供应商)、制造商(加工厂或装配厂)、分销商(代理商或批发商)、零售商(大卖场、百货商店、超市、专卖店、便利店和杂货店)及消费者。

供应链管理的目标是在满足客户需要的前提下，对整个供应链(从供货商、制造商、分销商到消费者)的各个环节进行综合管理，如从采购、物料管理、生产、配送、营销到消费者的整个供应链的货物流、信息流和资金流，把物流与库存成本降到最小。

常见的供应链管理方法：

(1) 快速反应(quick response，QR)，指物流企业面对多品种、小批量的买方市场，不是储备了“产品”，而是准备了各种“要素”，在用户提出要求时，能以最快速度抽取“要素”，及时“组装”，提供所需服务或产品。QR是美国纺织服装业发展起来的一种供应链管理方法。

(2) 有效客户反应(efficient consumer response，ECR)，它是1992年从美国的食品杂货业发展起来的一种供应链管理策略。也是一个由生产厂家、批发商和零售商等供应链成员组成的，各方相互协调和合作，更好、更快并以更低的成本满足消费者需要为目的的供应链管理解决方案。有效客户反应是以满足顾客要求和最大限度降低物流过程费用为原则，能及时做出准确反应，使提供的物品供应或服务流程最佳化的一种供应链管理战略。

习　　题

一、单项选择题

1. 企业为满足交易动机而持有现金，所需考虑的主要因素是(　　)。
   A. 企业销售水平的高低　　B. 企业临时举债能力的大小
   C. 企业对待风险的态度　　D. 金额市场投机机会的多少
2. 下列项目中，属于持有现金的机会成本的是(　　)。
   A. 现金管理人员工资　　C. 现金被盗损失
   B. 现金安全措施费用　　D. 现金的再投资收益
3. 在确定最佳现金持有量时，成本分析模式和存货模式均需要考虑的因素是(　　)。
   A. 持有现金的机会成本　　B. 固定性转换成本
   C. 现金短缺成本　　D. 现金保管费用

4. 用成本分析模式确定现金最佳持有量时，考虑的成本因素是(　　)。

A. 机会成本和短缺成本　　B. 机会成本和转换成本

C. 机会成本、短缺成本和转换成本　　D. 管理成本和转换成本

5. 在影响客户资信程度的因素中，(　　)是决定企业是否给予客户信用的首要因素。

A. 资本　　B. 抵押品　　C. 偿付能力　　D. 信誉

6. 下列各项中，属于应收账款机会成本的是(　　)。

A. 应收账款占用资金的应计利息　　B. 客户资信调查费用

C. 坏账损失　　D. 收账费用

7. 利用ABC管理法进行存货管理，应重点管理的存货是(　　)。

A. 数量最多的存货　　B. 金额最多的存货

C. 数量和金额均最多的存货　　D. 数量和金额居中的存货

8. 下列各项中，属于商业信用的筹资方式的是(　　)。

A. 应付职工薪酬　　B. 应交税费　　C. 应付股利　　D. 预收账款

二、判断题

1. 现金是变现能力最强、盈利水平最高的资产。(　　)

2. 由于现金的收益能力较差，企业不宜保留过多的现金。(　　)

3. 预防性现金需要是指置存现金以防发生意外的支付，它与企业现金流量的确定性及企业的借款能力有关。(　　)

4. 应收账款周转速度越快，一定量的资金所能维持的赊销额就越大，或者一定的赊销额所需要的资金就越少。(　　)

5. 企业持有的现金总额应为各种动机所需现金之和。(　　)

6. 收账政策的制定就是一个在增加的收账费用与减少的坏账损失、减少的应收账款机会成本之间进行权衡的过程。(　　)

7. 如果企业的实际收现率低于应收账款收现保证率，部分现金支出必然得不到应有保证。(　　)

8. 根据TC= $\sqrt{2KDK_c}$ 计算出来的成本，就是企业购进存货所需要花费的总成本。(　　)

9. 应收账款的存在推迟了现金流入时间，增加了坏账的可能性，因此，企业进行应收账款管理，应最大限度地减少应收账款。(　　)

10. 存货日常管理的目标是在保证生产经营正常进行的前提下，尽量减少库存，防止积压。(　　)

三、思考题

1. 企业营运资本投资和筹资政策有哪些？各有什么特点？

2. 企业持有现金的动机和目的是什么？

3. 应收账款的功能和成本是什么？

4. 信用政策包括哪些内容？确定信用标准应考虑哪些因素？

5. 什么是经济订货批量？确定经济订货批量时应考虑哪些相关成本？

6. 短期借款中担保贷款的主要种类有哪些？

四、计算题

1. 某公司2013年度预计的产品赊销净额为960万元，信用条件为“2/10，1/20，N/30”，估计有60%的客户将享受2%的折扣，30%的客户享受1%的折扣，10%的客户不享受折扣。该产品的变动成本率为70%，资金成本率为20%。

要求：计算该企业应收账款上占用资金的机会成本及该企业发生的折扣成本。

2. 某公司全年需耗用乙材料 36 000 千克，该材料采购成本为 200 元/千克，年储存成本为 16 元/千克，平均每次进货费用为 20 元。

要求：

(1) 计算本年度乙材料的经济进货批量。

(2) 计算年度乙材料经济进货批量下的相关总成本。

(3) 计算本年度乙材料经济进货批量下的平均资金占用额。

(4) 计算本年度乙材料最佳进货批次。

实际操作训练

1. 如果你是一家公司的财务总监，你认为应如何加强对公司现金的管理与控制？访问中国工商银行、招商银行、汇丰银行等相关银行网站，查询目前银行为公司提供的现金管理服务主要有哪些，你将如何利用银行提供的现金管理服务？在选择提供服务的银行时，你会考虑哪些因素？

2. 假设你是一家公司的财务顾问，你主张采取应收账款抵押借款筹资，还是应收账款让受借款筹资？并分析原因。请登录相关网站，查询短期借款过程中，贷款人对作为担保品的应收账款、存货的相关要求。

案例分析

四川长虹电器股份有限公司(以下简称长虹)是 1988 年 6 月由国营长虹机器厂独家发起并控股成立的股份制试点企业；同年 7 月经中国人民银行绵阳市分行批准向社会公开发行普通股 3 600 万元。1994 年 3 月 11 日，四川长虹在上海 A 股上市，每股发行价 1 元，但上市首日开盘价达到 16.80 元，收盘为 19.69 元。在 1997 年 5 月一度达到 66.18 元的历史最高位。作为国家“一五”期间的 156 项重点工程之一，长虹的净资产从 3950 万元迅猛扩张到 133 亿元，成为“中国彩电大王”，长虹品牌也成为全国驰名商标。

1. 长虹应收账款的总体趋势

应收款项居高不下一直是严重困扰家电行业上市公司的主要问题之一，长虹也存在着应收账款居高不下的隐患。上市之初，长虹的利润连年快速增长，然而在利润高速增长的背后，应收账款也迅速增加，并且应收账款周转率逐年下降。巨额应收账款的存在，大幅度减少了经营活动的现金流量净额，增加了企业的经营风险和财务风险。

2. 遭遇 Apex 陷阱

从 1998 年开始，彩电价格战愈演愈烈，使得彩电业的利润很快被稀释掉，而且市场上已出现了供大于求的局面。此时，四川长虹的经营业绩开始直线下降，1998 年、1999 年、2000 年的净利润分别为 20 亿元、5.3 亿元和 2.7 亿元。

为遏制经营业绩的下滑及由此而带来的股价下跌，2001 年 2 月，原长虹集团总经理倪润峰再度出山，选择了走海外扩张之路，力求成为“全球彩电霸主”，欲为长虹寻找一个新的利润来源。

数次赴美考察后，长虹与美国 Apex 公司进行了商谈。长虹自 2001 年 7 月开始将彩电发向海外，由 Apex 公司在美国直接提货。然而彩电发出去了，货款却未收回。按照出口合同，接货后 90 天内 Apex 公司就应该付款，否则长虹方面就有权拒绝发货。然而，长虹一方面提出对账的要求，一方面继续发货，直到 2004 年年初，长虹又发出了 3 000 多万美元的货给 Apex 公司。而且，在长虹的海外销售额中，Apex 公司作为长虹对美出口最大的经销商，一直占有较高的比例(见表 7-11)。

表 7-11 长虹 2001—2004 年海外销售情况 单位：亿元

年份	主营业务收入	海外销售额	Apex 销售金额	Apex 回款金额	Apex 应收账款余额	Apex 销售额占海外销售额比例	应收 APex 销售余款占当年海外销售额比例
2001	95.15		3.47		3.47		
2002	125.85	55.41	50.65	15.75	38.29	91.41%	69.10%
2003	141.33	50.38	35.18	29	44.51	69.83%	88.34%
2004	115.38	28.71	2.95	9.04	38.37	10.28%	133.65%

从表 7-11 中可看出，来自 Apex 的长期拖欠款使长虹的应收账款年年创出新高。应收账款在主营业务收入中的比例也与年俱增。截至 2003 年年底，应收账款的期末余额高达 50.84 亿元。而在这笔巨额应收账款中，仅来自 Apex 公司一家的欠款就高达 44.51 亿元。大量的应收账款集中于一家经销商，其风险不言而喻。而在 2002 年年报时，Apex 公司拖欠长虹的货款金额为 38.29 亿元，当时就已经受到市场很大的质疑，而公司 2003 年年报应收 Apex 公司的欠款不仅比年初时增加了 6.2 亿元，同时还出现了 9.34 亿元账龄在 1 年以上的欠款。长虹虽已经为此计提了 9 338 万元的坏账准备，但应收账款给公司带来的风险已经开始显现。

终于，在 2004 年 12 月 28 日，长虹发布了年度预亏提示性公告。在公告中首次承认，受应收账款计提和短期投资损失的影响，预计 2004 年度将出现大的亏损。同时还承认，全额收回美国经销商 Apex 公司的欠款存在较大困难。2005 年 4 月，长虹披露的年报报出上市以来的首次亏损，2004 年全年实现主营业务收入 115.39 亿元，同比下降 18.36%。全年亏损 36.81 亿，每股收益－1.701 元。截至 2004 年年底，公司对 Apex 公司所欠货款按个别认定法计提坏账准备的金额约 25.97 亿元，该项会计估计变更对 2004 年利润总额的影响数约 22.36 亿元。同时，截至年报披露日，公司逾期未收回的理财本金和收益累计为 1.83 亿元。

同时，在 2004 年 12 月 14 日，长虹以与 Apex 公司于 2004 年 10 月签订的一系列协议为据，向美国加利福尼亚州洛杉矶高等法院申请临时禁止令，要求禁止 Apex 转移资产及修改账目。长虹在上报法院的资料中称，按照“协议”，Apex 公司共欠长虹 4.72 亿美元货款。自此开始了漫长的追讨历程。

截至 2006 年 4 月 22 日，长虹发布信息披露，已于 2006 年 4 月 11 日与美国 Apex 公司及季龙粉三方签署协议，约定 Apex 公司承担对长虹的 1.7 亿美元(约 13.6 亿元)债务，三方由此终止在美国的所有诉讼。

“Apex 事件”让长虹经历了上市以来的 36.81 亿元的首次巨亏，但在充分释放了风险后，2005 年，四川长虹实现主营业务收入 150.61 亿元，比 2004 年同期增长 30.53%；净利润 2.85 亿元，比 2004 年同期增长 107.74%。2006 年实现净利润 3.10 亿元，比 2005 年增长 7.32%。同时，2006 年 12 月，长虹发布资产置换关联交易公告透露，上市公司将对美国 Apex 公司的 4 亿元债权和近 12 亿元存货悉数甩给母公司。长虹将长虹商标和土地使用权置入上市公司进行资产置换，将促进上市公司灵活实施品牌战略，提升品牌溢价能力。

根据案例所提供的资料，试分析：

1. 长虹的应收账款管理中存在什么问题？
2. 长虹可以从哪些方面改善公司的营运资金管理？
3. 结合本案例，分析加强应收账款管理对于企业有何重要意义？

第8章 收益分配管理

教学要点

知识要点	掌握程度	相关知识	应用方向
利润分配基础	了解	利润分配的程序和原则，以及影响因素	利润分配管理的相关法律规定
股利分配理论	熟悉	股利相关论、股利无关论	企业股利分配政策的选择与企业价值之间的关系
股利政策	重点掌握	固定增长股利政策、固定股利支付率政策、剩余股利政策、低正常股利加额外股利政策	企业实现的净利润多大比例用于股利分配，分配的形式如何选择
股票分割和股票回购	了解	股票分割和股票回购的基本原理及法律规定	股票分割与股票回购对公司及股东的影响

导入案例

花旗集团股利决策案例

花旗集团是花旗银行的母公司，由于巨额房地产贷款损失和一些其他问题，于1991年宣布暂停其股利支付。新闻报道透露银行监管者开始着手结束银行的监管活动，并迫使花旗银行暂停股利支付，直到它的资本复原。到1993年，花旗集团的状况大为改善。

从1990年年末到1993年年末，该集团控制的资本从160亿美元升至235亿美元并且其第一层杠杆资本比率达到6.8%(最低要求为4%)。现在花旗集团正在考虑重新开始支付股利。

在暂停股利支付前两年，花旗集团的股利分配方案见表8-1。

花旗集团过去数年的每股盈余和1994年4月以后数年的预期每股盈余见表8-2。

花旗集团在重新确定现金股利时需要考虑可比同类银行的股利政策。表8-3提供了它所考虑的一些信息。

表 8-1 花旗集团的股利分配方案

季　度	股利分配方案/美元	季　度	股利分配方案/美元
1990(1)	现金股利 0.405	1991(1)	现金股利 0.25
1990(2)	现金股利 0.445	1991(2)	现金股利 0.25
1990(3)	现金股利 0.445	1991(3)	现金股利 0.25
1990(4)	现金股利 0.445	1991(4)	暂停支付(1991 年 10 月 15 日)

表 8-2 历年每股盈余

年　份	1988	1989	1990	1991	1992	1993	1994	1995	1996
每股盈余/美元	4.87	1.16	0.57	−3.22	1.35	3.53	6.00	6.50	7.50

表 8-3 同类银行的股利政策

银　行	净值与资产比率			股利支付率			股利收益率
	1991 年	1992 年	1993 年	1991 年	1992 年	1993 年	
花旗银行	4.4%	5.2%	6.5%	—	—	—	—
纽约银行	7.4%	8.6%	8.9%	131%	36%	32%	1.7%
美国商业银行	7.0%	8.6%	9.2%	25%	31%	29%	4.1%
银行家信托公司	5.3%	5.3%	4.9%	34%	33%	26%	5.1%
大通银行	5.5%	6.8%	8.0%	38%	35%	63%	4.1%
化工银行	5.2%	7.1%	7.4%	955%	31%	24%	4.2%
摩根银行	5.9%	6.9%	7.4%	36%	32%	29%	4.3%
国民银行	5.9%	6.6%	6.3%	195%	33%	33%	4.0%

注：股利收益率＝4×最近一季季度股利/每股价格。

思考题：

1. 你认为在 1994 年春季，当花旗集团宣告发放现金股利时，市场将如何反应？这一信息传递可信吗？

2. 根据已有信息，你建议花旗集团应采用多高的股利支付率？如果你需要做出更有把握的推荐，还须增加了解哪些信息？

3. 假定花旗集团的股票价格为 39 美元，如果该公司希望它的股票能提供“平均股利收益率”，那么它应宣告的每季股利是多少？

4. 花旗集团应宣告现金股利吗？如果应该，你建议应为多少？

8.1 收益分配概述

企业收益分配是指企业对实现的净利润的分配，其实质是确定给投资者分红与企业留存收益的比例，它关系着国家、企业、职工及所有者等各方面的利益，必须严格按照国家的法律和制度执行。广义的收益分配是指对企业的收入和利润进行分配的过程；狭义的收益分配则是指对企业净利润的分配。本节所讨论的收益分配是指净利润的分配，即狭义的收益分配。

8.1.1 收益分配的原则和程序

1. 收益分配的原则

收益分配要兼顾与企业有关的相关各方利益。因此，在进行利润分配时应遵循以下原则。

1）依法分配原则

企业的收益分配必须依法进行，《公司法》、《企业财务通则》等明确规定了企业利润分配时的法律规章制度，这些法规规定了企业收益分配的基本要求、一般程序和重大比例，企业应认真执行，不得违反。

2）资本保全原则

企业的收益分配必须以资本的保全为前提。企业的收益分配是对投资者投入资本的增值部分所进行的分配，不是投资者资本金的返还。把企业的资本金进行分配，属于一种清算行为，而不是收益的分配。企业必须在有可供分配留存收益的情况下进行收益分配，只有这样才能充分保护投资者的利益。

3）兼顾各方面利益原则

收益分配是利用价值形式对社会产品的分配，直接关系到有关各方的切身利益。除依法纳税以外，投资者作为资本投入者、企业所有者，依法享有利润分配权。职工作为利润的直接创造者，除了获得工资及奖金等劳动报酬外，还要以适当方式参与净利润的分配。企业进行收益分配时，应统筹兼顾，合理安排，维护投资者、企业与职工的合法权益。

4）分配与积累并重原则

企业进行收益分配，应正确处理长远利益和近期利益的辩证关系，将两者有机地结合起来，坚持分配与积累并重。企业通过内部积累不仅为扩大再生产筹措了资金，同时也可增强抵抗风险的能力，提高经营的安全系数和稳定性，也有利于增加所有者的回报，还可以达到以丰补歉、平抑利润分配数额波动幅度、稳定投资报酬率的效果。

5）投资与收益对等原则

企业分配收益应当体现“谁投资谁受益”、受益大小与投资比例相适应，即投资与受益对等原则，这是正确处理投资者利益关系的关键。投资者因其投资行为而享有收益权，并且其投资收益应同其投资比例相等。这就要求企业在向投资者分配利益时，应本着平等一致的原则，按照各方投入资本的多少来进行分配。

2. 收益分配的程序

按照《公司法》等法律、法规的规定，企业当年实现的利润总额，应按照国家有关规定做相应调整后，依法缴纳所得税，然后按下列顺序分配。

1）弥补以前年度亏损

我国法律规定，企业发生的年度亏损，可以用下一年度的税前利润进行弥补；下一年度利润不足弥补的，可以用未来5年内的所得税税前利润延续弥补；延续5年未弥补完的亏损，用缴纳所得税之后的利润弥补。税后利润弥补亏损的资金有未分配利润和盈余公积金。企业未清算之前，注册资本和资本公积金不能用于弥补亏损。

2）提取法定盈余公积金

按照《公司法》等法律、法规的规定，法定公积金的提取比例为当年税后利润(弥补以前年度亏损后)的10%，法定公积金达到注册资本的50%时，可不再提取。公司提取的法定盈余公积金可用于弥补亏损和增加企业的注册资本。

3）提取任意公积金

企业从税后利润中提取法定公积金后，经股东会或者股东大会决议，还可以从税后利润中提取任意公积金。其目的是为了控制向投资者分配利润的水平，以及调整各年利润分配的波动，任意公积金计提的基数与盈余公积金计提基数相同，计提比例由股东大会自主确定。

4）向投资者分配利润或股利

净利润扣除上述项目后，再加上以前年度的未分配利润，即为可供普通股分配的利润，企业应按“同股同权、同股同利”的原则，向普通股股东支付股利。如企业以前年度长期亏损而未向股东分配股利，可以在用盈余公积弥补亏损后，经股东大会特别决议，可按照不超过股票面值6%的比率用盈余公积支付股利，但支付股利后留存的盈余公积不得低于公司注册资本的25%。

8.1.2 收益分配政策的定义及基本理论

1. 定义

收益分配政策是指管理当局对收益分配相关事项所做出的方针和策略，对股份公司而言，称为股利政策。收益分配政策实际上是对税后利润的分配政策，正确的收益分配在一定程度上决定企业对外再筹资能力，决定企业市场价值的大小。

2. 股利分配基本理论

股利分配作为公司收益分配的一个重要方面，无疑应服从收益分配目标，即体现公司价值最大化的要求，然而，有关股利分配是否影响公司价值问题，理论界存在着不同观点：一种观点认为股利分配政策的选择不影响公司价值，即股利无关论；另一种观点则认为股利分配政策的选择会影响公司价值，即股利相关论。

1）股利无关论

1961年，美国财务专家米勒和莫迪利亚尼在发表的论文中提出了股利无关学说，因而被称为MM理论。股利无关论认为，在一定假设条件确定下，股利政策不会对公司的价值或股票的价格产生影响，即股利政策与公司价值无关，企业的价值完全是由企业本身的未来获得能力和风险水平所决定的，它取决于企业的投资政策，而不是股利分配比例的高低。在企业当期实现利润一定的情况下，如果企业发放较高的股利给股东，为了保持目标资本结构，企业就不得不发行更多的股票，使支付股利对股票价格所产生的积极影响完全被增发股票的代价所抵消。对投资者而言，即使企业不发放股利，投资者也完全可以靠出售部分股票的方式来套取现金。因此，股东对股利和资本利得无任何偏好。

股利无关论是建立在“完美且完全的资本市场”这一严格假设前提基础上的，这一假设包括：①市场无摩擦，即不存在交易成本或者交税；②所有的参与者对于资产价格、利率及其他经济要素都具有相同的预期；③市场的进入与退出是自由的；④信息是无成本的，并且可以同时传递给所有的市场参与者；⑤拥有大量的市场参与者，没有任何人占据支配地位。但现实的资本市场并不像股利无关论所描述的那样完善，且构成该理论的主要假设都缺乏现实性，因而又出现了与之相反的理论——股利相关论。

2）股利相关论

股利相关论认为，公司的股利政策会影响到股票价格。该理论的流派较多，主要观点包括以下几种。

（1）股利重要论。

股利重要论又称“一鸟在手”理论，这一理论来源于英国的格言“双鸟在林，不如一鸟在手”，由麦伦·戈登(Myron Gordon)和约翰·林特纳(John Linter)首次提出。该理论认为用留存收益再投资带给投资者的收益具有很大的不确定性，并且投资风险随着时间的推移将进一步增大。因此，投资者更喜欢现金股利，而不大喜欢将利润留给公司。这是因为，对投资者来说，现金股利是“在手之鸟”，而公司留利则是“林中之鸟”，随时都可能飞走；在投资者的眼里，股利收入要比由留存收益带来的资本收益更可靠，所以投资者更愿意投资派发高股利的股票，从而导致该类股票价格上涨。

（2）信息效应理论。

信息效应理论认为，支付股利是在向投资者传递企业的某种信息，因为投资者与企业管理者存在明显的信息不对称。市场通常将股利增长看做利好消息，这意味着公司有较好的前景。相应地，股利降低通常认为是不好的消息，意味着公司的前景令人沮丧。因此，发放高现金股利的股票一般会受到投资者的青睐，股票价格相应会上涨。反之，发放低现金股利或不发放现金股利的股票，往往受到投资者的质疑，并被认为企业盈利能力差或未来的经营前景不好，以致投资者抛售股票，从而使股票价格下降。

（3）代理理论。

代理理论认为，公司发放现金股利需要在资本市场上筹集资金，所以高股利支付率可以迫使公司接受资本市场的监督，从而在一定程度上降低代理成本。现代企业中，所有者与经营者之间是一种委托代理关系，股利政策有助于减缓管理者与股东之间，以及股东与债权人之间的代理冲突。股利政策对管理者的这种约束体现在两个方面：首先，从投资角度来看，当公司存在大量自由现金时，管理者通过股利发放不仅减少了因过度投资而浪费资源，而且有助于减少管理者潜在的代理成本，从而增加公司价值(这样可解释股利增加与股价变动正相关的现象)；其次，从融资角度来看，公司发放股利减少了内部融资，导致进入资本市场寻求外部融资，从而可以经常接受资本市场的有效监督，这样通过加强资本市场的监督而减少代理成本。因此，在投资规模一定的前提下，公司发放的现金股利越多，需要在资本市场上筹集的资金也越多，高股利支付率迫使公司接受资本市场的监督，从而在一定程度上降低代理成本。

(4) 税收效应理论。

税收效应理论认为，投资者获取现金股利和资本利得需要缴纳相应的税收，当两者的税负存在显著差异时，税负差异会成为影响股利形式的相当重要的因素。在许多国家的税法中，长期资本利得率要低于股利收益税率，投资者自然喜欢公司少支付股利而将较多的收益留下来作为再投资使用，以期提高股票价格，把股利转化为资本利得。同时，为了获得较高的预期收益，投资者愿意接受较低股票必要报酬率。根据这种理论，只有采取低股利和推迟股利支付的政策，才有可能使公司的股价上涨。

在现实环境中，公司的股利分配政策受到多种因素的影响，而股利相关论的几种观点都只是从某一特定角度来解释股利政策和股价之间的关系，所以分析都不够全面。

8.1.3 收益分配政策影响因素

收益分配政策的确定受到各方面因素的影响，一般来说，应考虑的主要因素有以下几方面。

1. 法律法规因素

为了保护债权人和股东的利益，国家有关法规，如《公司法》对企业利润分配予以一定的硬性限制。这些限制主要体现为以下几个方面。

1) 资本保全约束

资本保全是企业财务管理应遵循的一项重要原则。它要求企业发放的股利或投资分红不得来源于原始投资(或股本)，而只能来源于企业当期利润或留存收益。资本保全的目的是为了防止企业任意减少资本结构中所有者权益(股东权益)的比例，以维护债权人的利益。

2) 资本积累约束

资本积累约束要求企业在分配收益时，必须按一定的比例和基数提取各种公积金。只有当公司提取的公积金累计数额达到注册资本的50%时才可以不再计提。这一规定的目的是增加企业抵御风险的能力，维护投资者的利益。另外，它要求在具体的分配政策上，贯彻“无利不分”原则，即当企业出现年度亏损时，一般不得分配利润。

3) 偿债能力约束

偿债能力是指企业按时足额偿付各种到期债务的能力。现金股利需用企业现金支付，而大量的现金支出必然影响企业的偿债能力。因此，企业在确定股利分配数量时，一定要考虑现金股利分配对企业偿债能力的影响，如果企业已经无力偿还债务或因发放股利将极大地影响企业的偿债能力，则不能分配股利。

4) 超额累积利润约束

由于资本利得与股利收入的税率不一致，投资者接受股利缴纳的所得税要高于进行股票交易的资本利得所缴纳的税金，企业通过积累利润来提高其股票价格，则可使股东避税。有些国家的法律禁止企业过度积累盈余，如果一个企业的盈余积累大大超过企业目前及未来投资的需要，则可看做过度保留，将被加征额外的税款。我国法律目前对此尚未做出规定。

2. 公司因素

公司的生产经营需要不断地进行筹资、投资，尤其是现金流量的质量对公司的生存至关重要。因此，收益分配对公司经营意义重大，需要考虑以下自身因素来确定收益分配政策。

1）资产的流动性

保证企业正常的经营活动所需的现金是确定利润分配政策的最重要的限制因素。企业资金的正常周转，如同人体中的血液，对企业生产经营至关重要。因为现金股利支付是一项较大的现金流出，过度的股利分配将会影响到维持企业正常生产经营所必需的资产流动性。企业在进行利润分配时，必须充分考虑企业的现金流量，而不仅仅是企业的净收益。因此，如果企业的资产流动性差，即使收益可观，也不宜分配过多的现金股利。

2）未来投资机会

企业的收益分配政策受其未来投资需求的影响。如果企业拥有较多的投资机会，而且投资收益大于投资者期望收益率时，那么它往往倾向于将应分配的收益用于再投资，减少分红数额。如果企业缺乏良好的投资机会，那么保留大量盈余只会造成资金的闲置，可适当增大分红数额。因此，处于成长中的企业多采取低股利的政策，而陷于经营收缩的企业多采取高股利政策。

3）举债能力

企业收益分配政策受其举债能力的限制。如果企业具有较强的筹资能力，随时能筹集到所需资金，那么企业实现的利润就可以更多地向所有者分配；而对于一个筹资能力较弱的企业而言，宜保留较多的盈余。

4）资产的流动性

企业现金股利的支付能力，在很大程度上受其资产变现能力的限制。企业资产的流动性低，就缺乏充足的现金用于利润分配。如果一个企业的资产有较强的变现能力，现金的来源较充裕，则其股利支付能力也比较强。

5）盈利的稳定性

企业的利润分配政策在很大程度上会受其盈利稳定性的影响。一般来讲，一个企业的盈利越稳定，则其股利支付水平也就越高。

6）筹资成本

留存收益是企业内部筹资的一种重要方式，它同发行股票或举债相比，具有成本低的优点。因此，很多企业在确定利润分配政策时，往往将留存收益作为首选的筹资渠道，特别是在负债资金较多、资本结构欠佳的时期。

3. 股东因素

企业的一个重要的财务目标就是实现股东财富的最大化。因此，在制定收益分配政策时，必须充分考虑大部分股东的意愿，股东在收入、控制权、税赋、投资机会等方面的考虑会对企业的收益分配政策产生影响。

1）收入的稳定性

有的股东依赖企业发放的现金股利维持生活，他们往往要求企业能够支付稳定的股利，反对企业留存过多的收益。另外，有些股东认为凭借留存利润使企业股票价格上升而获得资本利得，具有较大的不确定性，取得现实的股利比较可靠。因此，这些股东也会倾向于多分配股利。

2）控制权的稀释

企业的留存收益是其内部融资的重要渠道之一，如果将大部分的盈利以股利的形式发放出去，当企业为有利可图的投资机会筹集所需资金，而外部又无适当的筹资渠道可以利用时，可能会有新的股东加入到企业中来，而打破目前已经形成的控制格局，就有可能导致现有股东的控制权被稀释。因此，这些公司的股东往往会将股利政策作为维持其控制地位的工具，通过限制股利的支付，保留较多的盈余而避免增发新股，以便从内部的留存收益中取得所需资金。

3）纳税因素

企业的股利政策会受股东对税赋因素考虑的影响。一般来讲，股利收入的税率要高于资本利得的税率，很多高收入的股东会由于对税赋因素的考虑而偏好低股利支付水平，以便从股价上涨中获利。

4）股东的投资机会

股东的外部投资机会也是企业制定分配政策必须考虑的一个因素。如果企业将留存收益用于再投资的所得报酬低于股东个人单独将股利收入投资于其他投资机会所得的报酬，则股东会倾向于企业多发放股利给股东。

4. 债务合同与通货膨胀

1）债务合同

为了保证自己的利益不受损害，债权人通常都会在企业借款合同、债券契约，以及租赁合约中加入关于借款企业股利政策的条款，以限制企业股利的发放。这些限制条款经常包括以下几个方面：①未来的股利只能以签订合同之后的收益来发放，即不能以过去的留存收益来发放股利；②营运资金低于某一特定金额时不得发放股利；③将利润的一部分以偿债基金的形式留存下来；④利息保障倍数低于一定水平时不得发放股利。确立这些限制性条款的目的在于，促使企业把收益的一部分按有关条款要求的特定形式(如偿债基金等)进行再投资，以扩大企业的经济实力，从而保障借款的如期偿还，维护贷款人的利益。

2）通货膨胀

通货膨胀会带来货币购买力水平下降及固定资产重置资金来源不足，此时，企业往往不得不考虑留用一定的利润，以便弥补由于货币购买力水平下降而造成的固定资产重置资金缺口。因此，在通货膨胀时期，企业一般会采取偏紧的利润分配政策。

8.2 收益分配政策的类型及方案的确定

8.2.1 收益分配政策类型

收益分配政策是为指导企业收益分配活动而制定的一系列制度和策略，主要包括股利支付水平及股利分配方式等内容。收益分配政策不同，会影响到企业当期现金流量和内部筹资的水平，并影响到企业筹资方式的选择。在理财实践中，公司经常采用的利润分配政策主要有固定股利或稳定增长的股利政策、固定股利支付率政策、剩余股利政策、低正常股利加额外股利政策 4 种。

1. 固定股利或稳定增长的股利政策

1）概念

固定股利或稳定增长的股利政策是指公司将每年派发的股利额长期维持在某一特定水平或是在此基础上维持某一固定比率，并逐年稳定增长。这种股利政策短期看股利支付具有固定性，长期看股利支付具有稳定增长性，因而又称阶梯式的股利政策。只有在确信公司未来的盈利增长不会发生逆转时，才会宣布实施固定或稳定增长的股利政策。采用该政策的依据是股利重要理论和信号效应理论。

2）固定股利或稳定增长股利政策的评价

（1）固定股利或稳定增长股利政策的优点。

固定股利或稳定增长股利政策对稳定股价有利，具体来说优点如下。

首先，稳定的股利向市场传递着公司未来经营前景将会更好的信息，有利于公司树立良好的形象，消除投资者内心的不确定性，增强投资者信心，进而有利于稳定公司股价。

其次，有利于投资者安排收入与支出，稳定的股利尤其吸引那些打算做长期投资的股东，这部分股东希望其投资的获利能够成为其稳定的收入来源，以便安排各种经常性的消费和其他支出。

最后，有助于预测现金流出量，便于公司资金调度和财务安排。

（2）固定股利或稳定增长股利政策的缺点。

首先，股利的支付与盈余相互脱节。由于要求保持一个固定的股利支付水平，因此，容易给企业的财务运行带来压力，不能体现多盈多分、少盈少分的一般分配原则。当公司盈余较低时，稳定不变的股利可能会成为公司的一项财务负担，导致公司资金短缺，财务状况恶化，从而影响公司的发展。

其次，该政策没有考虑未来的投资机会，若企业资金短缺，留存收益不足以满足投资需要，企业必须以外部融资方式筹集资金，造成资金成本较高。

采用固定或稳定增长的股利政策，要求公司对未来的盈利和支付能力做出较准确的判断。一般来说，公司确定的固定股利额不应太高，要留有余地，以免陷入公司无力支付的被动局面。固定或稳定增长的股利政策一般适用于经营比较稳定或正处于成长期的公司，且很难被长期采用。

2. 固定股利支付率政策

1）概念

固定股利支付率政策是指公司将每年净收益的某一固定百分比作为股利分派给股东。这一百分比通常称为股利支付率。固定股利支付率越高，公司留存的净收益比重越少。在这一股利政策下，只要公司的税后利润一经计算确定，所派发的股利也就相应确定了，各年股利支付额随企业经营状况的好坏而上下波动。固定股利支付率政策的理论依据是股利重要理论。

2）固定股利支付率政策的评价

(1) 固定股利支付率政策的优点。

由于保持了股利与利润之间的一定比例关系，股利与公司盈余紧密地配合，体现了多盈多分、少盈少分、无盈不分的股利分配原则，因此，该政策做到了风险投资与风险收益对等，公平地对待每一位股东。

(2) 固定股利支付率政策的缺点。

① 不利于树立公司良好的形象。大多数公司每年的收益很难保持稳定不变，如果公司每年收益状况不同，固定支付率的股利政策将导致公司每年股利分配额的频繁变化。而波动的股利向市场传递的信息就是公司未来收益前景不明确、不可靠等，很容易给投资者带来公司经营状况不稳定、投资风险较大的不良印象。

② 容易使公司面临较大的财务压力。因为公司实现的盈利越多，一定支付比率下派发的股利就越多，但公司实现的盈利多，并不代表公司有充足的现金派发股利，只能表明公司盈利状况较好而已。如果公司的现金流量状况并不好，却还要按固定比率派发股利的话，就很容易给公司造成较大的财务压力。

③ 缺乏财务弹性。股利支付率是公司股利政策的主要内容，模式的选择、政策的制定是公司的财务手段和方法。在不同阶段，根据财务状况制定不同的股利政策，会更有效地实现公司的财务目标。但在固定股利支付率政策下，公司丧失了利用股利政策的财务方法，缺乏财务弹性。

④ 合适的固定股利支付率的确定难度大。固定股利支付率如果确定得较低，不能满足投资者对现实股利的要求；如果确定得较高，则企业发展需要大量资金时，又要受其制约。

由于该种政策缺乏财务弹性，实务中，采用固定股利支付率政策的企业较少，该政策只是比较适用于那些处于稳定发展且财务状况也较稳定的公司。

3. 剩余股利政策

1）概念

剩余股利政策是指在公司有良好的投资机会时，根据一定的目标资本结构(最佳资本结构)，测算出投资所需要的权益资本，先从盈余当中留用，然后将剩余的盈余作为股利予以分配。剩余股利政策的理论依据是MM股利无关理论。

2）剩余股利政策的基本步骤

(1) 确定目标资本结构(最优资本结构)，根据公司的投资计划确定公司的最佳资本预算。

(2) 根据公司的目标资本结构及最佳资本预算预计公司资金需求中所需要的权益资本数额。

(3) 尽可能用留存收益来满足资金需求中所需增加的股东权益数额。

(4) 留存收益在满足公司股东权益增加需求后，如果有剩余再用来发放股利。

在这种分配政策下，投资分红额(股利)成为公司新的投资机会的函数，随着投资资金的需求变化而变化。只要存在有利的投资机会，就应当首先考虑其资金需要，然后再考虑公司剩余收益的分配需要。

知识要点提醒

剩余股利政策中的“剩余”是指首先满足最优资本结构下的投资项目资金需求后的剩余盈利，不是指“已提取公积金的税后净利全部满足投资项目的需求后的剩余盈利”。

【例 8-1】天元公司 2012 年度提取了公积金后的净利润为 1 000 万元，第二年的投资计划所需资金 800 万元，该公司的目标资金结构为自有资金占 60%，借入资金占 40%。按照目标资金结构的要求，该公司投资所需的自有资金数额为

$$800\times60\%=480(\text{万元})$$

按照剩余政策的要求，该公司当年可向投资者分红数额为

$$1\ 000-480=520(\text{万元})$$

假设该公司当年流通在外的普通股为 100 万股，则每股股利为

$$520/100=5.2(\text{元/股})$$

3) 剩余股利政策的评价

剩余股利政策的优点：留存收益优先保证再投资的需要，从而有助于降低再投资的资金成本，保持最佳的资本结构，实现公司价值的长期最大化。

剩余股利政策的缺点：如果完全执行剩余股利政策，股利发放额就会每年随投资机会和盈利水平的波动而波动。即使在盈利水平不变的情况下，股利也将与投资机会的多寡呈反方向变动：投资机会越多，股利越少；反之，投资机会越少，股利发放越多。而在投资机会维持不变的情况下，股利发放额将因公司每年盈利的波动而同方向波动。剩余股利政策不利于投资者安排收入与支出，也不利于公司树立良好的形象。

在实际工作中，很少有企业长期奉行剩余股利政策。通常是那些处于初创时期的企业，在确保投资机会的预计报酬高于投资者必要报酬率并且政策的实施能为投资者所接受时才采用剩余股利政策。

4. 低正常股利加额外股利政策

1) 概念

低正常股利加额外股利政策是指公司事先设定一个较低的正常股利额，每年除了按正常股利额向股东发放现金股利外，还在公司盈利情况较好、资金较为充裕的年度向股东发放高于每年度正常股利的额外股利。低正常股利加额外股利政策的依据是股利重要理论。

知识要点提醒

低正常股利额外股利政策事先确定的正常股利，通常数额较低；而额外发放的股利也需要根据企业经营的实际情况来确定发放的比例，该比例并不是固定不变的，有的年度可以定得高些，有的年度可以定得低些。

2）低正常股利加额外股利政策的优缺点

（1）优点。

首先，灵活性强，具有较大的财务弹性。由于该政策确定的正常股利数额较低，因此，在企业经营困难或投资所需资金量较大时，也能够保证按照事先确定的数额发放股利；当企业经营较好时，结合投资、筹资的资金需要，选择合适的额外发放股利比率，使公司在股利发放上具有很强的灵活性，能够在财务上保持较好的财务弹性。

其次，有助于企业树立良好的形象。由于公司保证即使在最差的经营情况下，也能够按照既定承诺的股利水平发放正常股利，投资者能保持一个稳定的收益，这有助于公司股票价格的稳定。而当经营状况允许发放额外股利时，额外股利信息的传递有助于公司股票价格的上涨，增强投资者的信心，因此，该政策有助于保护企业良好形象。

（2）缺点。

首先，由于年份之间公司的盈利波动使得额外股利不断变化，或时有时无，造成分派的股利不同，容易给投资者以公司收益不稳定的感觉。

其次，当公司在较长时期持续发放额外股利后，可能会被股东误认为是“正常股利”，而一旦取消了这部分额外股利，传递出去的信号可能会使股东认为这是公司财务状况恶化的表现，进而可能会引起公司股价下跌的不良后果。

低正常股利加额外股利政策实质是固定股利政策和固定股利支付率政策的折中政策，既吸收了固定股利政策对股东投资收益的保障优点，同时又能够使股利与盈利相结合，所以在资本市场上颇受投资者和公司的欢迎。

该股利政策一般适用于季节性经营公司或受经济周期影响较大的公司。

8.2.2 收益分配方案的确定

由于收益分配不但影响股东的利益，也会影响公司的正常运营及未来的发展，收益分配方案一旦确定，对企业的影响是重大的，因此，企业一定要做好收益分配方案的决策，综合考虑公司面临的各种具体影响因素，适当遵循收益分配的各项原则，以保证不偏离公司的目标。通常有以下几方面的内容。

1. 选择股利政策类型

由于各个企业自身的发展阶段不同、经济实力不同、经营业务性质不同，各种股利分配政策的适用范围不同，企业必须考虑诸多影响之后才能确定出应选择的股利分配政策。在选择适合企业股利分配政策时，尤其需注意企业所处的经营发展阶段，经营发展阶段与企业股利分配政策选择之间有一定的规律可循。

一般来讲，企业的经营发展分为初创阶段、快速发展阶段、稳定增长阶段、成熟阶段和衰退阶段。在不同阶段，企业所选择的股利分配政策不同。

(1) 初创阶段，由于企业的经济实力薄弱，获利能力不稳定，企业的经营风险较高，融资能力差，而在此阶段却往往需要较多的投资，因此，在征得投资者同意的情况下，最佳的股利分配政策选择应该为剩余股利政策。

(2) 快速发展阶段，尽管企业的获利能力增强，有较多的现金净流量，但处在此阶段的企业往往也是投资需求大量增加阶段，为了既能满足投资者投资回报的要求又能满足投资所需资金安排的要求，企业最好采用低正常股利加额外股利政策。

(3) 稳定增长阶段，企业的获利能力稳定增长，净现金流入量增加，但处在此阶段的企业投资需求却相对减少，所以为了避免造成过多留存收益的闲置，此阶段应采取固定或稳定增长股利政策。

(4) 成熟阶段，企业的获利水平稳定，在较长时间的经营过程中，企业此时通常都积累了一定的留存收益，企业的资本实力增强，基本不需要追加投资，而且融资能力较强，所以此阶段的企业可以采用固定股利支付率政策。

(5) 衰退阶段，企业的经营业务发展出现衰退，业务量锐减，企业的获利水平和现金流量水平都下降，企业开始着手新的项目投资策划，为了维持企业的资本结构和融资能力，此阶段的股利分配政策宜采用剩余股利政策。

2. 确定股利支付水平

股利支付水平通常用股利支付率来衡量。股利支付率是当年发放股利与当年净利润之比，或每股股利除以每股收益。股利支付率的制定往往使公司处于两难境地。低股利支付率政策虽然有利于公司对收益的留存，有利于扩大投资规模和未来持续发展，但显然在资本市场上对投资者的吸引力大大降低，进而影响公司未来的增资扩股。而高股利支付率有利于增强公司股票的吸引力，有助于公司在公开市场上筹措资金，但过高的股利分配率政策也会产生不利效果，使公司的留存收益减少，给公司资金周转带来影响，加重公司财务负担。

是否对股东派发股利及比率的高低，取决于公司对下列因素的权衡：①公司所处的成长周期；②公司的投资机会；③公司的筹资能力及筹资成本；④公司的资本结构；⑤股利信号传递功能；⑥贷款协议及法律限制；⑦股东偏好；⑧通货膨胀等因素。

3. 确定股利支付形式

股份有限公司支付股利的基本形式主要有现金股利、股票股利、财产股利和负债股利等，后两种方式应用较少。我国有关法律规定，股份制企业只能采用现金股利和股票股利两种方式。

1) 现金股利

现金股利是股份公司以现金的形式发放给股东的股利。这是最常用的股利支付方式。发放现金股利的多少主要取决于公司的股利政策和经营业绩。公司选择发放现金股利主要出于3个原因：投资者偏好、减少代理成本和传递公司的未来信息。公司采用现金股利形式时，必须具备两个基本条件：①公司要有足够的未指明用途的留存收益；②公司要有足够的可以支付的现金。

由于现金具有较强的流动性，且现金股利还可以向市场传递一种积极的信息，因此，现金股利的支付有利于支撑和刺激企业的股价，增强投资者的投资信心。

应用实例

1995年4月，金融家科克瑞恩(Cochrane)和克莱斯勒公司的前主席艾柯卡(Iacocca)提出要以55美元一股的价格收购克莱斯勒的普通股，这一举动使得整个金融界为之震惊。该收购的主要资金来源是负债，但这个出价颇有蹊跷之处。他们还计划使用克莱斯勒自有的55亿美元现金来为该收购融资。他们的出价使得什么是公司合适的现金流量，以及公司的财务经理应如何使得股东财富最大化方面的争论愈加激化。

在出价之时，克莱斯勒公司已积聚了超过70亿美元的现金余额。克莱斯勒公司的董事会认为，公司需要75亿美元左右的现金来渡过下一个经济衰退期，该目标显然符合股东的最大利益。然而克莱斯勒公司最大的股东科克瑞恩不同意这一点，他在当时拥有公司不足10%的发行在外股份(价值15亿美元)。他认为公司的现金余额过大，应当通过向股东返还现金的方式来加以削减。

为了了解科克瑞恩的思维角度，确定公司现金归谁所有非常关键，公司的董事会每个季度都会决定如何处置来自经营的多余现金。这些现金可以通过股利的方式发放给股东，也可以留存在企业。如果支付股利，便是流向股东的现金流量，如果将现金留在公司，这些钱仍然归属于股东，但事实上董事们通过增加净营运资本的方法使股东的资金再投资到了公司里。

争论的焦点是净营运资金的增加是否为股东提供了适当的回报。克莱斯勒公司的董事们认为现金能降低出现财务危机的概率，对于股东来说是有利的，然而，从科克瑞恩的角度来说，克莱斯勒公司的现金余额增加的同时，它的股价并没有上升。在1994年晚些时候，科克瑞恩说服了克莱斯勒公司的董事会，用公司的一些多余现金将公司的股利提高了60%，并且进行了一项10亿美元的股票回购活动，这两项措施均给股东带来了现金流入。尽管如此，克莱斯勒公司的现金余额在1995年早些时候依然上升，股票价格却在继续下跌。

科克瑞恩与克莱斯勒公司之间争夺控制权的斗争最终如何结束，并不能解决这一公司究竟应该持有多少现金这个更为普遍的论题，而且克莱斯勒公司并不是唯一拥有大量现金的公司。1995年4月，《华尔街日报》报道说克莱斯勒公司的现金持有量约等于其股票市场价值的30%，福特汽车公司为22%，英特尔公司为9%，这些公司已经为其股东再投资了大量的资金。这些积聚了大量现金余额的公司可能最终需要向一个重要的、有时会发表意见的群体——它们的股东——辩护自己的行为。

实例分析

克莱斯勒公司的财务管理目标是股东财富最大化；克莱斯乐的股利政策对公司市场价值将产生长远影响，因为积聚现金并不能增加股东的财富，更好的方法是让股东自行将现金进行再投资，最终实现股东财富最大化。

（资料来源：[美]道格拉斯·R. 爱默瑞 约翰·D. 芬尼特. 公司财务管理[M]. 北京：中国人民大学出版社，2007年.）

2）股票股利

股票股利是公司以增发股票的方式所支付的股利，我国实务中通常也称其为“红股”。由于股票股利是一种无形支付公司现金的股利支付方式，即以增发股票作为股利的代付手段，因而被上市公司广泛运用。从理论上讲，股票股利的发放只是导致公司的资金在股东权益账户之间进行转移，并没有使公司的资产流出公司，也没有增加公司的负债；同时对股东的个人财富也不产生直接的影响。

【例 8-2】 某公司 2012 年实现的净利润为 5 000 万元，资产合计 5 600 万元，年终利润分配前的股东权益项目资料见表 8-4。

表 8-4　年终利润分配前的股东权益项目资料　　单位：万元

项　　目	金　　额
股本——普通股(每股面值 2 元，400 万股)	800
资本公积金	320
未分配利润	1 680
所有者权益合计	2 800

2012 年度，该公司的分配方案：计划用企业的未分配利润派发 10%的股票股利，即按每 10 股送 1 股的方案发放股票股利，按照股票面值确定股票股利价格。

要求：

(1) 确定发放股票股利后的普通股股数和股本金额。

(2) 确定股票股利分配之后该企业股东权益的构成。

(3) 假定李某原持有该企业股票为 40 万股，计算其分配股票股利前后所持份额。

解：

(1) 发放股票股利后的普通股数＝400×(1＋10%)＝440(万股)

发放股票股利后的普通股本＝2×440＝880(万元)

(2) 企业的未分配利润分配股票股利即转增股本后，尚有未分配利润为

发放股票股利后的未分配利润＝1 680－40×2＝1 600(万元)

由于企业本分配年度没有将资本公积和盈余公积用以分配股票股利，因此，资本公积和盈余公积并没有变化，这样可以确定股票股利分配后该企业股东权益的构成，见表 8-5。

表 8-5　股票股利分配后企业股东权益　　单位：万元

项　　目	金　　额
股本——普通股(每股面值 2 元，440 万股)	880
资本公积金	320
未分配利润	1 600
所有者权益合计	2 800

发放股票股利后的资本公积金＝320(万元)

发放股票股利后的所有者权益总额＝2 800(万元)

(3) 李某分配股票股利之前所持股份额$=\frac{40}{400}\times 100\%=10\%$

李某分配股票股利股数＝40×10%＝4(万股)

李某分配股票股利后持股份额$=\frac{40+4}{440}\times100\%=10\%$

通过上例可以说明，由于该公司的净资产不变，而股票股利派发前后每一位股东的持股比例也不发生变化，因此，股东各自持股所代表的净资产也不会改变。

表面上来看，除了所持股数同比例增加之外，股票股利好像并没有给股东带来直接收益，事实上并非如此。理论上，派发股票股利之后的每股价格会成比例降低，保持股东的持有价值不变，但实务中这并非是必然的结果。因为市场和投资者普遍认为，公司发放股票股利往往预示着公司会有较大的发展和成长，这样的信息传递不仅会稳定股票价格甚至可能使股价不降反升。另外，如果股东把股票股利出售，变成现金收入，还会给他带来资本利得的纳税上的好处。因此，股票股利对股东来说并非像表面上看到的那样毫无意义。

对公司来讲，股票股利的优点主要有：①发放股票股利既不需要向股东支付现金，又可以在心理上给股东以从公司取得投资回报的感觉；②发放股票股利可以降低公司股票的市场价格，一些公司在其股票价格较高，不利于股票交易和流通时，通过发放股票股利来适当降低股价水平，促进公司股票的交易和流通；③发放股票股利，可以降低股价水平，如果日后公司将要以发行股票方式筹资，则可以降低发行价格，有利于吸引投资者；④发放股票可以传递公司未来发展前景良好的信息，增强投资者的信息；⑤股票股利降低每股市价的时候，会吸引更多的投资者成为公司的股东，从而可以使股权更为分散，有效地防止公司被恶意控制。

3）财产股利

财产股利是公司以现金之外的财产分配的股利。由于非现金资产不易分割，财产股利的分派形式受到很大限制，所以只有在股东为数不多的情况下，公司才采用财产股利形式。对于股东众多的大公司来讲，分派股利时实际分发给股东的非现金资产，主要是其持有的由别的公司发行的有价证券。财产股利具体包括：①实物股利，即发放给股东的实物资产或实物产品，它是用于额外股利的股利形式，这种方式不增加货币资金支出，但减少公司净值，不经常采用；②证券股利，最常见的财产股利是以其他公司的证券代替货币资金发放给股东的股息，由于证券流动性及安全性仅次于货币资金，投资者愿意接受；对公司来说，把证券作为股利发放给股东，既发放了股利，又实际保留了对其他公司的控制权。财产股利也会引起公司经济资源的流出，可能会影响公司的偿债能力和未来的发展。

公司采用财产股利支付形式，主要是出于以下几方面的原因：

（1）减轻公司现金支付压力。采用财产股利支付方式，不会增加公司的现金流出。

（2）保持公司股利政策的稳定性。当公司财务出现暂时困难，不支付股利会影响投资者对公司的信心，支付现金股利又缺少资金时，采用财产股利，可以保持公司股利政策的稳定性。

（3）保持公司对其他公司的控制权。当公司为达到对其他公司进行控制的目的，用大量现金购买其股票后，无多余现金发放股利，将所购股票作为股利发放给股东，有利于保持对其他公司的控制权。

财产股利也有缺点：一是不易为广大股东所接受，因为股东所持有股票的目的是为了获得现金收入，而不是为了分得实物；二是以实物支付股利会严重影响公司的形象，投资者会普遍认为公司的财务状况不好，资产变现能力下降，资金流转不畅，从而对公司的发展缺乏信心，由此导致股票市价的大跌。因此，这种支付形式是“不得已而为之”的形式。

4）负债股利

负债股利是公司通过建立一项负债来支付股息和红利。负债股利使股东又成为公司的债权人，公司资产总额不变，负债增加，资产净值减少。负债股利具体包括发行公司债券和本公司开出的票据两种办法。两者都是带息票据，并有到期日，对于股东来讲，到期还本收到货币股利的时间较长，但可以获得额外的利息收入。对于公司来讲，增加了支付利息的财务压力。因此，它只是公司已经宣布并必须立即发放股息而货币资金不足时所采用的一种权宜之策。负债股利通常采用应付票据支付。在不得已的情况下，有的公司也采用发行公司债券来抵付股利。负债股利虽然可以达到延期支付的目的，使公司能够在一定时期内运用这部分资金，但公司由此也承担了一项负债，增加了公司财务风险。

知识要点提醒

财产股利和负债股利实际上是现金股利的替代品，这两种股利支付方式在我国公司中很少被采用，但也并非法律所禁止。

4. 确定股利发放日期

公司在选择了股利政策、确定了股利支付水平和方式后，应当进行股利的发放。公司股利的发放必须遵循相关的要求，一般先由董事会提出分配预案，然后提交股东大会决议通过后才能进行分配。股东大会决议通过分配预案后，要向股东宣布发放股利的分配方案，按照日程安排来进行。一般情况下，股利的支付需要按照下列日程来进行。

1）预案公布日

上市公司分派股利时，首先要由公司董事会制定分红预案，包括本次分红的数量、分红的方式，股东大会召开的时间、地点及表决方式等，以上内容由公司董事会向社会公开发布。

2）股利宣告日

股利宣告日是指股东大会决议通过并由董事会宣告发放股利的日期。在股利宣告日，所宣告的股利已经成为公司的一项实际负债，即应付股利，同时减少留存收益。公司在宣布分配方案的同时，要公布股权登记日、除息日和股利支付日。

3）股权登记日

股权登记日是指有权领取股利的股东资格登记的截止日期。由于股票是经常流动的，因此，公司在股利分配时，为界定哪些股东可以参加股利分配，需要确定股权登记日。凡是在此指定日期收盘之前取得了公司股票，成为公司在册股东的投资者都可以作为股东享受公司分派的股利。在此日之后取得股票的股东则无权享受已宣布的股利。

4）除息日

除息日是指领取股利的权利与股票彼此分开的日期。在除息日之前，购买的股票才能够领取本次股利。在除息日当天或以后购买的股票则不能够领取本次股利。我国目前规定除息日为股权登记日后的第一个交易日，也就是说，除息是在股权登记日收盘后、除息日开盘前进行的。而股权登记日、除息日是相连的两个交易日，或日期相连，或中间为节假日休市，或中间交易停牌，中间不可能有交易发生。

除息日对股价具有明显的影响。在除息日之前的股价中包含了本次股利，在除息日之后的股价中不再包含本次股利，所以股价会相应下降。如果不考虑税收及交易成本等因素的影响，除息日的开盘价约等于前一天的收盘价减去每股股利。

5）股利支付日

股利支付日是指公司将股利正式发放给股东的日期。在这一天，公司按公布的分红方案向股权登记日在册的股东实际支付股利。

【例 8－3】 某上市公司 2012 年 3 月 20 日，由公司董事会向公众发布的分红预案公告称："2012 年 3 月 18 日，公司召开董事会会议，通过每股普通股分派股息 0.6 元的 2011 年分红预案，此分红方案须经公司股东大会通过后实施，特此公告。" 2012 年 3 月 24 日，公司公布最后分红方案的公告称："在 2012 年 3 月 23 日在上海召开的股东大会上，通过了董事会关于每股普通股分派股息 0.6 元的 2011 年股息分配方案。股权登记日是 2012 年 4 月 4 日，除息日是 2012 年 4 月 5 日，股东可在 2012 年 4 月 25 日通过上海证券交易所按交易方式领取股息。特此公告。" 股利支付程序如图 8.1 所示。

图 8.1 股利支付程序

应用实例

根据 2001 年 2 月 15 日公司 2000 年度股东大会审议通过的 2000 年度利润分配及用资本积金转增股本方案，现将具体实施办法公告如下：

1. 派发股利、股份方案

公司决定以 2000 年总股本 241 380 290 股为基数，向全体股东按每 10 股派发股利现金 0.75 元(含税)，每 10 股派发股份 3 股，总计利润支出总额为 9 051.76 万元。剩余 2 281.51 万元结转下年度。

2. 用资本公积金转增股本方案

公司决定以 2000 年总股本 241 380 290 股为基数，向全体股东以每 10 股转增股份 33 股。总计转增 7 241.41 万元，剩余资本公积金 1 357.23 万元结转下年度。

3. 股权登记日和除权及上市交易日

股权登记日：2001 年 3 月 29 日。

除权及上市交易日：2001 年 3 月 30 日。

4. 股利股份派发及用资本公积金转增股本的对象

截至 2001 年 3 月 29 日下午上海证券交易所交易结束，在上海证券中央登记结算公司登记在册的本公司全体股东。

5. 具体操作办法

股利派发办法：①每10股派发股利税前0.75元，税后0.60元，股利发放日为2001年4月4日；②社会公众股东之股利款为每10股派发的股利现金0.75元(含税，由公司统一代扣代缴个人所得税0.15元)，股利由上海证券中央登记结算公司代理发放，通过股东托管证券商直接划入到各股东账户；③国有法人股和其他法人股的派现红利款由公司按其指定的账户直接划入给各法人股东。

派发股份及用资本公积金转增股本办法：本次派发股份和转增股本的股份由上海证券交易所通过计算机网络，根据股权登记日登记在册的股东的持股数按比例自动计入股东账户。

实例分析

本次派发股份和转增股份后的股本结构见表8－6。

表8－6　本次派发股份和转增股份后的股本结构　单位：股（保留两位小数）

项　目	派发股份和转增股本前	本次派发股份	本次转增股本	派发股份和转增股本后	占总股本比例
国有法人股	130 958 110	39 287 433	39 287 433	209 532 976	54.25%
法人股	13 709 300	4 112 790	4 112 790	21 934 880	5.68%
公众股	96 712 880	29 013 864	29 013 864	154 740 608	40.07%
合计	241 380 290	72 414 087	72 414 087	386 208 464	100.00%

本次派发股利、红利及用资本公积金转增股本后，按新股本摊薄计算的2000年度每股净收益为0.318元。

8.3　股票分割和股票回购

8.3.1　股票分割

1. 股票分割的含义

股票分割又称拆股，是指企业管理当局将某一特定数额的新股，按一定的比例交换一定数额的流通在外的股份的行为。例如，企业股票按照1∶2实施股票分割，就是意味着用2股新股来交换原有的1股股票，使分割后市场上的流通股比分割前增加一倍。如果上市公司认为自己公司的股票市场价格太高，不利于其良好的流动性，有必要将其降低，就可能进行股票分割，使每股收益和每股净资产减少，以推动股价下调。

股票分割后，明显的变化是发行在外的股票数量增加，每股面值下降，每股收益下降，但公司股东权益总额不变，股东权益各项目(普通股股本、资本公积、留存收益)的金额及其相互之间的比例也不会改变。股票分割与股票股利非常相似，都是在不增加股东权益的情况下增加股票数量。所不同的是，股票股利虽然不会引起股东权益总额的改变，但股东权益构成项目之间的比例会发生变化，而股票分割后，股东权益总额及其构成项目的金额都不会发生任何变化，变化的只是股票面值。

【例 8－4】承例 8－3 相关资料，公司现在有两个方案选择，一是每 10 股送 1 股的股利分配方案，二是将每一股分割为两股。

要求：

(1) 计算完成每 10 股送 1 股的方案后的流通股数、股票面值、每股收益和每股净资产。

(2) 若计划每 1 股分割为 2 股，计算完成这一分配方案后的流通股数、股票面值、每股收益和每股净资产。

解：

(1) 发放股票股利后的普通股数＝400×(1＋10%)＝440(万股)

普通股面值 2 元，保持不变

每股收益＝5 000/440＝11.36(元/股)

每股净资产＝2 800/440＝6.36(元/股)

(2) 分割后的股数＝400×2＝800(万股)

普通股面值＝2/2＝1(元/股)

每股收益＝5 000/800＝6.25(元/股)

每股净资产＝2 800/800＝3.5(元/股)

股票分割与股票股利都具有降低公司股票市价的作用，但两者的使用是有一定条件的。一般来说，股票分割只有在公司股价上涨且预期难以下降时才使用；而在股票价格上涨幅度不大时，一般采用发放股票股利的办法将股价维持在理想的范围之内。

2. 股票分割的作用

股票分割主要有以下作用：

(1) 采用股票分割可使公司股票每股市价降低，促进股票流通和交易。通常认为，股票价格太高，会降低股票吸引力，不利于股票交易，而股票价格下降则有助于股票交易。通过股票分割可以大幅度降低股票市价，增加投资吸引力。

【例 8－5】假定 A 公司股票分割前每股市场价格为 20 元，某股东持有 500 股该公司股票，公司按 1 换 2 的比例进行股票分割后，该股东股数增加为 1 000 股，若分割后每股市价为 15 元，该股东拥有的股票市值达到了 15 000 元(15×1 000)，大于其股票分割前股票市场价值 10 000 元(20×500)。

(2) 股票分割的信息效应有利于以后股价的提高。企业实行股票分割时，可以向股票市场和广大投资者传递公司业绩好、利润高、具备很好的增长潜力的信息，这有利于公司树立良好的形象，有利于吸引投资者，促进股票价格的上涨，实现公司价值的最大化。因此，股票分割往往是成长中公司的行为。

(3) 股票分割可以为公司发行新股做准备。公司股票价格太高，会使许多潜在的投资者力不从心而不敢轻易对公司的股票进行投资。在新股发行之前，利用股票分割降低股票价格，促进股票市场交易的活跃，更广泛地吸引各个层次投资者的注意力。

(4) 股票分割有助于公司并购政策的实施，增加对并购方的吸引力。合并方在兼并或合并另一个公司前，首先将自己的股票加以分割，有利于增加对被合并方股东的吸引力。

【例 8－6】假设有甲、乙两个公司，甲公司股票每股市价为 50 元，乙公司股票每股市价为5元，甲公司准备通过股票交换的方式对乙公司实施并购，如果甲公司以1股股票换取乙公司10股股票，可能会使乙公司的股东难以承受；相反，如果甲公司先进行股票分割，将原来1股分拆为5股，然后再以1∶2的比例换取乙公司股票，则乙公司的股东在心理上可能会容易接受些。通过股票分割的办法改变被并购公司股东的心理差异，更有利于公司并购方案的实施。

(5) 股票分割带来的股票流通性的提高和股东数量的增加，会在一定程度上加大对公司股票恶意收购的难度。

与股票分割相对应的是股票的反分割，又称股票的合并。一般来讲，它是在企业股票价格过低、财务较为困难的面值和股票的市价，增强投资者的投资信心。例如，某企业目前流通股股票面值为1元，每股市价2元，为提高股价，决定用4股旧股换1股新股的反分割策略。其结果是，企业流通股股票面值提高至8元。

8.3.2 股票回购

股票回购是指公司出资购回本公司发行的流通在外的股票并予以注销或作为库存股的一种资本运作方式。股票回购使公司流通在外的股份减少，每股收益增加，必然会导致股价上升，股东可以从股票价格的上涨中获得资本利得。因此，股票回购和现金股利对股东来说有着同等的效果，可以说股票回购是现金股利的替代方式。

我国《公司法》规定，公司不得收购本公司股份。但是，有下列情形之一的除外：①减少公司注册资本；②与持有本公司股份的其他公司合并；③将股份奖励给本公司职工；④股东因对股东大会做出的公司合并、分立决议持异议，要求公司收购其股份的。

1. 股票回购的动机

在证券市场上，股票回购的动机主要有以下几点。

1) 分配公司的超额现金

如果公司持有的现金超过其投资机会所需要的现金，就可以采用股票回购的方式将现金分配给股东。

2) 提高每股收益

由于财务上的每股收益指标是以流通在外的股份数作为计算基础，有些公司为了自身形象、上市需求和投资人渴望高回报等原因，采取股票回购的方式来减少实际支付股利的股份数，从而提高每股收益指标。

【例8-7】 2009年，申能股份有限公司以协议回购方式向国有法人股股东申能(集团)有限公司回购并注销股份10亿股国有法人股，占总股本的37.98%，共计动用资金25.1亿元。国有法人股股东控股比例由原来的80.25%下降到68.16%，公司的法人治理结构和决策机制得到进一步完善。回购完成后，公司的业绩由1998年每股收益0.306元提高到1999年每股收益0.508元，而到2010年，每股收益达到了0.933元。这为申能股份的长远发展奠定良好的基础，并进一步提升了其在上市公司中的绩优股地位。

3) 改善公司的资本结构

一般来说，公司无论是用现金还是举债回购股份，都会提高财务杠杆水平，改变公司的资本结构和加权平均资本成本。如当公司认为其权益资本在资本结构中所占比重过大时，就可能会对外举债，并用举债所得的资金来回购其自身的股票，从而直接改变负债和权益资本的比例，降低其整体资金成本，优化公司的资本结构。

4）稳定或提高公司的股价

由于信息不对称和预期差异，证券市场上的公司股票价格可能被低估，而过低的股价将会对公司产生负面影响。因此，如果公司认为公司的股价被低估时，可以进行股票回购，以向市场和投资者传递公司真实的投资价值，稳定或提高公司的股价。

【例 8-8】 从 2007 年 10 月至 2008 年 9 月，A 股跌幅巨大，上证综指自 6 124 点跌至 1 802 点，跌幅达到 70.6%，而以 16.7 元高价发行的中国石油 2007 年 11 月上市，首日最高涨至 48.62 元，之后随大盘一路下行，最低跌至 9.75 元。为稳定公司股价，重振投资者信心，中石油集团通过上海证券交易所交易系统买入方式增持公司股份 60 000 万股。

5）巩固既定控制权或转移公司控制权

许多股份公司的大股东为了保证其所代表股份公司的控制权不被改变，往往采取直接或间接的方式回购股票，从而巩固既有的控制权。另外，有些公司的法定代表人并不是公司大股东的代表，为了保证不改变在公司中的地位，也为了能在公司中实现自己的意志，往往也采取股票回购的方式分散或削弱原控股股东的控制权，以实现控制权的转移。

6）防止恶意收购

20 世纪 80 年代以来，并购浪潮席卷全球。在外流通的股票数量越多，股价越低，公司越容易被恶意收购。股票回购有助于公司管理者避开竞争对手企图收购的威胁，因为它可以使公司流通在外的股份数变少，股价上升，从而使收购方要获得控制公司的法定股份比例变得更为困难。而且，股票回购可能会使公司的流动资金大大减少，财务状况恶化，这样的结果也会减少收购公司的兴趣。

7）满足认股权的行使

在公司发行可转换债券、认股权证或施行经理人员股票期权计划及员工持股计划的情况下，采取股票回购的方式既不会稀释每股收益，又能满足认股权的行使。

8）用于公司兼并或收购

在兼并或收购的过程中，产权交换的支付方式有现金购买和以股票换股票两种。如果公司有库存股票，即可以使用公司本身的库存股票来交换被并购公司的股票，由此可以减少公司的现金支出。

2. 股票回购的影响

1）股票回购对公司的影响

股票回购对公司的影响主要有：①股票回购需要大量资金支付回购的成本，容易造成资金紧张，资产流动性降低，影响公司的后续发展；②股票回购可能使公司的发起人更注重利润的兑现，而忽视公司的长远发展，损害公司的根本利益；③股票回购容易导致公司操纵股价。公司回购自己的股票，容易导致其利用内幕消息进行炒作或操纵财务信息，加剧公司行为的非规范化，使投资者蒙受损失。因此，各国对股票回购有严格的法律限制。

2）股票回购对股东的影响

对于投资者来说，与现金股利相比，股票回购不仅可以节约个人税收，而且具有更大的灵活性。因为股东对公司派发的现金股利没有是否接受的可选择性，而对股票回购则具有可选择性，需要现金的股东可选择卖出股票，而不需要现金的股东则可继续持有股票。如果公司急于回购相当数量的股票，而对股票回购的出价太高，以至于偏离均衡价格，那么结果会不利于选择继续持有股票的股东，因为回购行动过后，股票价格会出现回归性下跌。

3. 股票回购的方式

1）按照股票回购的地点划分

按照股票回购的地点划分，股票回购可分为场内公开收购和场外协议收购两种。

场内公开收购是指上市公司把自己等同于任何潜在的投资者，委托在证券交易所有正式交易席位的证券公司，代自己按照公司股票当前市场价格回购。在国外较为成熟的股票市场上，这一种方式较为流行。场外协议收购是指股票发行公司与某一类(如国家股)或某几类(如法人股、B股)投资者直接见面，通过在店头市场协商来回购股票的一种方式。协商的内容包括价格和数量的确定，以及执行时间等。很显然，这一种方式的缺陷就在于透明度比较低，有违于股市“三公”原则。

2）按照筹资方式划分

按照筹资方式划分，股票回购可分为举债回购、现金回购和混合回购。

举债回购是指企业通过向银行等金融机构借款的办法来回购本公司股票。其目的是防御其他公司的敌意兼并与收购。现金回购是指企业利用剩余资金来回购本公司的股票。如果企业既动用剩余资金，又向银行等金融机构举债来回购本公司股票，则称之为混合回购。

3）可转让出售权回购方式

所谓可转让出售权，是实施股票回购的公司赋予股东在一定期限内以特定价格向公司出售其持有股票的权利。之所以称为“可转让”，是因为此权利一旦形成，就可以同依附的股票分离，而且分离后可在市场上自由买卖。执行股票回购的公司向其股东发行可转让出售权，那些不愿意出售股票的股东可以单独出售该权利，从而满足各类股东的需求。此外，因为可转让出售权的发行数量限制了股东向公司出售股票的数量，所以这种方式还可以避免股东过度接受回购要约的情况。

本章小结

本章主要讨论了企业收益分配的相关理论及实务相关知识，内容涉及企业收益的形成、收益分配的程序及相关规定，股利分配政策的类型、优缺点及各自的适用范围，股票分割及股票回购对企业的财务影响等。

关键术语

股利分配政策　股利无关论　股利相关论　固定股利或稳定增长股利政策　固定股利支付率政策　剩余股利政策　低正常股利加额外股利政策　现金股利　股票股利　股票分割　股票回购

知识链接

关于上市公司以集中竞价交易方式回购股份的补充规定(征求意见稿)

为适应资本市场发展实践的需要，现对《上市公司回购社会公众股份管理办法(试行)》(证监发〔2005〕51号)中有关上市公司以集中竞价交易方式回购股份行为补充规定如下：

一、上市公司以集中竞价交易方式回购股份(以下简称上市公司回购股份)，应当由董事会依法做出决议，并提交股东大会批准。

上市公司独立董事应当在充分了解相关信息的基础上，就回购股份事宜发表独立意见。

二、上市公司应当在股东大会召开前3日，将董事会公告回购股份决议的前一个交易日及召开股东大会的股权登记日登记在册的前10名股东的名称及持股数量、比例，在证券交易所网站予以公布。

三、上市公司股东大会就回购股份做出的决议，应当包括下列事项：

(一) 回购股份的价格区间；

(二) 拟回购股份的种类、数量和比例；

(三) 拟用于回购的资金总额以及资金来源；

(四) 回购股份的期限；

(五) 决议的有效期；

(六) 对董事会办理本次回购股份事宜的具体授权；

(七) 其他相关事项。

四、上市公司股东大会对回购股份作出决议，必须经出席会议的股东所持表决权的2/3以上通过。

五、上市公司应当在股东大会做出回购股份决议后的次一工作日公告该决议，依法通知债权人，并将相关材料报送中国证监会和证券交易所备案，同时公告回购报告书。

六、上市公司应当在下列情形履行报告、公告义务：

(一) 上市公司应当在首次回购股份事实发生的次日予以公告；

(二) 上市公司回购股份占上市公司总股本的比例每增加1%的，应当自该事实发生之日起3日内予以公告；

(三) 上市公司在回购期间应当在定期报告中公告回购进展情况，包括已回购股份的数量和比例、购买的最高价和最低价、支付的总金额；

(四) 回购期届满或者回购方案已实施完毕的，上市公司应当公告已回购股份总额、购买的最高价和最低价以及支付的总金额。

七、上市公司回购股份的价格不得为公司股票当日交易涨幅限制的价格。

八、上市公司不得在以下交易时间进行股份回购：

(一) 开盘集合竞价；

(二) 收盘前半小时内。

九、上市公司在下列期间不得回购股份：

(一) 上市公司定期报告、业绩预告、业绩快报公告前10日内；

（二）自可能对本公司股票交易价格产生重大影响的重大事项发生之日或者在决策过程中，至依法披露后2个交易日内；

（三）中国证监会规定的其他情形。

回购期届满或者回购方案已实施完毕的，公司应当停止回购行为，并在两个工作日内公告回购股份情况以及公司股份变动报告。

十、上市公司在公布回购股份方案之日起至回购股份完成之日后的30日内不得公布或者实施现金分红方案。

上市公司回购股份期间不得发行股份募集资金。

十一、本补充规定自发布自年　月　日起施行。《上市公司回购社会公众股份管理办法(试行)》(证监发〔2005〕51号)中有关以集中竞价交易方式回购股份的规定同时废止。

习　　题

一、单项选择题

1. 能使股利与公司盈余紧密配合的股利分配政策是(　　)。

A. 剩余股利政策　　B. 固定或持续增长的股利政策

C. 固定股利支付率政策　　D. 低正常股利加额外股利政策

2. 造成股利波动较大，给投资者以公司不稳定的感觉，对于稳定股票的价格不利的股利分配政策是(　　)。

A. 剩余股利政策　　B. 固定或持续增长的股利政策

C. 固定股利支付率政策　　D. 低正常股利加额外股利政策

3. 采用低正常股利加额外股利政策的股利分配政策的理由是(　　)。

A. 保持理想的资本结构，使加权平均资本成本最低

B. 使公司具有较大的灵活性

C. 向市场传递着公司正常发展的信息，有利于树立公司良好形象

D. 能使股利的支付与盈余不脱节

4. 以下股票股利的方式支付股利会引起(　　)。

A. 公司资产的流出　　B. 负债的增加

C. 所有者权益的减少　　D. 所有者权益各项目的结构发生变化

5. 股票分割不会引起(　　)。

A. 公司资产的流出

B. 负债的增加

C. 所有者权益各项目的金额及其结构发生变化

D. 每股盈余下降

二、多项选择题

1. 利润分配的原则有(　　)。

A. 依法分配原则　　B. 兼顾各方面利益原则

C. 分配与积累并重原则　　D. 投资与收益对等原则

2. 根据股利相关论，影响股利分配的因素有(　　)。

A. 法律因素　　B. 股东因素　　C. 公司的因素

D. 债务的因素　　E. 通货膨胀

3. 股东从以下哪种角度出发，会希望少发股利(　　)。

A. 稳定的收入　　B. 避税　　C. 控制权　　D. 股票价格稳定

4. 公司各期股利发放视当期收益实现而定的股利分配政策是(　　)。

A. 剩余政策　　B. 固定股利比例政策

C. 固定股利政策　　D. 正常股利加额外股利政策

5. 关于股利分配政策，下列说法正确的是(　　)。

A. 剩余分配政策能充分利用筹资成本最低的资金资源保持理想的资金结构

B. 固定股利政策有利于公司股票价格的稳定

C. 固定股利比例政策体现了风险投资与风险收益的对策

D. 正常股利加额外股利政策有利于股价的稳定和上涨

三、判断题

1. 只有现金股利和股票股利是我国法律允许的股利支付方式。(　　)

2. 信号传递理论认为，在信息不对称的情况下，公司可以通过股利政策向市场传递有关公司未来盈利能力的信息。(　　)

3. 公司只有在当年有净利润的情况下才可以向股东支付股利。(　　)

4. 股票回购会使得公司流通在外的股份减少，并不改变公司的资本结构。(　　)

5. 剩余股利政策是指公司实现盈利时，在按规定提取盈余公积金、公益金后将剩余的盈余全部作为股利发放给股东。(　　)

四、思考题

1. 股利发放程序中的股利宣告日、股权登记日、除息日、股利支付日分别表示什么意思？

2. 股份公司的股利分配政策有哪些？其具体内容各是什么？

3. 股利的支付形式有哪些？企业应该如何选择？

4. 股利政策受哪些因素影响？试分析说明。

5. 股票股利对于公司和股东各有哪些影响和意义？

6. 股票分割对企业财务状况和经营成果有何影响？股票分割有什么作用？如何区分股票股利和股票分割？

7. 什么是股票回购？股票回购有哪些作用？

五、计算题

1. 某公司去年税后净利为 1 000 万元，因为经济不景气，估计明年税后净利降为 870 万元，目前公司发行在外普通股为 200 万股。该公司决定投资 500 万元设立新厂，并维持 60%的资产负债率不变。另外，该公司去年支付每股现金股利为 2.5 元。

计算：(1) 若依固定股利支付率政策，则今年应支付每股股利多少元？

(2) 若依据剩余股利政策，则今年应支付每股股利多少元？

2. 某企业 2011 年净利润 1 000 万元，550 万元发放股利，450 万元留存收益。2012 年利润为 900 万元，若企业今年有投资项目 700 万元，保持自有资金 60%，外部资金 40%。

计算：(1) 投资项目要筹集自有资金多少？外部资金多少？

(2) 企业要保持资金结构，2012 年还能发放多少股利？

(3) 若不考虑资金结构，企业采取固定股利政策，则应发多少股利，项目投资需从外部筹集多少？

(4) 若不考虑资金结构，企业采取固定股利支付率政策，支付率为多少？应支付多少股利？

(5) 若企业外部筹资困难，全从内部筹资，在不考虑资金结构情况下，应支付多少股利？

3. 东方公司发放股票股利前的股东权益情况见表 8-7。

表 8-7　股东权益情况　　单位：万元

项　目	金　额
股本(面值 1 元，已发行 300 万股)	300
资本公积	500
未分配利润	1 500
股东权益合计	2 300

假定公司宣布发放 10%的股票股利，若当时该股票市价为 9 元，计算发放股票股利后的股东权益各项目的情况。

4. ABC 公司 2011 年账户余额见表 8-8。

表 8-8　ABC 公司 2011 年账户余额　　单位：万元

项　目	金　额
股本(面值 1 元，已发行 1 000 万股)	1 000
盈余公积	500
资本公积	4 000
未分配利润	1 500
股东权益合计	7 000

若公司决定发放 10%的股票股利，并按发放股票股利后股数支付现金股利，每股 0.1 元，该公司股票目前市价为 10 元/股。若预计 2012 年净利润将增长 5%，若保持 10%的股票股利比率与稳定的股利支付率，则 2012 年发放多少现金股利？

实际操作训练

福建新大陆电脑股份有限公司(以下简称公司)2003 年度股东大会于 2004 年 5 月 12 日上午在福建省福州市马尾区儒江西路 1 号新大陆科技园公司会议室召开，出席会议的股东及股东授权委托代表人数为 5 人，代表公司股份 83 980 000 股，占公司股份总数的 72.4%，符合《公司法》及《公司章程》的规定。会议由董事长胡钢先生主持，公司董事、监事和高级管理人员列席了会议。大会以记名投票方式逐项表决，审议通过了 10 项议案，其中《2003 年度利润分配及资本公积金转增股本的预案》和《2004 年度利润分配政策》经股东审议表决全部通过。

1. 2003 年度利润分配及资本公积金转增股本的预案

2003 年度利润分配预案经厦门天健华天有限责任会计师事务所审计，公司 2003 年实现税后净利润 41 559 077.48 元，按净利润的 10 %提取法定公积金，计 4 155 907.75 元，按净利润的 5%提取法定公益金，计 2 077 953.87 元，加上以前年度未分配利润 35 749 771.33 元，减去本年度实际已支付的 2002 年股利 34 800 000 元，实际可供股东分配的利润为 36 274 987.19 元。公司董事会决定 2003 年度利润暂不分配，剩余未分配利润 36 274 987.19 元，转入下一年度一并分配。表决结果为：83 980 000 股同意，占出席股东大会有表决权股份总数的 100%；0 股弃权，占出席股东大会有表决权股份总数的 0%；0 股反对，占出席股东大会有表决权股份总数的 0%。截至 2003 年 12 月 31 日，公司资本公积金余额为 450 757 619.43 元，公司董事会审议决定：以 2003 年年底公司总股本 11 600 万元为基数，实施资本公积金转增股本，转增比例为每 10 股转增 10 股，共计转增股本 11 600 万股，实施资本公积金转增股本后，公司总股本为 23 200 万股，资本公积金余额为 334 757 619.43 元，同时授权公司董事会相应修改公司章程有关条款并办理工商变更登记手续。表决结果：83 980 000 股同意，占出席股东大会有表决权股份总数的 100%；0 股弃权，占出席股东大会有表决权股份总数的 0%；0 股反对，占出席股东大会有表决权股份总数的 0%。

2. 2004 年度利润分配政策

预计 2004 年年度公司分配股利 1 或 2 次，2004 年实现的净利润用于股利分配的比例不超过 80%。公司 2003 年度未分配利润主要用于下一年度股利分配。股利分配主要采用派发现金或送红股的形式，预计现金股息占股利分配的比例不超过 80%。具体分配方案依据公司实际情况由公司董事会提出预案，报公司股东大会审议决定。公司董事会保留根据公司发展和当年盈利情况，对 2004 年利润分配政策做出调整的权利。表决结果：83 980 000 股同意，占出席股东大会有表决权股份总数的 100%；0 股弃权，占出席股东大会有表决权股份总数的 0%；0 股反对，占出席股东大会有表决权股份总数的 0%。

要求：

1. 福建新大陆电脑股份有限公司采取的股利政策是什么?

2. 福建新大陆电脑股份有限公司在股利分配过程中是否有违规行为? 并说明理由。

3. 目前我国上市公司股利分配的现状及存在问题?

第9章 财务分析

教学要点

知识要点	掌握程度	相关知识	应用方向
财务分析基本理论	熟悉	财务分析概念、财务分析主体、类型、基本程序、目的、内容等	上市公司、国有企业、私营企业等企业财务报表的分析和企业经营业绩评价
财务报表	理解	资产负债表、利润表与利润分配表、现金流量表及其3张报表勾稽关系，每一报表依据的会计恒等式	
财务分析方法	重点掌握	比较分析、比率分析、趋势分析、因素分析4种方法的含义、类别、特点、注意事项	
财务指标分析内容	重点掌握	偿债能力、营运能力、盈利能力、发展能力概念、特点、分类、财务分析的方法	
财务指标综合分析	重点掌握	杜邦财务分析体系和财务比率综合评分法的概念、特点及其具体计算和分析思路	

导入案例

2010年青岛海尔年度报告

海尔是我国家电行业的佼佼者，其前身是原青岛冰箱总厂，经过十多年的兼并扩张，已经今非昔比。1993年3月改制为股份制企业，同年10月向社会公开募集。目前公司已形成了十大系列，3 000多个规格的品种规模，出口量占全国的1/3以上，具有很强的竞争力。

据2010年年报分析，报告期，在大宗原材料价格大幅上涨、行业竞争日趋激烈的背景下，公司实现营业收入296.84亿元，同比增长39.48%；实现归属母公司股东的净利润10.80亿元，同比增长51.83%；实现经营活动产生的现金流量净额41.91亿元，同比增长3.02%，实现销售净利率同比提升0.3个百分点，至3.64%。从业务板块看，各主要业务均保持良好增长。

旗下控股的海尔电器业绩2010年公司获得收入606亿元，同比增长36%，归属母公司股东的净利润20.3亿元，同比增长47%，每股收益1.52元。其中公司持股53%的海尔电器的净利润为9.64亿元，同比增长115%，其业绩表现超出预期，成为公司主要的利润增长点之一。通过多个子品牌来完成更好的增长，公司的“卡萨帝”子品牌从冰箱扩展到洗衣机和空调产品，结合较好的产品应用开发获得了中高端产品销售的明显提升，2011 年公司还将加大力度通过“统帅”子品牌来销售实惠型产品，将有利于公司获得在农村市场消费者的认同，更为合理地应对同行的竞争压力上升。冰洗业务，凭借多年在品牌、渠道、产品上积累起的整体优势，持续保持在行业中的龙头地位；空调业务，综合实施产品、市场和服务创新，市场份额稳步提升，实现收入同比增长 32.57%；热水器业务，积极推动由热水器制造商向热水解决方案服务商转型，通过发展社区店等新兴渠道、强化安装和设计等，实现收入同比增长 44.46%。

报告期，公司凭借在主营业务收入、市值、成长性和股东回报、社会责任等方面的良好表现，得到资本市场认可：获中国证券报主办的“2009 年度上市公司金牛百强”、证券时报主办的“2009 年度中国上市公司价值百强”、中国上市公司市值管理研究中心评选的“最富社会责任感公司”和“市值管理绩效百佳”等荣誉。

思考：

1. 根据海尔 2010 年年度报表情况，应按照怎样的程序对该公司 2010 年财务状况进行分析？
2. 在对该企业财务分析实践中应注意哪些问题？

9.1 财务分析概述

经济的发展、网络的发达，使财务报表已成为众所周知的事物，可是它只是企业为了适应外部有关方面及企业自身需要而编制的，其所列的数据资料虽然客观、全面，但它只是对企业过去的经营成果和财务状况的总结，是简单的、孤立的数据组合，并不能满足报表使用者的最终目的。因此，要想将财务报表中的各个项目有机地联系起来，进行分析研究、比较、综合，才能使报表上的死数真正变成活信息，从而可以正确评价企业过去的财务状况和经营成果，进而发现企业经营的利弊，并预测未来的发展趋势，以帮助使用者进行决策。可见，财务分析是企业财务报表的继续和深化，它才是实现财务报表真正价值的必要手段。

9.1.1 财务分析的概念

所谓财务分析主要是指财务报表分析，是指与企业利益相关者以财务报表及其他相关环境信息为主要依据，采用一系列专门的分析技术与方法，对企业财务运行的结果及其形成过程、形成原因进行分析、研究和评价，以分析企业的财务状况和经营成果、预测企业未来财务趋势和发展前景，从而评价和改进财务管理工作，为优化经济决策提供重要的财务信息。财务分析既是已完成的财务活动的总结，又是财务预测的前提，在财务管理的循环中起着承上启下的作用。

一般认为，财务报表分析产生于 19 世纪末 20 世纪初。最早的财务报表分析主要是为银行服务的信用分析。当时，借贷资本在企业资本中的比重不断增加，银行家需要对贷款人进行信用调查和分析，借以判断客户的偿债能力。资本市场形成后，出现盈利分析，财务报表分析由主要为贷款银行服务扩展到为投资人服务。随着社会筹资范围扩大，非银行的贷款人和股权投资人增加，公众进入资本市场和债务市场，投资人要求的信息更为广泛，财务报表分析开始对企业的盈利能力、融资结构、利润分配进行分析，形成比较完善的外部分析体系。公司组织发展起来以后，财务报表分析由外部分析扩大到内部分析，为改善内部管理服务。企业管理者为改善盈利能力和偿债能力，以取得投资人和债权人的支持，提供内部分析。内部分析既可以使用公开的财务数据，又可以利用企业内部的数据(预算、成本等)进行全面系统地分析，并找出管理行为和报表数据的关系，使两者相互促进。

尽管财务分析的最基本功能是将大量的报表数据转换成对特定决策有用的信息，减少决策的不确定性，然而，财务分析毕竟是一个认识过程，通常只能发现问题而不能提供解决问题的现成答案，只能做出评价而不能改善企业状况。

9.1.2 财务分析的主体及其目的

企业报表使用者是指与企业经济利益关系的各方。一般包括企业所有者或股东、企业债权人(包括企业贷款提供者和商品劳务供应商)、企业管理人员、政府管理部门、顾客、企业雇员、竞争对手、中介机构和公众等。财务分析的不同主体出于不同的利益考虑，在对企业进行财务分析时有着各自不同的要求，使得其财务分析内容既有共性又有不同的侧重。具体如下。

1. 企业所有者或股东

企业所有者或股东作为企业的出资者或购买企业股票的人，必然高度关心其资本的保值和增值状况，即对企业投资的回报率极为关注。通常，他们要考虑是否向某一个企业进行投资或者是否保留其在某一企业的投资。为了做出这类决策，企业所有者或股东就需要估计企业的未来收益与风险水平。因此，企业所有者或股东对企业的盈利能力及投资风险感兴趣。对于上市公司的股东而言，他们还会关心自己持有股票的市场价值。公司的现金(货币资金)流入和流出方面的信息也会吸引他们的注意力。因为良好的现金流转状况既可以使公司能顺利地维持其经营活动，又可以使企业在分红时能考虑分发适度的现金股利。

但是，在企业的所有者或股东之间，由于对企业持有的股份比例不同，企业的所有者或股东对企业有不同的控制和影响力。这直接导致了持有不同股份的股东对企业财务状况关注方面的差异：对于控制性股东和重大影响性股东而言，由于他们可以通过自己的努力直接或间接地影响被持股企业重要岗位上人事安排、投资决策、经营决策及股利分配政策等，因此，这类股东往往关心与企业战略性发展有关的财务信息，如企业资产的基本结构和质量、企业资本结构、企业长期获取较高利润的前景等；非控制性、非重大影响性股东则更关心企业近期业绩、股利分配政策及短期现金流量状况等。

2. 企业债权人

企业债权人包括以下两种。

1）企业的贷款提供者

按照一般分类，企业的贷款提供者可以分为短期贷款者和长期贷款者。短期贷款者一般关心企业支付短期债务的能力，对企业的获利能力并不十分关心。长期贷款者则关心其利息和本金是否能够按期偿还。对企业而言，能按期清偿到期长期贷款及利息，应以具有长期获利能力及良好的现金流动性为基础。因此，尽管长期贷款者并不指望从企业中分红，但仍然关心企业的获利能力。

2）商品和劳务供应商

商品和劳务供应商与企业的贷款提供者的情况类似。他们在向企业提供商品或劳务后即成为企业的债权人。因此，商品和劳务供应商必须判断企业能否支付所需商品和劳务的价款。从这一点来讲，大多数商品和劳务供应商关注企业的短期偿债能力。另外，某些供应商可能与企业存在较为持久的、稳固的经济联系，在这种情况下，他们又关注企业的长期偿债能力。

3. 企业经营管理者

为满足不同利益主体的需要、协调各方面的利益关系，企业经营者必须对企业经营理财的各个方面，包括营运能力、偿债能力、盈利能力及发展能力的全部信息予以详尽的了解和掌握，以及时发现问题，采取对策，规划和调整市场定位目标、策略，进一步挖掘潜力，为经济效益的持续稳定增长奠定基础。

管理人员受企业所有者或股东的委托，对企业所有者或股东投入的资本负有保值增值的责任。他们负责企业的日常经营活动，必须确保公司支付给股东与风险相适应的收益，及时偿还各种到期债务，并能使企业的各种经济资源得到有效利用。因此，一般来讲，管理人员对企业财务状况的各个方面均感兴趣。

但是，也应看到处于企业不同管理层次的管理人员由于所处位置不同、管理范围和权限大小不同，因而对企业财务信息的关注仍然有较大差异：处于较高管理层次的管理者，其所处的位置就要求对企业财务状况有较为全面的掌握，同时也拥有了解企业财务状况全面信息的有利条件，因而他们既需要、也有可能关心企业较为全面的财务状况；而企业较低层次的管理者，由于其所做出的决策一般只能影响其管理范围内的活动，因而往往关心与自己决策范围相关的财务信息，如与企业工资有关的信息。

4. 政府管理部门

政府管理部门兼具多重身份，既是宏观经济管理者，又是国有企业的所有者和重要的市场参与者。因此，政府管理部门对企业财务分析的关注点因身份的不同而异。作为国有资产所有者的政府管理部门，既关注国家投资所产生的经济效益也必然考虑国家投资的社会效益。在谋求资本保全的前提下，期望能够同时带来稳定增长的财政收入。作为企业监督管理者的政府管理部门(如工商、税务、财政和审计等)，其财务分析的目的是，监督和检查企业在整个经营过程中是否严格地遵守各项经济政策、法规和有关制度，是否符合宏观调控的要求，把握和判断企业是否依法纳税。因此，政府考核企业经营状况情况时，不仅需要了解企业资金占用的使用效率，预测财政收入增长情况，有效组织和调整社会资源的配置，而且还要借助财务分析检查企业是否存在违法违纪、浪费国家财产的问题，最后通过综合分析，对企业的发展潜力及对社会的贡献程度进行分析考察。

5. 顾客

在许多情况下，企业可能成为某个顾客的重要的商品或劳务供应商。此时，顾客关心的是企业连续提供商品或劳务的能力。因此，顾客关心企业的长期发展的前景及有助于对此做出估计的获利能力指标与财务杠杆指标等。

6. 企业雇员

企业的雇员通常与企业存在长久、持续的关系。他们不但关心企业目前的经营状况和盈利能力，也同样关心企业的经营前景，也需要通过财务分析资料来获取这些信息，知晓其辛勤劳动获取怎样的成果，企业和本部门的有关指标是否完成，了解各种工资、奖金和福利变动的原因，以及企业的稳定性和职业保障程度等。

7. 竞争对手

竞争对手希望获取关于企业财务状况的会计信息及其他信息，借以判断企业间的相对效率。同时，还可以为未来可能出现的企业兼并提供信息。竞争对手可能把企业作为接管目标。因此，竞争对手对企业财务状况的各个方面均感兴趣。

8. 中介机构

注册会计师通过财务分析可以确定审计的重点。财务分析的领域逐渐扩展与咨询业的发展有关，在一些国家“财务分析师”已成为专门职业，他们为各类报表使用人提供专业咨询。

9. 公众

公众对特定企业的关心也是多方面的。一般而言，公众关心企业的就业政策、环境政策、产品政策等方面，对这些方面的分析，往往可以借助于获利能力的分析。

总之，财务分析的不同主体出于不同的利益考虑，在对企业进行财务分析时有着各自不同的要求和分析目的，但汇总起来可以概括如下：一般目的是评价过去的经营业绩，衡量现在的财务状况，预测未来的发展趋势。其具体目的如下：流动性(偿债能力和营运能力)分析、盈利性分析、成长性分析、风险分析、专题分析，如破产预测、注册会计师的分析性检查程序等。

9.1.3 财务分析的类型与内容

一般情况下，以上财务分析是从企业总体而言的，但由于财务分析主体不同、财务分析视角不同，以及特定决策需要不同，财务分析的内容和侧重点也将有所不同。一般而言，财务分析根据不同的标准可以大致分为以下几种类型。

1. 根据分析者不同划分

根据分析者不同，财务分析可分为内部分析和外部分析。

1） 内部分析

内部分析是企业管理者对企业财务报表进行的分析，其主要特点是资料全面、容易取得、分析及时，其目的是把握企业经营活动的真实状态，判断企业生产经营活动是否有效率、存在什么问题，为经营管理决策提供依据。

2）外部分析

外部分析是企业外部人员根据各自的要求进行的分析。包括投资者以投资分析为重点的分析，债权人以信用分析为重点的分析，政府部门、税务机关等以财务监督为重点的分析，以及企业合资经营者所进行的全面分析。

2. 根据分析的对象(资料来源)不同划分

根据分析的对象不同，财务分析可分为资产负债表分析、利润表分析和现金流量表分析。

1）资产负债表分析

资产负债表分析是以资产负债表为对象进行的财务分析。资产负债表主要反映企业的财务状况，因而资产负债表分析主要是流动性分析，通过对财务结构的考察，评价财务状况，判断企业的信用情况、偿债能力、经营风险能力等。在历史上最早的财务分析就是从以资产负债表为中心的流动性分析开始的。

2）利润表分析

利润表分析是以利润表为对象进行的财务分析。利润表主要反映企业的经营成果，因而利润表分析主要是收益性分析，考察企业的经营活动，分析企业现实和潜在的获利能力，获利能力强，财务状况就好。因此，现在财务状况分析逐渐地把流动性分析作为收益性分析的一环节，逐渐向着以利润表分析为中心的方向发展。

3）现金流量表分析

现金流量表分析是以现金流量表为对象进行的财务分析。现金流量表是资产负债表和利润表的中介，也是它们的补充。通过现金流量表的分析，可以了解企业现金周转状况，在一定的时间内，有多少现金来源，从何而来，又有多少现金被运用，运用到哪些方面。因而可以了解企业现金流量变动状况的全貌。

3. 根据分析的范围不同划分

根据分析的范围不同，财务分析可分为重点分析和综合能力分析。

1）重点分析

重点分析又称局部分析，是根据特定目的对企业财务中的某一方面或某些内容有所侧重的分析。企业的财务状况和经营成果是企业全部经营管理活动的综合结果，企业财务中任何一个方面或一项内容都不是孤立的。因此，分析工作必须从整体出发。但由于受客观条件的限制，特别是外部分析一般都有特定的目的，财务分析大多是重点分析。重点分析并不意味着只是对特定的重点进行分析，而是为了达到特定目的、解决特定的重点问题而进行的分析。

2）综合分析

综合分析是对财务状况的综合评价，是指将相互联系、相辅相成的各种分析方法、分析程序所得出的分析结果，运用一定的技术方法进行概括，得出概括性的结论，从而对企业的绩效进行综合评价。

4. 根据分析的目的不同划分

根据分析的目的不同，财务分析可分为偿债能力分析、营运能力分析、盈利能力分析、发展能力分析等。

1）偿债能力分析

偿债能力是指企业偿还债务的能力。通过对企业的财务报表等会计资料进行分析，可以了解企业资产的流动性、负债水平及偿还债务的能力，从而评价企业的财务状况和经营风险，为企业经营管理者、投资者和债权人提供财务信息。

2）营运能力分析

营运能力是指企业资产利用的能力，它是衡量企业各项经济资源利用效率的重要指标。企业的生产经营过程就是利用资产取得收益的过程。资产是企业生产经营活动的经济资源，资产的管理水平直接影响到企业的收益，它体现了企业的整体素质。进行财务分析，可以了解企业资产的保值和增值情况，通过分析企业资产的管理水平、资金周转状况、现金流量情况等，来评价企业的营运能力水平。

3）盈利能力分析

盈利能力是指企业获取经营利润的能力。获取利润是企业的主要经营目标之一，它也反映了企业的综合素质。企业要生存和发展，必须争取获得较高的利润，这样才能在竞争中立于不败之地。投资者和债权人都十分关心企业的获利能力，获利能力强可以提高企业偿还债务的能力，提高企业的信誉。对企业获利能力的分析不能仅看其获取利润的绝对数，还应分析其相对指标，这些都可以通过财务分析来实现。

4）发展能力分析

发展能力分析就是通过观察企业资产变动、负债增减、资本筹集状况、经营规模和经营成果等情况，并对偿债能力、营运能力、盈利能力等方面进行综合分析，从而评价与判断企业的经营效益及未来发展趋势与前景，从而为企业经营管理者和投资者进行经营决策与投资决策提供重要的依据。

知识要点提醒

以上财务分析是从企业总体而言的，但对于财务分析主体不同、财务分析视角不同及特定决策需要不同，财务分析的内容和侧重点也将有所不同，因此，应根据具体情况分析。

一般而言，根据财务分析主体和财务分析视角的不同，企业经营者财务分析的内容会侧重于以下几个方面：①以内部管理决策为视角的企业经营者财务分析，其内容侧重于经营业绩、盈利能力、营运能力以及杠杆效应等几个方面，其他方面(如财务状况、偿债能力)则属于辅助性分析内容；②以长期股权投资决策为视角的投资人的财务分析，其内容侧重于经营能力、盈利能力、资本增值能力及长期性投资价值方面，至于近期财务状况与经营业绩则处于相对次要的位置；③以短期股票投资决策为视角的投资人的财务分析，其内容侧重于近期的经营业绩及反映短期性投资价值方面的内容(如每股收益、每股股利、市盈率等)，而无须过多关注偿债能力、盈利能力、营运能力等具有内在性和长期影响性的内容；④以长期债权投资决策为视角的长期债权人的财务分析，其内容侧重于财务状况及长期偿债能力，而有关营运能力、盈利能力等方面属于辅助内容；⑤以短期债权投资决策为视角的短期债权人的财务分析，其内容侧重于短期偿债能力，而不会将重点放在长期偿债能力、营运能力和盈利能力等方面。

9.1.4 财务分析的基本程序

采用科学合理分析程序有助于提高财务分析工作的效率，尽管不同的财务分析主体、财务分析目的、财务分析具体内容等方面将会导致财务分析具体程序存在一定的差异性，但一般来讲，财务分析的基本程序是相同的，可归纳为三个阶段。

1. 财务分析的准备阶段

翔实的准备是进行具体财务分析的基础，也是决定财务分析成败的关键。在准备阶段应做好以下几项工作。

1）明确财务分析目的

分析目的不同，所需要的相关信息、分析技术方法和分析侧重点也不同。只有充分理解财务分析目的，才能够合理进行财务分析。

2）成立财务分析机构，制订财务分析计划

对于大型的财务分析，仅凭个人的能力是不够的，有必要成立由企业财务、销售、生产、研发等部门人员组成的财务分析机构，这样才能够对企业财务经营进行全面、深入的分析评价，同时也应结合分析目的和分析对象制订科学的分析计划，以便合理安排财务分析工作。

3）收集相关分析资料

财务分析所需要的资料是多方面的：从时间来看，既包括反映历史和现状的资料，又包括反映未来趋势和前景的资料；从空间来看，既有分析企业的财务信息和相关环境信息，又有国内外同行业企业的相关财务资料；从性质来看，既要有财务核算资料，又要有相关的财务预算资料；从形态上看，既有定量方面的资料，又有定性资料。在搜集分析资料时应从特定视角分析的实际需要出发，充分搜集与该分析视角相关的分析资料，但并不是多多益善。在分析资料的搜集方法上也是灵活多样的，既可向有关企业直接索取，也可以利用报刊所披露的信息，对上市公司可以在上市公司网站或证券交易所网站下载。

4）鉴别和整理分析资料

财务分析结论的客观性有赖于分析所依据资料的真实性和可靠性。因此，在对资料分析利用之前，必须对所收集资料的真实性和可靠性进行分析和鉴别。分析资料的鉴别主要是分析人员凭借其专业知识和经验，通过对财务报表各项目数据的构成及其在不同期间变化情况的考察，查明有无异常情况，若有异常情况，则应深入分析研究，以辨真伪，去伪存真。在对分析资料鉴别的基础上，也应对所收集资料分类整理，以便具体分析时运用。

2. 财务分析的实施阶段

实施阶段是财务分析的重点，在这一阶段主要应做好两项工作。

1）合理选择与正确计算相关财务指标

对于财务指标的选择与计算应注意以下三个方面：①指标的选择应符合可比性、充分性、系统性等原则要求，并与分析视角配合，尽可能使财务指标形成一个合理的指标体系；②合理界定指标的内涵和外延，所界定指标的内涵和外延要与财务指标体系具有内在的关联性；③由于涉及财务和相关信息较多，依靠手工运算工作量较大，因此，在做财务分析时应充分运用现有财务分析软件或电子表格工具，提高财务分析效率。

2）进行比较分析和因素分析

孤立地考察企业某一个期间的财务指标，只能了解企业在本期间的财务情况，既不能了解企业财务变化的趋势，也不能了解企业与其他企业存在的差距。因此，在财务分析时，应将财务指标在不同企业及同一企业不同期间进行比较，揭示横向差异和纵向趋势。在此基础上，对差异的性质和形成原因进行深入分析，找出致使差异形成的各项因素，并确定是主观因素还是客观因素，是内部因素还是外部因素，以及这些因素对差异的影响程度。

3. 财务分析的总结阶段

总结阶段是财务分析工作的终结。在总结阶段应根据财务指标计算、比较分析和因素分析的结果，形成综合的分析结论，包括对企业过去期间经营绩效的分析和企业未来财务前景的分析两个方面，对于各决策服务主体的财务分析来讲，还需要将分析结论以分析报告的形式出具，以供决策主体使用。

9.1.5 财务分析的局限性

财务分析作为一种经济管理，在评价企业财务状况优劣、经济效益高低等方面发挥了极为重要的作用。但是，同时必须清醒地认识到，财务分析方法与评价的结果不是绝对的，甚至可能与实际情况相差甚远，即财务分析存在一定的局限性。

1. 财务报告本身的局限性

财务报告是会计的产物。会计有特定的假设前提并要执行统一的规范，只能在规定意义上使用财务报告数据，不能认为财务报告揭示了企业的全部实际情况。会计的假设前提对财务报告质量的影响体现在以下四个方面。

(1) 历史成本报告资产，不代表其现行成本或变现价值。

(2) 假设币值不变，不按通货膨胀率或物价水平调整。

(3) 稳健原则要求预计损失而不预计收益，有可能夸大费用、少计收益和资产。

(4) 按年度分期报告，只报告了短期信息，不能提供反映长期潜力的信息。

2. 报告的真实性问题

只有根据真实的财务报告才有可能得出正确的分析结论。财务分析通常假定财务报告是真实的。报告的真实性问题，要靠审计来解决。财务分析不能解决报告的真实性问题，但是财务分析人员通常要注意以下与此有关的问题。

(1) 要注意财务报告是否规范。不规范的报告，其真实性也应受到怀疑。

(2) 要注意财务报告是否有遗漏，遗漏是违背充分披露原则的。遗漏可能是故意的，不想讲真话，也不能说假话，是故意遗漏的可能原因。

(3) 要注意分析数据的反常现象。如无合理的反常原因，则要考虑数据的真实性和一贯性是否有问题。

(4) 要注意审计报告的意见及注册会计师的信誉。

3. 企业会计政策的不同选择影响可比性问题

对同一会计事项的账务处理，会计准则允许使用几种不同的规则和程序，企业可以自行选择。例如，存货计价方法、折旧方法、所得税费用的确认方法、对外投资收益的确认方法等。虽然财务报表附注对会计政策的选择有一定的表述，但报表使用者未必能完成可比性的调整工作。

4. 比较基础问题

在比较分析时，必须要选择比较的基础，作为评价本企业当期实际数据的参照标准，包括本企业历史数据、同业数据和计划预算数据。

横向比较时使用同业标准。同业的平均数只起一般性的指导作用，不一定有代表性，不是合理性的标志。通常，选一组有代表性的企业求其平均数，作为同业标准，可能比整个行业的平均数更好。近年来，更重视以竞争对手的数据作为分析基础。有的企业实行多种经营，没有明确的行业归类。因此，同行业对比起来就更加困难。

趋势分析以本企业历史数据作比较基础。历史数据代表过去，并不代表合理性。经营的环境是变化的，今年比去年利润提高了，不一定说明已经达到应该达到的水平，甚至不一定说明管理有了改进。

实际与计划的差异分析，以计划预算作比较基础。实际和预算的差异，有时是预算不合理造成的，而不是执行中有问题。

总之，对比较基础本身要准确理解，并且要在限定意义上使用分析结论，避免简单化和绝对化。

9.2 财务分析的基础

财务分析的基础主要是指财务分析的各种资料来源。只有基础材料充分、正确和完整，并能有效地按不同的分析目的进行归类和整理，才能确保财务分析信息的真实可靠。因此，充分正确的财务资料是保证高质量的财务分析的重要前提。财务分析基础资料主要有企业的基本会计报表及其附注、财务状况说明书、企业内部管理报表、上市公司披露的信息资料、外部评价报告和分析评价标准等。

9.2.1 资产负债表

资产负债表是反映企业某一特定日期资产、负债、所有者权益及其相互关系的会计报表。从资产负债表的结构来看，它是以会计恒等式“资产＝负债＋所有者权益”为依据，按一定分类标准和排列顺序来反映企业某一时点的财务状况，其左方反映企业的资产状况，资产按其流动性从大到小来分项列示，顺次为流动资产、长期投资、固定资产、无形资产及其他资产、递延资产等，其右方反映企业的负债与股东权益状况，它说明了企业资金的来源情况，即有多少来源于债权人，有多少来源于企业所有者的投资。其结构详见表9－1。

表 9-1　A公司资产负债表

编制单位：A公司　　　　2012年12月31日　　　　单位：千元

资　　产	行次	年初数	期末数	负债及所有者权益（或股东权益）	行次	年初数	期末数
流动资产：				流动负债：			
货币资金	1	1 406 300	820 745	短期借款	68	300 000	50 000
短期投资	2	15 000		应付票据	69	200 000	100 000
应收票据	3	246 000	46 000	应付账款	70	953 800	953 800
应收股利	4			预收账款	71		
应收账款	5	299 100	598 200	应付工资	72	100 000	100 000
减：坏账准备	6			应付福利费	73	10 000	80 000
应收账款净额	7			应付股利	74		32 215.85
预付账款	8	100 000	100 000	应交税金	75	30 000	105 334
其他应收款	9	5 000	5 000	其他应交款	80	6 600	106 600
存货	10	2 580 000	2 574 700	其他应付款	81	50 000	50 000
待摊费用	11	100 000		预提费用	82	1 000	
其他流动资产	24			一年内到期的长期负债	86	1 000 000	
流动资产合计	31	4 751 400	4 144 645	其他流动负债	90		
长期投资：							
长期股权投资	32	250 000	250 000	流动负债合计	100	2 651 400	1 577 959.85
长期债权投资	34			长期负债：			
长期投资合计	38	250 000	250 000	长期借款	101	600 000	1 160 000
固定资产：				应付债券	102		
固定资产原价	39	1 500 000	2 401 000	长期应付款	103		
减：累计折旧	40	400 000	170 000	专项应付款	106		
固定资产净值	41	1 100 000	2 231 000	其他长期负债	108		
减：固定资产减值准备	42			长期负债合计	110		
固定资产净额	43	1 100 000	2 231 000	递延税项：			
工程物资	44		150 000	递延税款贷项	111		
在建工程	45	1 500 000	578 000	负债合计	114	3 251 400	2 737 959.85
固定资产合计	50	2 600 000	2 959 000	所有者权益（或股东权益）：			

续表

资　　产	行次	年初数	期末数	负债及所有者权益(或股东权益)	行次	年初数	期末数
无形资产及其他资产：				实收资本（或股本）	115	5 000 000	5 000 000
无形资产	51	600 000	540 000	减：已归还投资	116		
长期待摊费用	52	200 000	200 000	实收资本(或股本)净额	117		
无形资产及其他资产合计	60	800 000	740 000	盈余公积	119	100 000	135 685.15
				其中:法定公益金	120		11 895.05
递延税项：				未分配利润	121	50 000	220 000
递延税款借项	61			所有者权益(或股东权益)合计	122	5 150 000	5 355 685.15
资产总计	67	8 401 400	8 093 645	负债和所有者权益(或股东权益)总计	135	8 401 400	8 093 645

资产负债表是进行财务分析的一张重要的财务报表。其主要作用如下：①它揭示了企业拥有或控制的能用货币表现的经济资源即资产的总规模及具体的分布状态，由于不同性质的资产对企业经营活动有不同的影响，因而对企业资产结构的分析可对企业的资产质量做出一定的判断；②把流动资产与流动负债联系起来分析，可以评价企业的短期偿债能力，这种能力对企业的短期债权人尤为重要；③可通过资产负债表的右方负债及所有者权益的分析，了解企业资金来源状况、债务规模、债务结构，从而对企业的长期偿债能力及举债能力(潜力)做出评价，一般而言，企业的所有者权益占负债与所有者权益的比重越大，企业清偿长期债务的能力越大，企业进一步举债的潜力也就越大；④通过对企业不同时点资产负债表的比较，可以对企业财务状况的发展趋势做出判断；⑤通过对资产负债表与利润表有关项目的比较，可以对企业各种资源的利用情况做出评价，如可以考察资产利润率、资本报酬率、存货周转率、债权周转率等；⑥通过将资产负债表与利润表、现金流量表联系起来分析，可以对企业的财务状况和经营成果做出整体评价。

9.2.2 利润表与利润分配表

1. 利润表

利润表也称损益表，是反映企业一定时期生产经营成果的财务报表。它是以会计等式“利润＝收入－费用”为依据编制而成。企业的收入主要包括主营业务收入、其他业务收入、投资收益及营业外收入。费用支出主要包括主营业务成本、营业费用、管理费用、财务费用、主营业务税金及附加、其他业务支出及营业外支出等。总收入减去总费用就是利润总额。企业的利润因收入与费用的不同配比，可以分为 4 个层次：毛利润、营业利润、利润总额(税前利润)和净利润。毛利润是营业收入减去营业成本后的利润，它反映了企业的产品售价与生产成本的差额；营业利润是毛利润扣除营业费用、营业税金、管理费用、财务费用等后的经营所得；营业利润加上投资净收益、补贴收入和营业外收支净额后就是利润总额，是计算所得税的基础；利润总额扣除应纳的所得税后就是企业的净利润，这是企业所有者可以得到的实际收益。利润表的结构详见表 9-2。

表 9-2 利润表

编制单位：A 公司　　2012 年度　　单位：千元

项　　目	行次	上年累计	本年累计
一、主营业务收入	1	2 850	3 000
减：主营业务成本	4	2 503	2 644
主营业务税金及附加	5	28	28
二、主营业务利润(亏损以“—”号填列)	10	319	328
加：其他业务利润(亏损以“—”号填列)	11	36	20
减：营业费用	14	20	22
管理费用	15	40	46
财务费用	16	96	110
三、营业利润(亏损以“—”号填列)	18	199	170
加：投资收益(亏损以“—”号填列)	19	24	40
补贴收入	22	—	—
营业外收入	23	17	10
减：营业外支出	25	5	20
四、利润总额(亏损总额以“—”号填列)	27	235	200
减：所得税	28	75	64
五、净利润	1	160	136

2. 利润分配表

利润分配表是反映企业一定时期对实现的净利润的分配或亏损弥补的会计报表，是利润表的附表，说明利润表上反映的净利润的分配去向。通过利润分配表可以了解企业实现净利润的分配情况或亏损的弥补情况，了解企业利润分配的构成，以及年末分配利润的数额。我国 A 公司利润分配表的基本格式见表 9-3。

表 9-3 利润分配表

编制单位：A公司　　2012年度　　单位：千元

项　目	行次	本年实际	上年实际(略)
一、净利润	1	237 901	—
加：年初未分配利润	2	50 000	—
其他转入	4	—	—
二、可供分配的利润	8	287 901	—
减：提取法定盈余公积	9	23 790.10	—
提取法定公益金	10	11 895.05	—
三、可供投资者分配的利润	11	252 215.85	—
减：应付优先股股利	12		—
提取任意盈余公积	13	—	—
应付普通股股利	14	32 215.85	—
转作股本的普通股股利	15	—	—
四、未分配利润	20	220 000	—

利润表的主要作用：①反映公司财务成果实现和构成的情况，分析公司的盈利目标是否完成，评价其经营活动的绩效；②与资产负债表有关项目比较，能计算企业所占与所得、成本费用与所得的比率关系，为投资者分析资本的获利能力，为债权人分析债务的安全性，为经营当局分析企业资产利用水平等提供资料；③能完整地提供企业主营业务与其他业务对利润的影响，分析企业财务成果形成的基本原因，并能反映企业对外投资等特殊经济事项的盈亏情况。

9.2.3 现金流量表

现金流量表是反映企业一定时期现金流入和现金流出，以及现金增减变动原因的会计报表。现金流量表一般包括3大部分：企业经营活动产生的现金流入和现金流出、企业投资活动产生的现金流入和现金流出、企业筹资活动产生的现金流入和现金流出。有时也单列某些如汇率变化等特殊事项引起的现金流量变动。具体格式见表9-4。

表 9-4 A公司现金流量表

编制单位：A公司　　2012年度　　单位：千元

项　目	行　次	金　额
一、经营活动产生的现金流量		
销售商品、提供劳务收到的现金	1	1 342 500
收取的税费返还	3	0
收到的增值税销项税额和退回的税款	4	0

续表

项　目	行　次	金　额
收到的除增值税以外的其他税费返还	8	0
收到的其他与经营活动有关的现金	9	0
经营活动现金流入小计	10	1 342 500
购买商品接受劳务支付的现金	11	392 266
经营租赁所支付的现金	12	0
支付给职工以及为职工支付的现金	13	300 000
支付的增值税款	14	0
支付的所得税款	15	0
支付的除增值税所得税以外的税费	16	0
支付的各项税费	17	199 089
支付的其他与经营活动有关的现金	19	70 000
经营活动现金流出小计	20	961 355
经营活动产生的现金流量净额	21	381 145
二、投资活动产生的现金流量		
收回投资所收到的现金	22	16 500
取得投资收益所收到的现金	23	30 000
分得股利或利润所收到的现金	24	0
取得债券利息收入所收到的现金	25	0
处置固定资产、无形资产和长期资产收回的现金	26	300 300
收到的其他与投资活动有关的现金	27	0
投资活动现金流入小计	28	346 800
购建固定资产、无形资产和长期资产支付的现金	29	451 000
权益性投资所支付的现金	30	0
支付的其他与投资活动有关的现金	33	0
投资活动现金流出小计	38	451 000
投资活动产生的现金流量净额	40	—104 200
三、筹资活动产生的现金流量		
吸收权益性投资所收到的现金	41	0
发行债券所收到的现金	42	0
借款所收到的现金	43	400 000

续表

项　　目	行　次	金　　额
收到的其他与筹资活动有关的现金	44	0
筹资活动现金流入小计	45	400 000
偿还债务所支付的现金	46	1 250 000
发生筹资费用所支付的现金	47	0
分配股利或利润所支付的现金	48	12 500
偿付利息所支付的现金	49	0
筹资活动现金流出小计	53	1 262 500
筹资活动产生的现金流量净额	54	－862 500
四、汇率变动对现金的影响	55	0
五、现金及现金等价物净增加额	56	－585 555

现金流量表补充资料

附　　注	行　次	金　　额
1. 不涉及现金收支的投资和筹资活动		
以固定资产偿还债务	57	0
以固定资产进行长期投资	58	0
2. 将净利润调节为经营活动的现金流量		
净利润	62	237 901
加：计提的资产减值准备	64	900
计提的坏账准备或转销的坏账	65	0
固定资产折旧	66	100 000
无形资产摊销	67	60 000
递延资产摊销	68	0
长期待摊费用摊销	69	
待摊费用的减少(减增加)	70	100 000
处置固定无形和其他长期资产的损失(减：收益)	72	－50 000
固定资产报废损失	73	19 700
财务费用	74	21 500
投资损失(减收益)	75	－31 500
递延税款贷项(减借项)	76	0
存货的减少(减增加)	77	5 300

续表

附　注	行 次	金　额
经营性应收项目的减少(减增加)	78	−100 000
经营性应付项目的增加(减减少)	79	17 344
增值税增加净额(减减少)	80	0
其他	81	0
经营活动产生之现金流量净额	82	381 145
3. 现金及现金等价物净增加情况		
货币资金的期末余额	83	0
货币资金的期初余额	84	0
现金等价物的期末余额	86	820 745
现金等价物的期初余额	87	1 406 300
现金及现金等价物净增加额	88	−585 555

现金流量表的主要作用：①反映企业各类现金流入和现金流出的具体构成，说明企业当期现金流量增减变化的原因，为评价企业现金流量状况是否合理、未来是否具有良好的赚取现金的能力和偿还债务及支付股利的能力提供依据；②提供了本期损益与现金流量比较分析的相关资料，及企业各类相关的理财活动的财务信息。

9.2.4 财务报表附注与财务情况说明书

财务报表附注主要是以文字和数字形式对基本财务报表的内容，以及其他有助于理解财务报表的有关事项进行必要的说明，包括基本的会计政策及运用的主要会计方法等内容。它一般包括：①企业在会计年度内执行的会计政策及采用的主要会计处理方法；②会计处理方法的变更、变更原因，以及对财务状况和经营成果的影响；③非常项目的说明；④企业财务报表中有关重要项目的明细资料；⑤其他有助于理解和分析报表需要说明的事项。

财务情况说明书则是对企业当期财务分析结果进行总结的文字说明，主要包括企业的生产经营情况、利润实现和分配情况、资金运用情况等内容。

9.3 财务分析的方法

财务分析方法是完成财务分析任务、实现财务分析目的的技术手段，财务分析的方法多种多样，在实际运用中应根据实际资料的特征和具体分析目的而定。一般来讲，财务分析常用的主要方法有比较分析法、比率分析法、趋势分析法和因素分析法等。

9.3.1 比较分析法

比较分析法又称对比分析法，它是把两个或两个以上的相关经济指标数值(包括绝对数和相对数)进行对比，揭示经济指标间的数量关系和数量差异，并通过指标间的差异进行评价、考察、分析的一种方法。比较分析法的主要作用在于指出财务活动中的数量关系和存在的差距，从中发现问题，为进一步分析原因、挖掘潜力指明方向。比较分析法是最基本的分析方法，没有比较就没有分析，不仅比较分析法本身在财务分析中被广泛应用，而且其他分析方法也是建立在比较分析法的基础之上的。

比较分析的具体方法种类繁多，根据分析的目的和要求的不同，比较分析法通常有以下两种形式的对比。

1. 按比较对象分类

按比较对象分类(和谁比)，主要包括以下三个方面。

(1) 与本企业历史比，则不同时期(2～10 年)指标相比，也称趋势分析。可以了解指标的发展变化，预测发展趋势。例如，将本期指标同上期指标或历史最高水平比较，通过这种比较，可以确定前后不同时期有关指标的变动情况，了解企业生产经营活动的发展趋势和管理工作的改进情况。

(2) 与同类企业比，即与行业平均数或竞争对手比较，也称横向比较，可以找出企业间的差距，不断改进企业的经营管理。例如，将本单位指标同国内外先进单位指标比较，通过这种比较，可以找出与先进单位之间的差距，推动本单位改善经营管理，赶超先进水平。

(3) 实际指标同计划定额指标比，即实际执行结果与计划定额指标比较，也称差异分析。通过这种比较，可以揭示实际与计划或定额之间的差异或定额的完成情况，分析差异产生的原因。

2. 按比较内容分类

按比较内容分类(比什么)，主要包括以下三个方面。

(1) 比较会计要素的总量。总量是指报表项目的总金额，如总资产、净资产、净利润等。总量比较主要用于时间序列分析，如研究利润的逐年变化趋势，看其增长潜力，有时也用于同行业对比，看企业的相对规模和竞争地位。

(2) 比较结构百分比，又称结构分析。

(3) 比较财务比率，又称比率分析法。

知识要点提醒

在运用比较分析法对同一经济指标进行数值比较时，十分强调指标之间的可比性，必须使对比指标之间在时间、范围、内容、项目、计算方法、计价标准等各方面口径一致，如果存在不可比的情况，必要时，要对所用指标按统一口径进行调整或换算。剔除不可比因素影响后，再进行对比，只有指标可比，比较的结果才有实际意义，才能说明实际问题。

9.3.2 比率分析法

比率分析法是把某些彼此存在相关联的项目加以对比，计算出比率，据以确定经济活动变化程度的一种分析方法。比率分析法的比率是相对数。采用这种方法，能够把某些条件下的不可比指标变为可比指标，以利于进行分析，从确定的比率差异中发现问题。比率分析法是财务分析中应用最广泛的一种方法，常见的比率指标主要有构成比率、效率比率和相关比率三种。

1. 构成比率

构成比率又称结构比率，它是某项经济指标的各个组成部分与总体的比率，用于计算部分占总体的比重，反映的是部分与总体的关系。其计算公式为

构成比率＝某个组成部分数值/总体数值

利用构成比率指标，可以考察总体中某个部分的形成和安排是否合理、某个部分在总体中的地位和作用，以便协调各项财务活动，突出重点，这类比率有长期偿债能力比率等。

2. 效率比率

效率比率是用来计算某项经济活动中所费与所得的比率，反映投入与产出、耗费与收入的比例关系。利用效率比率指标，可以进行得失比较，考察经营成果，评价经济效益。如将利润项目与销售成本、销售收入、资本等项目加以对比，可以计算出成本利润率、销售利润率、资产利润率等利润率指标，可以从不同角度比较企业获利能力的高低及其增减变化情况，分析考察企业财务成果，评价企业经营状况和经济效益水平。这类比率有盈利能力比率、发展能力比率和营运能力比率等。

3. 相关比率

相关比率是以某个项目和与其有关但又不同的项目加以对比所得的比率。用来计算除部分与总体关系、投入与产出关系之外的具有相关关系的指标的比率，以反映有关经济活动中财务指标间的相互关系。利用相关比率指标，可以考察有联系的相关业务安排的是否合理、能否保障企业生产经营活动顺畅运行。例如，将流动资产与流动负债相比，计算出流动比率，据以判断企业的短期偿债能力，这类比率有短期偿债能力比率等。

比率分析法的优点是计算简便，计算结果容易判断，能用于比较规模不同企业的风险与收益的关系，而且可以使某些指标在不同规模的企业之间进行比较，甚至也能在一定程度上超越行业间的差别进行比较。比率也能提供企业的概况、经济特点与竞争战略，以及其独有的营业、财务与投资特征。然而，比率可能具有欺骗性，因为它忽略了行业差别、变化的资本结构的影响、会计与报表方法的差异(尤其在国际范围内比较时)。在给定这些差异下，比率的变化(趋势)比某时点上比率水平提供更多的信息。

知识要点提醒

比率分析对理解财务分析是必需的。然而，比率暗含一定的假设。因缺乏和不适当使用衡量标准、交易时间、负数，以及报告方法的差异，而使比率的计算与比较更加迷惑。

采用这一方法时，应注意以下几点：

（1）注意对比项目的相关性。比率分析通过消除不同企业和不同时期的规模差别而便于比较。在这个过程中暗含着比例假设，即假设分子与分母之间的经济关系并不依赖于规模。这个假设忽略了固定成本的存在，当存在固定成本时，总成本(或利润)不与销售收入成比例变化，此外，甚至在不存在固定成本的情况下，暗含在分子与分母之间的线性关系假设可能是不正确的。例如，存货周转率，即销货成本/存货，暗含了在销货数量与存货水平之间存在固定不变的关系。然而，管理科学理论指出最佳的关系是非线性的。存货水平与需求量的平方根成比例，很清楚存货周转率不具有规模独立性。因此，计算比率的分子和分母必须具有相关性，把不相关的项目进行对比是没有意义的。在构成比率指标中，部分指标必须是总指标这个大系统中的一个小系统；在效率指标中，投入与产出必须有因果关系；在相关比率指标中，两个对比指标也要有内在联系，才能评价有关经济活动之间是否协调均衡，安排是否合理。

（2）注意采用的比率指标要有对比的标准。财务比率能从指标的联系中，揭示企业财务活动的内在关系，但它所提供的只是企业某一时点或某一时期的实际情况。为了分析评价，在对采用的比率指标进行分析时要有对比的标准，以便对企业的财务状况做出正确的评价。运用比率分析，需要选用一定的标准与之对比，以便对企业的财务状况做出评价，然而，比率分析经常缺少适当的标准来确定最佳水平。评价一个比率经常依赖于分析师的观点。例如，对一个短期贷款人而言，一个高的流动性比率可能是积极的指示器。然而，对权益投资者而言，它可能表明较差的现金或营运资本管理。一个最常用的衡量标准是行业标准，经验证据表明：行业分类在解释比率差量中是基本的因素，各个企业的比率趋于行业平均数。而且行业经济特点有利于企业纠正对行业标准的偏离，管理者以行业标准为目标，制定相关比率，并通过选择会计方法或者资源配置来进行，使用行业平均值作为衡量标准在同一行业内进行比较，不能在不同行业之间进行比较。即使对行业内分析，如果整个行业或行业内主要企业的业绩非常差，衡量标准的使用也会受到限制。因此，衡量标准的科学性至关重要，通常用作对比的标准有目标标准、历史标准、行业标准及公认标准等。

（3）注意对比口径的一致性。计算比率的分子和分母必须在计算时间、范围、计算价格、计量单位等方面保持口径一致，这样才具有可比性。只有在财务报表公布之日才能取得用于计算比率的数据，对于年度报告，当已报告的资产和负债水平不反映正常营业的典型水平时，会计年末可能与企业营业周期的低点相对应，结果是，尤其在季节性企业中，比率不反映正常营业关系。例如，存货与应付账款可能低估。时间选择还会导致对比口径的不一致问题。即年末交易可能导致人为操纵比率来显示对企业有利的一面。

【例9-1】假设一个企业的流动比率(流动资产/流动负债)为1.5(即300/200)，那么如何将流动比率增加到2.0呢?

可以简单地在期末之前立即使用100元的现金偿付(减少)应付账款，这样就可以增加流动比率到2.0(200/100)。通常地，企业通过一笔交易相等地影响比率的分子与分母的方法来操纵一个比率，如果比率大于1，通过交易减少分子与分母相等数额来增加比率，如果比率小于1，通过交易增加分子与分母相等数额来增加比率。因此，计算比率的分子和分母必须在计算时间、范围等方面保持口径一致，防止非正常的操纵。

(4) 当发生负数时，比率分析必须注意的事项。下面用两个例子说明。

【例9-2】 权益报酬率=收益/权益，A、B两个公司的权益报酬率见表9-5。

表9-5 A、B两公司的权益报酬率

类　别	收益/元	权益/元	权益报酬率
公司A	20 000	200 000	10%
公司B	(20 000)	(200 000)	10%

没有对潜在的数据做出说明的比率分析可能导致错误的结论——好像两个公司有相同的权益报酬率，因为现在许多财务分析或比率分析是使用计算机进行的，除非程序非常完善，否则负数的存在将被忽略，如本例所示。

【例9-3】 股利支付率=股利/收益，C、D、E三个公司的股利支付率见表9-6。

表9-6 C、D、E 3个公司的股利支付率

类　别	股利/元	权益/元	股利支付率
公司C	10 000	500 000	20%
公司D	10 000	400 000	25%
公司E	10 000	(300 000)	(30%)

这三家公司根据股利支付率(从高到低)排列依次是：D、C、E。然而，事实上，公司E的股利支付率最高。尽管，收益为负数但仍支付股利，这表明了有高的股利支付率；这一比率是用来衡量收益中有多少支付给股东，而不是衡量留给企业多少。对相同的收益，较高的股利会增加支付比例(股利支付率)。当收益达到零时，股利支付率达到无限大。

(5) 注意会计方法。会计方法与估计的选择在很大程度上影响已报告的财务报表数额。此外，即使“纯”数字也可能被会计的选择所影响。

知识要点提醒

比率不能在会计方法不同的企业之间或者会计方法改变的同一企业不同时期进行比较。为了比较这些比率，必须把会计方法进行转化。而对这类分析而言，就必须要求会计报表脚注包含对会计制度的深刻理解和信息的正确解释。

9.3.3 趋势分析法

趋势分析法又称水平分析法，是将两期或连续若干期财务报告中的相同指标或比率进行对比，确定它们增减变动的方向、数额和幅度的一种方法。采用这种方法，可以揭示企业财务状况和生产经营状况的变化，分析引起变化的主要原因、变动的性质，并预测企业未来的发展前景。

趋势分析法的具体运用主要有3种。

1. 重要财务指标的比较

重要财务指标的比较是将不同时期财务报告中的相同指标或比率进行比较，直接观察其增减变动情况及变动幅度，考察有关财务指标发展趋势，预测其发展前景。对不同时期财务指标的比较，可以有两种方法。

1）定基动态比率分析

定基动态比率分析是指基期标准或比较标准保持不变，而将各期的实际数与其进行持续比较，来揭示经济事项变化规律和发展趋势的方法。其基本计算公式为

定基动态比率＝各分析期指标/固定基期指标×100％

2）环比动态比率分析

环比动态比率分析是指将某项经济指标持续地把本期实际数与上一期实际数进行比较，不断计算相对于上一期的变动率，以了解该经济事项的连续变化趋势。其基本计算公式为

环比动态比率＝各分析期指标/分析前期指标×100％

2. 会计报表的比较

会计报表的比较是将连续数期的会计报表的金额并列起来，比较其相同指标的增减变动金额和变动幅度，据以判断企业财务状况和经营成果发展变化的一种方法。会计报表的比较，包括资产负债表比较、利润表比较和现金流量表比较等。比较时，既要计算出表中有关项目增减变动的绝对额，又要计算出其增减变动的相对数。

3. 会计报表项目构成的比较

会计报表项目构成的比较是以会计报表中的某个总体指标作为100％，再计算出其各组成指标占该总体指标的百分比，比较各构成项目百分比的增减变动，以判断企业有关财务活动的变化趋势。

这种方法比前述两种方法更能准确地分析企业财务活动的发展趋势。它既可用于同一企业不同时期财务状况的纵向比较，又可用于不同企业之间的横向比较。同时，这种方法比前述两种方法能消除不同时期(不同企业)之间业务规模差异的影响，有利于分析企业的耗费水平和盈利水平。采用趋势分析法时，应注意以下几点：

第一，用以进行对比的各个时期的指标在计算口径上必须保持一致。

第二，应剔除偶发性因素对财务活动产生的特殊影响，使分析数据能反映正常的经营及财务状况。

第三，应用例外原则，分析中若发现某项指标在一定时期内有显著的变动，则应将其作为分析的重点，研究其产生的原因，以便采取有效措施，趋利避害。

9.3.4 因素分析法

因素分析法是依据分析指标与其影响因素的关系，从数量上来分别确定各因素变化对

整个分析指标影响方向和影响程度的一种方法。采用这种方法的假设前提是，当有若干因素对分析对象产生影响作用时，假定其他各个因素都无变化，从而顺序确定每一个因素单独变化所产生的影响。财务活动是一个有机联系的整体，每个财务指标通常由几个相互联系的经济因素构成，只有将这些因素加以分解，才能真正把握其影响程度和变化规律，为提高财务管理工作指明方向。

常用的因素分析法主要有以下四种。

1. 连环替代法

连环替代法是将分析指标分解为各个可以计量的因素，并根据各个因素之间的依存关系，依次用各因素的比较值(通常为实际值)替代基准值(通常为标准值或计划值)，据以测定各因素对分析的财务指标的影响，如影响成本降低的因素分析。

下面通过例题说明其步骤。

【例9-4】某企业材料费用总额实际数比计划数增加1 240元，请用连环替代法，根据表9-7中的资料，计算各因素变动对材料费用总额的影响程度。

表9-7 企业材料费用有关资料

项目	单位	计划值	实际值
产品产量	件	100	110
产品消耗量	千克	8	7
材料单价	元	10	12
材料费用定额	元	8 000	9 240

第一步：确定分析对象，分解指标体系。本例中的分析对象为材料费用，可分解为

材料费用=产量×单位产品材料消耗量×材料单价

第二步：连环顺序替代，计算替代结果。所谓连环顺序替代，就是以基期指标体系为计算基础，然后用实际指标体系中的每一因素的实际数顺序地替代其相应的基期数，每次替代一个因素，其替代后的因素被保留下来。

计划指标：100×8×10=8 000(元)

第一次替代：110×8×10=8 800(元)

第二次替代：110×7×10=7 700(元)

第三次替代：110×7×12=9 240(元)

第三步：比较各因素的替代结果，确定各因素对分析指标的影响程度。

产量增加的影响：②-①=8 800-8 000=800(元)

材料节约的影响：③-②=7 700-8 800=-1 100(元)

价格提高的影响：④-③=9 240-7 700=1 540(元)

第四步：检验分析结果。各因素对分析指标的影响数额相加，应等于指标的实际值与基准值的差额。

全部因素的影响：800-1 100+1 540=1 240(元)

2. 差额分析法

差额分析法是连环替代法的一种简化形式，依次利用各个因素的实际值与基准值之间的差额，来计算各因素对分析指标的影响。例如，固定资产净值增加的原因分析，可分解为原值变化和折旧变化两部分。

以表9-7中所列数据为例，可采用差额分析法计算确定各因素变动对材料费用的影响。

产量增加的影响：(110－100)×8×10＝800(元)

材料节约的影响：110×(7－8)×10＝－1 100(元)

价格提高的影响：110×7×(12－10)＝1 540(元)

全部因素的影响：800－1 100＋1 540＝1 240(元)

3. 指标分解法

例如，资产利润率，可分解为资产周转率和销售利润率的乘积。具体内容在9.5节中讲述。

4. 定基替代法

分别用分析值替代标准值，测定各因素对财务指标的影响，如标准成本的差异分析。在实际的分析中，各种方法又是结合使用的。

知识要点提醒

采用因素分析法的出发点在于，当有若干因素对分析对象产生影响作用时，假定其他各个因素都无变化，顺序确定每一个因素单独发生变化所产生的影响。它既可以全面分析各因素对某一经济指标的影响，又可以单独分析某个因素对某一经济指标的影响，在财务分析中应用颇为广泛。

但在实际运用时，应注意以下几点：

第一，因素分解的关联性。即确定构成经济指标的各个因素，确实是客观上存在因果关系，要能够反映形成该指标差异的内在构成原因，否则就失去了其存在价值。

第二，因素替代的顺序性。替代因素时，必须按照各因素的依存顺序，排列成一定的顺序并依次替代，不可随意加以颠倒，否则就会得出不同的计算结果。一般而言，确定正确排列因素替代顺序的原则是，按照分析对象的性质，从各个因素相互依存关系出发，并使分析结果有助于分清责任。在实际工作中，往往是按照先数量后质量，先实物后价值量，先原始后派生，先主要后次要，先分子后分母的顺序替代，不可随意颠倒。

第三，顺序替代的连环性。在计算每一个因素变动的影响时，都是在前一次计算的基础上进行，并采用连环比较的方法确定因素变化影响的结果。因为只有保持计算程序上的连环性，才能使各个因素影响之和等于分析指标变动的差异，以全面说明分析指标变动的原因。

第四，计算结果的假定性。由于因素分析法计算的每一个因素变动的影响值会因替代计算顺序的不同而有差别，因而计算结果具有一定程序上的假定性和近似性。即它不可能使每个计算因素计算的结果都达到绝对准确。它只是在某种假定前提下的影响结果，离开了这种假定前提条件，也就不会是这种影响结果。为此，分析时财务人员应力求使这种假定是合乎逻辑的假定，是具有实际经济意义的假定。这样，计算结果的假定性才不至于妨碍分析的有效性。

9.4 财务指标分析的内容

财务指标分析主要是对偿债能力、营运能力、盈利能力和发展能力4个方面进行分析，其中，偿债能力是财务目标实现的稳健保障，营运能力是财务目标实现的物质基础，盈利能力是两者共同作用的结果，同时也对两者的增强起着推动作用。四者相辅相成，共同构成企业财务分析的基本内容。财务分析其主要依据是财务会计报表及相关资料，为了便于说明，本节各项财务比率的计算分析主要以A公司为实例，以表9-1、表9-2、表9-3和表9-4的内容为依据。

9.4.1 偿债能力分析

偿债能力是企业偿还各种到期债务的能力。偿债能力分析就是通过对企业变现能力和债务物质保障程度的分析研究，分析和判断企业偿还到期债务能力的强弱。进行企业偿债能力的分析，既可以为投资者、债权人了解企业的变现能力和债务的物质保障程度提供财务信息，又可为企业经营者了解和掌握企业举债适度和筹资风险等提供财务信息，有利于揭示企业存在的问题并寻求解决问题的办法。

偿债能力分析包括短期偿债能力分析和长期偿债能力分析。

1. 短期偿债能力分析

短期偿债能力是指企业以流动资产偿付流动负债的能力，是企业的流动资产在短期债务到期以前可以变现为现金用于偿还流动负债的能力。它体现于流动负债和流动资产的对比关系中，反映企业流动资产对偿还流动负债的保障程度。短期偿债能力分析，就是要揭示企业流动资产与流动负债的适应程度，查明企业短期偿债能力的强弱，发现危险信号并及时纠正，预防短期偿债能力恶化，促进债权债务关系的合理化，使企业始终保持良好的财务状况。

一般地说，评价企业短期偿债能力的财务比率主要有营运比率、流动比率、速动比率、现金比率等。以下分项加以介绍。

1）营运比率

营运比率是将企业的营运资金与流动负债相比，说明企业营运资金对流动负债偿还的保障能力。其基本计算公式为

营运比率＝营运资金/流动负债

（1）营运比率中的营运资金是企业的流动资产减去流动负债后的余额，所以称营运资金是“不受企业流动负债牵制的可周转使用的净流动资产”。显然在一般情况下，企业中的营运资金越大，其营运比率也越大，对流动负债的偿付能力就越强。但营运比率过高，同样不一定是好事，说明企业没有充分运用负债资金，或其流动资金的周转效率太差。

（2）营运比率分析同样要与企业前期和同行业水平比较才能说明其变化状况，而不能仅看比率大小。另外，还要对营运资金的绝对额进行分析，因为有时企业的营运比率是上

升的，但其营运资金的实际金额并无增长，甚至是下降的，所以企业实际的偿债能力并未好转。

【例9-5】 根据表9-1的数据，A公司2012年的营运比率为多少？

年末营运比率＝(4 144 645－1 577 959.85)/1 577 959.85＝1.63

年初营运比率＝(4 751 400－2 651 400)/2 651 400＝0.79

该公司2012年营运比率的年末数大于年初数，表明该公司短期偿债能力有所增强。

2）流动比率

流动比率是流动资产与流动负债的比率，表明企业每单位流动负债有多少流动资产作为偿还的保证，反映企业可在短期内变现的流动资产偿还到期流动负债的能力。其计算公式为

流动比率＝流动资产/流动负债

知识要点提醒

一般情况下，流动比率越高，反映企业短期偿债能力越强，债权人的权益越有保证，表明企业可以变现的资产数额大，债权人遭受损失的风险小。国际上通常认为，流动比率的下限为1，而流动比率等于2时较为适宜，它表明企业财务状况稳定可靠，除了满足日常生产经营的流动资金需要外，还有足够的财务实力偿付到期债务，但是，流动比率也不能过高，过高则表明企业流动资产占用较多，会影响资金的使用效率和企业的筹资成本，进而影响获利能力。究竟应保持多高水平的流动比率，主要视企业对待风险的态度予以确定。

运用流动比率进行短期偿债能力分析时，必须注意以下几个问题：

(1) 流动比率高并不等于企业有足够的现金用来偿债。这是因为流动比率高，可能是存货积压、应收账款增多且收账期延长，以及待摊费用和待处理财产损失增加所致，而真正可用来偿债的现金却严重短缺。所以，企业应在分析流动比率的基础上，进一步对现金流量加以考察。

(2) 流动比率是否合理，不同的企业以及同一企业不同时期的评价标准是不同的，因此，不应用统一的标准来评价各企业流动比率合理与否。

【例9-6】 根据表9-1资料，该公司2012年的流动比率为多少？

年初流动比率＝4 751 400/2 651 400＝1.79

年末流动比率＝4 144 645/1 577 959.85＝2.63

该公司2012年年末流动比率超过了一般公认标准值2，而年初流动比率却没达到2，年末比年初有所提高，反映了该公司在2012年内短期偿债能力有所增强。

3）速动比率

速动比率又称酸性测试比率，是指从流动资产中扣除存货部分，再除以流动负债的比值。由于剔除了存货这种变现能力较弱且不稳定的资产，因此，速动比率较之流动比率能够更加准确、可靠地评价企业资产的流动性及其偿还短期负债的能力。另外，速动比率＋企业血压＝1。所谓企业血压是指流动负债减去速动资产的差额与流动负债之比，表明企业不能支付的流动负债缺口有多大。其计算公式为

速动比率＝(流动资产－存货)/流动负债

【例9-7】 根据表9-1资料，该企业2012年的速动比率为多少？

2012 年年末的速动比率=(4 144 645−2 574 700)/1 577 959.85=0.99

2012 年年初的速动比率=(4 751 400−2 580 000)/2 651 400=0.82

与此相对应的企业血压的年末数和年初数分别为 1%和 18%。

知识要点提醒

速动比率用以衡量企业流动资产中可以即刻用于偿付流动负债的能力。它是流动比率的一个重要的辅助指标。企业流动比率有时虽然较高，但流动资产中易于变现，具有即刻支付能力的资产却很少，则企业的短期偿债能力仍然较差。因此，速动比率比流动比率能更准确地反映企业的短期偿债能力。通常认为，正常的速动比率为 1 较为合适，表明企业每 1 元流动负债，都有 1 元易于变现的资产作为支付保证。

运用速动比率进行短期偿债能力分析时应注意如下事项。

(1) 速动比率过大或过小都有其负面影响。速动比率过大，虽然说明企业具有较强的偿债能力，但同时说明企业流动资产利用效益低下；反之，如果企业速动比率过小，则会使其面临短期债务无法偿还的风险。

(2) 尽管速动比率较之流动比率更能反映出流动负债偿还的安全性和稳定性，但并不能认为速动比率较低的企业的流动负债到期绝对不能偿还。实际上，如果企业存货流转顺畅，变现能力较强，即使速动比率较低，只要流动比率高，企业仍然能偿还到期的债务本息。

(3) 不同行业的速动比率略有差异。

(4) 企业债务结构上的差异，导致企业不同时期在债务偿还规模上存在较大差异，从而导致速动比率在不同时期存在差异。

在计算速动比率时，除扣除存货以外，还可以从流动资产中去掉其他一些可能与当期现金流量无关的项目，如预付账款、待摊费用、待处理流动资产损失等，以计算更进一步的变现能力。如采用保守速动比率(或称超速动比率)，其计算公式为

速动比率=速动资产/流动负债=(流动资产−存货−待摊费用
−预付账款−无法收回的坏账−待处理损失)/流动负债
=(现金+银行存款+短期投资+应收票据+应收账款
+其他应收款)/流动负债

显然，用流动资产减去存货来计算速动资产的方法，计算出的速动比率较大，会使投资者过于乐观；但用上述第二种方法计算的速动资产，又过于保守，计算出来的保守速动比率过小，会使投资者感到信心不足，另外，同流动比率一样，速动比率既可以用期末数计算，也可以用一定时期平均数计算，究竟如何计算更适当，要根据不同的分析要求来确定。

将 A 公司的有关数据代入，得到该企业 2012 年的保守速动比率为

年末保守的速动比率=(4 144 645−2 574 700−100 000)/1 577 959.85
=(820 745+46 000+598 200+5 000)/1 577 959.85=0.93

年初保守的速动比率=(4 751 400−2580 000−100 000−100 000)/2651 400
=(1 406 300+15 000+246 000+299 100+5 000)/2 651 400
=0.74

与此相对应的企业血压的年末数和年初数分别为7%和26%。

从上述指标值可以看出：该公司速动比率的年末数和年初数均未达到一般公认标准值1，但年末数接近于1且大于年初数，这表明该公司在2012年内短期偿债能力增强，年末时偿还短期债务的能力较好，但企业血压表明该公司也存在一定的债务缺口。

4）现金比率

现金比率是指企业现金类资产与流动负债之间的比率。现金类资产包括企业所拥有的货币资金和持有的有价证券(即资产负债表中的短期投资)。这些现金类资产或者可以随时提现，或者可随时变现转让，总之，持有现金类资产就等于持有资金。其计算公式为

现金比率=(现金+现金等价物)/流动负债

知识要点提醒

现金比率可以从现金流量角度反映企业当期偿付短期负债的能力，是对流动比率和速动比率的进一步分析，比流动比率和速动比率更为严格，因为现金资产是企业偿还债务的最终手段。由此计算出来的现金比率在衡量企业的短期偿债能力方面，更为安全和保险。

但运用现金比率进行短期偿债能力分析时应注意的是，用现金比率评价企业偿还流动负债的能力应谨慎。一般来说，现金比率在0.2以上为好，但也不能认为这项指标越高越好。该指标越大，虽能表明企业偿还到期债务的保障程度越高，但该指标过大可能意味着企业拥有过多的获利能力较低的现金类资产，而导致企业机会成本的增加。

【例9-8】根据表9-1资料，假设“短期投资”全部为易变现的有价证券，则A公司2012年的现金比率为多少？

年末现金比率=820 745/1 577 959.85=0.52

年初现金比率=(1 406 300+15 000)/2 651 400=0.54

现金比率年末比年初稍有点下降，但相差甚小，这表明企业用现金对短期债务的直接偿付能力没有多大变化。

2. 长期偿债能力分析

长期偿债能力是指企业偿还长期负债的能力。它表明企业对债务负担的承受能力和偿还债务的担保能力。长期偿债能力的强弱是反映企业财务状况稳定和安全程度的重要标志。评价企业长期偿债能力的指标有资产负债率、产权比率、已获利息保障倍数和现金利息保障倍数等。

1）资产负债率

资产负债率又称负债比率，指企业负债总额对资产总额的比率。资产负债表反映在企业总资产中有多大比例是通过借债来筹资的，以及企业资产对债权人权益的保障程度。其计算公式为

资产负债率=负债总额/资产总额×100%

知识要点提醒

资产负债率是国际公认的衡量企业负债偿还能力和经营风险的重要指标，比较保守的经验判断一般

为不高于50%，国际上一般公认60%比较好。一般情况下，资产负债率越小，表明企业偿债能力越强。

资产负债率有不同的使用者，若从不同的使用者角度运用资产负债表对长期偿债能力进行分析，其比率要求会有所不同。

从债权人的立场看，他们最关心的是贷给企业的款项的安全程度，也就是能否按期收回本金和利息。如果资产负债率过高，则表明企业的债务负担重，企业的资金实力不强，偿债缺乏保障，这对债权人是不利的。因此，债权人希望债务比例越低越好，企业偿债有保证，贷款不会有太大的风险。

从股东的立场看，由于企业通过举债筹措的资金与股东提供的资金在经营中发挥同样的作用，因此，股东关心的是全部资本利润率是否超过借入款项的利息率，即借入资本的代价。因此，从股东的立场来看，在全部资本利润率高于借入资金利息率时，负债比例越高越好，否则相反。

从经营者的立场看，如果举债过多，超出债权人心理承受能力，则债权人会认为是不保险的，企业就借不到钱。但如果企业不举债，或者负债的比率很低，则说明企业畏缩不前，对前途信心不足，利用债权人的资金从事经营活动的能力较差。

从财务管理的角度看，企业应当审时度势，全面考虑，在利用资产负债率制定借入资金策略时，必须充分估计预期的利润和增加的风险，并权衡两者的利弊得失。

【例9-9】根据表9-1的数据，计算A公司2012年的资产负债率。

年末资产负债率=2 737 959.85/8 093 645×100%=33.83%

年初资产负债率=3 251 400/8 401 400×100%=38.70%

A公司2012年资产负债率年末数低于年初数，并且两者均不高，表明该公司长期偿债能力较高且有所增强，这样有利于增强债权人对公司出借资金的信心。

2）产权比率

产权比率又称负债与股东权益比率、资本负债率，是负债总额与所有者权益之间的比率。它反映企业所有者权益对债权人权益的保障程度，是企业财务结构稳健与否的重要标志。其计算公式为

产权比率=负债总额/所有者权益总额×100%

知识要点提醒

一般情况下，产权比率越低，表明企业的长期偿债能力越强，债权人权益的保障程度越高，承担的风险越小，债权人也就愿意向企业增加借款；反之，这一比率越高，则表明企业的长期偿债能力越低，企业的风险主要由债权人承担，债权人自然就不愿意向企业增加借款。

采用产权比率分析企业长期偿债能力时，应注意以下几个问题：

(1) 产权比率的高低，对不同的权益主体有不同的意义。从股东的角度看，在通货膨胀时期，企业多借债可以把损失和风险转嫁给债权人；在经济繁荣时期，多借债可以获得额外的利润；在经济萎缩时期，少借债可以减少利息负担和财务风险。

(2) 产权比率实际上是财务结构比率。产权比率高，是高风险、高报酬的财务结构；产权比率低，是低风险、低报酬的财务结构。

(3) 一个企业的产权比率是否适度，主要取决于企业的经营管理水平。

(4) 产权比率与资产负债率在评价企业长期偿债能力时侧重点不同。资产负债率侧重于分析债务偿付安全性的物质保障程度；产权比率则侧重于揭示财务结构的稳健程度及自

有资金对偿债风险的承受能力。

【例 9－10】 根据表 9－1 的数据，计算 A 公司 2012 年的产权比率。

年末产权比率＝2 737 959.85/5 355 685.15×100%＝51.12%

年初产权比率＝3 251 400/5 150 000×100%＝63.13%

A 公司 2012 年年初、年末产权比率均不高，表明该公司的财务风险较小，对债权人的保障程度较高。

3）已获利息倍数和现金利息保障倍数

已获利息倍数又称利息保障倍数，是指企业生产经营所获得的息税前利润与利息费用的比率，反映了获利能力对债务偿付的保证程度。其中，息税前利润是指未扣除利息费用和所得税之前的利润，利息费用是指本期发生的全部应付利息，不仅包括财务费用中的利息费用，还应包括计入固定资产成本的资本化利息。其计算公式为

已获利息倍数＝息税前利润/利息费用

已获利息倍数不仅反映了企业获利能力的大小，也是衡量企业长期偿债能力大小的重要指标。一般情况下，已获利息倍数越高，表明企业长期偿债能力越强。国际上通常认为，该指标为 3 时较为合适。从长期来看，要维持正常偿债能力，已获利息倍数至少应当大于 1。如果已获利息倍数过小，企业将面临亏损及偿债的安全性与稳定性下降的风险。

确定一个企业的已获利息倍数，需要将企业的这一指标与其他企业，特别是本行业的平均水平进行比较。同时，从稳健性原则出发，最好比较本企业连续几年的该项指标，并选择最低指标年度的数据作为标准。这是因为，企业不仅在经营好的年头要偿债，在经营不好的年头也要偿还大约等量的债务。某一个年度利润很高，已获利息倍数也会很高，但不能年年如此。采用指标最低年度的数据，可以保证最低的偿债能力。

在利用已获利息倍数这一指标时，必须注意利用这一指标来衡量经营所得支付债务利息的能力存在一定的片面性：因为会计采用权责发生制来核算费用，所以本期的利息费用不一定就是本期的实际利息支出，而本期发生的实际利息支出也并非全部是本期的利息费用；同时，本期的息税前利润也并非本期的经营活动所获得的现金，这样，利用上述财务指标来衡量经营所得支付债务利息的能力就不能清楚地反映实际支付利息的能力；为此，可以进一步利用现金利息保障倍数来分析经营所得现金偿付利息支出的能力。其计算公式为

现金利息保障倍数＝(经营活动现金净流量＋现金利息支出＋付现所得税)/现金利息支出

从上式可知，现金利息保障倍数是企业一定时期经营活动所取得的现金为支付利息支出的倍数，它更明确地反映了企业实际偿付利息支出的能力。

以上两个指标究竟是多少时才能说明企业偿付利息的能力强，这并没有一个确定的标准，通常要根据历年的经验和行业特点来判断。

【例 9－11】 根据表 9－1 和表 9－4 的数据，A 公司财务费用全部为利息费用，计入固定资产成本的资本化利息为 150 000 千元，现金利息支出为 12 500 千元，付现所得税为 97 089 千元，计算 A 公司 2012 年已获利息倍数和现金利息保障倍数。

已获利息倍数＝(340 300＋41 500)/(41 500＋150 000)＝1.99

现金利息保障倍数＝(381 145＋12 500＋97 089)/12 500＝39.26

A公司的已获利息倍数虽然大于1，但较小，这是因为2012年的利息支付中包含一笔大数额的资本化利息支出造成的，这也说明了该公司该年度有一定的偿债风险。但较高的现金利息保障倍数虽说明了该公司实际偿付利息支出的能力较强，但这也可能是较多的利息没有在本年支付造成的。对此应进一步具体分析。

9.4.2 营运能力分析

营运能力是指企业对其现有经济资源的利用效率与效益。企业营运能力反映了企业资金周转状况，直接影响着企业的盈利水平。对营运能力的分析，可以了解企业的经营状况、管理水平及企业的应变能力，掌握资产存量是否合理。

资金周转状况与供、产、销各个生产经营环节密切相关。任何一个环节出了问题，都会影响资金的正常周转，资金只有顺利地通过各个环节，才能完成一次资金循环。同时，各个环节要求拥有合理的资金占用量(即资产存量)，只有这样，才能保证供、产、销的顺利进行。在各个环节中，销货有着特殊的意义，因为产品只有销售出去，才能实现其价值，收回最初投入的资金，顺利完成一次资金周转，所以可以通过产品销售情况与企业资金占有量之间的关系来分析企业的资金周转状况。常用的企业营运能力分析有流动资产周转情况分析、固定资产周转情况分析和总资产周转情况分析等。

1. 流动资产周转情况分析

反映流动资产周转情况的指标主要有存货周转率、应收账款周转率和流动资产周转率等。

1）存货周转率

存货是流动资产中的重要组成部分，往往达到流动资产总额的一半以上。存货的流动性对企业的流动比率具有举足轻重的影响，并进而影响到企业的短期偿债能力。因此，必须特别重视对存货的分析。

存货周转率是指企业一定时期的销售成本与存货平均余额之间的比率。它是衡量企业从取得存货、投入生产到销售收回(包括现金销售和赊销)等各个环节管理状况的一个综合性指标。其计算公式为

存货周转率(次数)＝主营业务成本/平均存货

平均存货＝(期初存货＋期末存货)/2

存货周转天数＝360/存货周转率＝平均存货×360/主营业务成本

存货周转天数是企业存货周转一次的天数，它是用时间表示的存货周转天数。

存货周转次数和天数，可用来测定企业存货的变现速度，衡量企业的销货能力和存货是否过量，一般地，存货周转次数越多或存货周转天数越短，表明存货周转速度越快，利润率就越大，存货占用量越小，流动性越强，存货转换为现金或应收账款的速度越快，提高存货周转率可以提高企业的变现能力。但存货周转速度过快，可能表明企业管理方面存在一些问题，如存货管理水平太低，甚至经常缺货，或者采购次数过于频繁、存量太小等。相反，如存货周转速度过慢，可能表明库存管理不利、存货积压、资金沉淀、销售状况不好等。

存货周转速度指标是企业一个非常敏感的指标，企业经营状况不佳往往是从存货周转失控开始的。然而，存货总周转率只说明了企业全部存货资金的周转效率，却无法说明各周转阶段的状况，所以要对存货周转率进行分解再分析研究。

存货主要是由原材料、在产品和产成品构成的，所以存货周转率可以分解为原材料周转率、在产品周转率和产成品周转率3种，其计算公式为

原材料存货周转率＝本期原材料耗用总额/本期原材料平均余额

在产品存货周转率＝本期完工产成品总成本/在产品成本平均余额

产成品存货周转率＝本期销售产品总成本/产成品成本平均余额

各项存货周转水平的变化，都会直接影响存货总周转天数的变动。然而，各项存货周转水平的重要性是不同的，如企业存货周转明显减慢，首先要查明究竟是什么原因引起的，如果是原材料周转太慢，可能是生产能力下降和原料储备过量；如果是在产品存货周转减慢，说明企业的生产周期延长，应该及时查明原因；最严重的是产成品存货周转明显减慢，如果企业生产是正常的，必然是企业的产品在市场上滞销了，要马上分析原因，及时采取相应对策。

知识要点提醒

存货周转率的大小在很大程度上受到存货估计的影响。如存货估计过高，存货周转率就会降低，相反压低存货的估计，就会使存货周转率提高。因此，在计算存货周转率时，特别在进行分析时，存货的计价方法前后必须保持一致，如有不一致，应该做出相应地调整，确保指标的可比性。

【例9-12】 根据表9-1和表9-2的数据，计算A公司2012年的存货周转率和天数。

存货周转率＝750 000/[(2 580 000＋2 574 700)/2]＝0.29

存货周转天数＝360/0.29＝1 241.38≈1 241

2）应收账款周转率

应收账款周转率又称应收账款周转次数，是企业赊销收入净额与平均应收账款的比率。它反映了企业应收账款的流动性，是反映应收账款周转速度的指标。其计算公式为

应收账款周转率(次数)＝企业赊销收入净额(或主营业务收入)/平均应收账款

赊销收入净额＝赊销收入－销售退回与折扣及折让

平均应收账款＝(期初应收账款＋期末应收账款)/2

应收账款周转天数＝平均收账期＝360/应收账款周转率

＝平均应收账款×360/每年赊销净额

应收账款周转天数又称平均收账期，是指企业从取得应收账款的权利到收回款项转化为现金所需要的时间。

知识要点提醒

应收账款周转率和平均收账期这两个指标是评价应收账款流动性大小的指标，可以用来分析企业应收账款的变现速度和管理效率。一般来说，应收账款周转率高，平均收账期越短，说明应收账款回收速度越快，造成坏账损失的风险小，流动资产流动性好，短期偿债能力强。可以减少收账费用和坏账损失，

从而相对增加企业流动资产的投资效益，否则企业的营运资金则过多地呆滞在应收账款上，影响其正常的资金周转。

但在运用应收账款周转率进行分析时，应注意以下几个问题：

（1）报表的外部使用人很难取得赊销收入净额这项数据。可以把现金销售视为收账期为零的赊销，以主营业务收入净额来代替赊销收入净额进行计算。

（2）公式中的应收账款包括会计核算中“应收账款”和“应收票据”等全部赊销账款在内，且金额为资产负债表中扣除坏账准备后的应收账款净额。

（3）由于季节性经营、大量采用分期收款或现金方式结算等都可能使本指标结果失实，所以，应结合企业前后期间、行业平均水平进行综合评价。

（4）分子、分母的数据应注意时间口径的一致性。

另外，应收账款周转速度分析应与企业信用期限分析结合起来进行。因为信用期限的确定是企业信用政策的重要组成部分，也是企业营运资金管理的重要内容，这项政策执行情况如何，要通过应收账款周转的分析才能完成。如果企业实际应收账款周转期明显与预期信用政策期限有较大差异，则企业财务人员应及时进行分析研究，确定到底是信用政策制定不当，还是收款部门收账不力，或是客户实际信用状况太差等因素引起，以便为制定新的信用政策提供依据。企业应收账款周转率分析，只说明了企业的整体收账能力，不能了解和把握各个客户的信用状况和付款能力，所以还要定期对每个客户进行账龄分析和信用评估。账龄分析是应收账款的明细动态分析，为企业制定和修正信用政策提供了重要依据，也是进行企业收账方法分析和平均收账期变化分析的重要依据，并以此对客户做出合理的使用评估。

还应值得注意的是，应收账款周转率指标适用于大部分销售状况稳定的企业，对于销售业务很特殊的企业往往不十分适宜，如属于季节性销售波动很大的企业、大量采用分期收款销售的企业、大量采用委托销售业务的企业和大量采用预收货款业务的企业等。由于这类企业收账周期起伏大，人为地将其平均化，并不能说明实际问题，再加上根据现行制度，分期付款和委托销售业务都不通过应收账款账户核算，所以计算的应收账款周转率指标是不完整的。在这种情况下，财务部门应对各项特殊的销售业务计算和分析其收款能力指标。

【例 9－13】根据表 9－1 和表 9－2 的数据，计算 A 公司 2012 年的应收账款周转率和天数。

应收账款周转率＝1 250 000/[(299 100＋598 200)/2]＝2.79

应收账款周转天数＝360/2.79＝129

3）流动资产周转率

流动资产周转率是流动资产平均占用额与流动资产在一定时期所完成的周转额(主营业务收入)之间的比率，是反映企业流动资产周转速度的指标。其计算公式为

平均流动资产＝(期初流动资产＋期末流动资产)/2

流动资产周转率(次数)＝主营业务收入净额/平均流动资产总额

流动资产周转天数(期)＝360/流动资产周转率

＝平均流动资产总额×360/主营业务收入净额

平均流动资产总额应按分析期的不同分别加以确定，并应保持分子的主营业务收入净额与分母的平均流动资产总额在时间上的一致性。

流动资产周转率反映了企业流动资产的周转速度，是从企业全部资产中流动性最强的流动资产角度对企业资产的利用效率进行分析，以进一步揭示影响企业资产质量的主要因素。周转速度快，会相对节约流动资产，等于相对扩大资产投入，增强企业盈利能力，而延缓周转速度，需要补充流动资产参加周转，会形成资金浪费，降低企业盈利能力。但是，流动资产周转率究竟多少为好，并没有一个确定的标准。通常分析流动资产周转率应参照企业历年的数据并结合行业特点进行比较，然后做出分析评价。

在一定时期内，流动资产周转次数越多，表明以相同的流动资产完成的周转额越多，流动资产利用效果越好。流动资产周转用周转天数表示时，周转一次所需要的天数越少，表明流动资产在经历生产和销售各阶段时所占用的时间越少。生产经营任何一个环节上的工作改善，都会反映到周转天数的缩短上来。

【例9-14】 根据表9-1和表9-2的数据，计算A公司2012年的流动资产周转率和天数。

流动资产周转率＝1 250 000/[(4 751 400＋4 144 645)/2]＝0.28

流动资产周转天数＝360/0.28＝1 285.71≈1 286

知识要点提醒

在进行流动资产周转分析时，要注意该指标变缓对企业主营业务收入和企业流动资金的影响。

(1) 进行分析时，不能单看流动资产周转率的变化，还应该通过对周转率变化的深入分析，并与上期实际或计划标准等比较，把握由于周转率的变化对企业收入的影响，可通过以下公式来计算：

流动资产周转率变化引起主营业务收入增加(减少)＝上期流动资产平均余额/(本期流动资产周转率－上期流动资产周转率)

(2) 分析在一定销售收入情况下，企业流动资产的绝对节约(超支)额和相对节约(超支)额。其计算公式为

流动资产绝对节约(超支)额＝上期主营业务收入净额/360×(上期流动资产周转天数－本期流动资产周转天数)

流动资产相对节约(超支)额＝本期主营业务收入净额/360×(上期流动资产周转天数－本期流动资产周转天数)

2. 固定资产周转情况分析

反映固定资产周转情况的主要指标是固定资产周转率。固定资产周转率也称固定资产利用率，是企业一定时期销售收入净额与固定资产平均净值的比率。它反映企业固定资产的周转能力和利用水平。其计算公式为

固定资产周转率＝主营业务收入净额/固定资产平均净值

其中，

固定资产平均净值＝(期初固定资产净值＋期末固定资产净值)/2

一般情况下，固定资产周转率高，表明企业固定资产利用充分，企业固定资产投资得当，固定资产结构分布合理，能够充分发挥固定资产的使用效率；反之，如果固定资产周转率低，则表明企业固定资产使用效率低，提供的生产成果不多，企业的营运能力不强。

固定资产周转率分析除了进行总量分析外，还应有针对性地对单项固定资产利用效率进行分析。了解单项固定资产的周转水平，并将其结果与总量分析结论进行比较，把握为什么本期固定资产利用水平比上期高，是哪些具体固定资产利用水平提高所引起的；或为什么本期固定资产利用水平比上期低，是什么具体原出造成的等。只有这样，才能全面掌握固定资产周转变动原因，得到良好的分析效果。此外，还要结合固定资产利用水平的其他相关指标进行分析，真正做到全面深入地了解固定资产的应用状况，如应该对企业全部或分类固定资产的净值率、更新率、磨损率和退废率等应用指标做全面的分析。这些指标的计算公式为

固定资产净值率＝固定资产净值/固定资产原值

固定资产更新率＝当期新增固定资产原值/当期期初固定资产原值

固定资产磨损率＝期末固定资产累计折旧额/期末固定资产原值

固定资产退废率＝当期退废固定资产原值额/期初固定资产原值

【例 9－15】根据表 9－1 和表 9－2 的数据，计算 A 公司 2012 年的固定资产周转率。

固定资产周转率＝1 250 000/[(1 100 000＋2 231 000)/2]＝0.75

知识要点提醒

运用固定资产周转率进行分析时，应注意以下几个问题：

(1) 运用固定资产周转率时，需要考虑固定资产因计提折旧的影响，其净值在不断地减少及因更新重置，其净值突然增加的影响。由于公式中的固定资产净值是固定资产原值减累计折旧，再减已提取的固定资产减值准备后的余额，因此，常常会因为企业所采取的固定资产折旧方法及折旧年限、固定资产减值准备计算方法的不同，而产生差异，导致固定资产周转率缺乏可比性。故在分析时，一定要剔除这些不可比因素。

(2) 固定资产周转率的分析标准并无确定值，通常应参考行业或地区或全国的同期指标值。

3. 总资产周转情况分析

反映总资产周转情况的主要指标是总资产周转率。总资产周转率是企业一定时期的企业主营业务收入净额与平均资产总额的比值，可以用来反映企业全部资产的利用效率。其计算公式为

总资产周转率＝主营业务收入净额/平均资产总额

其中，

平均资产总额＝(期初资产总额＋期末资产总额)/2

资产平均占用额应按分析期的不同分别加以确定，并应当与分子的主营业务收入净额在时间上保持一致。值得说明的是，如果资金占用的波动性较大，企业应采用更详细的资料进行计算，如按照各月份的资金占用额计算。如果各期占用额比较稳定，波动不大，季、年的平均资金占用额也可以直接用(期初＋期末)/2 的公式来计算。

知识要点提醒

一般来说，总资产周转率越高，说明同样的资产取得的收益越多，则资产的管理水平越高，相应的

企业的营运能力和偿债能力越强。具体分析时，经营者可以将当期的总资产周转率和上期的指标进行对比，也可将本企业指标与同行业平均水平对比，以评价资产管理水平的高低。

如果一个企业的总资产周转率持续较低，并呈下跌态势，必然说明企业销售和利润状况不佳，必须采取重大改进措施。但如果企业短期内确有重大投资项目发生，或由于特殊情况造成企业销售短期波动等，而引起该周转率下降，都是正常现象，可能对长远发展是有利的。

为了对企业总资产周转速度变动的原因进行更深入的分析，可将上述总资产周转率公式进行分解，使对该总资产转率变动的原因有更全面的把握：

总资产周转率＝(主营业务收入净额/流动资产平均余额)×(流动资产平均余额/总资产平均余额)

＝流动资产周转次数×流动资产占总资产的比重

从上述分解公式中可以看到，总资产周转速度的快慢，受到两个因素的影响：一是流动资产周转速度；二是流动资产占总资产的比重。因为流动资产的周转速度一般快于非流动资产，所以流动资产占全部资产的比重越大，一般全部资产的周转速度也越快。运用同样的道理，也可以在全部资产总周转率中插入固定资产平均余额等，将总周转率指标进行分解，了解和把握各项不同性质的资产占用对企业总资产周转速度的影响及其程度。

【例9-16】根据表9-1和表9-2的数据，计算A公司2012年的总资产周转率。

总资产周转率＝1 250 000/[(8 401 400＋8 093 645)/2]＝0.15

9.4.3 盈利能力分析

盈利能力是指企业获取利润的能力。获取利润是企业的重要经营目标，是企业生存和发展的物质基础，它不仅关系到企业所有者的利益，也是企业偿还债务的重要来源。因此，无论是投资人、债权人还是企业经营者，都日益重视和关心企业的盈利能力。常用的评价企业盈利能力的财务指标主要有销售利润率、成本费用利润率、总资产报酬率、资本利润率等一般指标，以及社会贡献能力分析指标(包括社会贡献率和社会积累率)等。

1. 销售利润率分析

销售利润率是企业利润与主营业务收入净额的比率。其计算公式为

销售利润率＝利润/主营业务收入净额

从利润表来看，企业的利润包括销货毛利(即主营业务收入－主营业务成本)、主营业务利润、营业利润、利润总额和净利润五种形式。相应地，销售利润率也有五种形式：毛利率、主营业务利润率、营业利润率、税前利润率和净利润率。其中利润总额和净利润包含着非销售利润因素，所以能够更直接反映销售获利能力的指标是主营业务利润率和营业利润率。通过考察主营业务利润占整个利润总额比重的升降，可以发现企业经营理财状况的稳定性、面临的危险或可能出现的转机迹象。

【例9-17】根据表9-2的数据，计算A公司2012年的毛利率、主营业务利润率、营业利润率、税前利润率和净利润率。

毛利率＝(1 520 000－750 000)/1 250 000×100%＝40%

主营业务利润率＝498 000/1 250 000×100%＝39.84%

营业利润率＝278 500/1 250 000×100%＝22.28%

税前利润率＝340 300/1 250 000×100%＝27.22%

净利润率＝237 901/1 250 000×100%＝19.03%

2. 成本费用利润率分析

成本费用利润率是利润与成本费用的比率。其计算公式为

成本费用利润率＝利润/成本费用

同利润一样，成本也可以分为几个层次：主营业务成本和营业成本(主营业务成本＋主营业务税金及附加＋营业费用＋管理费用＋财务费用＋其他业务成本)。主营业务成本利润率与营业成本利润率反映了企业主要成本的利用效果，是企业加强成本管理的着力点。一般地，该比率不仅可评价企业获利能力的高低，也可评价企业对成本费用的控制能力和经营管理水平。

该比率越高，说明企业为获取收益而付出的代价越小，企业的获利能力越强。

【例9-18】根据表9-2的数据，计算A公司2012年的主营业务成本利润率和营业成本利润率。

主营业务成本利润率＝498 000/750 000×100％＝66.4％

营业成本利润率＝278 500/(750 000＋2 000＋20 000＋150 000＋41 500)×100％

＝28.67％

3. 总资产报酬率分析

总资产报酬率又称总资产收益率，是企业一定时期内获得的报酬总额与企业平均资产总额的比率。它是反映企业资产综合利用效果的指标，也是衡量企业利用债权人和所有者权益总额所取得盈利的重要指标，由于企业有多种表现形式，相应地，总资产报酬率也有多种表现形式。一般有总资产息税前利润率、总资产利润率和总资产净利率。其计算公式分别为

总资产息税前利润率＝息税前利润/总资产平均额

总资产利润率＝利润总额/总资产平均额

总资产净利率＝净利润/总资产平均额

知识要点提醒

总资产息税前利润率、总资产利润率和总资产净利率3个指标中常用的是总资产息税前利润率和总资产净利率。一般地，总资产报酬率越大，说明企业资产营运能力越强，资产周转越快，资产的盈利水平越高。但太高的总资产报酬率可能蕴涵着较高的财务风险。同时，企业扩大经营范围和增加投资支出或采取特殊的经营方针，都可能引起企业总资产报酬率指标的波动，应属于正常现象。

企业一定时期的总资产报酬率的变动是由许多原因引起的，除了进行总指标分析，还应将该指标进行分解，进一步分析造成该指标变化的因素，如在该指标中插入销售收入总额，便能做出如下分析：

总资产报酬率＝利润/总资产平均额

＝利润/销售收入总额×销售收入总额/总资产平均额

＝销售利润率×总资产周转率

由上述分析可知，企业总资产报酬率的变化，主要受到销售利润率和总资产周转率因素的影响，销售利润率越大和企业总资产周转率越大，企业的总资产报酬率就越大，企业的盈利能力就越强，同时还

可以分析其因素变化对总资产报酬率变动的影响程度。同样地，也可以在该指标中插入企业的流动资产总额、固定资产总额和销售成本总额等，来进一步深入分析各种相关指标因素变动对资产报酬率变化的影响。

在用总资产报酬率分析企业的获利能力和资产利用效率的同时，也可以用全部资产现金回收率来进一步评价企业资产的利用效率。全部资产现金回收率是经营现金净流量与全部资产的比值，说明企业资产产生现金的能力。其计算公式为

全部资产现金回收率＝营业现金流入/全部资产×100％

该指标客观地反映了企业在利用资产进行经营活动过程中获得现金的能力，因而更进一步反映了资产的利用效率。该比率越高，说明企业的经营活动越有效率。

【例9-19】根据表9-1和表9-2的数据，计算A公司2012年的总资产报酬率。

总资产平均额＝(8 401 400＋8 093 645)/2＝8 247 522.5

总资产息税前利润率＝(340 300＋41 500)/8 247 522.5×100％＝4.63％

总资产净利率＝237 901/8 247 522.5×100％＝2.88％

4. 资本利润率分析

资本利润率指标包括权益报酬率指标和资本保值增值率指标。

1) 权益报酬率

权益报酬率也称净资产收益率、净值报酬率或所有者权益报酬率，它是一定时期企业的净利润与股东权益平均余额的比率。它是反映自有资金投资收益水平的指标，是企业盈利能力评价指标的核心。其计算公式为

权益报酬率＝净利润/股东权益平均余额×100％

其中：

股东权益平均余额＝(期初股东权益＋期末股东权益)/2

权益报酬率可以反映投资者投入企业的自有资本获取净收益的能力，即反映投资与报酬的关系，体现了企业理财目标，因而是评价企业资本经营效益的核心指标。该指标通用性强，适用范围广，不受行业局限。在我国上市公司业绩综合排序中，该指标居于首位。通过对该指标的综合分析，可以看出企业获利能力在同行业中所处的地位，以及与同类企业的差异水平。一般认为，企业权益报酬率越高，企业自有资本获取收益的能力越强，运营效益越好，对企业投资人、债权人的保证程度越高。

权益报酬率和总资产报酬率是企业财务分析中两个非常重要的财务指标，要深入了解两者的关系。一般来讲，总资产报酬率越高，企业的权益报酬率也越高，而且权益报酬率变动的敏感程度要比资产报酬率强。因为当企业的资产息税前利润率大于负债利率时，超额利差部分归权益者所有，会使企业权益报酬率有较大的提高。两者的关系可用如下公式来表示：

权益报酬率＝[总资产息税前利润率＋负债总额/权益总额×(总资产息税前利润率－负债利率)](1－所得税税率)

通过上述公式可以发现，影响权益报酬率的因素主要有三个：资产报酬率、企业负债比率和资产报酬率与负债利率之间的利差的大小。通过多期连续的对应比较，便能发现各因素变化对权益报酬率变动影响的程度。

【例 9-20】 根据表 9-1 和表 9-2 的数据，计算 A 公司 2012 年的权益报酬率。

权益平均余额=(5 150 000+5 355 685.15)/2=5 252 842.58

权益报酬率=237 901/5 252 842.58×100%=4.53%

2）资本保值增值率

资本保值增值率是指企业期末所有者权益总额与期初所有者权益总额的比率，反映了企业当年资本在企业自身努力下的实际增加变动情况，是评价企业财务效益状况的辅助指标。其计算公式为

资本保值增值率=(期末所有者权益总额/期初所有者权益总额)×100%

=扣除客观因素后的年末所有者权益/年初所有者权益×100%

该指标充分体现了对所有者权益的保护，它能够及时、有效地发现侵蚀所有者权益的现象，反映了投资者投入企业资本的保全性和增长性。一般来说，如果资本保值增值率大于 100%，说明所有者权益增加；如小于 100%，则意味着所有者权益遭受损失。用该方法进行分析时，应当注意的是，这一指标的高低除了受企业经营成果的影响外，还受企业利润分配政策的影响。

9.4.4 发展能力分析

发展能力是企业在生存的基础上，扩大规模、壮大实力的潜在能力的分析。其主要指标有销售增长率、资本积累率、总资产增长率等。

1. 销售增长率

销售增长率是企业本年销售收入增长额与上年销售收入总额的比率。它反映企业销售收入的增减变动情况，是评价企业成长状况和发展能力的重要指标。其计算公式为

销售增长率=本年销售收入增长额/上年销售收入×100%

其中：

本年销售收入增长额=本年销售收入总额-上年销售收入总额

销售增长率是衡量企业经营状况和市场占有能力、预测企业经营业务发展趋势的重要指标。该指标若大于 0，表明企业本年的销售收入较上年有所增长，指标值越高，表明企业销售增长速度超快，企业市场前景越好；该指标若小于 0，则说明企业当年产品销售不畅，或产品不能适销对路、质次价高，以致市场份额萎缩。

2. 资本积累率

资本积累率是企业本年所有者权益增长额与年初所有者权益的比率。它反映企业当年资本积累能力，是评价企业发展潜力的重要指标。其计算公式为

资本积累率=本年所有者权益增长额/年初所有者权益×100%

其中：

本年所有者权益增长额=所有者权益年末数-所有者权益年初数

资本积累率是企业当年所有者权益总的增长幅度，反映企业所有者权益在当年的变动水平，体现了企业资本的积累情况，是企业发展强盛的标志，也是企业扩大再生产的源

泉，展示了企业的发展潜力。同时，资本积累率还反映了投资者投入企业资本的保全性和增长性。该指标若大于0，表明企业的资本积累越多，应对风险、持续发展的能力越强；该指标若小于0，表明企业资本受到侵蚀，所有者利益受到损害，应给予充分的重视。

3. 总资产增长率

总资产增长率是企业本年总资产增长额与年初资产总额的比率。它反映企业本期资产规模的增长情况。其计算公式为

总资产增长率＝本年总资产增长额/年初资产总额×100%

其中：

本年总资产增长额＝资产总额年末数－资产总额年初数

总资产增长率是从企业资产总量方面衡量企业的发展能力，表明企业规模增长水平对企业发展后劲的影响。该指标越高，表明企业一定时期内资产经营规模扩张的速度越快。但在实际分析时，不能简单地认为指标高，则企业应对风险和发展能力强、前景好，应注意考虑资产规模扩张的质和量的关系，以及企业的后续发展能力，避免资产盲目扩张。

9.4.5 常用的上市公司财务指标

上市公司作为股票发行和上市的企业，公开披露的财务信息很多，报表使用者除了进行上述的财务分析外，还要针对上市公司的特殊性，进行深入的分析，这些财务分析指标主要有以下几个。

1. 每股收益

每股收益也称每股盈余或每股利润，是公司一定时期扣除了优先股股利后的净利润与发行在外的普通股平均股数的比值。其计算公式为

每股收益＝(净利润－优先股股利)/普通股平均股数

其中：

普通股平均股数＝年初股数＋新增股数×新增股数时间(月)/12

有时为了特殊需要，也可以按普通股年末实际数计算，称之为“年末法”。

知识要点提醒

用每股收益这种方法计算出来的每股收益数比平均法计算结果要低，是相对稳健的计算方法，能使股东不要太乐观。但在比较时必须要保持计算口径的一致。它反映了公司每股普通股的实际盈利额。每股收益是衡量上市公司盈利能力的最重要的财务指标，一般来讲，该指标越大，说明公司盈利能力越强，公司有较好的经营和财务状况。由于每股收益大，就可能使公司有发放较高股利的能力，促使企业股票价格在市场上有良好的表现。但并非讲企业每股收益越高，公司的股票价格必然就高，相反，当企业以很高的负债率和较大的财务风险换取的较高每股收益，在股利发放后，不但公司股价不会上扬，甚至有较大下降的可能。因此，只有当公司每股收益上升，但其财务风险并无增长时，其公司的股票价格才会有良好的市场表现。

2. 市盈率

市盈率也称价格盈余比或价格与收益比率，是普通股每股市价与每股利润的比率。其

计算公式为

市盈率＝每股市价/每股利润

每股市价通常是按其年度平均价格计算，即全年的各收盘价的算术平均数。有时为了计算简单和增强其评价的适时性，在很多情况下也可采用报告前一日的实际股票市价来计算。两种算法各有利弊，前者能反映企业整个年度内的实际平均市场价格表现，后者能反映目前股票的实际市价状况。分析者可根据不同的分析目的选择使用，但如果是用于不同时期比较分析的，指标的计算口径必须保持一致。

知识要点提醒

市盈率是人们普遍关注的指标，有关证券刊物几乎每天报道各类股票的市盈率。该比率反映投资人对每元净利润所愿支付的价格，可以用来估计股票的投资报酬和风险。它直接表现了投资者和市场对公司的评价和长远发展的信心，企业管理当局和市场投资人都十分重视这个财务指标。一般来讲，该指标越大，说明公司越具有良好的盈利能力和发展前景，并得到市场的好评。同时投资人投资于该公司的股票，能获得很好的回报。例如，一个公司的市盈率指标持续下跌，就表明该公司的经营和财务状况不好，有较大的潜在风险，投资者对未来发展没有充分的信心。当然，对采取特殊财务和经营方针所引起的该指标的下降，应进行深入和全面的分析。

使用市盈率指标应注意以下问题：①该指标不能用于不同行业公司的比较，充满扩张机会的新兴行业市盈率普遍较高，而成熟工业的市盈率普遍较低，这并不能说明后者的股票没有投资价值；②市盈率高低受股票市场和净利润的影响。而股票市价的变动除了公司本身的经营状况外，还受到宏观形势和经济环境的影响。因此，要对股票市价进行全面的了解和分析，才能对市盈率波动的原因做出正确的评价。同时，净利润受可选择的会计政策的影响，从而使得公司间比较受到限制。当每股收益很少或亏损时，市价不会下降至零，因而很高的市盈率往往不说明任何问题。

由于一般的期望报酬率为5%～20%，所以正常的市盈率为5～20倍。通常，投资者要结合其他有关信息，才能运用市盈率指标判断股票的价值。

3. 每股营业现金净流量

每股营业现金净流量是经营现金净流入与普通股股数的比值。其计算公式为

每股营业现金净流量＝经营现金净流入/普通股股数

该指标反映企业最大的分派股利能力，超过此限度，就要借款分红。

4. 每股净资产与市净率

1）每股净资产

每股净资产又称每股账面价值或每股权益，是指期末净资产(即股东权益)与年末普通股数的比值。其计算公式为

每股净资产＝年末股东权益/年末普通股数

式中，年末股东权益为扣除优先股权益后的余额。

每股净资产直接反映了公司每股股数所实际拥有的净资产，是公司真正财务实力的表现。该指标越大，说明公司每股实际拥有净资产越大，公司未来发展潜力越强，会带动公司股票价格上升。但不能绝对认为该指标越大越好，应与以前年度比较，一个没有负债或

者没有有效利用财务杠杆的公司，其每股净资产指标虽然很高，但其资本收益率并不一定最好，因而如果公司在保持良好的盈利水平下，确保该比率的上升，才是真正的良好的财务状况。然而，由于该指标只是反映发行在外的每股普通股所代表的净资产历史成本即账面价值，不能反映净资产的变现价值和产出能力，因而在投资分析时应适度地使用该指标。此外，每股净资产在理论上提供了股票的最低价值。

2）市净率

把每股净资产与每股市价联系起来，可以说明市场对公司资产质量的评价。市净率就是反映每股市价与每股净资产的比率。其计算公式为

市净率＝每股市价/每股净资产

市净率可用于投资分析，它反映了股票市价是公司净资产的多少倍。一般来讲，该指标越大，说明公司的经营和财务状况越好，投资者对公司的未来发展越有信心，市场对其具有良好评价，但蕴涵了较大的潜在投资风险。因为每股净资产是股票的账面价值，是用历史成本计量的；而每股市价是股票的现在价值，是证券上市交易的结果。当市价高于账面价值时企业资产的质量好，有发展潜力；反之，则资产质量差，没有发展前景。优质股票的市价都超出每股净资产，一般来讲，市净率达到3就可以树立较好的公司形象。

5. 每股股利、股利支付率与留存收益率、股票获利率

上市公司股利分配政策及股利支付情况可通过下列指标反映。

1）每股股利

上市公司向普通股股东分配股利的形式多种多样，如现金股利、股票股利、财产股利和负债股利等，其中最主要的是现金股利，它会引起公司的现金流出。因此，在这里每股股利一般是指普通股每股现金股利，是指普通股分配的现金股利总额与发行在外的普通股股数之比，它反映了普通股获得的现金股利的多少。其计算公式为

每股股利＝用于分配普通股的现金股利息额/年末发行在外的普通股股数
＝(现金股利总额－优先股股利)/年末发行在外的普通股股数

每股股利的高低不仅取决于公司获利能力的强弱，也取决于公司的股利政策和现金是否充裕，倾向于分配现金股利的投资者，应比较分析公司历年的每股股利，从而了解公司的股利政策。

2）股利支付率与留存收益率

股利支付率又称股利发放率或股利分配率，是普通股股利与每股收益之比。它表明股份公司的净收益中有多少用于股利的分派。其计算公式为

股利支付率＝每股股利/每股收益

式中，每股股利一般是指每股现金股利，但到底要不要包含其他股利形式，并无明确规定。

一般地，该比率越大，说明公司当期对股东股利发放越多，股东能获得更多的实际收益。股利支付率的多少是一个纯粹的分析指标，本身并无好坏之分，因为该比率的大小完全受公司股利政策的影响。一个企业到底采用高股利政策还是低股利政策，这要视公司发展状况而定。但股利支付率的大小却受股利政策影响，可能对当前的股票价格产生影响。

值得注意的是，股利支付率与留存收益率互为补数，留存收益率是公司留存盈利与净利润的比率。其计算公式为

留存收益率＝当期留存收益总额/当期净利总额＝1/股利支付率

公司的留存收益率越大，说明公司未来发展的财务实力越强，公司积累的资金越充分，公司的财务风险越小。但并非是这个指标越大越好，过大的留存比率会使股东目前的收益要求不能得到满足，而长期的低股利和高留存的财务政策，会使投资人丧失信心，抽回投资，并直接影响公司股份，所以高留存的股利政策可能较适宜于公司的初创阶段。另外需要注意的是，公司的留存收益率不可能大于100％，全部留存也只有100％。但公司的股利发放率却可能会大于100％，因为公司可将前期的未分配利润在本期一并向投资者分配。

3）股利获利率

股利获利率又称股利报酬率，是指每股股利与股票市价的比率，因而也称市价股利比率。其计算公式为

股利获利率＝普通股每股股利/普通股每股市价×100％

股票持有人取得收益的来源有两个：一是取得股利；二是取得股价上涨的收益。股利获利率反映股利和股价的比例关系。该比率越大说明股票投资者的收益水平越高，预示着公司股票价格有进一步上扬的可能。要注意的是，该指标仅仅说明股票投资的股利收益率，并非其全部收益率。

9.5 财务综合分析

9.5.1 财务综合分析的含义

财务综合分析的最终目的在于全面、准确、客观地揭示与披露企业财务状况和经营管理的成果，并借以对企业经济效益的优劣做出合理的评价。显然，要达到这样一个分析目的，仅仅测算出几项财务指标是很难得出合理、正确的综合性结论的，有时甚至会做出错误的结论。因此，要想对企业财务状况和经营成果有一个总的评价，仅仅分析某些财务指标，或者将一些孤立的财务分析指标堆砌在一起，彼此毫无联系地观察，是达不到理想的分析目的的。只有将企业偿债能力、营运能力、盈利能力及发展能力等各项分析指标作为一个整体，系统、全面地对企业财务状况和经营成果进行相互关联的分析，采用适当的标准进行综合性评价，才能得出正确的分析结论。因此，财务综合分析就是将各项财务分析指标作为整体，系统、全面地对企业财务状况和经营成果进行分析和评价。

9.5.2 财务综合分析的特点

财务综合分析与前述各单项分析相比，具有以下特点。

1．财务分析指标要素真实、全面、适当

进行财务状况的综合分析，是以各财务分析单项指标及其各指标要素为基础的。因

此，各单项指标要素及计算的各项指标一定要真实、全面和适当，所设置的评价指标必须能够涵盖企业盈利能力、偿债能力、营运能力和发展能力等诸方面总体分析的要求。

2. 财务分析各主辅指标功能相互协调匹配

财务分析指标众多，进行综合财务分析，一定要抓住主要目标。只有抓住主要目标，才能抓住影响企业财务状况的主要矛盾，在主要财务指标分析的基础上再对其辅助指标进行分析，才能分析透彻、把握准确、详尽；在利用主辅指标时，还应特别注意主辅指标间的本质联系和层次关系。

3. 满足企业利害各方的不同财务信息需要

进行财务综合分析要能够尽量满足企业利害关系各方的不同财务信息要求，切不可仅从企业内部管理的角度，或债权人、或国家宏观监管等某一方面的要求进行分析、做出判断，这样容易片面、不准确，要从多角度、多层次进行综合评价和分析。

9.5.3 财务综合分析的方法

为了对企业财务状况和经营状况有全面的了解，必须进行综合分析。财务综合分析方法很多，其中应用比较广泛的有杜邦财务分析体系和财务比率综合评分法。

1. 杜邦财务分析体系

杜邦财务分析体系又称杜邦分析法、杜邦系统法。它是利用各主要财务比率指标间的内在关系，对企业综合财务状况及经济效益进行系统分析评价的方法。这种方法因最初由美国杜邦公司创立并成功运用而得名。杜邦财务分析体系的基本结构如图 9.1 所示。

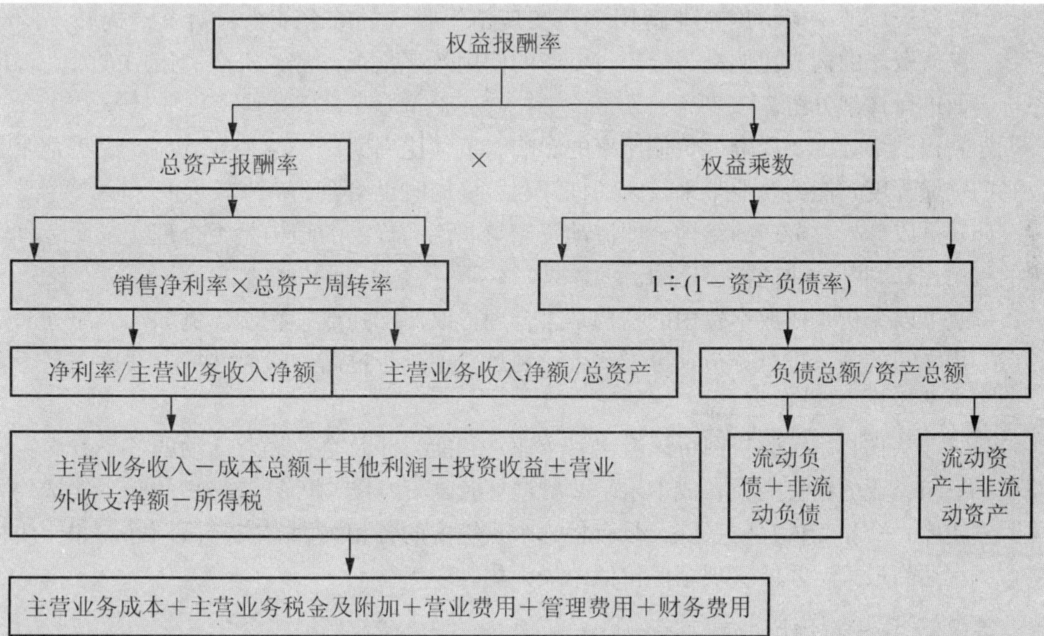

图 9.1 A公司杜邦系统分析图

杜邦系统分析主要包含以下几种财务指标关系：

权益报酬率＝净利润/所有者权益＝净利润/资产总额×资产总额/所有者权益
＝总资产报酬率×权益乘数

总资产报酬率＝净利润/资产总额＝净利润/销售收入×销售收入/资产总额
＝销售净利率×资产周转率

权益乘数＝资产总额/所有者权益＝1/(所有者权益/资产总额)
＝1/(1－负债比率)

其中，“总资产报酬率＝销售净利率×总资产周转率”这一等式被称为杜邦等式。

杜邦分析的关键是建立完整的、连贯的财务比率指标体系，并确定总指标，然后运用指标分解的办法建立各个指标之间的相互关系，通过数据的代替，确定各从属指标对总指标的影响。它可以直观、形象地反映出企业的财务状况。从杜邦系统中可以了解到下列财务信息。

(1) 所有者权益报酬率是一个综合性最强的财务比率，是杜邦财务体系的核心。该指标反映了所有者投入资本的获利能力，它取决于企业的总资产报酬率和权益乘数。

(2) 总资产报酬率是影响权益报酬率的最重要财务比率，也是整个财务分析的十分重要的财务指标，综合性也很强。它是销售净利率和资产周转率的乘积。因此，要进一步从销售活动和资产管理两方面来分析。

(3) 销售净利率反映了企业净利润与销售收入之间的关系，提高销售净利率是提高企业盈利的关键。一般来说，销售收入增加，企业的净利润会随之增加，但要想提高销售净利率，必须一方面提高销售收入，另一方面降低各种成本费用，这样才能使净利润的增长高于销售收入的增长，从而使销售净利率得到提高。

(4) 资产周转率揭示出企业运用资产实现销售收入的综合能力。对资产周转率的分析，可以从资产的构成比例是否恰当、资产的使用效率是否正常、资产的运用效果是否理想等方面进行详细分析。

(5) 权益乘数主要受资产负债比率的影响。负债比率大，权益乘数就高，说明企业有较高的负债程度，能给企业带来较大的杠杆利益，同时也给企业带来较大的风险。

(6) 可以分析总资产的结构，即流动资产与非流动资产的结构是否合理，以便考察资产的流动性，判断企业的偿债能力。

(7) 可以分析企业成本费用的结构是否合理，以便加强成本控制。例如，对净利润与利息费用之间的关系进行分析，可了解企业利息费用是否过高，从而掌握负债比率是否合理，筹资结构是否达到最佳点。

总之，从杜邦系统分析图可以看出，企业获利能力涉及企业经营活动的各个方面。权益报酬率与企业的销售规模、成本水平、资产运营、资本结构等有着密切的联系，这些相关因素构成一个相互依存的系统，只有将这个系统内的各相关因素安排协调好，才能使权益报酬率达到最大，才能实现企业价值的最大化。

2. 财务比率综合评分法

财务比率综合评分法是对企业各种财务指标给予确定性的等级，以便定量地判断企业财务状况的优劣的方法。在进行财务分析时，常遇到的一个主要问题是在计算出各项财务比率后，无法判定其是偏高还是偏低。将所测算的比率与本企业的历史水平或计划、定额标准相比，也只能看出企业自身的变化，很难评价其在市场竞争中的优劣地位。为了弥补这些缺点，亚历山大·沃尔(Alexander Wall)在20世纪初出版的《信用晴雨表研究》和《财务报表比率分析》中提出了信用能力指数概念，他把选定的流动比率、产权比率、固定资产比率、存货周转率、应收账款周转率、固定资产周转率、主权资本(即所有者权益)周转率等7项财务比率用线性关系结合起来，并分别给定各自的分数比重，总和为100分，然后通过与标准比率进行比较，确定各项指标的得分及总体指标的累计分数，从而对企业的信用水平做出综合评价。因此，该方法又被称为沃尔比重评分法。

知识要点提醒

原始意义上的财务比率综合评分法存在两个缺陷：一是不能证明为什么要选择这7项指标，而不是更多或更少些，或者选择别的财务比率，以及不能证明每个指标所占比重的合理性；二是当某项指标严重异常时会对总评分产生不合逻辑的重大影响。它是由相对比率与比重相“乘”引起的，财务比率提高1倍，评分增加100%；而降低到50%，其评分只减少50%。

财务比率综合评分法的基本步骤如下。

(1) 选定评价企业财务状况的财务指标。通常情况下，选择能说明问题的重要比率，一般应从偿债能力、营运能力、盈利能力和发展能力四类比率中分别选择若干具有代表性的重要比率。现代社会与沃尔的时代相比已有很大变化。一般认为，企业财务评价的内容主要是盈利能力，其次是偿债能力，此外还有发展能力。它们之间大致可按5∶3∶2来分配比重。盈利能力的主要评价指标是资产净利率、销售净利率和权益报酬率。虽然权益报酬率最重要，但前两个指标已经分别使用了净资产和净利润，为了减少重复影响，三个指标可按2∶2∶1。

(2) 根据各项指标的重要程度，确定重要性系数，即其标准评分值、各项指标的系数之和等于100分。

(3) 规定各项财务比率评分值的上限和下限，最高评分值和最低评分值。这主要是为了避免个别财务比率的异常给总分造成不合理的影响。

(4) 确定各项指标的标准值。它是指各项指标在本企业现时条件下的数值，即最优值。

(5) 计算企业分析期间各项指标的实际数值。

(6) 求出各指标实际值与标准值之比，称之为关系比率。

(7) 求出各项财务指标的实际得分及其合计数。各项财务比率的实际得分是关系比率和标准评分值的乘积，每项财务比率的得分都不得超过上限或下限，所有各项财务比率实际得分的合计数就是企业财务状况的综合得分。企业财务状况的综合得分就反映了企业综合财务状况是否良好。如果综合得分等于或接近100分，说明企业的财务状况是良好的，达到了预先确定的标准；如果综合得分低于100分，就说明企业的财务状况较差，要进一步分析其原因，并采取适当的措施加以改善；如果综合得分超过100分很多，就说明企业的财务状况很理想。

本章小结

财务分析是以企业财务报告为主要依据，采用一系列的分析技术和方法，对企业的财务状况和经营成果进行分析和评价，以反映企业在营运过程中的利弊得失、财务状况及发展趋势，为改进企业财务管理工作、优化经济决策提供重要的财务信息。财务分析的方法包括比较分析法、比率分析法、因素分析法和趋势分析法等。财务分析的主要工具是比率分析法，常见的比率指标包括构成比率、效率比率和相关比率。

财务分析的内容主要包括偿债能力分析、营运能力分析、盈利能力分析和发展能力分析。另外，为了对企业财务状况和经营状况有全面的了解，必须进行综合分析，其中应用比较广泛的有杜邦财务分析体系和财务比率综合评分法。杜邦财务分析体系是利用各主要财务比率指标间的内在关系，对企业综合财务状况及经济效益进行系统分析评价的方法。财务比率综合评分法则通过综合评分来反映企业财务状况是否理想。

对上市公司来说，最重要的财务指标有每股收益、每股股利、市盈率、股票获利率、股利支付率和每股净资产。

关键术语

财务分析　偿债能力　营运能力　盈利能力　发展能力　杜邦财务分析体系　财务比率综合评分法

知识链接

财务分析始于19世纪末20世纪初。当时，财务分析的重点仅是围绕企业提高盈利能力、增加投资、查明企业借债情况等，并未提出具体概念。直到1900年，报表分析这一概念才在托马斯·乌都洛发表的《铁道财务诸表分析》中被正式提出。随后，人们在对企业进行财务分析的过程中，渐渐发觉单项财务指标分析的不足，开始向综合财务分析体系靠近。1919年，美国杜邦公司创立并最先使用了杜邦财务分析体系。随后又出现了财务危机预警分析系统，该系统主要是用于预测企业是否存在发生财务危机的可能。目前，国际上关于企业财务危机预测这一领域的研究，主要集中在运用单变量预警模型或多变量预警模型来预测企业的财务危机。其中，比较有代表性的是威廉·比弗(William Beaver，1966)提出的单变量判定模型和爱德华·阿尔特曼(Edward Altman，1968)提出的多变量组合模型。

综合财务分析体系在20世纪得到了重大发展，其中，在国际上影响最大的就是美国杜邦公司发明的杜邦财务分析体系。它的优点在于不仅给出了一系列财务分析指标，而且揭示出各指标间的相互依存关系，从而便于经营控制。尽管它在实务中得到了广泛运用，但在理论上对其进行深入研究的国外学者并不多，对其进行改进、完善的理论和实证研究则更少。

美国哈佛大学的教授帕利普(Palepu，2001)在《企业分析与评价》一书中提出了可持续增长率，并将其作为杜邦财务分析体系的核心指标，然后对这一指标进行层层分解，从而对原有体系进行了变形和补充，构建了帕利普财务分析体系。这种财务分析方法仅在传统杜邦财务分析体系的基础上，考虑了股利支付率这一因素，并未取得突破性进展。

加利福尼亚大学亚力克斯·凯恩(Alex Kane)教授，美国波士顿大学兹维·博迪(Zvi Bodie)教授和波士顿学院艾伦·J. 马库斯(Alan J. Marcus)教授(2003)在《投资学精要》一书中提出了杜邦财务分析系统的“五因素”分析，将传统杜邦财务分析体系中的销售净利率指标进一步分解为利息负担率、税收负担率和销售报酬率三个因子，从而强调了杠杆作用在整个体系中的重要影响。以上对杜邦财务分析体系的进一步研究，虽然在一定程度上弥补了传统杜邦财务分析体系的缺陷，但仍存在不足。因为其分析内容仍然仅是涉及资产负债表和利润表，并未涉及现金流量表。对于将现金流量分析与杜邦财务分析体系相结合的国外相关研究文献，目前为止，还没有发现。

我国从20世纪90年代末开始，学者们对杜邦财务分析体系的改进方法进行研究。例如，王昊(1999)认为因素分析才是杜邦财务分析体系的实质，并将其基本结构调整为“权益报酬率＝权益乘数×资产周转率×销售净利率”，与原来的杜邦财务分析体系相比，改变排序后的体系有所改进。高阳宗(1999)在传统杜邦财务分析体系的基础上，对销售净利率进行了重新分解，从而得到一种新型的财务分析体系。祝锡萍、蒋贤品(1999)同样提出了从成本性态的角度对原有杜邦体系进行改进，但不同的是，在此基础上他们还提出要将财务杠杆、经营杠杆等风险指标纳入其中：构建一个不仅有利于成本控制而且有利于风险控制的杜邦财务分析体系。在此基础上，王澎文、赵仁勇(2002)在企业财务管理中将改进后的杜邦财务分析体系进行了很好的应用。在借鉴前人研究成果的基础上，谢莉(2006)从剖析原有杜邦财务分析体系的缺陷入手，系统构建了基于成本习性的杜邦体系较有效的克服了原有体系应用的不足。

余宏奇(1999)针对上市公司最早提出以每股收益为核心指标对杜邦财务分析体系加以改造和运用，并在此基础上引入了现金流量指标，从而使改造后的体系能够提供更加准确、有效的财务信息，更好地服务于上市公司的综合财务评价。在借鉴前人研究成果的基础上，胡文献、王超和金式容(2004)同样针对上市公司，提出了以每股收益为核心指标，引入管理会计数据和现金流量指标的新型杜邦体系。同时，他们还将新型体系在我国实施应用的现实可能性进行了初步探讨。孙凤、李静(2007)、王祯、李明伟(2009)也都以每股收益为核心指标，引入每股净资产及现金流量指标，对杜邦财务分析体系在上市公司运用的改进问题进行了初步探讨。

蒋明宣(2002)将增值表财务分析引入了杜邦财务分析体系。这种改进使杜邦体系在分析影响企业权益报酬率的因素时还考虑了职工、政府、债权人、投资者及企业所得率等因素；在分析企业增值额分配的同时揭示了企业对社会的贡献。

随着市场环境的不断变化，价值最大化已上升为公司整体的管理思想，为了适应当前价值管理环境对财务分析的要求，袁业虎、曾雯雯(2007)以EVA(economic value added，经济附加值)为核心指标，将分析体系拓展到基本价值驱动因素的层面上，构建了一个基于价值创造的企业综合财务分析体系。

习　　题

一、单项选择题

1. 下列属于短期偿债能力指标的是(　　)。

A. 资产负债率　B. 速动比率　C. 已获利息倍数　D. 产权比率

2. 已获利息倍数(　　)。

A. 大于20%为好　B. 应等于1　C. 应等于2　D. 至少应大于1

3. 衡量企业偿付借款利息能力的指标是(　　)。

A. 资产负债率　B. 现金比率　C. 已获利息倍数　D. 流动比率

4.(　　)是杜邦财务分析系统中的核心指标。

A. 总资产报酬率　B. 总资产周转率　C. 净资产收益率　D. 销售利润率

5. 某企业净利润为500万元，所得税费用为234万元，利息支出为300万元，年初和年末资产总额分别为5 250万元和6 250万元，则总资产报酬率为(　　)。

A. 8.70%　　B. 12.77%　　C. 17.98%　　D. 8.00%

二、多项选择题

1. 已获利息倍数(　　)。

A. 反映长期偿债能力　　B. 反映偿付利息的能力

C. 至少应大于1　　D. 至少应大于2

2. 反映流动资产周转情况的指标有(　　)。

A. 应收账款周转率　　B. 应收账款周转天数

C. 流动资产周转率　　D. 存货周转天数

3. 应收账款周转率高，周转天数少表明(　　)。

A. 企业收账迅速，信用管理严格　　B. 应收账款流动性强，增强了企业短期偿债能力

C. 可以减少收账费用和坏账损失　　D. 应收账款管理效率高

4. 财务综合分析的方法主要有(　　)。

A. 杜邦财务分析系统　　B. 财务比率综合评分法

C. 趋势分析法　　D. 因素分析法

5. 影响净资产收益率的因素有(　　)。

A. 销售净利率　　B. 权益乘数　　C. 总资产周转率　　D. 资产负债率

三、计算题

1. A公司甲产品的材料成本资料见表9－8，请运用因素分析法分析各因素变动对材料总成本的影响。

表9－8　甲产品的材料成本

项　　目	计量单位	计划数	实际数
产量	台	300	400
单位产品材料消耗量	千克/台	15	14
材料单价	元/千克	10	12
材料总成本	元	45 000	67 200

2. A公司资产总额1 000万元，其中，有形资产总额950万元，流动负债300万元，长期负债150万元，利润总额105万元，利息费用53万元，计算资产负债率、有形资产负债率、产权比率、有形净值负债率、已获利息倍数。

3. A公司主营业务收入860万元，主营业务成本688万元，应收账款年初、年末余额分别为80万元和60万元，存货年初、年末余额分别为120万元和100万元，流动资产年初、年末余额分别为250万元和230万元，计算应收账款周转次数和周转天数、存货周转次数和周转天数、流动资产周转次数和周转天数。

4. 某公司净利润350万元，所得税172万元，利息费用80万元，总资产年初、年末分别为2 500万元和2 650万元，净资产年初、年末分别为1 300万元和1 360万元，销售净利率为12%。

要求：(1) 计算该公司当年的总资产报酬率。

(2) 计算该公司当年的销售收入。

(3) 计算该公司当年的已获利息倍数。

(4) 计算该公司当年的净资产收益率。

(5) 计算该公司年末的资产负债率和产权比率。

实际操作训练

A公司有关资料见表9-9。

表9-9 资产负债表(简表)

编制单位：A公司　　2012年12月31日　　单位：万元

资　　产	年初数	年末数	负债及所有者权益	年初数	年末数
现金	155	180	应付票据	168	172
应收账款	672	653	应付账款	258	280
存货	483	536	其他流动负债	234	259
流动资产总额	1 310	1 369	长期负债	513	550
固定资产净额	585	620	所有者权益	722	728
资产总计	1 895	1 989	负债及所有者权益总计	1 895	1 989

另2012年度利润表有关资料如下：销售收入3 835万元，销售成本2 708万元。

要求：计算该公司有关营运能力的指标。

案例分析

红秀集团自2009年上市以来，一直到2011年历年的每股收益分别为0.38元、0.31元和0.39元，净资产收益率保持在10%以上(2011年为11%)，期间还进行了一次分红，一次资本公积金转增股份，一次配股。2011年资产总额为62 690万元，负债总额为15 760万元，利息费用总额950万元。但是，2012年上半年红秀集团突然像霜打的叶子——蔫了，中报显示，尽管上年末还有4 690万元的净利润，但这年上半年却一下子高台跳水变成净亏损20 792万元。此时，公司资产为51 200万元，负债36 740万元，利息费用总额1 400万元。

据2012年中报披露，由于红秀集团公司的债务人丧失偿债能力，董事会一笔核销其134 710 056.20元巨额欠款，由此造成上半年出现巨额亏损。此时，红秀集团公司以往来账的形式所欠其股份公司的债务已达21 660万元。至2012年中期审计截止日，公司应收款项中发生诉讼案件涉及金额已达872万元，公司所得税税率为30%。

问题：

1. 分析红秀集团2011年、2012年的长期偿债能力。
2. 结合2012年发生的事项，分析其对公司偿债能力的影响。

第10章 企业并购财务管理

教学要点

知识要点	掌握程度	相关知识	应用方向
企业并购概述	熟悉	概念及其主要类型、企业并购的动因等	并购对象的选择等
企业并购财务分析	重点掌握	企业价值的评估方法	谈判阶段的前期准备工作
企业并购运作概述	了解	企业并购的支付方式、并购成本与风险、反并购的相关策略	谈判阶段及整合阶段的工作要点

导入案例

明基并购西门子手机

1. 西门子手机的辉煌历史

西门子手机的历史最早可以追溯到1986年，西门子推出了第一款手机——重达19磅的C1，那时明基刚刚诞生两年。2001年，西门子在中国市场的占有率达到13%，位居第三位。2004年财年的第三季度(截至2004年6月30日季度)，西门子手机业务首次出现亏损，此后一发而不可收。

2. 明基充满了朝气

2005年，对西门子公司整体营业额贡献不足7%的西门子手机业务已累计亏损达5.1亿欧元，而市场份额已下滑至5.5%，将第四的位置拱手让给了韩国LG，2005年的西门子手机部门已经像一个迟暮的老人。

反观明基手机业务，虽然是1994年切入手机市场，但直到2001年底正式从宏碁分离之后，才大规模进入自有品牌手机市场。到2004年，明基的手机出货量已超过1 500万部，占据全球2%的市场份额；但其中多数为代工产量，自有品牌份额有限。但是极富冒险精神的明基老总李焜耀一直对手机业务期待甚殷，并毫不掩饰将其打造成“旗舰产品”的梦想，号称要将年产量提高到5 000万部以上，处处透露出如年轻人般的朝气。

3. 西门子牵手明基

西门子和明基，一个太老，一个太新，但是在当时看来，这正是两者结合的良机，于是一段“跨国婚姻”就在顺理成章中达成。

4. 倒贴嫁妆嫁人

中国古时候的地主老财家嫁女大多有十分丰厚的嫁妆陪嫁。回想当时，西门子也算得上是一个“外国土老财”，倒贴2.5亿欧元的“嫁妆”将手机部门“嫁”给了明基。

西门子与明基在2005年6月签订手机部门的并购协议。协议内容将包括坎普林堡(德国)和马瑙斯(巴西)的生产线，德国总部及市场和销售机构全部转给明基。按照当时双方达成的协议，西门子除要自掏腰包填补5亿元的债务“窟窿”，还将向明基提供2.5亿欧元的现金与服务，并以5 000万欧元购入明基股份，占其2.5%的股份，成为其策略股东。

5. 明基打错了算盘

同时，西门子也为中国业务群找到了出路：今后中国市场上手机业务的各种商业活动都将在明基西门子的合资公司名义下进行，明基承诺3年内将充分利用西门子手机原先在中国设置的机构的各种作用。西门子位于上海的工厂仍然作为一个研发和生产中心，依据与该合资公司中方合作伙伴的协商结果，明基也将下一步收购该工厂的手机生产。

明基董事长李焜耀自信满满地表示，新公司将在2006年第四季度实现扭亏为盈。但一年过去了，新公司明基西门子的手机销售已经从第一梯队跌到了第二梯队，市场份额从之前的6%下跌为3%，账上亏损超过了6亿欧元。

6. 新产品也无法挽救明基的命运

为了弥补亏损，明基甚至动用了当初西门子给予的3亿欧元的“嫁妆”。明基方面测算，如果要挽救“明西”手机业务，可能将必须再追加8亿欧元投资，这让股价从35元台币一路滑落到17元台币以下、总市值整整蒸发了一半的明基独立来承担是不可能的。但事实上，到今天双方已经走到了分手的地步。

“明基手机犯下的错误是由于想走捷径而导致的，将来我们不会再急于求成。”在1月11日的明基2007年策略发布会上，明基电通中国营销总部网通事业群总经理姚鸿州如此对记者说。

思考：

1. 并购对象该如何选择？其影响因素是什么？
2. 选择目标公司后，我们将对其在哪些方面做进一步的分析和审查？
3. 此案例中并购风险有哪些？

10.1 企业并购概述

并购是指企业间的兼并与收购，是指在市场机制作用下，企业为了获得其他企业的控制权而进行的产权交易活动。并购的实质是取得控制权。兼并通常是指一家企业以现金、证券或其他形式购买取得其他企业的产权，使其他企业丧失法人资格或改变法人实体，并取得对这些企业决策控制权的经济行为。收购是指企业用现金、证券或股票购买取得其他企业的部分或全部资产或产权，以获得该企业的控制权。

10.1.1 并购的类型

企业并购按不同的分类标准分，可以分为多种类型。

1. 按并购企业双方所处的行业划分

按并购企业双方所处的行业划分，可分为横向并购、纵向并购、混合并购。

横向并购又称水平并购、横向扩张，是指同一行业生产同种产品的企业间的合并，并购企业与目标企业在产品市场上构成竞争关系。横向并购是一种传统的企业并购形式，目的在于直接减少市场的企业量，显著提高市场集中度，其结果是限制竞争，增强行业的垄断力量。由于横向并购对竞争存在潜在的负面影响，因此，它通常会受到政府反垄断法的限制。

纵向并购又称垂直并购，是指同一行业内处在不同生产经营阶段、具有上下游关系的企业间的合并。按照并购的方向不同，它可以分为前向性纵向并购和后向性纵向并购方式，前者是指纵向并购向上游投入的方向延伸；后者是指纵向并购向下游最终产品及销售阶段延伸。纵向并购交易费用低，能够充分发挥企业的技术特征，增强生产经营各环节直接的连续性和平稳性，节约生产运营成本和市场控制力。

混合并购又称扩张并购、跨行业并购，是指分别处于不同产业领域、不同产品市场且这些产业部门之间没有特殊的生产技术联系的企业之间的并购。可以分为产品扩张型并购、市场扩张型并购和纯粹的混合并购三种类型。产品扩张型并购是相关产品市场上企业的兼并。市场扩张型并购是一个企业为扩大其竞争地盘而对它尚未渗透的地区生产同类产品的企业进行兼并。混合并购可以使企业扩大自身的产业结构，从事多样化经营以减少经营风险。

应用实例

2000 年 1 月，英国制药集团葛兰素威康和史克必成宣布合并计划，新公司市值将逾 1 150 亿英镑，营业额约 200 亿英镑，根据市场占有率计算，合并后的葛兰素史克制药集团将成为全球最大制药公司。

2000 年 1 月 10 日，美国在线公司和时代华纳公司合并，组建美国在线—时代华纳公司，新公司的资产价值达 3 500 亿美元。

2000 年 2 月 4 日，全球最大的移动电话运营商英国沃达丰公司以 1 320 亿美元收购德国老牌电信和工业集团曼内斯曼，成为当时全球最大并购案。

实例分析

上述实例都属于横向并购，企业并购单位规模的不断扩大，表明企业对国际市场的争夺已经到了白热化阶段。这种强强合并对全球经济的影响十分巨大，它极大地冲击了原有的市场结构，刺激了更多的企业为了维持在市场中的竞争地位而不得不卷入更加狂热的并购浪潮之中。

2. 按企业并购双方是否友好协商划分

按企业并购双方是否友好协商划分，可分为善意并购和敌意并购。

善意并购是指目标企业同意并购，并与并购企业通过共同协商就并购条件达成一致而完成并购活动的并购形式。由于该种并购使并购双方能够充分交流、沟通信息，因此，并购成功率较高，有利于降低并购行动的风险与成本。同时，善意并购行为还可以避免目标企业抗拒而带来额外的支出。但是，善意并购是并购企业不得不牺牲自身的部分利益，以换取目标企业的合作，同时并购协商也需要较长的时间。

敌意并购是指并购企业收购目标企业股权时虽然遭受目标企业的抗拒，仍然强行收购，或者并购企业事先不与目标企业进行协商，而突然直接向目标企业股东开出价格或收购要约的并购行为。敌意并购的优点在于并购企业完全处于主动地位，不用被动权衡各方面利益，而且并购行动节奏快、时间短，可有效控制并购成本。但敌意并购通常无法从目标企业获取其内部资料，给企业估价带来困难，还会招致目标企业抵抗甚至设置各种障碍，并购风险较大。另外，由于敌意并购易导致股市的不良波动，甚至影响企业发展的正常秩序，各国政府对敌意并购经常予以限制。

3. 按并购的实现方式划分

按并购的实现方式划分，可分为承担债务式、现金购买式、股份交易式。

承担债务式并购是指目标企业资不抵债或资产负债相等情况下，并购企业以承担目标企业全部或部分债务为条件来取得目标企业的资产所有权和经营权的并购方式。目前，我国很多企业采用这种方式。

现金购买式并购是指企业用现金购买目标企业的资产或股权以实施控制。它包括两种情况：一种是并购企业以现金购买目标企业全部资产，购买后，目标企业的唯一资产就是现金，成为有资本结构而无资产资源的空壳，从法律意义上来说不得不消失；另一种是以现金购买目标企业的股权或股票，当并购企业取得大部分或全部股本时，就成功并购该目标企业。

股份交易式并购是指并购企业用自身的股权来换取目标公司的股权或资产，可具体分为股权换股权和以股权换资产两种形式。

10.1.2 并购的动因

企业并购行为的目的是为了追求股东财富最大化，企业并购的动力来源于市场竞争的巨大压力。因此，产生并购行为最基本的动机就是寻求企业的发展。寻求扩张的企业面临着内部扩张和通过并购发展两种选择。内部扩张可能是一个缓慢而不确定的过程，通过并购发展则要迅速得多，尽管它会带来自身的不确定性。总体而言，企业进行横向并购的动因主要是降低生产经营成本和扩大市场份额，企业进行纵向并购的动因主要是为了降低交易费用和代理成本。具体来说，存在以下并购动因。

1. 谋求管理协同效应

如果某企业有一支高效率的管理队伍，其管理能力超出管理该企业的需要，但这批人才只能集体实现其效率，企业不能通过解聘释放能量，那么该企业就可并购那些由于缺乏管理人才而效率低下的企业，利用这支管理队伍通过提高整体效率水平而获利。

2. 谋求经营协同效应

由于经济的互补性及规模经济，两个或两个以上的企业合并后可提高其生产经营活动的效率，这就是所谓的经营协同效应。获取经营协同效应的一个重要前提是产业中的确存在规模经济，即生产规模经济、公司规模经济等。通过并购，企业规模得到扩大，能够形成有效的规模效应。规模效应能够带来资源的充分利用，资源的充分整合，降低管理、原料、生产等各个环节的成本，从而降低总成本。

3. 谋求财务协同效应

企业并购不仅可以因经营效率提高而获利，而且还可以在财务方面给企业带来财务能力的提高、合理避税和预期效应。

4. 实现战略重组，开展多元化经营

企业通过经营相关程度较低的不同行业可以分散风险、稳定收入来源、增强企业资产的安全性。多元化经营可以通过内部积累和外部并购两种途径实现，但在多数情况下，并购途径更为有利。尤其是当企业面临变化了的环境而调整战略时，并购可以使公司低成本地迅速进入被并购企业所在的增长相对较快的行业，并在很大程度上保持被并购企业的市场份额及现有的各种资源，从而保证公司持续不断的盈利能力。这种情况出现在混合并购模式中较多，随着行业竞争的加剧，企业通过对其他行业的投资，不仅能有效扩充企业的经营范围，获取更广泛的市场和利润，而且能够分散因本行业竞争带来的风险。

5. 获得特殊资产

企图获取某项特殊资产往往是并购的主要动因。特殊资产可能是一些对企业发展至关重要的专门资产。另外，并购还可能是为了得到目标企业所拥有的有效管理队伍、优秀研究人员或专门人才，以及专有技术、商标、品牌等无形资产。

6. 降低代理成本

在企业的所有权与经营权相分离的情况下，经理是决策或控制的代理人，而所有者作为委托人成为风险承担者。由此造成的代理成本包括契约成本、监督成本和剩余损失。通过企业内部组织机制安排可以在一定程度上缓解代理问题，降低代理成本。

10.1.3 企业并购简史

1. 以横向并购为特征的第一次并购浪潮

第一次并购浪朝(1895—1904 年)的并购以横向并购为主，并购后形成了一批具有大规模、大垄断特点的公司。

19 世纪下半叶，科学技术取得巨大进步，大大促进了社会生产力的发展，为以铁路、冶金、石化、机械等为代表的行业大规模并购创造了条件，各个行业中的许多企业通过资本集中组成了规模巨大的垄断公司。在 1899 年美国并购高峰时期，公司并购达到 1208 起，是 1896 年的 46 倍，并购的资产额达到 22.6 亿美元。1895—1904 年的并购大潮中，美国有 75%的公司因并购而消失。在工业革命发源地英国，并购活动也大幅增长，在 1880—1981 年，有 665 家中小型企业通过兼并组成了 74 家大型企业，垄断着主要的工业部门。后起的资本主义国家德国的工业革命完成比较晚，但企业并购重组的发展也很快，1875 年，德国出现第一个卡特尔，通过大规模的并购活动，1911 年就增加到 550～600 个，控制了德国国民经济的主要部门。在这股并购浪潮中，大企业在各行各业的市场份额迅速提高，形成了较大规模的垄断。

2. 以纵向并购为特征的第二次并购浪潮

20世纪20年代发生了第二次并购浪潮(1922—1929年)。那些在第一次并购浪潮中形成的大型企业继续进行并购，进一步增强经济实力，扩展对市场的垄断地位，这一时期的并购的典型特征是以纵向并购为主，即把一个部门的各个生产环节统一在一个企业联合体内，形成纵向托拉斯组织，行业结构转向寡头垄断。第二次并购浪潮中有85%的企业并购属于纵向并购。通过这些并购，主要工业国家普遍形成了主要经济部门的市场被一家或几家企业垄断的局面。

3. 以混合并购为特征的第三次并购浪潮

20世纪50年代中期，各主要工业国出现了第三次并购浪潮。第二次世界大战之后，各国经济经过40年代后期和50年代的逐步恢复，在60年代迎来了经济发展的黄金时期，主要发达国家都进行了大规模的固定资产投资。随着第三次科技革命的兴起，一系列新的科技成就得到广泛应用，社会生产力实现迅猛发展。在这一时期，以混合并购为特征的第三次并购浪潮来临，其规模、速度均超过了前两次并购浪潮。

4. 以金融杠杆并购为特征的第四次并购浪潮

20世纪80年代兴起的第四次并购浪潮的显著特点是以融资并购为主，规模巨大，数量繁多。1980—1988年企业并购总数达到20 000起，1985年达到顶峰。多元化的相关产品间的“战略驱动”并购取代了“混合并购”，不再像第三次并购浪潮那样进行单纯的无相关产品的并购。此次并购的特征如下：企业并购以融资并购为主，交易规模空前；并购企业范围扩展到国外企业；出现了小企业并购大企业的现象；金融界为并购提供了方便。

5. 第五次全球跨国并购浪潮

进入20世纪90年代以来，经济全球化、一体化发展日益深入。在此背景下，跨国并购作为对外直接投资(foreign direct investment，FDI)的方式之一逐渐替代跨国创建而成为跨国直接投资的主导方式。从统计数据看，1987年全球跨国并购仅有745亿美元，1990年就达到1 510亿美元，1995年美国企业并购价值达到4 500亿美元，1996年上半年这一数字就达到2 798亿美元，2000年全球跨国并购额达到11 438亿美元。但是从2001年开始，由于受欧美等国经济增长速度的停滞和下降，以及“9·11”事件的影响，全球跨国并购浪潮出现了减缓的迹象，但从中长期的发展趋势来看，跨国并购还将得到持续发展。

10.2 企业并购财务分析

企业的并购行为往往是战略性的，将对企业未来的生产经营产生深远影响，一个完整的并购过程一般可以划分为三个阶段：准备、谈判和整合。具体来说，各阶段的财务问题如下：在准备阶段，并购企业主要对候选的目标企业进行并购可行性分析；在谈判阶段，对目标企业的财务分析是核心；在整合阶段，主要评价并购是否成功。

10.2.1 并购目标公司的选择

选择适合本企业发展的并购目标是成功并购的前提。目标公司的选择一般包括发现目标公司、审查目标公司和评价目标公司三个阶段。

发现合适的目标公司可以通过公司自己的高级职员或建立专职的并购部进行寻找，也可以借助专业金融中介机构进行。

审查目标公司是对初步选定的并购目标公司所进行的进一步的分析评估和实质性审查。一般来说，审查的重点包括：①对目标公司出售动机的审查；②对目标公司法律文件方面的审查，如审查企业章程、股票证明书、财产目录清单、合同契约等；③对目标公司业务方面的审查，主要是审查目标公司是否能与本企业的业务融合；④对目标公司财务方面的审查，主要是分析目标公司的偿债能力、盈利能力、营运能力及发展能力等；⑤对并购风险的审查，主要包括市场风险、投资风险、经营风险等。

评价目标公司即对目标公司的价值进行评估，作为谈判阶段并购方愿意支付的并购价格。价值评估在企业并购中具有核心地位，它是并购企业在准备阶段选择并购对象的重要依据之一，也是并购企业在谈判阶段报价的基础。

10.2.2 并购成本效益分析

并购决策要符合成本-效益原则，企业并购分析的成本效益项目一般包括以下几项。

1. 并购成本分析

企业并购的成本包括并购完成成本、并购整合成本、并购退出成本和并购机会成本等。

1）并购完成成本

完成成本是指并购行为本身所发生的并购价款和并购费用。并购价款是支付给被并购企业股东的，包括现金、股票或其他资产等。并购费用是指并购过程中所发生的有关费用，如并购过程中所发生的搜寻、策划、谈判、文本制定、资产评估、法律鉴定、顾问等费用。

2）并购整合成本

整合成本也称并购协调成本，是指并购企业为使被并购企业按计划启动、发展生产所需的各项投资。当并购完成后，由于并购企业与被并购企业作为两个不同的企业，在业务经营、管理模式、企业文化等方面都会存在显著的差异。要使它们成为一家企业，就必须对这些相异点进行整合，实现一体化运作。

3）并购退出成本

退出成本主要是指企业通过并购实施扩张而出现扩张不成功必须退出，或当企业所处的竞争环境出现了不利变化，需要部分或全部解除并购所发生的成本。一般来说，并购力度越大，可能发生的退出成本就越高。这项成本是一种或有成本，并不一定发生，但企业应该考虑到这项成本，以便在并购过程中对并购策略做出更合适的安排或调整。

4）并购机会成本

并购活动机会成本是指并购的实际支出相对于其他投资的未来收益损失。

2. 并购收益分析

具体来讲，企业并购的收益主要有以下几个方面。

1）获得规模经济的收益

企业并购可以获得企业所需要的产权及资产，实行一体化经营，达到规模经济。企业的规模经济是由生产规模经济和管理规模经济两个层次组成的。生产规模经济是指企业通过并购，对生产资本进行补充和调整，达到规模化生产的要求。在保持整体产业结构不变的情况下在各分厂实现单一化生产，达到专业化的要求。管理规模经济主要表现在：由于管理费用可以在更大范围内分摊，使单位产品的管理费用大大减少。

2）合理避税的收益

税法中，不同类型的收益所征收的税率是不同的，如股息收入和利息收入、营业收益和资本收益的税率就有很大区别。因此，企业可以利用并购来合理避税。企业可以利用税法中亏损递延条款来获得合理避税的收益。如果企业在一年中出现了严重亏损，或者企业连续几年不盈利，企业拥有相当数量的累计亏损时，这家企业往往会被考虑为并购对象，或者该企业考虑并购盈利企业，以充分利用它在纳税方面的优势。

3）寻找机会和分散风险的收益

在跨行业并购中，一些并购公司的主要目的不在于追求高收益，而在于通过并购其他行业的公司，寻求投资新领域和未来的发展空间，同时分散经营单一产品的风险。这种跨行业并购一定要以成功的专业化为基础，不可盲目多元化经营。

4）获取融资渠道的收益

一些公司之所以并购上市公司或金融企业，主要在于为自己寻求一条比较方便的融资渠道，"买壳上市"就是这种方式。非上市公司通过证券市场收购已挂牌上市的公司，再以反向收购的方法注入自己的有关业务和资产，达到间接上市的目的。优势企业通过"买壳上市"可以利用"壳"企业的配股和增发新股较为便利的募集资金。

10.2.3 并购目标企业的价值评估

价值评估是指买卖双方对标的做出的价值判断。对目标企业估价一般可以使用以下方法。

1. 资产价值基础法

资产价值基础法是指通过对目标企业的资产进行估价来评估其价值的方法。确定目标企业资产的价值，关键是选择合适的资产评估价值标准。国际上通行的资产评估价值标准主要有三种。

（1）账面价值。这是指会计核算中账面记载的资产价值。账面价值取数方便，但是其缺点是只考虑了各种资产在入账时的价值而脱离现实的市场价值。

（2）市场价值。这是指把资产视为一种商品在市场上公开竞争，在供求关系平衡的状态下确定的价值。这种价值可以高于或低于账面价值。

(3) 清算价值。清算价值是指在企业出现财务危机而破产或清算时，把企业中的实物资产逐个分离而单独出售的资产价值。清算价值是在企业作为一个整体已经丧失增值能力情况下的资产估价方法。对股东来说，企业的清算价值是清算资产偿还债务后的剩余价值。

2. 收益法

收益法就是根据目标企业的收益和市盈率确定其价值的方法，也称市盈率模型。市盈率的含义非常丰富，它可能暗示着企业股票收益的未来水平、投资者投资于企业希望从股票中得到的收益、企业投资的预期回报、企业在其投资上获得的收益超过投资者要求收益的时间长短。其步骤如下。

1) 检查、调整目标企业近期的利润业绩

收益法使用的收益指标在性质上是目标企业在被收购以后持续经营可能取得的净利润。对目标企业净利润的分析，应该考虑下列因素，并适当调整：①并购企业必须考虑目标企业所使用的会计政策；②剔除非常项目和特殊业务对净利润的影响；③调整由于不合理的关联方交易造成的利润增减金额。

2) 选择计算目标企业估价收益指标

一般来讲，最简单的估价收益指标可以采用目标企业最近一年的税后利润。考虑到企业经营中的波动性，也可采用其最近 3 年税后利润的平均值作为估价收益指标将更为适当。实际上，对目标企业的估价还应当更多地注重其被收购后的收益状况，这样对企业并购决策更具有指导意义。

3) 选择标准市盈率

通常可选择的市盈率有以下几种：在并购时点目标区域的市盈率、与目标企业具有可比性的企业市盈率或目标企业所处行业的平均市盈率。选择标准时必须确保在风险和成长性方面的可比性，该标准应当是目标企业并购后的风险，而不仅仅是历史数据。

4) 计算目标企业的价值

利用选定的估价收益指标和标准市盈率，就可以方便地计算目标企业的价值。目标企业价值的计算公式为

$$目标企业价值=估价收益指标\times标准市盈率$$

采用收益法估算目标企业的价值，以投资为出发点，着眼于未来经营收益，并在测算方面形成一套较为完整有效的科学方法，因而被各种并购价值评估广泛使用。但在该方法使用中，不同估价收益指标的选择具有一定的主观性，而且我国股市建设尚不完善，股票市盈率普遍较高，适当的市盈率标准难以取得，所以在当前的情况下，很难完全运用收益法对目标企业进行标准估价。

3. 贴现现金流量法

贴现现金流量法是将公司未来预期的收益用适当的折现率折现为评估基准日的现值，并以此确定公司价值的评估方法。贴现现金流量法的原理就是，收购者之所以收购目标公司，是考虑到目标公司能为自己带来收益，如果公司的收益大，收购价格就会高。因此，

根据公司所能带来收益的高低来确定公司价值是科学合理的方法。这种方法涉及目标公司预期寿命年限的评估。预期寿命年限是指从评估基准日到公司丧失获利能力的年限。公司都有寿命周期，在用收益现值法评估公司价值时，必须首先判断公司的经济寿命。如果估计经济寿命过长就会高估公司价值，反之会低估公司价值。其步骤是预测自由现金流量、估计贴现率或加权平均资本成本、计算现金流量现值、估价购买价格和贴现现金流量估值的敏感性分析。

以上各种对目标公司的估价方法，并无绝对的优劣之分。并购公司对不同方法的选用应主要根据并购的动机而定，在实践中可将各种方法交叉使用，从多角度评估目标公司的价值，以降低估价风险。

10.2.4 企业并购的风险分析

企业并购是高风险经营，财务分析应在关注其各种收益、成本的同时，更重视并购过程中的各种风险，进行有效控制。

1. 营运风险

所谓营运风险，是指并购方在并购完成后，并购整合可能无法使整个企业集团产生经营协同效应、财务协同效应、市场份额效应，难以实现规模经济和经验共享互补。通过并购形成的新企业因规模过于庞大而产生规模不经济，甚至整个企业集团的经营业绩都会被并购进来的新企业所拖累。

2. 信息风险

由于并购双方的信息不对称，企业看好的被并购方的资产，在并购完成后有可能存在严重高估，甚至一文不值，从而给企业造成很大的经济损失。并购过程中人的主观性对并购影响很大，并购并不能按市场价值规律来实施。并购本身是一种商品的交换关系，所以需要建立服务于并购的中介组织，降低并购双方的信息成本且对并购行为提供指导和监督。

3. 融资风险

企业并购通常需要大量资金，如果筹资不当，就会对企业的资本结构和财务杠杆产生不利影响，增加企业的财务风险。同时，只有及时足额地筹集到资金才能保证并购的顺利进行。按筹资的方式不同，可分两种情况。

（1）债务性融资风险，多数企业通过负债筹资的方式一般为长期借款，但是银行信贷资金主要是补充企业流动资金和固定资金的不足，没有进行企业并购的信贷项目，因此，难以得到商业银行支持。另一种负债筹资的方式是发行企业债券，虽然资金成本较低，但筹资时间长，筹资额有限。

（2）权益性融资风险，发行普通股是企业筹集大量资金的一种基本方式，而且没有固定利息负担，筹资风险小。但是，股利要从净利润中支付，资金成本高，而且无法享受纳税利益。

4. 反收购风险

在通常情况下，被收购的企业对收购行为往往持不欢迎和不合作态度，尤其在面临敌意并购时，它们可能会“宁为玉碎，不为瓦全”，不惜一切代价布置反收购战役，其反收购措施可能是各种各样的。这些反收购行动无疑会对收购方构成相当大的风险。

5. 法律风险

并购、重组中必然涉及相关的法律法规，各国关于并购、重组的法律法规的细则，一般都通过增加并购成本而提高并购门槛。例如，我国目前的收购规则要求收购方持有一家上市公司5%的股票后即必须公告并暂停买卖，以后每递增5%就要重复该过程，持有30%股份后即被要求发出全面收购要约。这套程序造成的收购成本之高、收购风险之大、收购程度之复杂，足以使收购者气馁，反收购则相对比较轻松。

6. 体制风险

在我国，国有企业资本经营过程中相当一部分企业的收购兼并行为都是由政府部门强行撮合而实现的。尽管大规模的并购活动需要政府的支持和引导，但是并购行为毕竟是企业基于激烈市场竞争而自主选择的发展战略，是一种市场化行为，政府依靠行政手段对企业并购大包大揽不仅背离市场原则，难以达到预期效果，而且往往还会给并购企业带来风险。

总之，并购风险非常复杂和广泛，企业应谨慎对待，多谋善选，尽量避免风险，将风险消除在并购的各个环节中，最终实现并购的成功。

10.3 企业并购运作概述

企业并购筹资管理主要包括预测并购资金需要量、确定并购支付方式，以及选择适当的筹资渠道筹集资金。

10.3.1 并购资金需要量

并购资金需要量是并购企业筹集资金量的依据，必须对其进行科学合理的分析和预测。收购方进行收购所需投入的资金，通常是由收购价格、为维持被收购公司的正常营运所需的短期资金及收购公司的正常营运所需的短期资金和收购目的所决定的。实践中，在收购时除收购价格外，还应考虑所需投入的资金，除了用来偿还长期负债外，还常需投入短期资金，以偿还短期负债或充当营运资金，只有这样才能顺利保证收购后目标公司的正常营运。

10.3.2 并购支付方式

随着现代经济的发展，企业并购的支付方式不断拓展。在确定了并购目标及并购价格之后，就要确定并购资金的付款方式、筹集渠道，按照付款方式，划分为现金支付、股票支付、综合证券支付，其他方式还包括承担债务式和资本划转式并购等。

1. 现金支付

现金支付是由主并企业向目标企业支付一定数量的现金，从而取得目标企业的所有权，一旦目标企业的股东收到了对其所拥有的股权的现金支付，就失去了任何选举权或所有权。现金支付是企业并购中最先被采用的支付方式，也是在企业并购中使用频率最高的支付方式。

对目标企业的股东而言，现金支付的好处在于，现金支付可以使其即时得到确定的收益，安全性较强；其不足之处是即时形成纳税义务。

对主并企业而言，现金支付最大的好处是现有的股权结构不会受到影响，现有股东控制权不会被稀释。同时，现金支付可以使主并企业迅速完成并购，避免目标企业的反并购防御措施，降低并购成本，因而其多用于敌意收购。缺点在于现金支付会给主并公司造成一项沉重的现金负担。

采用这种方式必须考虑以下影响因素：首先是短期的现金需求，现金支付要求购买者在确定的日期支付一定的现金，包括出资中以现金或现金等价物清偿的部分，购买企业可能发生的有关直接费用，支付给为购买而聘请的会计师、法律顾问、评估事务所和其他咨询人员的费用等，这些费用构成企业一项重大即时现金负担，对企业资金能力要求较高，会遇到巨额筹资的压力，使企业资金紧缺；其次是中长期流动性，为应付因并购而使企业长时间大量现金流出的需要，企业应设法安排好中长期现金流入；再次是现金支付将迫使并购方采用购买法来处理会计报表，使每股税后收益下降而影响其股票市价。

应用实例

2007年11月安赛乐·米塔尔钢铁集团以17亿美元收购中国东方集团(8.71，0.02，0.23%)73%股权属于现金支付方式。被并购方中国东方集团是一家年产量400万吨的钢铁厂。该公司成立于1970年年末，从河北唐山一家亏损多年的小厂逐步跻身中国500强；2004年3月在香港地区上市，注册地为百慕大。并购方安赛乐·米塔尔钢铁集团是全球最大的钢铁制造商，总部位于卢森堡。2005年以来，安赛乐·米塔尔曾先后与本钢、包钢等联系，但是均未能实现并购。2007年，安赛乐·米塔尔钢铁集团利用中国东方集团内部股东之间的斗争，通过现金方式逐步购买股票，最后实现并购。

实例分析

上述实例是典型的横向并购，由于并购方往往具有充足的资金，而且也较为擅长行业经营，因此，这种并购的支付方式相对灵活，多以现金支付为主。一方面，通过现金支付可以获得比较完全的控制权；另一方面，由于并购方本身具有行业内的管理经验，因此，对于目标公司接下来的经营管理风险也不大。

2. 股票支付

所谓股票支付方式，是指通过换股方式或增发新股的方式达到获得目标公司财产权或控制权的并购出资方式。股票支付常见于善意并购，当并购双方的规模、实力相当时，被采用的可能性较大。

股票支付的优点在于：①股票并购交易规模相对较大，并购公司无须另行筹资来支付并购，从而不会使公司的营运资金遭到挤压，减轻了现金压力；②股票并购交易完成后，目标公司的股东不会失去其所有者权益；③目标公司股东享受延期纳税和低税率的优惠，与现金并购相比较，股票并购无须过多地考虑当地的税务准则及其对出价安排上的制约，如果并购方业绩优良，给目标公司股东支付股票可能比支付现金更受欢迎，按照规定，目标公司股东在未来出售其换来的股票时，才对其收入纳税，这样持股股东可根据自己需要，自主地决定收益实现的时间，享受税收优惠政策；④采用股票并购可使原目标公司股东与并购方共同承担估价下降风险。

股票支付的不足之处在于：①并购方现有的股权结构发生变化，老股东面临着失去公司控制权的风险；②增发新股可能会使每股权益下降，会使老股东的原有收益稀释；③增发新股同样会使每股净资产值减少，这会对股价产生不利影响。

采用股票支付时必须考虑以下影响因素：

（1）主并企业的股权结构。由于股票支付方式的一个突出特点是它对主并企业的原有股权结构会有重大影响，因而主并企业必须事先确定主要大股东在多大程度上会接受股权的稀释。

（2）每股收益率的变化。增发新股会对每股收益产生不利的影响，如果目标企业的盈利状况较差，或者支付的价格较高，则会导致每股收益的减少。虽然在许多情况下，每股收益的减少只是短期的，长期来看还是有利的，但无论如何，每股收益的减少仍可能给股价带来不利的影响，导致股价下跌。因此，主并企业在采用股票支付方式前，要确定是否会产生这种不利情况，如果发生这种情况，那么在多大程度上是可以接受的。

（3）每股净资产的变动。每股净资产是衡量股东权益的一项重要标准。在某种情况下，新股的发行可能会减少每股所拥有的净资产，这也会对股价造成不利影响。如果采用股票支付方式会导致每股净资产的下降，主并企业需要确定这种下降是否被企业原有的股东所接受。

（4）财务杠杆比率。发行新股可能会影响企业的财务杠杆比率。因此，主并企业应考虑是否会出现财务杠杆比率升高的情况，以及具体的资产负债的合理水平。

（5）当前股价水平。当前股价水平是主并企业决定采用现金支付还是股票支付的一个主要影响因素。一般来说，在股票市场处于上升过程时，股票的相对价格较高，这时以股票作为支付方式可能更有利于主并企业，增发的新股对目标企业也会有较强的吸引力。否则，目标企业可能不愿持有，即刻抛空套现，导致股价进一步下跌。因此，主并企业应考虑本企业股价所处的水平，同时还应预测增发新股会对股价带来多大影响。

（6）当前股息收益率。新股发行往往与主并企业原有的股息政策有一定的联系。一般而言，股东都希望得到较高的股息收益率。在股息收益率较高的情况下，发行固定利率较低的债权证券可能更为有利；反之，如果股息收益率较低，增发新股就比各种形式的借贷更为有利。因此，主并企业在决定采用股票支付还是通过借贷筹集现金来支付时，先要比较股息收益率和借贷利率的高低。

应用实例

今年10月，美国达美航空公司收购了美国西北航空公司。达美航空是全球第三大航空公司，而西北航空是全球第五大航空公司。它们的强强联合，诞生了全球规模最大的航空公司。本次合并交易额26亿美元，全部股票支付。西北航空公司的股票持有者以1股兑换1.25股的比例换取达美公司的股票。这种互换股票属于典型的强强联合支付方式。并购之后对于双方的财务影响极小，也不会影响公司的经营，并且有助于双方取得规模和网络上的优势，实现双赢。

实例分析

同行业内的强强联合适合用股票支付的方式。一方面，这一类公司的规模比较大，并购资金数额庞大，以现金支付压力过大，而使用股票支付则可以避免资金的压力；另一方面，采取股票支付方式，双方可以互担风险、共享收益，在并购谈判及后续经营过程中更容易合作，双方也能够更有效地融为一体。

3. 综合证券支付

综合证券支付又称混合支付，在并购方对目标企业提出并购要约时，其出价不仅有现金、股票，还有认股权证、可转换债券等多种形式相混合。该方式通过把各种支付工具组合在一起，能集中各种支付工具的长处而避免其短处。由于这种优势，近年来综合证券支付在各种出资方式中的比例呈现出逐年上升的趋势。

应用实例

2007年11月，香港和成国际以35亿港元收购江西江州联合造船厂全部股权。和成国际主要从事五金贸易、通信产品销售及证券投资等业务，从未涉足造船行业。由于主业金属贸易经营困难，利润微薄，因此，和成国际进军具有发展潜力的中国船舶(83.87，−1.73，−2.02%)业，以35亿港元高价收购一家内陆造船企业。其中，5亿港元以现金支付，余下的30亿港元以发行换股票据支付，并且卖方在协议中承诺，2008年度税后盈利不少于6亿港元。显然，股票支付不但较好地解决了在此次并购案中，和成国际由于经营不善面临的资金紧张问题，而且由于江西江州股东持有股票，也会激励其在今后的公司经营中认真管理，从而在一定程度上有效地降低了和成国际跨行业经营的风险。

实例分析

上述实例表明跨行业并购较适合采用股票支付方式。一方面，由于不支付现金，并购不会导致公司流动性降低，这样有利于公司保存实力，不至于出现较大的财务风险；另一方面，股票支付使并购公司与目标公司股东利益一体化，进而有利于并购当中对目标公司合理估值以及双方在后来经营过程中的合作，总体上减小了并购的风险。

4. 承担债务式

承担债务式并购又称零成本收购，是指在目标企业资产与债务等价的情况下，兼并方以承担目标企业的债务为条件接受其资产，此时目标企业还具有潜力和可以利用的资源。承担债务式并购的对象一般是净资产较低、经营状况不佳的企业。优势企业不必支付并购价款，但往往要承诺承担企业的所有债务和安置企业全部职工，这种情况在我国企业并购中尤为常见。

承担债务式并购的好处是为优势企业提供了低成本扩张的机会，优势企业通过注入资金、技术和新的管理方式，盘活一个效益差的企业。同时，各级地方政府还常常制定一些优惠措施，以鼓励优势企业接收亏损企业、安置企业职工。因此，承担债务式并购还能额外享受到一些优惠政策，促进优势企业的经营发展。

但是，承担债务式并购也有其弊端：一是目标公司往往债务大于资产，其实际上已不是零成本，而是在接受一个资不抵债的企业；二是片面强调安置职工，结果造成人浮于事，反而拖累了优势企业。

应用实例

很难想象，目前由深圳辽河通达化工股份有限公司控股、无论主营业务尿素的产量和销量都占据其半壁江山的辽宁省锦西天然气化工有限责任公司(下称“铁天化”)，原是一个陷入重重债务危机之中的企业。

当初辽通化工收购锦天化的难点在于如何处理债务，而最精彩的一招也正是由辽河集团对锦天化债务进行的过渡性安排。

1995 年年底，辽河集团以承担 6 亿元债务的方式，先行收购锦天化。从理论上讲，锦天化负债率超过 100%，净资产为 0，只要出一元钱即可将其收购，这在国外被称为“一元钱收购”。此后，辽河集团会同另一债权人——锦西化工总厂以债权转股权的方式，共同发起将锦天化改组为有限责任公司。1996 年 1 月 1 日，锦西天然气化工有限责任公司正式成立，注册资本为 59 532.6 万元，其中辽河集团出资 57 000 万元，占 95.7%。辽通化工上市之后将用募股资金全面收购改组后的锦天化。

实例分析

辽通化工以这种方式并购锦天化 95.7%的股权，真正做到了增资减债。资本划转是政府从调整产业结构出发，将企业的资产划转另一个企业经营。

10.3.3 杠杆并购

企业筹集并购资金渠道可分为内部筹资和外部筹资。内部筹资是企业利用内部自有资金，包括留存收益、折旧、闲置资产变卖等；外部筹资是从外部开辟资金来源，包括商业信贷资金、非银行金融机构贷款、企业及民间资金和外资等。企业并购时的特殊筹资方式是杠杆并购。

杠杆并购是指并购方为筹集收购所需要的资金，大量向银行或金融机构借债，或发行高利率、高风险债权，这些债权的安全性以并购目标企业的资产或将来的现金流入作担保。当企业全部资产收益率大于借入资本的平均成本时，企业净收益和普通股收益都会增加。这其实是一种混合融资形式，其特征有三个：①可利用的融资方式有银行信用额度、抵押贷款、长期贷款、商业票据、可转换债券、认股权证等多种形式；②参与融资的机构有商业银行、保险公司、投资银行等多家部门；③投入少量资金就可获得大量银行贷款，财务风险高。

1）杠杆并购的特点

首先，杠杆并购的资金来源主要是不代表企业控制权的借贷资金；其次，杠杆并购的负债是以目标企业资产为抵押或以其经营收入来偿还的，具有相当大的风险性；再次，杠杆并购融资中投资银行等市场中介组织的作用十分重要；最后，杠杆并购融资依赖于发达资本市场的支持。

2）杠杆并购的形式

根据参与杠杆并购的阶层不同，杠杆并购分为四种形式：①目标企业内部管理阶层参加者的杠杆收购，简称MBO(management buy-out)；②无目标企业管理层参与的杠杆收购，简称LBO(leveraged buy-out)；③目标企业雇员参与的杠杆收购，即职员持股计划，简称ESOPs(employee stock ownership plans)；④发行垃圾债券的杠杆收购。

3）杠杆并购的应用程序

在具体应用杠杆并购时，一般是按以下步骤进行。

第一阶段：杠杆并购的设计准备阶段，主要是由发起人制定并购方案，与被并购方进行谈判，进行并购的融资安排，必要时以自有资金参股目标企业，发起人通常就是企业的并购者。

第二阶段：集资阶段，并购方先通过企业管理层组成的集团筹集收购价10%的资金，然后以准备并购的公司的资产为抵押，向银行借入过渡性贷款，相当于整个并购价格的50%～70%的资金，向投资者推销约为并购价20%～40%的债券。

第三阶段：并购者以筹集到的资金购入被并购公司的期望份额的股份。

第四阶段：对并购的目标企业进行整改，以获得并购时所形成负债的现金流量，降低债务风险。

4）杠杆并购的优点

对被并购方而言，由于公司整体经营战略的变化，本公司的分支机构或子公司可能已不再适宜继续经营，那么可以通过杠杆并购卖出股权同时保全自己员工的利益，避免劳资冲突。另外，如果股票市场不活跃，很多股票的市价低于其资产净值，而杠杆并购却能在市价基础上为其支付一笔溢价；对于夕阳产业来说，因为发展前景不乐观，这种溢价效应更加明显。

对于收购方而言，一方面具有杠杆作用，以少量的投资购得一家颇具规模的企业，并充分享受高额负债带来的杠杆作用；另一方面具有纳税优惠，高杠杆带来更多利息避税，账面资产价值增加带来较高折旧；如果被收购方是亏损企业，还会产生亏损递延等作用。

例如，2003年8月京东方在继收购韩国现代TFT-LCD业务后又成功地收购了冠捷科技，它之所以能以小搏大取得并购成功，是因为它恰当地运用了杠杆并购这种融资方式。在操作中，在国外它依靠韩国的3家银行和一家保险公司提供的抵押信贷和卖方信贷；在国内它依靠向银行大规模的借贷和增发B股，解决了并购过程中的融资需要。京东方通过杠杆融资不但融得了资金，而且促成了并购双方的双赢。

10.3.4 并购防御战略

并购防御(又称反并购)是针对并购而言的，指目标公司的管理层为了维护自身或公司的利益，保全对公司的控制权，采取一定的措施，防止并购的发生或挫败已经发生的并购行为。在现实经济活动中，目标企业的经理层总是会阻挠并购的发生，他们会采用各种反并购的防御手段。因此，企业的并购与反并购一直是交织在一起的，甚至可以说是一种活动的两个方面。反并购的一些操作方法和手段主要有以下几种。

1. 提高并购者的并购成本

1）“降落伞”计划

所谓降落伞计划，是指公司通过章程规定，或与经营管理层签订合同，如果有控制权变更、经营管理层被解雇等情况发生，公司将向其支付大量赔偿金，从而达到提高并购成本的目的。降落伞计划具体包括3种形式：金降落伞、灰色降落伞和锡降落伞。

金降落伞是指目标公司董事会通过决议，由公司董事及高层管理者与目标公司签订合同规定：当目标公司被并购接管、其董事及高层管理者被解职的时候，可一次性领到巨额的退休金(解职费)、股票选择权收入或额外津贴。灰色降落伞主要是向下面几级的管理人员提供较为逊色的同类保证并根据工龄长短领取数周至数月的工资。锡降落伞是指目标公司的员工若在公司被收购后两年内被解雇的话，则可领取员工遣散费。

2）邀请“白衣骑士”

邀请“白衣骑士”是指被并购企业主动寻找一家友好企业(即“白衣骑士”)，请求充当并购者，参与敌意并购者的竞争，以挫败敌意并购者。一般地讲，如果并购者出价较低，目标企业被“白衣骑士”拯救的希望就大。

例如，在2002年丽珠集团的股权之争中，公司管理层与第一大股东光大集团不合，光大集团有意将全部股权转让给合作伙伴东盛科技。为了避免公司控制权落入东盛科技之手，公司管理层主动与太太药业配合，将公司第二大股东丽士投资所持有的丽珠集团的股份以较优惠的价格全部转让给太太药业，而丽士投资由丽珠集团员工持股会持股90%。太太药业同时通过二级市场收购流通A股和B股，以及协议收购法人股等方式最终成为丽珠集团的实际控制人。太太与丽珠有很强的互补性需求，前者缺少像丽珠那样的优势品牌的处方药以及销售渠道，而后者也需要“太太”式的管理。所以，通过引进“白衣骑士”，丽珠集团既避免了被非友好方所控制，又促进了行业发展，提高了公司的整体质量和竞争力。

3）“麦克罗尼防御”

“麦克罗尼防御”是指目标公司将大量发行债券，且在目标公司被并购后并购方将必须以强制性的高价回购这些债券，目的是用高额的并购成本阻碍并购。

4）股份回购

目标企业的经理在面临并购威胁时可以采取回购本企业股票的方式阻止并购的进行。股份回购一般有市场回购和定向回购两种方式。需要说明的是，在现实的资本市场运作中，股份并购是受到一定限制的，特别是回购本企业股票，其受到的限制更多，我国相关法律是严格禁止企业回购本企业股票的，以防止企业利用内幕信息操纵股票价格来获利。

2. 降低收购者的收购收益

1）“毒丸”计划

毒丸计划是美国著名的并购律师马丁·利普顿(Martin Lipton)1982年发明的，正式名称为“股权摊薄反收购措施”，最初的形式很简单，就是目标公司向普通股股东发行优先股，一旦公司被收购，股东持有的优先股就可以转换为一定数额的收购方股票。

例如，2005年盛大网络试图收购新浪时，新浪董事会就采用过“毒丸”计划，即一旦敌意收购者所收购的新浪股权超过20%，除其之外的在2005年3月7日工作日结束时登记在册的新浪普通股股东便将有权执行“毒丸计划”所赋予的权利，获得价值等于其执行价格双倍的优先股。

2）“皇冠上的珍珠”

“皇冠上的珍珠”是指目标公司将其最有价值、对收购人最具有吸引力的资产出售给第三方，或者赋予第三方购买该资产的期权，使得收购人对目标公司失去兴趣，放弃收购。

3）“焦土”政策

“焦土”政策是指目标公司在受到并购袭击而又无力反抗时，通过降低公司资产、财务、业务质量，如低价出售优质资产、制造亏损等，以达到反收购的目的。

3. 收购并购者

收购并购者又称“帕克门”战略。这是作为收购对象的目标企业为挫败收购者的企图而采用的一种战略，即目标企业威胁进行反收购，并开始购买收购者的普通股，以达到保卫自己的目的。

4. 适时修改公司章程

企业章程是企业的内部法，是规范作为法人的企业以及各利益主体行为的基本章程。企业章程对防止收购的意义在于，它通常规定了收购所需要满足的条件。这些条件有时候是难以达到的，但要企业修改章程以降低收购条件是非常困难的，因为这也需要股东大会表决通过，这些法定程序会增加企业的收购成本。相反，目标企业的经理却可以利用在职优势修改章程，进一步增加收购的难度。这种做法通常被称为“绝大多数修订条款”。企业章程规定的某些反收购条款，既可以增加收购的难度，为股东获得更高的收购溢价创造条件，又可以避免企业管理层在防止收购上花费大量的精力，影响企业正常的经营管理。

10.3.5 并购整合

企业并购整合(post-merger integration)是指当并购方获得目标企业的控制权之后，进行的资产、人员、运营机制、治理与管理机制等企业要素的整体性安排，从而使并购后的企业按照一定的并购目标、方针和战略组织运营。整合是整个并购过程中最关键的阶段，其成败直接关系到并购的成败。

1. 并购整合的主要内容

并购整合是指并购方或并购双方共同采取的一系列旨在推进并购进程，提高并购绩效的管理措施、手段和方法，主要有以下几个方面：

1）经营战略整合

企业并购是否服务于企业长期发展战略是并购成败的关键因素之一。只有符合科学合理的企业发展战略，建立在理性并购动机之上的企业并购行为才能保持正确的方向，为企业创造效益。并购过程中的经营战略整合，就是对并购企业和被并购企业的优势战略环节进行整合，以提高企业整体的盈利能力和核心竞争力。核心竞争力是主营业务领域取得优势的支柱，没有核心竞争力，企业在主营业务领域的竞争优势和发展是不可能的。如果企业不具备一定的核心竞争力，在主营业务领域缺乏竞争优势，而力图通过并购在其他领域建立优势，就如无本之木，最后难免连仅有的一点市场优势也丢失。从另一个角度看，通过并购吸收与自己存在战略互补关系的企业是培养核心竞争力的一个有效方式。企业竞争力的培养主要通过企业内部有关专长的培养来实现。即使通过并购可以从外部获得一些核心竞争力的要素，这个比例也不可能过大，否则企业是无法有效吸收外部资源，并将其转化成自身核心竞争力的。因此，在已有领域确立核心竞争力，同时向新的经营领域获取竞争优势要素，是企业在并购过程中需同时考虑的战略性问题。

2）组织与制度整合

企业并购中的组织与制度整合对企业并购的最终成功有很大影响，其目标是在企业并购后形成有序统一的组织结构及管理制度体系，以尽快实现企业的稳定经营。企业组织机构的调整目标是形成一个开放性与自律性有机统一的组织系统，使整合后企业的生产要素、资源更加自如、高效地结合，能适应外部环境的变化。在对组织调整中，企业必须根据统一指挥原则、权利对等原则、弹性原则、专业化原则和管理幅度原则等原则处理。整合管理制度是为了实现管理规范化，使企业建立起实施整套规则的管理结构和使决策能被授权并合理地实现预期结果的工作体制。除了使管理规范化之外，还要重视科学管理方法的采用和重组。只有提高企业管理水平，企业重组才能获得良好的效益。为了有利于沟通，更有效地控制被并购企业，在整合阶段，并购方一般都将自己的良好的制度移植到被并企业中去。对于那些组织完善、业绩优良、财务状况良好的企业，并购方可不改变其管理制度，以便保持制度的稳定性和连续性。但大多数情况下，尤其是在我国发生的企业并购中，管理不善、制度落后、机制陈旧的被并企业数量很大。因此，将被并方的良好制度植入被并购企业就十分重要。

3）人力资源整合

一个企业的人力资源政策直接影响到企业中每一个人的业绩和表现。良好的人力资源政策，对培养企业的员工，提高企业员工的素质，更好地贯彻和执行内部控制有很大的帮助。一般而言，人力资源整合应做好以下工作：①对被并购方人员进行必要调整；②做好主要人员(即关键人才)的选派工作，包括高层领导、财务人员、技术人员、市场人员等；③稳定人才，解除企业优秀员工的后顾之忧，给予物质上、精神上的激励，制定稳定人才的政策；④建立人才数据库，保持管理队伍的连续性；⑤有针对性地开展人力资源培训；⑥接受指导与改进管理的机会；⑦评价员工的适应性；⑧评估工作动力；⑨决定公司业绩的真正因素。

4）企业文化整合

在企业并购中，由于经营规模、行业、所在区域等方面的不同，决定了企业之间在文化方面存在明显的差异，经营思想、价值观念、工作态度、管理方式方法等方面都形成了强烈的文化冲突。因此，企业文化的整合影响企业并购的成败。当两个企业并购后，原来各企业的经营理念、待人处世方法、习惯风气和员工情结都存在一定的冲突，这是规章制度和操作规程所不能解决的问题，领导层要密切关注对于两种企业文化的理解及其之间的融合，尤其是在这两种文化集权程度、开放性、正规性等方面差异较大的情况下，应在文化管理方面投入足够的资源，防止出现过高的并购成本。要有效地融合双方的文化，建立起新的文化，必须通过认识双方文化—确定文化差异—寻求协调办法—确定文化整合方案—实施这样一个程序来完成。

5）财务整合

在企业整合的过程中，财务整合是其核心。企业并购之后，财务必须实现一体化管理，被并购企业必须按并购方的财务制度运营，即进行财务整合。财务整合是指并购方对被并购方的财务制度体系、会计核算体系统一管理和监控。对于财务整合，不同的并购企业有不同的做法，但一般来说可以概括为“一个中心(以企业价值最大化为中心)、三个到位(对被并购企业经营活动的财务管理到位、对被并购企业投资活动的财务管理到位、对被并购企业融资活动的财务管理到位)、七项整合(财务管理目标导向的整合、财务管理制度体系的整合、会计核算体系的整合、存量资产的整合、业绩评估考核体系的整合、现金流转内部控制的整合、被并购企业权责明晰的整合)”。

2. 并购整合的过程

企业并购后整合的实施过程大致包括四个阶段：整合规划与评估阶段、整合计划制订阶段、整合计划实施阶段、整合评价与改进阶段。

第一阶段，整合规划与评估阶段。积极的整合策略始于并购前期，在选择并购目标，进行谨慎性调查时，就要分析组织的匹配性、业务的关联性及文化的相容性等，以便确定核心能力的转移能否实现，并购整合后能否产生足够的协同效益。

第二阶段，整合计划制订阶段。在分析评估的基础上正式组建整合团队，安排整合项目经理，制订全面的整合计划，并设定整合里程碑。整合计划是用来确切地规划何时和怎样合并双方公司的主要资源、资产、业务流程和义务，以达到新合并公司战略目标的一系列纲领性文件。整合计划中应包括三个基本要素：新公司的战略目标；对资源、系统和职责的整合将如何支持这些目标；整合的优先顺序和时间表。

第三阶段，整合计划的实施阶段。这一阶段具体实施整合计划，涉及公司治理结构、公司战略、人力资源、有形资产和无形资产等财务资产、业务及管理流程等的整合，是整合成功的关键阶段。在此阶段，无论是何种类型的并购方案，目标公司都会产生消极情绪，从而导致管理失意和生产力的破坏。在计划实施过程中，需要注意策略和方法，随着整合过程的深入，及时对整合计划进行反馈和调整。

第四阶段，并购整合评价与改进阶段。随着整合计划的完成，合并后的新公司董事会需要及时对整合计划的实施效果、整合团队的工作绩效进行评价和审计，发现存在的问题。根据评价结果和存在的问题，明确未来还需进行哪些方面的整合工作及如何进行，制订改进的长期计划。

本章小结

随着资本市场的不断发展，企业之间的并购活动日益活跃，并购已经成为现代企业资本运营的有效手段，通过并购能有效地增强并购各方的市场竞争能力，实现企业的持续健康发展。本章主要介绍了企业并购的基本知识，如并购的概述、主要类型、并购的动因及并购风险等，同时对企业并购时的估价问题及筹资问题进行了介绍，最后介绍了并购反并购的相关策略，以及并购整合相关知识。

关键术语

横向并购　纵向并购　混合并购　并购完成成本　并购整合成本　并购退出成本　资产价值基础法　收益法　贴现现金流量法　杠杆并购　并购防御

知识链接

并购的相关法律法规

《公司法》对公司的合并有明确的界定：公司合并可以采取吸收合并和新设合并两种形式。一个公司吸收其他公司为吸收合并，被吸收的公司解散；两个以上公司合并设立一个新的公司为新设合并，合并各方解散，公司合并时，合并各方的债权、债务，应当由合并后存续的公司或者新设的公司承继。

《中华人民共和国证券法》规定上市公司收购可以采用要约收购、协议收购及其他合法的方式。

2006 年 9 月 1 日起开始施行的《上市公司收购管理办法》对上市公司收购做出了最新的界定，指出上市公司收购就是投资者通过股份转让活动或股份控制关系获得对一个上市公司的实际控制权的行为。投资者进行上市公司收购，可以采用要约收购、协议收购和证券交易所的集中竞价交易等多种方式进行。允许依法可转让证券和其他合法支付手段作为上市公司收购的对价，解决上市公司收购中可能出现的现金不足问题。

习　题

一、单项选择题

1. 最容易受到各国有关反垄断法律政策限制的并购行为是(　　)。

A. 横向并购　　B. 纵向并购　　C. 混合并购　　D. 敌意并购

2. 企业大量向银行借款以筹集所需收购资金，并以目标企业资产或将来的现金流入作担保，此种资金筹措方式属于(　　)。

A. 卖方融资　　B. 杠杆收购　　C. 金融机构信贷　　D. 股权置换

3. 在我国目前条件下，很难完全选用收益法对目标企业进行准确估价的原因是这种方法对(　　)要求较高。

A. 证券市场　　B. 估价时机　　C. 估价人员　　D. 估价收益指标

4. 企业并购并非一蹴而就，它是一个非常复杂的交易过程，一般需要依次经过的阶段是(　　)。

A. 选择目标企业、价值评估、确定实施方式、重组整合

B. 企业价值、选择目标企业、确定实施方式、重组整合

C. 确定实施方式、选择目标企业、价值评估、重组整合

D. 选择目标企业、重组整合、价值评估、确定实施方式

5. 在全部的并购支付方式中，所占比率最高的支付方式为(　　)。

A. 现金支付　　B. 股票支付　　C. 综合支付　　D. 无偿划拨

二、多项选择题

1. 下列策略属于利用高层管理人员事先签订协议的反收购的经济手段的是(　　)。

A. “皇冠上的珍珠”　B. 人员“毒丸”计划　C. 寻找“白衣骑士”　D. “金降落伞”

2. 并购可以实现代理成本的降低，代理成本是指(　　)。

A. 实际支付成本　　B. 激励成本　　C. 剩余亏损

D. 契约成本　　E. 监督成本

3. 按照并购的支付方式来划分企业并购可分为(　　)。

A. 承担债务式并购　　B. 杠杆并购　　C. 非杠杆并购

D. 现金购买式并购　　E. 股权交易式并

4. 按并购与行业的关系划分，并购可以分为(　　)。

A. 横向并购　　B. 现金并购　　C. 纵向并购

D. 股票并购　　E. 混合并购

5. 企业并购可能基于多方面考虑，其动因主要表现为(　　)。

A. 谋求协同效应　　B. 谋求赋税效应　　C. 谋求信息效应

D. 开展多元化经营　　E. 实现个人目标

三、判断题

1. 杠杆收购是收购公司完全依赖借债筹资，以取得目标公司的控股权。　　(　　)

2. 在采用收益法评估目标企业价值时使用的资本收益率是按其净利润除以净资产计算。　　(　　)

3. 利用贴现现金流量法确定的目标企业的价值，其中自由现金流量的确定要考虑偿付债务本金和利息、支付优先股息，还要考虑企业再投资需要。　　(　　)

4. 敌意收购多采取要约收购的方式，而协议收购一般都属于善意并购。　　(　　)

四、思考题

1. 企业常见的并购方式有哪几种?

2. 并购的动因有哪些? 并购的风险有哪些?

3. 并购的各种支付手段的优缺点是什么?

4. 什么是杠杆并购? 杠杆并购的特征是什么?

5. 常见的并购防御手段是哪些?

6. 什么是并购整合? 其内容是什么?

实际操作训练

甲公司是一家生产和销售钢铁的A股上市公司，其母公司为XYZ集团公司。甲公司为实现规模化经营、提升市场竞争力，多次通过资本市场融资成功进行了同行业并购，迅速扩大和提高了公司的生产能力和技术创新能力，奠定了公司在钢铁行业的地位，实现了跨越式发展。在一系列并购过程中，甲公司根据目标公司的具体情况，主要采取了现金购买、承债和股份置换三种方式进行。甲公司的三次并购过程要点如下。

1. 收购乙公司

乙公司是XYZ集团公司于2000年设立的一家全资子公司，其主营业务是生产和销售钢铁。甲公司为实现“立足华北、面向国际和国内市场”的发展战略，2010年6月30日，采用承担乙公司全部债务的方式收购乙公司，取得了控制权。当日，甲公司的股本为100亿元，资本公积(股本溢价)为120亿元，留存收益为50亿元；乙公司净资产账面价值为0.6亿元(公允价值为1亿元)，负债合计为1亿元(公允价值与账面价值相同)。并购完成后，甲公司2010年整合了乙公司财务、研发、营销等部门和人员，并追加资金2亿元对乙公司进行技术改造，提高了乙公司产品技术等级并大幅度扩大了生产能力。

2. 收购丙公司

丙公司同为一家钢铁制造企业，丙公司与甲公司并购前不存在关联方关系。2011 年 12 月 31 日，甲公司支付现金 4 亿元成功收购了丙公司的全部可辨认净资产(账面价值为 3.2 亿元，公允价值为 3.5 亿元)，取得了控制权。并购完成后，甲公司对丙公司引入了科学运行机制、管理制度和先进经营理念，同时追加资金 3 亿元对丙公司钢铁的生产技术进行改造，极大地提高了丙公司产品质量和市场竞争力。

3. 收购丁公司

丁公司是一家专门生产铁矿石的 A 股上市公司，丁公司与甲公司并购前不存在关联方关系。2012 年 6 月 30 日，甲公司经批准通过定向增发 1 亿股(公允价值为 5 亿元)换入丁公司的 0.6 亿股(占丁公司股份的 60%)，控制了丁公司。当日，丁公司可辨认净资产公允价值为 10 亿元。甲公司控制丁公司后，向其输入了新的管理理念和模式，进一步完善了丁公司的公司治理结构，提高了规范运作水平，使丁公司从 2012 年下半年以来业绩稳步攀升。

假定不考虑其他有关因素。

要求：

(1) 分别指出甲公司并购乙公司、丙公司和丁公司是属于横向并购还是纵向并购，并逐项说明理由。

(2) 分别指出甲公司并购乙公司、丙公司和丁公司是属于同一控制下的企业合并还是非同一控制下的企业合并，并逐项说明理由。

(3) 分别确定甲公司并购乙公司、丙公司和丁公司的合并日(或购买日)，并分别说明甲公司在合并日(或购买日)所取得的乙公司、丙公司和丁公司的资产和负债应当如何计量。

(4) 分别判断甲公司并购乙公司、丙公司和丁公司是否产生商誉；如产生商誉，计算确定商誉的金额；如不产生商誉，说明甲公司支付的企业合并成本与取得的被合并方净资产账面价值(或被购买方可辨认净资产公允价值)份额之间差额的处理方法。

(5) 简要说明甲公司上述三次并购取得成功的原因。

案例分析

方正科技(600601)公告，截至 2001 年 10 月 25 日收市，上海高清数字视频系统有限公司(以下简称上海高清)通过上交所交易系统购入方正科技的股份共计 18 662 500 股，占方正科技已发行总股本的 5.000 026%，成为方正科技历史上继深宝安、北大方正、北京裕兴之后发生的第四次举牌事件。上海高清同时表示，将继续增持方正股票，取代北大方正集团第一大股东的地位。而此时方正集团持有18 700 000 股。

1. 收购目的及收购过程

据上海高清高层宣称，举牌方正科技的目的在于看中了方正科技目前所拥有的计算机生产、销售网络和技术服务的优势。而上海高清是一家研制、开发高清晰度数字电视系统的高科技企业，国家高清晰度电视项目总体组组长张文军就是公司的首席科学家。上海高清表示将通过方正科技与第一大股东北大方正进行沟通、协调，继续争取大股东之间在人才、资源、产业等方面的强强联合，将数字电视的高新技术与上市公司在电脑产业，以及在资本市场融资优势结合起来组建战略联盟，藉此推动高清晰度数字电视产业的发展，这些将给方正科技带来持续稳定的主业发展，造就新的利润增长点。

上海高清 2001 年 8 月 30 日成立，9 月 3 日开始开户买入方正科技股票。在 25 个交易日共计购入方正科技股票 1 866.25 万股，占总股本的 5.000 026%。2001 年 11 月 15 日公司公告，接上海高清、北京北大方正集团公司通知，称其持有本公司股票发生变动，经查询截至 2001 年 11 月 14 日上午上交所结束时，上海高清持有公司股票 24 254 474 股，占公司发行在外总股本的 6.498 2%；北京北大方正集团公司持有公司股票18 702 018股，北大方正集团关联企业北大资源集团公司持有55 200股，北大方正集团控股子公司方正投资有限公司持有58 800股，北大方正集团控股子公司深圳市方正科技有限公司持有公司股票4 375 000股，北京北大方正集团公司及其关联企业合计持有公司股票23 191 018股，占公司发行在外总股本的6.213 3%。公司第一大股东变更为上海高清。

而北大方正集团也表示不会放弃方正科技，同时北大方正的品牌效应及对方正科技发展的贡献也是得到了市场的认同。2001年12月1日，方正科技公司发布公告，本公司接北京北大方正集团公司通知，截至2001年11月30日下午上交所收市，该公司及其关联企业通过上交所证券交易系统购入并持有本公司的股份共计37 324 800股，占本公司已发行总股本的10%。

2. 收购前后股东持股情况变动

1）2000年股东持股情况

2000年股东持股情况见表10-1。

表10-1 2000年股东持股情况(截至2000年12月31日)

股东名称	持股数/股	所占比例
北大方正	7 031 961	3.77%
金鑫基金	4 891 399	2.62%
虹兴仓储	3 153 252	1.69%
江苏长虹	2 272 650	1.22%
金泰基金	2 027 806	1.09%
泰和基金	1 392 471	1.03%
同盛基金	1 500 250	0.8%
北大科技	1 108 020	0.59%
沈阳旷源	1 070 971	0.57%
鑫达铜材	875 393	0.23%

(1) 本报告期末公司股东总数为132 686名。

(2) 以上股东中，北大方正、北大科技为关联企业。虹兴仓储、江苏长虹为关联企业。

(3) 截至报告期末，本公司无持股5%以上股东及合并持有5%以上股东。

2）2001年股东持股情况

2001年股东持股情况见表10-2。

表10-2 2001年股东持股情况(截至2001年12月31日)

股东名称	持股数/股	所占比例
北大方正	26 032 514	6.97%
上海高清	24 261 800	6.50%
南大科技	9 505 537	2.54%
深圳方正	6 820 512	1.82%

续表

股东名称	持股数/股	所占比例
方正蓝康	5 773 290	1.54%
金鑫基金	4 133 730	1.10%
申易通	4 022 834	1.07%
方正河南	3 906 880	1.04%
绍酿劳务	3 470 100	0.92%
星盛投资	3 051 575	0.81%

(1) 本报告期末公司股东总数为 87 427 名。

(2) 以上股东中，北大方正、深圳方正、方正蓝康、方正河南为关联企业。

(3) 截至报告期末，上述关联企业与北大方正其他关联企业方正投资、正中广告、北大资源合计持有本公司股票 44 655 296 股，占公司总股本的 11.96%。

(4) 公司控股股东情况：北京北大方正集团法定代表人为张兆东，成立于 1992 年，企业性质是全民所有制，注册资本为 5 015 万，主营方正电子出版系统、办公自动化设备、计算机系统设备、技术服务、技术咨询、化工等；北京北大方正集团股份有限公司系北京大学全资控股企业集团。

问题：

1. 公司并购的动机和公司并购的方式是什么？
2. 公司并购的基本程序和关键问题是什么？
3. 分析公司并购的利弊。

第 11 章 企业破产财务管理

教学要点

知识要点	掌握程度	相关知识	应用方向
企业破产的概念	理解	破产的概念；破产界限	明确企业破产界限
企业财务预警管理	了解	财务预警的含义；财务预警的理论基础；财务预警系统的构建；财务预警方法	事先预测企业的财务危机，避免或化解可能出现的财务危机
重整与和解财务管理	掌握	企业重整财务管理；企业和解财务管理	企业出现财务危机后如何进行财务重整与和解
破产清算财务管理	掌握	破产清算程序；破产财产、破产债权的界定与确认；破产债务的清偿	企业宣告破产后如何进行破产清算

导入案例

“雷曼兄弟”破产案

雷曼兄弟公司曾经是一家为全球公司、机构、政府和投资者的金融需求提供全方位、多元化服务的投资银行。自1850年创立以来，雷曼兄弟公司在全球范围内建立起了创造新颖产品、探索最新融资方式、提供最佳优质服务的良好声誉，且不断扩展国际业务，成为美国第四大投资银行。然而，这样一家拥有158年悠久历史，信誉名声都响彻业界的全球性多元化投资银行，于北京时间2008年9月15日，在次级抵押贷款市场危机加剧的形势下，丢盔弃甲，正式向美国联邦破产法庭递交破产保护申请。雷曼兄弟公司曾经作为在美国金融界叱咤风云的巨人，在爆发的金融危机中也无奈破产。

2007年夏美国次贷危机爆发后，雷曼兄弟公司因持有大量抵押贷款证券，资产大幅缩水，公司股价在次贷危机后的一年内下跌幅度近95%。为筹集资金渡过难关，雷曼兄弟公司被迫寻找收购方。然后，与韩国开发银行的收购谈判无果而终，美洲银行和英国巴克莱银行也在美国政府拒绝为收购行动提供担保后宣布放弃收购。在这种种努力失败后，雷曼兄弟公司最终只得宣告破产。

从2007年6月22日开始，美国第五大券商，第二大按揭债券承销商贝尔斯登旗下两家对冲基金出现巨额亏损，美国次贷危机开始全面爆发。

2007年7月10日，信用评级机构穆迪和标准普尔下调美国抵押贷款债券信用等级。

2007年9月18日，美联储将联邦基金利率大幅下调50个基点至4.75%，这是美联储4年多以来首次减息，并带动全球股市上涨；美次级债危机向全球蔓延。

2008年1月22日，美联储紧急降息，将联邦基金利率下调75个基点至3.5%，这是美联储自1980年以来降息幅度最大的一次。

2008年3月18日，雷曼兄弟宣布，受信贷市场萎缩影响，其第一季度净收入同比大幅下降57%，股价下挫近20%。

2008年6月19日，全球主要银行、券商信贷相关损失已达3960亿美元；其中雷曼兄弟的损失为139亿美元，大幅上升。

2008年8月16日，雷曼兄弟考虑出售价值高达400亿美元的商业不动产资产。

2008年9月10日，雷曼兄弟与韩国开发银行持续多日的入股谈判最终破裂。因市场对雷曼兄弟的生存产生担忧，雷曼兄弟的股票暴跌45%。

2008年9月11日，雷曼兄弟宣布第三季度的亏损将达39亿美元，并宣布公司的重组计划；雷曼兄弟将采取进一步措施大幅减持住宅抵押贷款和商业地产，与Blackrock合作降低住宅抵押贷款风险敞口，优化项目组合；雷曼兄弟股价暴跌46%至4.22美元；信用评级机构穆迪警告要将雷曼兄弟的信用评级大幅下调。

2008年9月12日，雷曼兄弟寻求将整个公司出售；市场产生恐慌情绪，业务伙伴停止和雷曼兄弟的交易和业务，客户纷纷将与雷曼兄弟的业务转移至其他的银行和券商；美洲银行和英国的巴克莱银行与雷曼兄弟谈判收购计划；美联储介入，召集华尔街主要银行商讨雷曼兄弟和保险巨头美国国际集团的问题；雷曼兄弟股价继续跌至每股3.65美元；其信用违约互换点差跳升至超过700基点。

2008年9月14日，美联储明确表示不会伸手给雷曼兄弟以救援和资金保障，巴克莱银行退出谈判，美洲银行转而与同样陷于困境的美国第三大券商美林达成收购协议；同时，高盛、摩根士丹利、巴菲特控股的伯克希尔哈撒韦也表示没有兴趣收购雷曼兄弟；雷曼兄弟命悬一线。

2008年9月15日，无奈之下，雷曼兄弟依照美国银行破产法第11章，向纽约南部的联邦破产法庭提出破产保护。雷曼兄弟的所有从事经纪业务的分支机构及雷曼兄弟的子公司等不受此影响，继续正常交易和营业；当天，雷曼兄弟的股价暴跌94%至每股0.21美元。

2008年9月16日，各信用评级机构将雷曼兄弟的评级减至“D”，即破产；全球主要的金融机构开始清算与雷曼兄弟的信用风险敞口。

思考：

通过阅读上述案例，我们能得到哪些启示？

财务管理理论主要讨论的是不断扩展、成功经营的企业的财务管理问题，即假设企业作为持续经营主体来进行研究。但在市场经济条件下，许多企业都会面临财务上的困难，甚至引起破产。因此，不能忽视企业面临财务失败，遭遇财务危机，甚至最终破产的可能性。企业经营者及财务经理应当未雨绸缪，事先进行财务预警。当一个企业陷入财务危机时，企业可能面临破产清算的危险，如何使企业走出困境，财务重整与和解可能使企业重获生机。因此，在这紧要关头，企业经营者需要考虑的是进行破产清算就此结束，还是进行财务重组或者和解以图东山再起。

11.1 企业破产概述

11.1.1 破产的概念

破产(bankruptcy)一词源于拉丁文“falletux”，意思为失败(failure)。不同的学科对破产含义的理解有所不同。在财务管理中，破产主要具有以下三种含义。

1. 技术性的破产

技术性的破产又称技术性的无力偿债，是指由于财务管理技术的失误，造成企业不能偿还到期债务的现象。此时企业主要表现为缺乏流动性，变现能力差，但盈利能力还比较好，财务基础也比较健全。无力偿债主要是由于企业利用债务太多，特别是短期债务太多造成的，此时若能合理调整其财务结构，会很快渡过难关。但如果处理不好，也会造成法律上的破产。

2. 事实性的破产

事实性的破产又称破产性的无力偿债，是指债务人因连年亏损，负债总额超过资产总额(即资不抵债)而不能清偿到期债务的现象。因为此时债务人财产不足，实际上已不可能清偿全部债务，故称为事实性破产。这种情况，极可能引起法律性的破产。

3. 法律性的破产

法律性的破产是指债务人因不能清偿到期债务而被法院宣告破产。这时，债务人的资产可能低于负债，但也可能等于或超过负债，于是便可能出现债务人资产虽超过负债，却因无法获得足够的现金或以债权人同意的其他方式偿还到期债务，不得不破产还债的情况。

知识要点提醒

世界各国的法学理论和司法实践中对破产的处理不尽相同，如美国等大多数国家，出于社会安定、保护债权人利益等方面的考虑，不主张采取“破产清算”这种极端形式。企业从申请破产到最终破产清算，破产法尽可能为企业创造避免破产清算、再恢复的机会，该程序法律上称之为“和解与重整制度”。破产和解制度与重整制度，可以使债务人摆脱债务诉讼或减轻债务负担，能给陷入困境的债务人一次生还的机会。只有当债务人已具备破产宣告条件，如和解、重整失败，不执行和解协议，严重损害债权人利益等，才依法宣告破产。

11.1.2 破产界限

破产界限在国外破产法中一般称为破产原因，是指认定债务人丧失清偿能力，当事人不得已提出破产申请，法院据以启动破产程序的法律事实。各国立法规定破产界限的方式主要有两种方式：一是列举主义，主要为英美法系国家所采用，即列举规定表明债务人丧失清偿能力的各种具体行为，凡出现情况之一者便认定达到破产界限；二是概括主义，主要为大陆法系国家所采用，即对破产界限作高度抽象的概括规定，它着眼于破产发生的一般性原因，而不是具体行为。通常用于概括破产原因的概念有不能清偿、资不抵债及停止支付。

1. 不能清偿

不能清偿是指债务人对请求偿还的到期债务，因丧失清偿能力而持续无法偿还的客观财产状况。这里的到期债务是指已到偿还期限、提出清偿要求、无争议或已经法院或仲裁机构做出生效裁判具有确定名义的债务。

2. 资不抵债

资不抵债是指债务人的资产不足以清偿全部债务。它与不能清偿概念不同。不能清偿的着眼点是债务关系能否正常维持，强调的是对到期债务的清偿能力，属于现金流标准。资不抵债的着眼点是资债比例关系及因此产生的清偿风险，其考察债务人的偿还能力仅以实有财产为限，不考虑信用、能力等其他偿还因素，计算债务数额时，不考虑是否到期，均纳入总额之内，所以属于资产负债表标准。债务人在资不抵债时，如到期债务数额不大，并不一定不能清偿，而且还存在以资产之外的信用、能力方式还债的可能。另外，在债务人资产超过负债时，也可能因资产结构不合理无法变现，对到期债务缺乏现实支付能力而持续无法清偿。因此，两者对破产界限的认定是有区别的。

3. 停止支付

停止支付是指债务人以其行为向债权人做出不能支付债务的主观意思表示。停止支付包括以明示、默示表示的各种行为，既包括债务人以书面或口头表示无力还债，也包括欠债不还却转移财产、停业关店，逃亡、隐匿，票据被拒付等情况。

我国对于破产界限的规定采取的是概括主义。《中华人民共和国企业破产法》(以下简称《企业破产法》)第二条规定，破产界限是企业法人不能清偿到期债务，并且资产不足以清偿全部债务或者明显缺乏清偿能力。

小思考

我国对企业的破产界限有哪些规定？

11.1.3 破产财务管理的基本原则

破产财务管理不同于一般的财务管理，它所要处理的财务关系主要是破产企业和债权人之间的关系，管理的对象是达到破产界限的企业。因此，破产企业管理应遵循一些特殊的原则。

1. 公平性原则

公平性原则是指在和解、重整、破产清算过程中，要对所有的债权人一视同仁按照法律和财产合同上规定的先后顺序，对各债权人的债权予以清偿，而不能违背法律，为一个或几个债权人的利益而损害其他债权人的利益。公平原则就是要保证各债权人能公平分配破产企业的财产。

2. 可行性原则

可行性原则是指在和解与重整过程中，必须具备相应的条件，如果不具备相应条件，就认为是不可行的。和解与重整是否可行的一个基本判别标准，就是达到破产界限的企业经过和解与重整以后，是否能按重整计划或者和解协议清偿债务。如果它能按时清偿债务，则认为和解与重整可行，否则就认为不可行，应通过破产清算来解决。

3. 效益性原则

企业破产财务管理过程中要始终遵循效益原则。例如，在进行重整与破产清算的财务决策时，首先要比较企业的重整价值与破产清算价值。重整价值是指企业通过整顿、重整后所恢复的价值，而破产清算价值则指依企业使用的资本资产专门化程度所确定的价值，包括该资产的变现价值，以及在清算过程中所发生的资产清理费用及法律费用。通常，以重整价值大于破产清算价值作为重整优先考虑的条件。破产过程中，也要注意费用支出的节约，追求财产净现值最大化。

11.2 企业财务预警管理

11.2.1 财务预警系统的概念

美国危机管理专家菲克(Fink)在1986年所著的《危机管理》一书中，将危机的发展分为4个阶段，即潜伏期、爆发期、长期或慢性期和解决期。企业管理者如果能在潜伏期察觉财务危机征兆，就可以采取有效措施避开或化解可能出现的危机。大多数情况下，企业的破产危机表现为财务危机。财务危机是一个企业无力偿还到期债务的困难和危机，又称财务困境。由于经营不善、流动性不足、扩张不明智、竞争激烈、负债过高等原因致使企业财务状况逐步恶化，最终引起破产或容易引发破产。因此，企业要在发生财务危机前，及时采取有效措施来防止危机恶化。

如何事先发现企业潜在的财务危机，进行财务预警，是企业发展过程中面临的一个重要问题。企业通过建立相应的财务预警系统，在危机发生之前，捕捉发现企业经营管理活动中潜在的财务风险，并在危机发生前向企业经营者发出警告，督促企业管理当局采取有效措施，避免潜在风险演变成损失。

破产预警管理是通过建立财务预警系统来进行的。所谓财务预警系统，是指采用及时的数据化管理方式，通过全面分析企业内部经营和外部环境各种资料，以企业财务报表、经营计划及其他相关的财务资料为依据，利用会计、金融、企业管理、市场营销等理论，采用比率分析、数学模型等方法，将企业面临的潜在危险预先告知经营者，同时寻找财务危机发生的原因和企业财务管理中隐藏的问题，并明确告知经营者解决问题的有效措施的管理系统。

11.2.2 财务预警的理论基础

财务预警理论很多都建立在企业危机管理理论的基础之上，概括起来，财务预警的理论基础主要有以下四个方面。

1. 企业危机管理研究

企业危机管理于20世纪80年代初由西方跨国公司提出。所谓危机管理，是指随着经营环境的动荡，各种预想不到的突发性事件经常对企业产生极大的破坏作用，为了有效地预防和应付各种危机事件，保证企业的经营安全，必须通过计划和控制等手段，对危害企业经营安全的突发事件进行管理。20世纪80年代中期以后，以美国跨国公司建立企业危机管理体制为标志，危机管理开始走向成熟，并在企业管理体系中占重要地位。这时许多企业已经摸索出一套应付危机事件的有效控制制度和方法，已经由被动的事后应对转变为积极的事前防范，预警管理已经初步形成。

2. 震撼管理研究

震撼管理又称不可预期环境中的管理(management in unpredictable environments)，它是战略管理理论的延伸。因为某些问题不管如何努力防范，仍可能为环境监视者所遗漏，进而变成对原有管理的震撼，所以为了处理各种快速变化的挑战，有些企业开始使用一种被称为“战略问题分析”的技术，变化一旦出现，就能立即采取行动。

3. 经济预警研究

经济预警(economic early-warning)包括宏观经济预警和微观经济预警。经济预警包括3个阶段：明确警源、分析警兆和预报警度。明确警源是首要前提，是开展预警研究的基础，而分析警兆和预报警度属于对警情的因素分析及定量分析。经济预警研究对于企业预警研究的重要意义在于：它正式而完整地提出了企业建立预警管理系统的思想、依据和预警管理的实施步骤。

4. 风险管理理论与企业诊断

风险管理理论(risk management)起源于20世纪50年代，在70年代和80年代发展很快，现已形成一门新的企业管理理论学科。所谓风险管理，是指企业在经营活动中的全部可能发生结果完全已知，并且每种结果可能发生的概率也是已知的情况下，如何选择不同决策方案，以达到用最小的成本把经营风险造成的不利影响降至最低程度的管理方法。风险管理研究为企业预警管理提供了很多数学方法和模型。

企业诊断是企业管理中的一种参谋、顾问性质的服务活动。企业诊断理论产生于20世纪30年代的美国。企业诊断理论的主要内容包括：①经济诊断，包括经营战略、市场营销、经济活动分析；②生产诊断，包括现场管理、质量管理；③组织诊断，包括组织结构、组织冲突、信息沟通等；④技术诊断，主要针对纯粹的工程或技术问题。企业诊断的基本原则：一是使人、财、物在生产经营活动中的投入最小，转换最快，生产效益最大；二是以企业内部资源为主来解决企业问题；三是近期诊断和企业长远战略相结合，而不仅仅是对危机的预警和处理。

11.2.3 财务预警方法

国内外对企业财务预警系统研究已经取得了很大的成果，所采用的分析方法主要有定性分析和定量分析两大类。

1. 定性分析法

财务预警的定性分析方法很多，如风险分析调查法、“四阶段症状”分析法、“三个月资金周转表”分析法等，但这些方法中首推美国管理学专家约翰·阿吉蒂提出的定性衡量企业风险的“管理评分法”。他在对企业的管理特性，以及破产企业存在的缺陷进行的调查中，对几种缺陷、错误和征兆进行了对比打分，还根据对破产过程产生影响的大小程度对其做加权处理，见表11-1。

表11-1 管理评分表

项目		评分	表现
缺点	管理方面	8	总经理独断专行
		4	总经理又兼董事长
		2	独断的总经理控制着被动的董事会
		2	董事会成员构成失衡，如管理人员不足
	财务方面	2	财务主管能力低下
		1	管理混乱，缺乏规章制度
		3	没有财务预算或不按预算进行控制
		3	没有现金流转计划或虽有计划但未适时调整
		3	没有成本控制系统，对企业的成本一无所知
		15	应变能力差，过时的产品、陈旧的设备、守旧的战略
合计		43	及格10分
错误		15	欠债过多
		15	企业过度发展
		15	过度依赖大项目
合计		45	及格15分
症状		4	财务报表上显示不佳的信号
		4	总经理操纵会计账目，以掩盖企业滑坡的实际
		3	非财务反映：管理混乱、工资冻结、士气低落、人员外流
		1	晚期迹象：债权人扬言要诉讼
合计		12	
总计		100	

用管理评分法对企业经营管理进行评估时，每一项得分要么是零分，要么是满分，不容许给中间分，所给的分数表明管理不善的程度。参照表中各项进行打分，分数越高，则企业的处境越差。在理想的企业中，这些分数应当为零。如果评价的分数总计超过 25 分，就表明企业正面临失败的危险；如果得分总数超过 35 分，企业就处于严重的危机中；企业的安全得分一般小于 18 分。因此，在 18—35 分之间构成企业管理的一个“黑色区域”。如果企业所得评价总分位于“黑色区域”之内，企业就必须提高警惕，迅速采取有效措施，使总分数降到 18 分以下的安全区域之内。

管理评分法的理论基础：由于管理不善所导致的企业灾难，其管理不善的种种表现可以较财务状况提前若干年被发现。这种管理评分法试图把定性分析判断定量化。这一过程需要进行认真分析，深入企业及车间，细致地对企业高层管理人员进行调查，全面了解企业管理的各个方面，才能对企业的管理进行客观评价。

2. 定量分析法

定量分析方法根据选用变量的多少不同可分为：单变量预测模型和多变量预测模型。多变量预测模型中比较有代表性的主要是 Z 预警模型和 F 预警模型。

1）单变量预测模型

菲茨帕特里克(Fitzpatrick)于 1932 年首次进行了单个财务比率模型的研究。他发现净利润/股东权益和股东权益/负债两个比率有较强的判别能力。一直到 30 多年后，比弗(Beaver)在 1966 年继续沿着这一思路研究破产预测问题。自从比弗的这一研究后，大多数研究人员更多地倾向于采用多变量预测判定模型。单变量模型所运用的财务比率按其预测能力分别为债务保障率、资产收益率、资产负债率、资产安全率等。按照单变量模型的解释，企业的现金流量、净收入和债务状况不能在短期内改变，并表现为长期的状况，而非短期因素，所以在分析时应给予特别关注。

在进行企业财务预警分析时，单变量指标尽管有简明、扼要、易懂等特点，但是局限性也是非常明显的：①不同的分析者对于同一重要的预测指标会得出不同的结论，使预测带有很强的主观性；②尽管对较长一段时间进行的单变量比率分析可能说明公司正处于困境或未来可能处于困境，但这不能具体证明公司可能破产，以及何时会破产；③单变量比率分析得出的结论可能会受到通货膨胀的影响；④公司管理部门认识到公司正面临财务困难时，往往采取不正当的手段粉饰财务报表来掩饰公司实际状况。

2）多变量预测模型

(1) Z 预警模型。

1968 年，美国学者爱德华·奥特曼(Edward Altman)采用统计学中的多元判别分析方法(multivariate discriminant analysis，MDA)，建立了预测破产的量化模型——Z 评分值模型(Z-score model)。Z 值模型基于 5 个财务比率，其计算公式为

$$Z=1.2X_1+1.4X_2+3.3X_3+0.6X_4+0.999X_5$$

式中，X_1＝营运资金/总资产，X_1 越大，表明公司资产的流动性越强，财务状况越好；X_2＝留存收益/总资产，X_2 越大，表明公司筹资和再投资能力越强，公司的创新能力和竞争力越强；X_3＝息税前收益/总资产，反映了分散不考虑税收和财务杠杆因素时的资产盈

利能力；X_4＝权益市值/总负债面值，X_4 越大，表明越有投资价值；X_5＝销售收入/总资产，反映了公司资产获得销售收入的能力。

在这一模型中奥特曼分别以 1.81 和 2.675 为下限和上限临界值，Z 值低于 1.81，企业就可能破产，通过计算某个企业连续若干年的 Z 值就可以发现财务危机的征兆。即若$Z>2.675$，表明企业为较安全企业；$1.81<Z<2.675$，则说明企业存在财务危机或破产风险，即通常所谓的“灰色地带”；如果 $Z<1.81$，并且 Z 值越大，企业破产的可能性越大。

据统计，奥特曼的 Z 值预警模型预测公司在一年内破产的正确率为 95%，两年内破产的正确率为 83%，但是时间越长，该模型预测精度就越差。因此，运用 Z 值预警模型预测公司的财务危机时必须考虑时间性。对于公司长期财务危机的预测则须先计算出各年度的 Z 值，然后根据 Z 值得分的变化趋势来预测公司长期财务危机的可能性。

【例 11-1】 A 公司的有关资料见表 11-2。

表 11-2　A 公司的有关资料　　单位：万元

项　目	金　额
资产总额	8 000
负债总额	5 000
营运资金	3 000
营业收入	10 000
息税前利润	1 200
留存收益	400
股票市值	9 600

要求：用 Z 值预警模型计算分析。

$X_1=3\ 000/8\ 000=0.375$

$X_2=400/8\ 000=0.05$

$X_3=1\ 200/8\ 000=0.15$

$X_4=9600/5\ 000=1.92$

$X_5=10\ 000/8\ 000=1.25$

$Z=1.2\times0.375+1.4\times0.05+3.3\times0.15+0.6\times1.92+0.999\times1.25=3.42$

由于 Z 值大于 2.675，表明该公司的财务状况良好。

(2) F 预警模型。

由于 Z 值预警模型在建立时，未充分考虑到现金流量的变动等方面的情况，因而存在一定的局限性。为此，有学者拟对 Z 值预警模型加以改造，并建立了财务危机预测的新模型——F 预警模型。

F 预警模型的主要特点：①F 预警模型加入现金流量指标这一预测自变量，它的计算是根据财务管理中长期投资决策所用到的税后净现金流量计算办法，即营业现金流量＝利润＋折旧，许多专家证实现金流量比率是预测公司破产的有效变量，因而它弥补了 Z 分数模式的不足；②本模型考虑到了现代化公司财务状况的发展及其有关标准的更新，如公司所应有财务比率标准已发生了许多变化，特别是现金管理技术的应用，已使公司所应维持的必要的流动比率大为降低；③本模型使用的样本更加扩大，其使用了 CompustatPCPlus 会计数据库中 1990 年以来的 4 160 家公司的数据进行了检查；而 Z 预警模型的样本仅为 66 家(33 家破产公司及 33 家非破产公司)。

其 F 值的计算公式为

$$F=-0.1774+1.109X_1+0.1074X_2+1.9271X_3+0.0302X_4+0.4961X_5$$

式中，X_1=期末营运资本/期末总资产；X_2=期末留存收益/期末总资产；X_3=(税后利润+折旧)/平均总负债；X_4=期末股东权益的市场价值/期末总负债；X_5=(税后利润+折旧+利息)/平均总资产。

在上述 5 个变量中，X_1 反映企业资产的流动性，X_2 反映企业的积累能力和全部资产中来自留存收益的比重，X_3 反映现金流量的还债能力，X_4 反映企业财务结构，X_5 反映企业总资产创造现金流量的能力。相对于资产周转率来说，它可以更准确地预测企业是否存在财务危机。由于 F 预警模型加入了现金流量自变量，更适应我国财务预警环境与条件。

通过上述公式计算的 F 值的临界值为 0.027 4。如果 $F>0.0274$，表明企业财务状况正常，企业可以继续生存；如果 $F<0.0274$，表明企业将要发生严重的财务危机，存在破产的风险。

11.2.4 财务预警系统的构建

上述预警方法及定量分析中预测变量的选择只是为人们提供了一种手段和工具，要更好地进行财务危机预警，还必须从机制上构建财务危机预警的管理系统。具体包括以下几个方面。

1. 预警分析的组织系统

为了能使企业财务危机预警工作科学化、长期化，必须建立相对独立于企业的机构。该机构成员可以是专职的，也可以是兼职的，人员以具有现代管理知识和技术的管理人员组成，同时应聘请一定数量的企业外部管理咨询专家。该机构可独立开展工作，但不干涉企业的经营管理，它只对企业最高层管理者负责。其日常工作也可由企业的相关职能部门承担。

2. 财务信息收集、传递系统

良好的财务危机预警分析系统要能够在掌握大量信息的基础上抓住每一个财务危机的征兆。这些来源于各种渠道，包括财务的、生产经营的，以及市场的等多渠道、多种信息，并能通过内部相关机制，迅速传递，达到下情上达、上情下达。

3. 财务风险分析系统

危机预警信号的发出必须建立在准确的分析基础之上，同时该机制要能够随时通过自身的分析系统，及时甄别对企业形成影响的每一个环节，寻找企业潜在的财务风险和危机征兆。通过分析可以迅速排除一些对企业影响小的风险，以便把主要精力放在对企业影响较大的风险上，进行重点研究，分析其成因，估计其可能造成的损失，以便制定相应的措施予以防范。在财务风险分析阶段，要把握两个要素：一是先行指标，即早期用于预警的一些变动指标，以便跟踪观察和进一步分析；二是"扳机"点指标，即临界点指标，一旦先行指标超过这一警戒线，就需要随时启动预警系统中的应急计划防范来对付风险。

4. 财务风险处理系统

在财务风险分析清楚的基础上，应立即进行相应的风险防范、转化，提出处理措施，尽量减少风险带来的损失。应当指出的是，财务危机预警只是为高层管理者敲起了警钟，如何防范、采取何种措施，则是管理部门的责任。企业层应当积极利用财务预警的结果，为企业的经营管理服务。

11.3 重整与和解财务管理

11.3.1 财务失败的原因

财务失败是指企业不能正常履行资金支付责任，在资金周转和运用方面出现了入不敷出的现象。财务失败的原因很多，包括经济因素、财务因素、疏忽、灾难、诈骗及其他因素。经济因素如经济周期、政策影响、人文环境、地理位置等，往往超出企业管理人员的控制范围。美国Dun&Bradstreet公司采用企业失败的概念，将企业失败的原因归类如表11-3所示的情形，各因素所占的比重更值得思考。

表11-3 企业失败的原因

原　因	比　重
经济因素	55.1%
财务因素	36.2%
疏忽、灾难、诈骗	7.2%
其他	1.5%

资料来源：云伟宏，等. 西方公司理财实务[M]. 北京：中国金融出版社，1998：342.

当企业面临财务失败的困境时，要么进行财务重整或者采取自愿和解，要么进行清理。当企业仅仅出现技术性无力清偿时，可采用财务重整的方式达到良好的目的，克服目前暂时的困难，使企业重获生机。但当企业出现破产性无力清偿时，往往导致企业最终进入破产清算程序。从各国的实践来看，企业无力清偿到期债务后，可能采取重整或和解方式，也可能进行破产清理，三种情形的关系如图11.1所示。以下将阐述财务重整与和解制度，企业破产清算的内容在11.4节讨论。

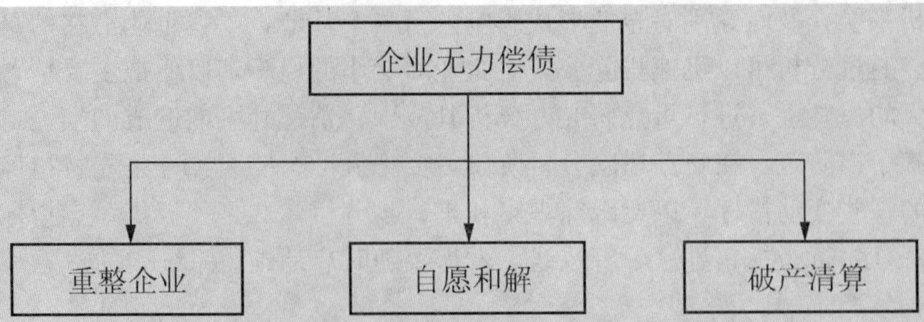

图 11.1 企业无力清偿到期债务后 3 种情形的关系

11.3.2 企业重整财务管理

1. 企业重整的目的

我国《企业破产法》借鉴国外立法经验创建了重整制度。重整是对已经或可能发生破产原因但又有挽救希望的法人企业，不立即进行破产清算，而是通过各方利害关系人的利益协调，由债务人和债权人达成协议，制订债务人重整计划，并借助法律强制进行营业重组与债务清理的制度。通过重整，濒临破产企业中的一部分，甚至大部分能够重新振作起来，摆脱破产厄运，走上继续发展之路。一个破产企业是否继续存在，将取决于企业的持续经营价值是否大于其清算价值。如果企业在可预见的未来具有较好的发展前景，且持续经营价值大于清算价值，则债权人就认为该企业值得重整，以使其通过重整而继续生存下去，否则企业被迫转入破产清算。

知识要点提醒

企业重整的目的在于：①重新改变企业的资本结构，以便降低其必须支付的固定利息费用；②保证增加企业的营运资本；③发现和改正经营管理上导致企业财务困难的根本原因；④合理解决所欠债权人的债务，使企业摆脱困境，持续经营。

2. 企业重整的主要程序

1）重整申请

债务人和债权人可以依照《企业破产法》规定，直接向人民法院申请对债务人进行重整。债权人申请对债务人进行破产清算的，在人民法院受理破产申请后、宣告债务人破产前，债务人或者出资额占债务人注册资本 1/10 以上的出资人，可以向人民法院申请重整。

人民法院经审查认为重整申请符合《企业破产法》规定的，应当裁定债务人重整，并予以公告。自人民法院裁定债务人重整之日起至重整程序终止，为重整期间。在重整期间，经债务人申请，人民法院批准，债务人可以在管理人的监督下自行管理财产和营业事务。

2）重整计划的制订和批准

债务人或者管理人应当自人民法院裁定债务人重整之日起 6 个月内，同时向人民法院和债权人会议提交重整计划草案。债务人或者管理人未按期提出重整计划草案的，人民法院应当裁定终止重整程序，并宣告债务人破产。

债务人自行管理财产和营业事务的，由债务人制作重整计划草案。管理人负责管理财产和营业事务的，由管理人制作重整计划草案。重整计划草案应当包括下列内容：①债务人的经营方案；②债权分类；③债权调整方案；④债权受偿方案；⑤重整计划的执行期限；⑥重整计划执行的监督期限；⑦有利于债务人重整的其他方案。

3）重整计划的执行

重整计划由债务人负责执行。人民法院裁定批准重整计划后，已接管财产和营业事务的管理人应当向债务人移交财产和营业事务。自人民法院裁定批准重整计划之日起，在重整计划规定的监督期内，由管理人监督重整计划的执行。在监督期内，债务人应当向管理人报告重整计划执行情况和债务人财务状况。监督期届满时，管理人应当向人民法院提交监督报告。自监督报告提交之日起，管理人的监督职责终止。管理人向人民法院提交的监督报告，重整计划的利害关系人有权查阅。

债务人不能执行或者不执行重整计划的，人民法院经管理人或者利害关系人请求，应当裁定终止重整计划的执行，并宣告债务人破产。人民法院裁定终止重整计划执行的，债权人在重整计划中做出的债权调整的承诺失去效力。债权人因执行重整计划所受的清偿仍然有效，债权未受清偿的部分作破产债权。

知识要点提醒

重整计划获得批准后由债务人负债执行，并在监督期内接收管理人的监督。监督期满，管理人向人民法院提交监督报告，管理人的监督职责终止。重整计划的利害关系人有权查阅管理人向人民法院提交的监督报告。必要时，管理人可以申请人民法院批准延长监督期限。

3. 重整期间的财务问题

破产企业一般都存在管理混乱、资产破坏严重、销售收入减少、成本居高不下、产品质次价高等问题。为使重整取得成效，在财务上必须做好以下工作：

（1）必须筹集一定数量的资金对厂房和设备进行修理或更新，以利于正常进行生产和大幅度降低成本。

（2）必须筹集一定数量的资金以购置生产经营所需要的流动资产。

（3）筹集一定数量的资金开发新产品和占领新市场，以便增加销售收入。

（4）筹集一定数量的资金偿还到期债务。

知识要点提醒

可以看出，重整能否取得成功，关键的问题是债务人企业是否能筹集到重整过程中所需要的资金。在重整期间，企业的信誉较低，银行往往不愿向企业追加贷款。因此，在重整期间，债务人企业可以考虑采取这些措施：①寻找信誉良好的企业作担保人，向银行获取担保贷款；②如果可能的话，最好把债券转化为股权；③调整资金结构，适当处理过时和毁损的流动资产，以减少资金占用；④减少奖金发放，停止股息和红利的支付。

11.3.3 企业和解财务管理

1. 企业和解的概念

和解是在债务人发生破产时，为了避免债务人破产，由债务人和债权人达成和解协议，按照和解协议调整债务人的债务、减轻债务人的负担，以便债务人恢复生机，并使债权人有可能得到比通过破产程序得到的更多清偿的一种法律制度。不同于重整，和解申请一般由债务人提出，既可以直接向人民法院申请和解，也可以在人民法院受理破产申请后、宣告债务人破产前，向人民法院申请和解。

企业和解的办法主要有债务展期、债务减免等方式。

(1) 债务展期，指债权人推迟要求偿付到期债务的日期，以使陷入财务困境的企业有机会生存下去，并在未来偿还其全部债务。为取得债权人的同意，失败企业的所有者通常同意债权人在债务展期期间，有权对企业经营管理进行一定程度的干预，如限制产品赊销、限制股利支付等，以期企业能按债权人的意愿发展。

(2) 债务减免，指债权人以收回部分现金的形式与债务人解除契约，也称偿还部分欠款了结债务。亦即所有未还债务按一定的百分比由债务人按比例用现金支付给所有债权人，便视同全部结清。

2. 企业和解的程序

和解是一种强制和解。和解并非需要每一个债权人的同意，而是需要经过债权人会议以多数表决制度通过。根据新《中华人民共和国破产法》(以下简称新《破产法》)第九十七条的规定，债权人会议通过和解协议的决议，由出席会议的有表决权的债权人过半数同意，并且其所代表的债权额占无财产担保债权总额的2/3以上。因此，和解实际上是债务人和债权人会议的和解。

债权人会议通过和解协议的，由人民法院裁定认可，终止和解程序，并予以公告。管理人应当向债务人移交财产和营业事务，并向人民法院提交执行职务的报告。享有无财产担保的债权人称为和解债权人，和解债权人与债务人一同受和解协议的约束，按照协议减免的债务，自和解协议签订完毕起，债务人不再承担清偿责任。

人民法院裁定认可的和解协议，对债务人和全体和解债权人均有约束力。和解债权人未依照法律规定申报债权的，在和解协议执行期间不得行使权利；在和解协议执行完毕后，可以按照和解协议规定的清偿条件行使权利。

和解协议草案经债权人会议表决未获得通过，或者已经债权人会议通过的和解协议未获得人民法院认可的，人民法院应当裁定终止和解程序，并宣告债务人破产。

3. 企业和解的财务问题

在和解过程中，债务人企业在财务方面需要处理好以下具体问题：

(1) 通过与债权人的谈判，尽量延长债务的到期日。和解通常都要进行债权的展期，债权人之所以愿意展期，是因为他们期望在以后能收回更多的债权。如果企业与债权人谈判顺利，债权人不仅会同意展期，有时还同意在展期期间，把求偿权的位置退于现在供应商之后。展期的时期越长，对债务人越有利。

（2）通过与债权人的谈判，争取最大数量的债权减免。在债权减免时，债权人仅收回部分债权金额，但要注销全部债权。债权人同意减免债权，是因为减免后可避免正式破产所带来的成本，如管理成本、法律费用、调查费用等。债权人既愿意进行债权减免，又不愿意减免太多，这就需要企业财务人员在谈判时努力争取减免最多的债权。

（3）必须按展期和债权减免的规定来清偿债务。经过展期和债权减免以后，企业的债务有所减少，时间有所推迟，但经过展期和债权减免后的债务必须按时偿还。

小思考

企业和解阶段财务管理的主要工作有哪些?

11.4 破产清算财务管理

如果达到破产界限的企业不具备和解与重整的基本条件，或者和解与重整被否决，那么人民法院则要依法宣告该企业破产，并进行债权、债务的清算。

11.4.1 破产清算的一般程序

破产清算由人民法院裁定，严格按法定程序进行，一般包括以下几个步骤。

1. 提出破产申请

《企业破产法》规定，提出破产申请的申请人可以是债权人，也可以是债务人。当债权人向人民法院提出破产申请时，应当提交破产申请书和有关证据。破产申请书应载明下列事项：

（1）申请人、被申请人的基本情况。

（2）申请目的。

（3）申请的事实和理由。

（4）人民法院认为应当载明的其他事项。

债务人提出申请的，还应当向人民法院提交财产状况说明、债务清册、债权清册、有关财务会计报告、职工安置预案，以及职工工资的支付和社会保险费用的缴纳情况。

2. 法院受理申请

债权人提出破产申请的，人民法院应当自收到申请之日起 5 日内通知债务人。债务人对申请有异议的，应当自收到人民法院的通知之日起 7 日内向人民法院提出。人民法院应当自异议期满之日起 10 日内裁定是否受理，否则人民法院应当自收到破产申请之日起 15 日内裁定是否受理。有特殊情况需要延长前两款规定的裁定受理期限的，经上一级人民法院批准，可以延长 15 日。人民法院裁定受理破产申请的，应当同时指定管理人。

3. 债权人申报债权

债权人应当在人民法院确定的债权申报期限内向管理人申报债权。债务人所欠职工的工资和医疗、伤残补助、抚恤费用，应当划入职工个人账户的基本养老保险、基本医疗保险费用，以及法律、行政法规规定应当支付给职工的补偿金，不必申报，由管理人调查后列出清单并予以公示。职工对清单记载有异议的，可以要求管理人更正；管理人不予更正的，职工可以向人民法院提起诉讼。

债权人申报债权时，应当书面说明债权的数额和有无财产担保，并提交有关证据。申报的债权是连带债权的，应当说明。

在人民法院确定的债权申报期限内，债权人未申报债权的，可以在破产财产最后分配前补充申报；但是，此前已进行的分配，不再对其补充分配。为审查和确认补充申报债权的费用，由补充申报人承担。债权人未依照《企业破产法》规定申报债权的，不得依照《企业破产法》规定的程序行使权利。

4. 法院裁定，宣告企业破产

人民法院依照《企业破产法》规定宣告债务人破产的，应当自裁定做出之日起5日内送达债务人和管理人，自裁定做出之日起10日内通知已知债权人，并予以公告。

债务人被宣告破产后，债务人称为破产人，债务人财产称为破产财产，人民法院受理破产申请时债权人的债务人享有的债权称为破产债权。

5. 破产财产的变价和分配

管理人应当及时拟订破产财产变价方案，提交债权人会议讨论。管理人应当按照人民法院裁定的破产财产变价方案，适时变价出售破产财产。变价出售破产财产应当通过拍卖进行。但是，债权人会议另有决议的除外。

破产企业可以全部或者部分变价出售。企业变价出售时，可以将其中的无形资产和其他财产单独变价出售。按照国家规定不能拍卖或者限制转让的财产，应当按照国家规定的方式处理。

破产财产在优先清偿破产费用和共益债务后，依照下列顺序清偿：

（1）破产人所欠职工的工资和医疗、伤残补助、抚恤费用，所欠的应当划入职工个人账户的基本养老保险、基本医疗保险费用，以及法律、行政法规规定应当支付给职工的补偿金。

（2）破产人欠缴的除前项规定以外的社会保险费用和破产人所欠税款。

（3）普通破产债权。

破产财产不足以清偿同一顺序的清偿要求的，按照比例分配。破产企业的董事、监事和高级管理人员的工资按照该企业职工的平均工资计算。

6. 破产财产分配方案

管理人应当及时拟订破产财产分配方案，提交债权人会议讨论。破产财产分配方案应当载明下列事项：

（1）参加破产财产分配的债权人名称或者姓名、住所。

（2）参加破产财产分配的债权额。

（3）可供分配的破产财产数额。

（4）破产财产分配的顺序、比例及数额。

（5）实施破产财产分配的方法。

债权人会议通过破产财产分配方案后，由管理人将该方案提请人民法院裁定认可。破产财产分配方案经人民法院裁定认可后，由管理人执行。

7. 破产程序的终结

破产人无财产可供分配的，管理人应当请求人民法院裁定终结破产程序。管理人在最后分配完结后，应当及时向人民法院提交破产财产分配报告，并提请人民法院裁定终结破产程序。人民法院应当自收到管理人终结破产程序的请求之日起 15 日内做出是否终结破产程序的裁定。裁定终结的，应当予以公告。

管理人应当自破产程序终结之日起 10 日内，持人民法院终结破产程序的裁定，向破产人的原登记机关办理注销登记。

11.4.2 破产清算的财务问题

与和解和重组相比，破产清算所涉及的财务问题更加复杂，主要包括以下三项。

1. 破产财产的界定与处置

破产财产是指按照破产程序应分配给债权人的破产企业的财产。破产财产是破产清算的对象，也是破产债权人行使债权的物质基础。根据新《破产法》规定，破产财产由以下几部分组成：

（1）破产申请受理时属于债务人的全部财产。包括固定资产、流动资金、专项基金等，无论是通过国家财政拨款、企业积累、银行贷款，追缴的债务人的出资人未完全缴纳的出资，还是通过法律允许的其他方式形成的，均构成债务人财产。

（2）债务人在破产申请受理后至破产程序终结前所取得的财产。主要是指在债务人的财务报表上作为债权或预期收益加以反映，但在破产申请受理时，债务人并未实际取得，而在破产程序终结前取得的财产。包括因债务人的债务人清偿债务而取得的财产，因管理人决定继续履行债务人未履行的合同所取得的财产，由于债务人的无效行为或可撤销行为而由管理人追回的财产等。

（3）应当由债务人行使权利的其他财产权。包括应当由债务人行使的物权、债权、知识产权、证券权利、股东出资缴纳请求权、投资收益权，以及由债务人享有的、可以用财产价值衡量并可以变现为金钱利益的其他任何财产权利。新《破产法》专门规定了债务人的董事、监事等利用职权从企业获取的非正常收入和侵占的企业财产，应由管理人追回作为债务人财产。

应用实例

人民法院依法受理了长城公司的破产申请，破产管理人在清理公司的财产时，将下列财产归入了债务人财产：第一，该公司依合同将于两个月后取得的一笔货款；第二，该公司租借其他公司的一套设备；第三，该公司对某公路未来20年的收费权；第四，该公司一栋在建的办公楼。

实例分析

本案涉及债务人财产的范围。债务人财产即为法院受理破产申请时属于债务人的全部财产，以及以后至破产程序终结前债务人取得的财产。

上述案例中，第一项财产属于“债务人在破产申请受理后至破产程序终结前取得的财产”；第三项财产属于“应当由债务人行使权利的其他财产权利”；第四项属于“破产申请受理时属于债务人的财产”。因此，这3项财产都属于债务人财产。而第二项财产由于所有权并不属于长城公司，故不属于债务人财产。此时，该货物的所有人可以行使取回权。

破产企业的财产在处置之前首先应当由具有资格的资产评估机构进行资产评估，在评估结果得到财产所有人确认之后，再以评估价作为底价，通过拍卖、招标等方式依法转让。为充分发挥破产财产的使用价值，减少社会财富的损失，破产财产中的成套设备或生产线，应当整体出售，确实不能整体出售的，可以分散出售。破产财产属于限制流通物的，如黄金、炸药等，应由国家指定的部门收购。

知识要点提醒

人民法院受理破产申请前一年内，涉及债务人财产的下列行为，管理人有权请求人民法院予以撤销：①无偿转让财产的；②以明显不合理的价格进行交易；③对没有财产担保的债务提供财产担保的；④对未到期的债务提前清偿的；⑤放弃债权的。人民法院受理破产申请前6个月内，债务人不能清偿到期债务，并且资产不足以清偿全部债务或者明显缺乏清偿能力，但仍对个别债权人进行清偿的，管理人有权请求法院予以撤销。

2. 破产债权的界定与确认

破产债权是依破产程序启动前原因成立的，经依法申报确认，并得由破产财产中获得清偿的可强制执行的财产请求权。《企业破产法》规定，人民法院受理破产申请时对债务人享有的债权称为破产债权。其中，对破产人的特定财产享有担保权的债权也属于破产债权，未做排除性规定；破产宣告时对破产企业未到期的债权视为已到期债权。

债权人申报的债权需经过确认后才能在破产程序行使破产参与、受偿等权利。根据《企业破产法》规定，管理人收到债权申报材料后，应当登记造册，对申报的债权进行审查，并编制债权表。管理人依法编制的债权表，应当提交第一次债权人会议核查。经核查后，管理人、债务人、其他债权人等对债权无异议的，列入债权表。债权表须经过人民法院裁定确认，其确认具有与生效判决同等的法律效力。如果管理人、债务人、债权人对债权表记载的债权有异议的，可以向受理破产申请的人民法院提起诉讼。

3. 破产财产的分配

破产分配是指将破产财产按照法律规定的债权清偿顺序和案件实际情况决定的受偿比例进行清偿的程序。对破产财产可以进行一次性分配，也可以进行多次分配，需视破产财产的多少、变价难易等情况而定。破产财产的分配一般按照以下程序进行。

1）有财产担保债权的清偿

对破产人的特定财产享有担保权的债权人，对该特定财产享有优先受偿的权利，这项权利也称别除权。别除权人就破产人的特定财产享有优先受偿权利，即该项财产的变价款必须优先清偿别除权人的担保债权，只有在全部清偿其担保债权后仍有剩余财产时才能够用于对其他普通债权人的清偿。因此，别除权人对破产人的特定财产处于最优先的清偿顺序，但法律另有规定的除外。

2）破产费用和共益债务的清偿

破产费用是指在破产程序中为了全体债权人共同利益，因程序进行而支付的各项费用。包括破产财产的管理、变卖和分配所需要的费用，破产案件的诉讼费用等。共益债务是指在破产程序中发生的应由破产财产负担的债务，如破产财产受无因管理所产生的债务，因债务人不当得利所产生的债务，债务人财产致人损害所产生的债务等。

人民法院受理破产申请后发生的破产费用和共益债务由债务人财产随时清偿。破产财产不足以清偿所有破产费用和共益债务的，先清偿破产费用；破产财产不足以清偿所有破产费用或共益债务的，按照比例清偿；债务人财产不足以清偿破产费用的，管理人应当提请人民法院终结破产程序。

3）清偿顺序

破产财产在优先清偿破产费用和共益债务后，依照如下顺序清偿：

（1）破产人所欠职工的工资和医疗、伤残补助、抚恤费用，所欠的应当划入职工个人账户的基本养老保险、基本医疗保险费用，以及法律、行政法规规定应当支付给职工的补偿金。

（2）破产人欠缴的除前项规定以外的社会保险费用和破产人所欠税款。

（3）普通破产债权。

需要指出的是，破产财产不足以清偿同一顺序的清偿要求的，按照比例分配；在破产清偿时，前一顺序的清偿要求得到全额偿还之前，后一顺序的要求不予分配。

【例 11－2】 B公司连年亏损，经债权人申请，人民法院已宣告该公司破产，破产前经审计的公司资产负债简表见表 11－4。

表 11－4 资产负债表(简表) 单位：万元

资 产	金 额	负债与所有者权益	金 额
货币资金	50	短期借款	2 000
应收账款	2 000	应付账款	3 000
存货	1 450	应付职工薪酬	1 000
固定资产	6 000	应交税费	500
无形资产	500	长期借款	1 500
		实收资本	5 000
		资本公积	0
		盈余公积	0
		未分配利润	－3 000
资产合计	10 000	负债与所有者权益合计	10 000

其他资料如下：

(1) 长期借款全部由固定资产抵押，但抵押品处置的收入只有1 000万元。短期借款中有1 000万元由固定资产抵押，抵押品处置的收入只有700万元，另外1 000万元则由第三方担保人担保，担保人已替该公司偿还债务。

(2) 8 000万元负债中，各项未到期的债务3 000万元，应扣除利息300万元。

(3) 未作抵押的资产，经清算组处置，获得收入5 000万元。

(4) 发生各项破产费用500万元。

(5) 应支付职工安置费2 200万元。

要求：对破产财产进行分配。

(1) 有抵押的债权，先以抵押品受偿，不足部分纳入破产普通债权，长期借款和短期借款纳入破产债权的分别为500万元(1 500－1 000)和300万元(1 000－700)。

(2) 担保人担保的债权，由担保人偿还，但担保人已偿还的债权应作为破产债权。

(3) 破产财产5 000万元的分配顺序。

① 拨付破产费用500万元。

② 支付职工欠款和职工安置费1 000＋2 200＝3 200(万元)。

③ 缴纳欠税500万元。

合计4 200万元。

④ 一般破产债权：短期借款未受偿部分300万元，短期借款担保人偿付1 000万元，长期借款未受偿部分500万元，应付账款3 000万元，扣除未到期债权的利息300万元，合计4 500万元

一般破产债权的受偿比例为(5 000－4 200)/4 500＝17.78％。

本章小结

本章主要介绍了企业财务风险预警管理、企业重整与和解，以及企业破产清算3部分内容。企业财务风险应该引起每个企业的高度重视。因此，掌握财务预警方法，明确常用的预测变量选择，建立企业的财务预警系统是必需的。然而，当企业遇到财务危机，首先搞清楚财务危机的原因和后果，在财务危机出现能够及时扭转时，尽量通过企业重整或者自愿和解，使企业重获新生，这就需要了解财务重整、和解制度的程序和法律规定。进行正确的财务决策，可以使企业尽快渡过难关，转入正常经营。在重整失败或是企业已无挽救希望时，企业将进入破产清算程序中。区分不同的破产方式，明确各自的程序和具体规定，有助于一个理性的管理者科学理财。

关键术语

财务预警　重整　和解　破产清算

知识链接

《中华人民共和国企业破产法》的制定

2006年8月27日，第十届全国人民代表大会常务委员会第二十三次会议通过了《中华人民共和国破产法》(以下简称《企业破产法》)，国家主席胡锦涛签署第五十四号主席令予以公布，自2007年6月1日起施行。

众所周知，破产作为企业退出市场的一个重要环节，需要也应当有一部明确的法规来予以规制。之前由于种种原因，调整企业破产主要依据《中华人民共和企业破产法(试行)》及《民事诉讼法》中的有关规定。而前者仅适用于国有企业，其他企业法人的破产适用后者。随着中国经济体制的改革、加入世界贸易组织，企业之间不论是国有还是私营，内资还是外资，在地位上都越来越趋于平等，一部统一而明确的破产法成为迫切的需求。因此，制定《企业破产法》被提上了日程，几经讨论、修改，终得颁布。《企业破产法》采用了更新的立法技术和理论，相对于前述的两部法律而言取得了很大的进步。

企业破产法共分12章136条，分别为总则、申请和受理、管理人、债务人财产、破产费用和共益债务、债权申报、债权人会议、重整、和解、破产清算、法律责任、附则。

对于法律的适用对象，《企业破产法》规定，企业法人不能清偿到期债务，并且资产不足以清偿全部债务或者明显缺乏清偿能力的，依照本法规定清理债务。企业法人有前款规定情形的，或者有明显丧失清偿能力可能的，可以依照本法规定进行重整。

企业破产法引入了管理人制度。法律规定，管理人由人民法院指定。债权人会议认为管理人不能依法、公正执行职务或者有其他不能胜任职务情形的，可以申请人民法院予以更换。指定管理人和确定管理人报酬的办法，由最高人民法院规定。对管理人任职资格的要求上，法律规定，管理人可以由有关部门、机构的人员组成的清算组或者依法设立的律师事务所、会计师事务所、破产清算事务所等社会中介机构担任。

在对企业职工合法权益的保护上，《企业破产法》规定，破产财产在优先清偿破产费用和共益债务后，依照下列顺序清偿：一是破产人所欠职工的工资和医疗、伤残补助、抚恤费用，所欠的应当划入职工个人账户的基本养老保险、基本医疗保险费用，以及法律、行政法规规定应当支付给职工的补偿金；二是破产人欠缴的除前项规定以外的社会保险费用和破产人所欠税款；三是普通破产债权。

同时，为了最大限度地保护破产企业职工的权益，企业破产法还规定：本法施行后，破产人在本法公布之日前所欠职工的工资和医疗、伤残补助、抚恤费用，应当划入职工个人账户的基本养老保险、基本医疗保险费用，以及法律、行政法规规定应当支付给职工的补偿金，依照本法第一百一十三条的规定清偿后不足以清偿的部分，在本法第一百零九条规定的特定财产优先于对该特定财产享有担保权的权利人受偿。

《企业破产法》自2007年6月1日起施行，《中华人民共和国企业破产法(试行)》同时废止。

习　题

一、多项选择题

1. 整顿期间，企业(　　)，经人民法院裁定，可终结该企业的整顿，宣告其破产。

   A. 不执行和解协议的

   B. 财务状况继续恶化，债权人会议申请终结整顿的

C. 非正常压价出售财产，严重损害债权人利益的

D. 放弃自己的债权，严重损害债权利益的

2. 破产程序终结后发现的破产企业的财产主求权应(　　)。

A. 由破产企业的上级主管部门行使

B. 由人民法院行使

C. 追回的财产，由人民法院按企业破产法有关规定清偿

D. 如财产较少，人民法院认为无再行分配的必要，可归破产企业的上级主管部门

3. 人民法院受理破产案件前 6 个月至破产宣告之日的期间内，破产企业的(　　)行为无效。

A. 隐匿、私分或无偿转让财产　　B. 非正常压价出售财产

C. 对未到期的债务提前清偿　　D. 放弃自己的债权

4. 清算组享有(　　)职权。

A. 接受破产企业的债务人或财产持有人所清偿的债务或交付的财产

B. 决定是否继续履行破产企业未履行的合同

C. 制定破产分配方案

D. 讨论通过破产分配方案

5. 企业由债权人申请破产，(　　)，不予宣破产。

A. 公用企业，政府有关部门给予资助或采取其他措施帮助清偿债务的

B. 与国计民生有重大关系的企业，政府有关部门给予资助或采取其他措施帮助清偿债务的

C. 取得担保，自破产申请之日起两年内清偿债务的

D. 取得担保，自破产申请之日起 6 个月内清偿债务的

二、思考题

1. 财务失败的原因有哪些？应如何防范？
2. “不能清偿”与“资不抵债”有何不同？
3. 财务预警模型主要有哪些？
4. 简述企业重整的一般程序。
5. 企业破产清算的主要程序是什么？
6. 企业破产财产与破产债权的范围分别包括哪些？

三、计算题

1. C 公司的有关资料见表 11－5。

表 11－5　C 公司的有关资料　　单位：万元

项　　目	金　　额
资产总额	5 000
负债总额	4 000
营运资金	2 000
营业收入	7 000
息税前利润	1 000
留存收益	200
股票市值	6 000

要求：用Z预警模型计算分析。

2. D公司连年亏损，经债权人申请，人民法院已宣告该公司破产，破产前经审计的公司资产负债表见表11-6。

表11-6 资产负债表　　单位：万元

资　产	金　额	负债与所有者权益	金　额
货币资金	100	短期借款	3 000
应收账款	8 400	应付账款	4 000
存货	6 500	应付职工薪酬	2 000
固定资产	8 000	应交税费	1 000
		长期借款	5 000
		实收资本	8 000
		资本公积	2 000
		盈余公积	0
		未分配利润	−2 000
资产合计	23 000	负债与所有者权益合计	23 000

其他资料如下：

(1) 长期借款、短期借款全部由固定资产抵押，但抵押品处置的收入只有6 000万元。

(2) 15 000万元负债中，各项未到期债务5 000万元，应扣除利息600万元。

(3) 未作抵押的资产及未抵消的债权，经清算组处置，获得收入8 100万元。

(4) 发生各项破产费用500万元。

(5) 应支付职工安置费2 500万元。

要求：对破产财产进行分配。

实际操作训练

请以某一上市公司的财务数据为例，应用Z预警模型与F预警模型对该公司做出财务风险评价。

案例分析

1. 内外交困，五谷道场提交破产重整申请

五谷道场以其“非油炸”的健康理念，一经投放市场立刻产生了巨大的经济效益。公司成立于2004年10月，截至2007年上半年，生产线从房山区琉璃河镇的一处弹丸之地发展到全国5省市5个生产基地。2006年单月产值高达6 000万元，生产及管理人员达1 500余人，经销人员遍布全国各地达2 000余人。

2007年上半年，以广告投放为主要营销手段的“五谷道场”，由于盲目扩张、广告支出过大及研发新产品费用激增，出现了供应商货款给付不及时、无法给经销商正常发货、拖欠广告费和员工工资等问题。2007年10月起，五谷道场全面爆发财务危机，经营状况持续恶化，劳动争议、法律诉讼不断增加。根据评估公司出具的报告，截至2008年10月，五谷道场公司的资产总额为4 420万余元，负债总额6.28亿元，资产负债率524%，预计普通债权的清偿比例仅为2.76%，公司已经符合破产的条件。

2008年10月16日，五谷道场正式提交了破产重整申请。10月30日，房山法院依法裁定受理这起破产重整案。

2. 行动迅速，管理人各项工作限时完成

在受理此案后的第二个工作日，房山区法院便根据“五谷道场”的申请，确定了由专业律师团队、清算事务所和房山工业局三方组成的五谷道场重组清算组为破产管理人。

经过细致缜密的资产核查工作，管理人将“五谷道场”的巨额债务进行了以下划分：

第一类是担保债权，共有两个债权人，债款数额近 5 000 万元，占整个债务的 1/10。

第二类是职工债权，总额为 300 多万元，包括职工工资和各种社会保险费用。

第三类是普通债权，这也是“五谷道场”债务中比例最大的一部分，共有 300 多个债权人，债款数额高达 4 个多亿。

由于前两类债权都有优先权利，如果对五谷道场进行清算，根据《企业破产法》的规定，没有任何优先保障措施的普通债权清偿率就只有 2.76%。而这时能有新的资金注入，盘活整个资金链条，无疑成为五谷道场每个债权人都在期盼的事情。

3. 出手救场，中粮集团成为重组投资人

作为我国最大的粮油贸易加工企业及世界 500 强企业，中粮集团在面粉、油脂、酱料、香精等领域都居于国内龙头地位。但是在面粉深加工方面却一直苦于没有发挥平台，中粮集团收购五谷道场以后可以直接利用现有的这些资源，同时也给原五谷道场公司职工、供应商、经销商等继续合作的机会。

经过多次的沟通和协调，管理人最终确定中粮集团为五谷道场的重组投资人。

为了最大限度地维护广大债权人和职工的合法权益，房山法院多次与中粮集团进行会谈。在法院的努力下，中粮集团做出一个颇有诚意的承诺：重整计划批准后的 10 天内，将一次性向破产管理人账户提供 1.09 亿余元，专门用于五谷道场公司支付破产债务和费用，并尽快恢复五谷道场公司的经营生产，对有重整必要的五谷道场子公司进行重整，实现全国布局。重组后在同等条件下，优先与原债权人进行合作，在首次招工时优先录用公司原有职工，并将尽最大努力解决五谷道场公司存在的土地使用、商标注册和技术开发等问题。另外，中粮集团专门成立全资子公司中粮天然五谷道场投资有限公司，注册资本 2 亿元。

4. 一波三折，法院召开两次债权人会议

2008 年 11 月 7 日，房山区法院发出公告，要求五谷道场的债权人自公告之日起 40 日内申报债权。经过审查核准，最终确认了 5.2 亿元实际债务。

2008 年 12 月 26 日，房山区法院召开第一次债权人会议。一方面，法院和管理人立即公布了解疑电话、电子邮箱和通讯地址，全面收集意见和问题，并和债权金额占 60% 以上的债权人进行面对面的沟通，征求他们对破产重整的意见。另一方面，法院和管理人加强与中粮集团的沟通，帮助中粮重塑了重整投资的决心。

2009 年 1 月 16 日，房山法院召开第二次债权人会议，对重整计划草案进行表决。会议上，原企业出资人组全票通过了重整计划，同意无偿让渡股权；职工债权组以该组出席会议人数的 99.57%，所代表债权金额 73.6% 通过重整计划；普通债权组以该组出席会议人数的 82.19%，所代表债权金额 84.65% 通过重整计划。但是，优先债权组中占优先债权比例 99.68% 的华夏金谷担保有限公司拒绝了这个草案，经过法院向其阐明重整成功与失败的现实意义。在反复权衡之后，华夏金谷公司同意了重整计划草案。

2009 年 2 月 11 日，在第二次表决中，债权人会议通过了重整计划草案。2 月 12 日，房山法院依法批准了五谷道场重整计划草案，重组方也依约履行出资承诺，支付了 1.09 亿元清偿款。至此，五谷道场进入重整计划执行阶段。

5. 多方联动，重整计划突破司法困境

2009 年 9 月 19 日，五谷道场重整计划规定的相关事宜全部办理完毕，企业正式恢复生产，清偿款顺利发放。五谷道场破产重整案画上了圆满的句号。

五谷道场重整成功，盘活了该企业近5 000万元的资产，2 000多人获得了新的就业机会，600多位债权人的利益得到保护，并使全部债权人拿到了高于破产清算五倍的清偿款，维系了五谷道场与300多家企业的合作关系，实现了债权人、债务人及重整投资人的共赢。

问题：

1. 五谷道场破产的原因有哪些？
2. 五谷道场的债务可以划分为哪几类？分别如何清除？
3. 五谷道场破产重整的程序包括哪些环节？
4. 结合本案例，分析比较破产重整与破产清算对债务人、债权人及社会各方面影响的异同。

附　　录

附表一　复利现值

期数	1%	2%	3%	4%	5%	6%	7%	8%	9%	10%	11%	12%	13%	14%	15%
1	0.9901	0.9804	0.9709	0.9615	0.9524	0.9434	0.9346	0.9259	0.9174	0.9091	0.9009	0.8929	0.885	0.8772	0.8696
2	0.9803	0.9612	0.9426	0.9246	0.907	0.89	0.8734	0.8573	0.8417	0.8264	0.8116	0.7972	0.7831	0.7695	0.7561
3	0.9706	0.9423	0.9151	0.889	0.8638	0.8396	0.8163	0.7938	0.7722	0.7513	0.7312	0.7118	0.6931	0.675	0.6575
4	0.961	0.9238	0.8885	0.8548	0.8227	0.7921	0.7629	0.735	0.7084	0.683	0.6587	0.6355	0.6133	0.5921	0.5718
5	0.9515	0.9057	0.8626	0.8219	0.7835	0.7473	0.713	0.6806	0.6499	0.6209	0.5935	0.5674	0.5428	0.5194	0.4972
6	0.942	0.888	0.8375	0.7903	0.7462	0.705	0.6663	0.6302	0.5963	0.5645	0.5346	0.5066	0.4803	0.4556	0.4323
7	0.9327	0.8706	0.8131	0.7599	0.7107	0.6651	0.6227	0.5835	0.547	0.5132	0.4817	0.4523	0.4251	0.3996	0.3759
8	0.9235	0.8535	0.7894	0.7307	0.6768	0.6274	0.582	0.5403	0.5019	0.4665	0.4339	0.4039	0.3762	0.3506	0.3269
9	0.9143	0.8368	0.7664	0.7026	0.6446	0.5919	0.5439	0.5002	0.4604	0.4241	0.3909	0.3606	0.3329	0.3075	0.2843
10	0.9053	0.8203	0.7441	0.6756	0.6139	0.5584	0.5083	0.4632	0.4224	0.3855	0.3522	0.322	0.2946	0.2697	0.2472
11	0.8963	0.8043	0.7224	0.6496	0.5847	0.5268	0.4751	0.4289	0.3875	0.3505	0.3173	0.2875	0.2607	0.2366	0.2149
12	0.8874	0.7885	0.7014	0.6246	0.5568	0.497	0.444	0.3971	0.3555	0.3186	0.2858	0.2567	0.2307	0.2076	0.1869
13	0.8787	0.773	0.681	0.6006	0.5303	0.4688	0.415	0.3677	0.3262	0.2897	0.2575	0.2292	0.2042	0.1821	0.1625
14	0.87	0.7579	0.6611	0.5775	0.5051	0.4423	0.3878	0.3405	0.2992	0.2633	0.232	0.2046	0.1807	0.1597	0.1413
15	0.8613	0.743	0.6419	0.5553	0.481	0.4173	0.3624	0.3152	0.2745	0.2394	0.209	0.1827	0.1599	0.1401	0.1229
16	0.8528	0.7284	0.6232	0.5339	0.4581	0.3936	0.3387	0.2919	0.2519	0.2176	0.1883	0.1631	0.1415	0.1229	0.1069
17	0.8444	0.7142	0.605	0.5134	0.4363	0.3714	0.3166	0.2703	0.2311	0.1978	0.1696	0.1456	0.1252	0.1078	0.0929
18	0.836	0.7002	0.5874	0.4936	0.4155	0.3503	0.2959	0.2502	0.212	0.1799	0.1528	0.13	0.1108	0.0946	0.0808
19	0.8277	0.6864	0.5703	0.4746	0.3957	0.3305	0.2765	0.2317	0.1945	0.1635	0.1377	0.1161	0.0981	0.0829	0.0703
20	0.8195	0.673	0.5537	0.4564	0.3769	0.3118	0.2584	0.2145	0.1784	0.1486	0.124	0.1037	0.0868	0.0728	0.0611
21	0.8114	0.6598	0.5375	0.4388	0.3589	0.2942	0.2415	0.1987	0.1637	0.1351	0.1117	0.0926	0.0768	0.0638	0.0531
22	0.8034	0.6468	0.5219	0.422	0.3418	0.2775	0.2257	0.1839	0.1502	0.1228	0.1007	0.0826	0.068	0.056	0.0462
23	0.7954	0.6342	0.5067	0.4057	0.3256	0.2618	0.2109	0.1703	0.1378	0.1117	0.0907	0.0738	0.0601	0.0491	0.0402
24	0.7876	0.6217	0.4919	0.3901	0.3101	0.247	0.1971	0.1577	0.1264	0.1015	0.0817	0.0659	0.0532	0.0431	0.0349
25	0.7798	0.6095	0.4776	0.3751	0.2953	0.233	0.1842	0.146	0.116	0.0923	0.0736	0.0588	0.0471	0.0378	0.0304
26	0.772	0.5976	0.4637	0.3607	0.2812	0.2198	0.1722	0.1352	0.1064	0.0839	0.0663	0.0525	0.0417	0.0331	0.0264
27	0.7644	0.5859	0.4502	0.3468	0.2678	0.2074	0.1609	0.1252	0.0976	0.0763	0.0597	0.0469	0.0369	0.0291	0.023
28	0.7568	0.5744	0.4371	0.3335	0.2551	0.1956	0.1504	0.1159	0.0895	0.0693	0.0538	0.0419	0.0326	0.0255	0.02
29	0.7493	0.5631	0.4243	0.3207	0.2429	0.1846	0.1406	0.1073	0.0822	0.063	0.0485	0.0374	0.0289	0.0224	0.0174
30	0.7419	0.5521	0.412	0.3083	0.2314	0.1741	0.1314	0.0994	0.0754	0.0573	0.0437	0.0334	0.0256	0.0196	0.0151

系数表

16%	17%	18%	19%	20%	21%	22%	23%	24%	25%	26%	27%	28%	29%	30%
0.8621	0.8547	0.8475	0.8403	0.8333	0.8264	0.8197	0.813	0.8065	0.8	0.7937	0.7874	0.7813	0.7752	0.7692
0.7432	0.7305	0.7182	0.7062	0.6944	0.683	0.6719	0.661	0.6504	0.64	0.6299	0.62	0.6104	0.6009	0.5917
0.6407	0.6244	0.6086	0.5934	0.5787	0.5645	0.5507	0.5374	0.5245	0.512	0.4999	0.4882	0.4768	0.4658	0.4552
0.5523	0.5337	0.5158	0.4987	0.4823	0.4665	0.4514	0.4369	0.423	0.4096	0.3968	0.3844	0.3725	0.3611	0.3501
0.4761	0.4561	0.4371	0.419	0.4019	0.3855	0.37	0.3552	0.3411	0.3277	0.3149	0.3027	0.291	0.2799	0.2693
0.4104	0.3898	0.3704	0.3521	0.3349	0.3186	0.3033	0.2888	0.2751	0.2621	0.2499	0.2383	0.2274	0.217	0.2072
0.3538	0.3332	0.3139	0.2959	0.2791	0.2633	0.2486	0.2348	0.2218	0.2097	0.1983	0.1877	0.1776	0.1682	0.1594
0.305	0.2848	0.266	0.2487	0.2326	0.2176	0.2038	0.1909	0.1789	0.1678	0.1574	0.1478	0.1388	0.1304	0.1226
0.263	0.2434	0.2255	0.209	0.1938	0.1799	0.167	0.1552	0.1443	0.1342	0.1249	0.1164	0.1084	0.1011	0.0943
0.2267	0.208	0.1911	0.1756	0.1615	0.1486	0.1369	0.1262	0.1164	0.1074	0.0992	0.0916	0.0847	0.0784	0.0725
0.1954	0.1778	0.1619	0.1476	0.1346	0.1228	0.1122	0.1026	0.0938	0.0859	0.0787	0.0721	0.0662	0.0607	0.0558
0.1685	0.152	0.1372	0.124	0.1122	0.1015	0.092	0.0834	0.0757	0.0687	0.0625	0.0568	0.0517	0.0471	0.0429
0.1452	0.1299	0.1163	0.1042	0.0935	0.0839	0.0754	0.0678	0.061	0.055	0.0496	0.0447	0.0404	0.0365	0.033
0.1252	0.111	0.0985	0.0876	0.0779	0.0693	0.0618	0.0551	0.0492	0.044	0.0393	0.0352	0.0316	0.0283	0.0254
0.1079	0.0949	0.0835	0.0736	0.0649	0.0573	0.0507	0.0448	0.0397	0.0352	0.0312	0.0277	0.0247	0.0219	0.0195
0.093	0.0811	0.0708	0.0618	0.0541	0.0474	0.0415	0.0364	0.032	0.0281	0.0248	0.0218	0.0193	0.017	0.015
0.0802	0.0693	0.06	0.052	0.0451	0.0391	0.034	0.0296	0.0258	0.0225	0.0197	0.0172	0.015	0.0132	0.0116
0.0691	0.0592	0.0508	0.0437	0.0376	0.0323	0.0279	0.0241	0.0208	0.018	0.0156	0.0135	0.0118	0.0102	0.0089
0.0596	0.0506	0.0431	0.0367	0.0313	0.0267	0.0229	0.0196	0.0168	0.0144	0.0124	0.0107	0.0092	0.0079	0.0068
0.0514	0.0433	0.0365	0.0308	0.0261	0.0221	0.0187	0.0159	0.0135	0.0115	0.0098	0.0084	0.0072	0.0061	0.0053
0.0443	0.037	0.0309	0.0259	0.0217	0.0183	0.0154	0.0129	0.0109	0.0092	0.0078	0.0066	0.0056	0.0048	0.004
0.0382	0.0316	0.0262	0.0218	0.0181	0.0151	0.0126	0.0105	0.0088	0.0074	0.0062	0.0052	0.0044	0.0037	0.0031
0.0329	0.027	0.0222	0.0183	0.0151	0.0125	0.0103	0.0086	0.0071	0.0059	0.0049	0.0041	0.0034	0.0029	0.0024
0.0284	0.0231	0.0188	0.0154	0.0126	0.0103	0.0085	0.007	0.0057	0.0047	0.0039	0.0032	0.0027	0.0022	0.0018
0.0245	0.0197	0.016	0.0129	0.0105	0.0085	0.0069	0.0057	0.0046	0.0038	0.0031	0.0025	0.0021	0.0017	0.0014
0.0211	0.0169	0.0135	0.0109	0.0087	0.007	0.0057	0.0046	0.0037	0.003	0.0025	0.002	0.0016	0.0013	0.0011
0.0182	0.0144	0.0115	0.0091	0.0073	0.0058	0.0047	0.0037	0.003	0.0024	0.0019	0.0016	0.0013	0.001	0.0008
0.0157	0.0123	0.0097	0.0077	0.0061	0.0048	0.0038	0.003	0.0024	0.0019	0.0015	0.0012	0.001	0.0008	0.0006
0.0135	0.0105	0.0082	0.0064	0.0051	0.004	0.0031	0.0025	0.002	0.0015	0.0012	0.001	0.0008	0.0006	0.0005
0.0116	0.009	0.007	0.0054	0.0042	0.0033	0.0026	0.002	0.0016	0.0012	0.001	0.0008	0.0006	0.0005	0.0004

附表二　复利终值

期数	1%	2%	3%	4%	5%	6%	7%	8%	9%	10%	11%	12%	13%	14%	15%
1	1.0100	1.0200	1.0300	1.0400	1.0500	1.0600	1.0700	1.0800	1.0900	1.1000	1.1100	1.1200	1.1300	1.1400	1.1500
2	1.0201	1.0404	1.0609	1.0816	1.1025	1.1236	1.1449	1.1664	1.1881	1.2100	1.2321	1.2544	1.2769	1.2996	1.3225
3	1.0303	1.0612	1.0927	1.1249	1.1576	1.1910	1.2250	1.2597	1.2950	1.3310	1.3676	1.4049	1.4429	1.4815	1.5209
4	1.0406	1.0824	1.1255	1.1699	1.2155	1.2625	1.3108	1.3605	1.4116	1.4641	1.5181	1.5735	1.6305	1.6890	1.7490
5	1.0510	1.1041	1.1593	1.2167	1.2763	1.3382	1.4026	1.4693	1.5386	1.6105	1.6851	1.7623	1.8424	1.9254	2.0114
6	1.0615	1.1262	1.1941	1.2653	1.3401	1.4185	1.5007	1.5869	1.6771	1.7716	1.8704	1.9738	2.0820	2.1950	2.3131
7	1.0721	1.1487	1.2299	1.3159	1.4071	1.5036	1.6058	1.7138	1.8280	1.9487	2.0762	2.2107	2.3526	2.5023	2.6600
8	1.0829	1.1717	1.2668	1.3686	1.4775	1.5938	1.7182	1.8509	1.9926	2.1436	2.3045	2.4760	2.6584	2.8526	3.0590
9	1.0937	1.1951	1.3048	1.4233	1.5513	1.6895	1.8385	1.9990	2.1719	2.3579	2.5580	2.7731	3.0040	3.2519	3.5179
10	1.1046	1.2190	1.3439	1.4802	1.6289	1.7908	1.9672	2.1589	2.3674	2.5937	2.8394	3.1058	3.3946	3.7072	4.0456
11	1.1157	1.2434	1.3842	1.5395	1.7103	1.8983	2.1049	2.3316	2.5804	2.8531	3.1518	3.4786	3.8359	4.2262	4.6524
12	1.1268	1.2682	1.4258	1.6010	1.7959	2.0122	2.2522	2.5182	2.8127	3.1384	3.4985	3.8960	4.3345	4.8179	5.3503
13	1.1381	1.2936	1.4685	1.6651	1.8856	2.1329	2.4098	2.7196	3.0658	3.4523	3.8833	4.3635	4.8980	5.4924	6.1528
14	1.1495	1.3195	1.5126	1.7317	1.9799	2.2609	2.5785	2.9372	3.3417	3.7975	4.3104	4.8871	5.5348	6.2613	7.0757
15	1.1610	1.3459	1.5580	1.8009	2.0789	2.3966	2.7590	3.1722	3.6425	4.1772	4.7846	5.4736	6.2543	7.1379	8.1371
16	1.1726	1.3728	1.6047	1.8730	2.1829	2.5404	2.9522	3.4259	3.9703	4.5950	5.3109	6.1304	7.0673	8.1372	9.3576
17	1.1843	1.4002	1.6528	1.9479	2.2920	2.6928	3.1588	3.7000	4.3276	5.0545	5.8951	6.8660	7.9861	9.2765	10.7613
18	1.1961	1.4282	1.7024	2.0258	2.4066	2.8543	3.3799	3.9960	4.7171	5.5599	6.5436	7.6900	9.0243	10.5752	12.3755
19	1.2081	1.4568	1.7535	2.1068	2.5270	3.0256	3.6165	4.3157	5.1417	6.1159	7.2633	8.6128	10.1974	12.0557	14.2318
20	1.2202	1.4859	1.8061	2.1911	2.6533	3.2071	3.8697	4.6610	5.6044	6.7275	8.0623	9.6463	11.5231	13.7435	16.3665
21	1.2324	1.5157	1.8603	2.2788	2.7860	3.3996	4.1406	5.0338	6.1088	7.4002	8.9492	10.8038	13.0211	15.6676	18.8215
22	1.2447	1.5460	1.9161	2.3699	2.9253	3.6035	4.4304	5.4365	6.6586	8.1403	9.9336	12.1003	14.7138	17.8610	21.6447
23	1.2572	1.5769	1.9736	2.4647	3.0715	3.8197	4.7405	5.8715	7.2579	8.9543	11.0263	13.5523	16.6266	20.3616	24.8915
24	1.2697	1.6084	2.0328	2.5633	3.2251	4.0489	5.0724	6.3412	7.9111	9.8497	12.2392	15.1786	18.7881	23.2122	28.6252
25	1.2824	1.6406	2.0938	2.6658	3.3864	4.2919	5.4274	6.8485	8.6231	10.8347	13.5855	17.0001	21.2305	26.4619	32.9190
26	1.2953	1.6734	2.1566	2.7725	3.5557	4.5494	5.8074	7.3964	9.3992	11.9182	15.0799	19.0401	23.9905	30.1666	37.8568
27	1.3082	1.7069	2.2213	2.8834	3.7335	4.8223	6.2139	7.9881	10.2451	13.1100	16.7387	21.3249	27.1093	34.3899	43.5353
28	1.3213	1.7410	2.2879	2.9987	3.9201	5.1117	6.6488	8.6271	11.1671	14.4210	18.5799	23.8839	30.6335	39.2045	50.0656
29	1.3345	1.7758	2.3566	3.1187	4.1161	5.4184	7.1143	9.3173	12.1722	15.8631	20.6237	26.7499	34.6158	44.6931	57.5755
30	1.3478	1.8114	2.4273	3.2434	4.3219	5.7435	7.6123	10.0627	13.2677	17.4494	22.8923	29.9599	39.1159	50.9502	66.2118

系数表

16%	17%	18%	19%	20%	21%	22%	23%	24%	25%	26%	27%	28%	29%	30%
1.1600	1.1700	1.1800	1.1900	1.2000	1.2100	1.2200	1.2300	1.2400	1.2500	1.2600	1.2700	1.2800	1.2900	1.3000
1.3456	1.3689	1.3924	1.4161	1.4400	1.4641	1.4884	1.5129	1.5376	1.5625	1.5876	1.6129	1.6384	1.6641	1.6900
1.5609	1.6016	1.6430	1.6852	1.7280	1.7716	1.8158	1.8609	1.9066	1.9531	2.0004	2.0484	2.0972	2.1467	2.1970
1.8106	1.8739	1.9388	2.0053	2.0736	2.1436	2.2153	2.2889	2.3642	2.4414	2.5205	2.6014	2.6844	2.7692	2.8561
2.1003	2.1924	2.2878	2.3864	2.4883	2.5937	2.7027	2.8153	2.9316	3.0518	3.1758	3.3038	3.4360	3.5723	3.7129
2.4364	2.5652	2.6996	2.8398	2.9860	3.1384	3.2973	3.4628	3.6352	3.8147	4.0015	4.1959	4.3980	4.6083	4.8268
2.8262	3.0012	3.1855	3.3793	3.5832	3.7975	4.0227	4.2593	4.5077	4.7684	5.0419	5.3288	5.6295	5.9447	6.2749
3.2784	3.5115	3.7589	4.0214	4.2998	4.5950	4.9077	5.2389	5.5895	5.9605	6.3528	6.7675	7.2058	7.6686	8.1573
3.8030	4.1084	4.4355	4.7854	5.1598	5.5599	5.9874	6.4439	6.9310	7.4506	8.0045	8.5948	9.2234	9.8925	10.6045
4.4114	4.8068	5.2338	5.6947	6.1917	6.7275	7.3046	7.9259	8.5944	9.3132	10.0857	10.9153	11.8059	12.7614	13.7858
5.1173	5.6240	6.1759	6.7767	7.4301	8.1403	8.9117	9.7489	10.6571	11.6415	12.7080	13.8625	15.1116	16.4622	17.9216
5.9360	6.5801	7.2876	8.0642	8.9161	9.8497	10.8722	11.9912	13.2148	14.5519	16.0120	17.6053	19.3428	21.2362	23.2981
6.8858	7.6987	8.5994	9.5964	10.6993	11.9182	13.2641	14.7491	16.3863	18.1899	20.1752	22.3588	24.7588	27.3947	30.2875
7.9875	9.0075	10.1472	11.4198	12.8392	14.4210	16.1822	18.1414	20.3191	22.7374	25.4207	28.3957	31.6913	35.3391	39.3738
9.2655	10.5387	11.9737	13.5895	15.4070	17.4494	19.7423	22.3140	25.1956	28.4217	32.0301	36.0625	40.5648	45.5875	51.1859
10.7480	12.3303	14.1290	16.1715	18.4884	21.1138	24.0856	27.4462	31.2426	35.5271	40.3579	45.7994	51.9230	58.8079	66.5417
12.4677	14.4265	16.6722	19.2441	22.1861	25.5477	29.3844	33.7588	38.7408	44.4089	50.8510	58.1652	66.4614	75.8621	86.5042
14.4625	16.8790	19.6733	22.9005	26.6233	30.9127	35.8490	41.5233	48.0386	55.5112	64.0722	73.8698	85.0706	97.8622	112.4554
16.7765	19.7484	23.2144	27.2516	31.9480	37.4043	43.7358	51.0737	59.5679	69.3889	80.7310	93.8147	108.8904	126.2422	146.1920
19.4608	23.1056	27.3930	32.4294	38.3376	45.2593	53.3576	62.8206	73.8641	86.7362	101.7211	119.1446	139.3797	162.8524	190.0496
22.5745	27.0336	32.3238	38.5910	46.0051	54.7637	65.0963	77.2694	91.5915	108.4202	128.1685	151.3137	178.4060	210.0796	247.0645
26.1864	31.6293	38.1421	45.9233	55.2061	66.2641	79.4175	95.0413	113.5735	135.5253	161.4924	192.1683	228.3596	271.0027	321.1839
30.3762	37.0062	45.0076	54.6487	66.2474	80.1795	96.8894	116.9008	140.8312	169.4066	203.4804	244.0538	292.3003	349.5935	417.5391
35.2364	43.2973	53.1090	65.0320	79.4968	97.0172	118.2050	143.7880	174.6306	211.7582	256.3853	309.9483	374.1444	450.9756	542.8008
40.8742	50.6578	62.6686	77.3881	95.3962	117.3909	144.2101	176.8593	216.5420	264.6978	323.0454	393.6344	478.9049	581.7585	705.6410
47.4141	59.2697	73.9490	92.0918	114.4755	142.0429	175.9364	217.5369	268.5121	330.8722	407.0373	499.9157	612.9982	750.4685	917.3333
55.0004	69.3455	87.2598	109.5893	137.3706	171.8719	214.6424	267.5704	332.9550	413.5903	512.8670	634.8929	784.6377	968.1044	1192.5333
63.8004	81.1342	102.9666	130.4112	164.8447	207.9651	261.8637	329.1115	412.8642	516.9879	646.2124	806.3140	1004.3363	1248.8546	1550.2933
74.0085	94.9271	121.5005	155.1893	197.8136	251.6377	319.4737	404.8072	511.9516	646.2349	814.2276	1024.0187	1285.5504	1611.0225	2015.3813
85.8499	111.0647	143.3706	184.6753	237.3763	304.4816	389.7579	497.9129	634.8199	807.7936	1025.9267	1300.5038	1645.5046	2078.2190	2619.9956

附表三 年金现值

期数	1%	2%	3%	4%	5%	6%	7%	8%	9%	10%	11%	12%	13%	14%	15%
1	0.9901	0.9804	0.9709	0.9615	0.9524	0.9434	0.9346	0.9259	0.9174	0.9091	0.9009	0.8929	0.8850	0.8772	0.8696
2	1.9704	1.9416	1.9135	1.8861	1.8594	1.8334	1.8080	1.7833	1.7591	1.7355	1.7125	1.6901	1.6681	1.6467	1.6257
3	2.9410	2.8839	2.8286	2.7751	2.7232	2.6730	2.6243	2.5771	2.5313	2.4869	2.4437	2.4018	2.3612	2.3216	2.2832
4	3.9020	3.8077	3.7171	3.6299	3.5460	3.4651	3.3872	3.3121	3.2397	3.1699	3.1024	3.0373	2.9745	2.9137	2.8550
5	4.8534	4.7135	4.5797	4.4518	4.3295	4.2124	4.1002	3.9927	3.8897	3.7908	3.6959	3.6048	3.5172	3.4331	3.3522
6	5.7955	5.6014	5.4172	5.2421	5.0757	4.9173	4.7665	4.6229	4.4859	4.3553	4.2305	4.1114	3.9975	3.8887	3.7845
7	6.7282	6.4720	6.2303	6.0021	5.7864	5.5824	5.3893	5.2064	5.0330	4.8684	4.7122	4.5638	4.4226	4.2883	4.1604
8	7.6517	7.3255	7.0197	6.7327	6.4632	6.2098	5.9713	5.7466	5.5348	5.3349	5.1461	4.9676	4.7988	4.6389	4.4873
9	8.5660	8.1622	7.7861	7.4353	7.1078	6.8017	6.5152	6.2469	5.9952	5.7590	5.5370	5.3282	5.1317	4.9464	4.7716
10	9.4713	8.9826	8.5302	8.1109	7.7217	7.3601	7.0236	6.7101	6.4177	6.1446	5.8892	5.6502	5.4262	5.2161	5.0188
11	10.3676	9.7868	9.2526	8.7605	8.3064	7.8869	7.4987	7.1390	6.8052	6.4951	6.2065	5.9377	5.6869	5.4527	5.2337
12	11.2551	10.5753	9.9540	9.3851	8.8633	8.3838	7.9427	7.5361	7.1607	6.8137	6.4924	6.1944	5.9176	5.6603	5.4206
13	12.1337	11.3484	10.6350	9.9856	9.3936	8.8527	8.3577	7.9038	7.4869	7.1034	6.7499	6.4235	6.1218	5.8424	5.5831
14	13.0037	12.1062	11.2961	10.5631	9.8986	9.2950	8.7455	8.2442	7.7862	7.3667	6.9819	6.6282	6.3025	6.0021	5.7245
15	13.8651	12.8493	11.9379	11.1184	10.3797	9.7122	9.1079	8.5595	8.0607	7.6061	7.1909	6.8109	6.4624	6.1422	5.8474
16	14.7179	13.5777	12.5611	11.6523	10.8378	10.1059	9.4466	8.8514	8.3126	7.8237	7.3792	6.9740	6.6039	6.2651	5.9542
17	15.5623	14.2919	13.1661	12.1657	11.2741	10.4773	9.7632	9.1216	8.5436	8.0216	7.5488	7.1196	6.7291	6.3729	6.0472
18	16.3983	14.9920	13.7535	12.6593	11.6896	10.8276	10.0591	9.3719	8.7556	8.2014	7.7016	7.2497	6.8399	6.4674	6.1280
19	17.2260	15.6785	14.3238	13.1339	12.0853	11.1581	10.3356	9.6036	8.9501	8.3649	7.8393	7.3658	6.9380	6.5504	6.1982
20	18.0456	16.3514	14.8775	13.5903	12.4622	11.4699	10.5940	9.8181	9.1285	8.5136	7.9633	7.4694	7.0248	6.6231	6.2593
21	18.8570	17.0112	15.4150	14.0292	12.8212	11.7641	10.8355	10.0168	9.2922	8.6487	8.0751	7.5620	7.1016	6.6870	6.3125
22	19.6604	17.6580	15.9369	14.4511	13.1630	12.0416	11.0612	10.2007	9.4424	8.7715	8.1757	7.6446	7.1695	6.7429	6.3587
23	20.4558	18.2922	16.4436	14.8568	13.4886	12.3034	11.2722	10.3711	9.5802	8.8832	8.2664	7.7184	7.2297	6.7921	6.3988
24	21.2434	18.9139	16.9355	15.2470	13.7986	12.5504	11.4693	10.5288	9.7066	8.9847	8.3481	7.7843	7.2829	6.8351	6.4338
25	22.0232	19.5235	17.4131	15.6221	14.0939	12.7834	11.6536	10.6748	9.8226	9.0770	8.4217	7.8431	7.3300	6.8729	6.4641
26	22.7952	20.1210	17.8768	15.9828	14.3752	13.0032	11.8258	10.8100	9.9290	9.1609	8.4881	7.8957	7.3717	6.9061	6.4906
27	23.5596	20.7069	18.3270	16.3296	14.6430	13.2105	11.9867	10.9352	10.0266	9.2372	8.5478	7.9426	7.4086	6.9352	6.5135
28	24.3164	21.2813	18.7641	16.6631	14.8981	13.4062	12.1371	11.0511	10.1161	9.3066	8.6016	7.9844	7.4412	6.9607	6.5335
29	25.0658	21.8444	19.1885	16.9837	15.1411	13.5907	12.2777	11.1584	10.1983	9.3696	8.6501	8.0218	7.4701	6.9830	6.5509
30	25.8077	22.3965	19.6004	17.2920	15.3725	13.7648	12.4090	11.2578	10.2737	9.4269	8.6938	8.0552	7.4957	7.0027	6.5660

系数表

16%	17%	18%	19%	20%	21%	22%	23%	24%	25%	26%	27%	28%	29%	30%
0.8621	0.8547	0.8475	0.8403	0.8333	0.8264	0.8197	0.8130	0.8065	0.8000	0.7937	0.7874	0.7813	0.7752	0.7692
1.6052	1.5852	1.5656	1.5465	1.5278	1.5095	1.4915	1.4740	1.4568	1.4400	1.4235	1.4074	1.3916	1.3761	1.3609
2.2459	2.2096	2.1743	2.1399	2.1065	2.0739	2.0422	2.0114	1.9813	1.9520	1.9234	1.8956	1.8684	1.8420	1.8161
2.7982	2.7432	2.6901	2.6386	2.5887	2.5404	2.4936	2.4483	2.4043	2.3616	2.3202	2.2800	2.2410	2.2031	2.1662
3.2743	3.1993	3.1272	3.0576	2.9906	2.9260	2.8636	2.8035	2.7454	2.6893	2.6351	2.5827	2.5320	2.4830	2.4356
3.6847	3.5892	3.4976	3.4098	3.3255	3.2446	3.1669	3.0923	3.0205	2.9514	2.8850	2.8210	2.7594	2.7000	2.6427
4.0386	3.9224	3.8115	3.7057	3.6046	3.5079	3.4155	3.3270	3.2423	3.1611	3.0833	3.0087	2.9370	2.8682	2.8021
4.3436	4.2072	4.0776	3.9544	3.8372	3.7256	3.6193	3.5179	3.4212	3.3289	3.2407	3.1564	3.0758	2.9986	2.9247
4.6065	4.4506	4.3030	4.1633	4.0310	3.9054	3.7863	3.6731	3.5655	3.4631	3.3657	3.2728	3.1842	3.0997	3.0190
4.8332	4.6586	4.4941	4.3389	4.1925	4.0541	3.9232	3.7993	3.6819	3.5705	3.4648	3.3644	3.2689	3.1781	3.0915
5.0286	4.8364	4.6560	4.4865	4.3271	4.1769	4.0354	3.9018	3.7757	3.6564	3.5435	3.4365	3.3351	3.2388	3.1473
5.1971	4.9884	4.7932	4.6105	4.4392	4.2784	4.1274	3.9852	3.8514	3.7251	3.6059	3.4933	3.3868	3.2859	3.1903
5.3423	5.1183	4.9095	4.7147	4.5327	4.3624	4.2028	4.0530	3.9124	3.7801	3.6555	3.5381	3.4272	3.3224	3.2233
5.4675	5.2293	5.0081	4.8023	4.6106	4.4317	4.2646	4.1082	3.9616	3.8241	3.6949	3.5733	3.4587	3.3507	3.2487
5.5755	5.3242	5.0916	4.8759	4.6755	4.4890	4.3152	4.1530	4.0013	3.8593	3.7261	3.6010	3.4834	3.3726	3.2682
5.6685	5.4053	5.1624	4.9377	4.7296	4.5364	4.3567	4.1894	4.0333	3.8874	3.7509	3.6228	3.5026	3.3896	3.2832
5.7487	5.4746	5.2223	4.9897	4.7746	4.5755	4.3908	4.2190	4.0591	3.9099	3.7705	3.6400	3.5177	3.4028	3.2948
5.8178	5.5339	5.2732	5.0333	4.8122	4.6079	4.4187	4.2431	4.0799	3.9279	3.7861	3.6536	3.5294	3.4130	3.3037
5.8775	5.5845	5.3162	5.0700	4.8435	4.6346	4.4415	4.2627	4.0967	3.9424	3.7985	3.6642	3.5386	3.4210	3.3105
5.9288	5.6278	5.3527	5.1009	4.8696	4.6567	4.4603	4.2786	4.1103	3.9539	3.8083	3.6726	3.5458	3.4271	3.3158
5.9731	5.6648	5.3837	5.1268	4.8913	4.6750	4.4756	4.2916	4.1212	3.9631	3.8161	3.6792	3.5514	3.4319	3.3198
6.0113	5.6964	5.4099	5.1486	4.9094	4.6900	4.4882	4.3021	4.1300	3.9705	3.8223	3.6844	3.5558	3.4356	3.3230
6.0442	5.7234	5.4321	5.1668	4.9245	4.7025	4.4985	4.3106	4.1371	3.9764	3.8273	3.6885	3.5592	3.4384	3.3254
6.0726	5.7465	5.4509	5.1822	4.9371	4.7128	4.5070	4.3176	4.1428	3.9811	3.8312	3.6918	3.5619	3.4406	3.3272
6.0971	5.7662	5.4669	5.1951	4.9476	4.7213	4.5139	4.3232	4.1474	3.9849	3.8342	3.6943	3.5640	3.4423	3.3286
6.1182	5.7831	5.4804	5.2060	4.9563	4.7284	4.5196	4.3278	4.1511	3.9879	3.8367	3.6963	3.5656	3.4437	3.3297
6.1364	5.7975	5.4919	5.2151	4.9636	4.7342	4.5243	4.3316	4.1542	3.9903	3.8387	3.6979	3.5669	3.4447	3.3305
6.1520	5.8099	5.5016	5.2228	4.9697	4.7390	4.5281	4.3346	4.1566	3.9923	3.8402	3.6991	3.5679	3.4455	3.3312
6.1656	5.8204	5.5098	5.2292	4.9747	4.7430	4.5312	4.3371	4.1585	3.9938	3.8414	3.7001	3.5687	3.4461	3.3317
6.1772	5.8294	5.5168	5.2347	4.9789	4.7463	4.5338	4.3391	4.1601	3.9950	3.8424	3.7009	3.5693	3.4466	3.3321

附表四　年金终值

期数	1%	2%	3%	4%	5%	6%	7%	8%	9%	10%	11%	12%	13%	14%	15%
1	1.0000	1.0000	1.0000	1.0000	1.0000	1.0000	1.0000	1.0000	1.0000	1.0000	1.0000	1.0000	1.0000	1.0000	1.0000
2	2.0100	2.0200	2.0300	2.0400	2.0500	2.0600	2.0700	2.0800	2.0900	2.1000	2.1100	2.1200	2.1300	2.1400	2.1500
3	3.0301	3.0604	3.0909	3.1216	3.1525	3.1836	3.2149	3.2464	3.2781	3.3100	3.3421	3.3744	3.4069	3.4396	3.4725
4	4.0604	4.1216	4.1836	4.2465	4.3101	4.3746	4.4399	4.5061	4.5731	4.6410	4.7097	4.7793	4.8498	4.9211	4.9934
5	5.1010	5.2040	5.3091	5.4163	5.5256	5.6371	5.7507	5.8666	5.9847	6.1051	6.2278	6.3528	6.4803	6.6101	6.7424
6	6.1520	6.3081	6.4684	6.6330	6.8019	6.9753	7.1533	7.3359	7.5233	7.7156	7.9129	8.1152	8.3227	8.5355	8.7537
7	7.2135	7.4343	7.6625	7.8983	8.1420	8.3938	8.6540	8.9228	9.2004	9.4872	9.7833	10.0890	10.4047	10.7305	11.0668
8	8.2857	8.5830	8.8923	9.2142	9.5491	9.8975	10.2598	10.6366	11.0285	11.4359	11.8594	12.2997	12.7573	13.2328	13.7268
9	9.3685	9.7546	10.1591	10.5828	11.0266	11.4913	11.9780	12.4876	13.0210	13.5795	14.1640	14.7757	15.4157	16.0853	16.7858
10	10.4622	10.9497	11.4639	12.0061	12.5779	13.1808	13.8164	14.4866	15.1929	15.9374	16.7220	17.5487	18.4197	19.3373	20.3037
11	11.5668	12.1687	12.8078	13.4864	14.2068	14.9716	15.7836	16.6455	17.5603	18.5312	19.5614	20.6546	21.8143	23.0445	24.3493
12	12.6825	13.4121	14.1920	15.0258	15.9171	16.8699	17.8885	18.9771	20.1407	21.3843	22.7132	24.1331	25.6502	27.2707	29.0017
13	13.8093	14.6803	15.6178	16.6268	17.7130	18.8821	20.1406	21.4953	22.9534	24.5227	26.2116	28.0291	29.9847	32.0887	34.3519
14	14.9474	15.9739	17.0863	18.2919	19.5986	21.0151	22.5505	24.2149	26.0192	27.9750	30.0949	32.3926	34.8827	37.5811	40.5047
15	16.0969	17.2934	18.5989	20.0236	21.5786	23.2760	25.1290	27.1521	29.3609	31.7725	34.4054	37.2797	40.4175	43.8424	47.5804
16	17.2579	18.6393	20.1569	21.8245	23.6575	25.6725	27.8881	30.3243	33.0034	35.9497	39.1899	42.7533	46.6717	50.9804	55.7175
17	18.4304	20.0121	21.7616	23.6975	25.8404	28.2129	30.8402	33.7502	36.9737	40.5447	44.5008	48.8837	53.7391	59.1176	65.0751
18	19.6147	21.4123	23.4144	25.6454	28.1324	30.9057	33.9990	37.4502	41.3013	45.5992	50.3959	55.7497	61.7251	68.3941	75.8364
19	20.8109	22.8406	25.1169	27.6712	30.5390	33.7600	37.3790	41.4463	46.0185	51.1591	56.9395	63.4397	70.7494	78.9692	88.2118
20	22.0190	24.2974	26.8704	29.7781	33.0660	36.7856	40.9955	45.7620	51.1601	57.2750	64.2028	72.0524	80.9468	91.0249	102.4436
21	23.2392	25.7833	28.6765	31.9692	35.7193	39.9927	44.8652	50.4229	56.7645	64.0025	72.2651	81.6987	92.4699	104.7684	118.8101
22	24.4716	27.2990	30.5368	34.2480	38.5052	43.3923	49.0057	55.4568	62.8733	71.4027	81.2143	92.5026	105.4910	120.4360	137.6316
23	25.7163	28.8450	32.4529	36.6179	41.4305	46.9958	53.4361	60.8933	69.5319	79.5430	91.1479	104.6029	120.2048	138.2970	159.2764
24	26.9735	30.4219	34.4265	39.0826	44.5020	50.8156	58.1767	66.7648	76.7898	88.4973	102.1742	118.1552	136.8315	158.6586	184.1678
25	28.2432	32.0303	36.4593	41.6459	47.7271	54.8645	63.2490	73.1059	84.7009	98.3471	114.4133	133.3339	155.6196	181.8708	212.7930
26	29.5256	33.6709	38.5530	44.3117	51.1135	59.1564	68.6765	79.9544	93.3240	109.1818	127.9988	150.3339	176.8501	208.3327	245.7120
27	30.8209	35.3443	40.7096	47.0842	54.6691	63.7058	74.4838	87.3508	102.7231	121.0999	143.0786	169.3740	200.8406	238.4993	283.5688
28	32.1291	37.0512	42.9309	49.9676	58.4026	68.5281	80.6977	95.3388	112.9682	134.2099	159.8173	190.6989	227.9499	272.8892	327.1041
29	33.4504	38.7922	45.2189	52.9663	62.3227	73.6398	87.3465	103.9659	124.1354	148.6309	178.3972	214.5828	258.5834	312.0937	377.1697
30	34.7849	40.5681	47.5754	56.0849	66.4388	79.0582	94.4608	113.2832	136.3075	164.4940	199.0209	241.3327	293.1992	356.7868	434.7451

系数表

16%	17%	18%	19%	20%	21%	22%	23%	24%	25%	26%	27%	28%	29%	30%
1.000 0	1.000 0	1.000 0	1.000 0	1.000 0	1.000 0	1.000 0	1.000 0	1.000 0	1.000 0	1.000 0	1.000 0	1.000 0	1.000 0	1.000 0
2.160 0	2.170 0	2.180 0	2.190 0	2.200 0	2.210 0	2.220 0	2.230 0	2.240 0	2.250 0	2.260 0	2.270 0	2.280 0	2.290 0	2.300 0
3.505 6	3.538 9	3.572 4	3.606 1	3.640 0	3.674 1	3.708 4	3.742 9	3.777 6	3.812 5	3.847 6	3.882 9	3.918 4	3.954 1	3.990 0
5.066 5	5.140 5	5.215 4	5.291 3	5.368 0	5.445 7	5.524 2	5.603 8	5.684 2	5.765 6	5.848 0	5.931 3	6.015 6	6.100 8	6.187 0
6.877 1	7.014 4	7.154 2	7.296 6	7.441 6	7.589 2	7.739 6	7.892 6	8.048 4	8.207 0	8.368 4	8.532 7	8.699 9	8.870 0	9.043 1
8.977 5	9.206 8	9.442 0	9.683 0	9.929 9	10.183 0	10.442 3	10.707 9	10.980 1	11.258 8	11.544 2	11.836 6	12.135 9	12.442 3	12.756 0
11.413 9	11.772 0	12.141 5	12.522 7	12.915 9	13.321 4	13.739 6	14.170 8	14.615 3	15.073 5	15.545 8	16.032 4	16.533 9	17.050 6	17.582 8
14.240 1	14.773 3	15.327 0	15.902 0	16.499 1	17.118 9	17.762 3	18.430 0	19.122 9	19.841 9	20.587 6	21.361 2	22.163 4	22.995 3	23.857 7
17.518 5	18.284 7	19.085 9	19.923 4	20.798 9	21.713 9	22.670 0	23.669 0	24.712 5	25.802 3	26.940 4	28.128 7	29.369 2	30.663 9	32.015 0
21.321 5	22.393 1	23.521 3	24.708 9	25.958 7	27.273 8	28.657 4	30.112 8	31.643 4	33.252 9	34.944 9	36.723 5	38.592 6	40.556 4	42.619 5
25.732 9	27.199 9	28.755 1	30.403 5	32.150 4	34.001 3	35.962 0	38.038 8	40.237 9	42.566 1	45.030 6	47.638 8	50.398 5	53.317 8	56.405 3
30.850 2	32.823 9	34.931 1	37.180 2	39.580 5	42.141 6	44.873 7	47.787 7	50.895 0	54.207 7	57.738 6	61.501 3	65.510 0	69.780 0	74.327 0
36.786 2	39.404 0	42.218 7	45.244 5	48.496 6	51.991 3	55.745 9	59.778 8	64.109 7	68.759 6	73.750 6	79.106 6	84.852 9	91.016 1	97.625 0
43.672 0	47.102 7	50.818 0	54.840 9	59.195 9	63.909 5	69.010 0	74.528 0	80.496 1	86.949 5	93.925 8	101.465 4	109.611 7	118.410 8	127.912 5
51.659 5	56.110 1	60.965 3	66.260 7	72.035 1	78.330 5	85.192 2	92.669 4	100.815 1	109.686 8	119.346 5	129.861 1	141.302 9	153.750 0	167.286 3
60.925 0	66.648 8	72.939 0	79.850 2	87.442 1	95.779 9	104.934 5	114.983 4	126.010 8	138.108 5	151.376 6	165.923 6	181.867 7	199.337 4	218.472 2
71.673 0	78.979 2	87.068 0	96.021 8	105.930 6	116.893 7	129.020 1	142.429 5	157.253 4	173.635 7	191.734 5	211.723 0	233.790 7	258.145 3	285.013 9
84.140 7	93.405 6	103.740 3	115.265 9	128.116 7	142.441 3	158.404 5	176.188 3	195.994 2	218.044 6	242.585 5	269.888 2	300.252 1	334.007 4	371.518 0
98.603 2	110.284 6	123.413 5	138.166 4	154.740 0	173.354 0	194.253 5	217.711 6	244.032 8	273.555 8	306.657 7	343.758 0	385.322 7	431.869 6	483.973 4
115.379 7	130.032 9	146.628 0	165.418 0	186.688 0	210.758 4	237.989 3	268.785 3	303.600 6	342.944 7	387.388 7	437.572 6	494.213 1	558.111 8	630.165 5
134.840 5	153.138 5	174.021 0	197.847 4	225.025 6	256.017 6	291.346 9	331.605 9	377.464 8	429.680 9	489.109 8	556.717 3	633.592 7	720.964 2	820.215 1
157.415 0	180.172 1	206.344 8	236.438 5	271.030 7	310.781 3	356.443 2	408.875 3	469.056 3	538.101 1	617.278 3	708.030 9	811.998 7	931.043 8	1067.279 6
183.601 4	211.801 3	244.486 8	282.361 8	326.236 9	377.045 4	435.860 7	503.916 6	582.629 8	673.626 4	778.770 7	900.199 3	1040.358 3	1202.046 5	1388.463 5
213.977 6	248.807 6	289.494 5	337.010 5	392.484 2	457.224 9	532.750 1	620.817 4	723.461 0	843.032 9	982.251 1	1 144.253 1	1 332.658 6	1 551.640 0	1 806.002 6
249.214 0	292.104 9	342.603 5	402.042 5	471.981 1	554.242 2	650.955 1	764.605 4	898.091 6	1 054.791 2	1 238.636 3	1 454.201 4	1 706.803 1	2 002.615 6	2 348.803 3
290.088 3	342.762 7	405.272 1	479.430 6	567.377 3	671.633 0	795.165 3	941.464 7	1 114.633 6	1 319.489 0	1 561.681 8	1 847.835 8	2 185.707 9	2 584.374 1	3 054.444 3
337.502 4	402.032 3	479.221 1	571.522 4	681.852 8	813.675 9	971.101 6	1 159.001 6	1 383.145 7	1650.361 2	1968.719 1	2347.751 5	2798.706 1	3334.842 6	3971.777 6
392.502 8	471.377 8	566.480 9	681.111 6	819.223 3	985.547 9	1 185.744 0	1 426.571 9	1 716.100 7	2 063.951 5	2 481.586 0	2 982.644 4	3 583.343 8	4 302.947 0	5 164.310 9
456.303 2	552.512 1	669.447 5	811.522 8	984.068 0	1 193.512 9	1 447.607 7	1 755.683 5	2 128.964 8	2 580.939 4	3 127.798 4	3 788.958 3	4 587.680 1	5 551.801 6	6 714.604 2
530.311 7	647.439 1	790.948 0	966.712 2	1 181.881 6	1 445.150 7	1 767.081 3	2 160.490 7	2 640.916 4	3 227.174 3	3 942.026 0	4 812.977 1	5 873.230 6	7 162.824 1	8 729.985 5

参 考 文 献

[1] 荆新．财务管理学[M]. 5版．北京：中国人民大学出版社，2009.

[2] 中国注册会计师协会．财务成本管理[M]. 北京：中国财政经济出版社，2010.

[3] 财政部会计资格评价中心．财务管理[M]. 北京：中国财政经济出版社，2010.

[4] 王化成．财务管理[M]. 3版．北京：中国人民大学出版社，2010.

[5] 姚海鑫．财务管理[M]. 北京：清华大学出版社，2007.

[6] 张志宏．财务管理[M]. 北京：中国财政经济出版社，2009.

[7] 王化成．高级财务管理学[M]. 2版．北京：中国人民大学出版社，2007.

[8] 汤谷良．高级财务管理学[M]. 北京：清华大学出版社，2010.

[9] 张先治．高级财务管理[M]. 大连：东北财经大学出版社，2007.

[10] 刘树密．财务管理实训[M]. 南京：东南大学出版社，2005.

[11] 程宏伟，等．财务管理案例分析精要[M]. 成都：西南财经大学出版社，2010.

[12] 王斌．企业财务学[M]. 2版．北京：经济科学出版社，2002.

[13] [美]阿斯瓦斯・达摩达兰．应用公司理财[M]. 郑振龙，等译．北京：机械工业出版社，2002.

[14] [美] 斯蒂芬・A. 罗斯，罗德尔福・W. 威斯特菲尔德，杰弗利・F. 杰富．公司理财[M]. 5版．吴世农，等译．北京：机械工业出版社，2000.

[15] 上海立信会计学院．财务管理[M]. 北京：高等教育出版社，2004.

[16] 王遐昌．财务管理学(案例与训练)[M]. 上海：立信会计出版社，2004.

[17] 王化成．财务管理学案例点评[M]. 杭州：浙江人民出版社，2003.

[18] 孙丽，毛晶莹．财务管理[M]. 北京：经济管理出版社，2009.

[19] 吴安平，等．财务管理学教学案例[M]. 北京：中国审计出版社，2001.

北京大学出版社本科财经管理类实用规划教材（已出版）

财务会计类

序号	书　名	标 准 书 号	主　编	定价	序号	书　名	标 准 书 号	主　编	定价
1	基础会计（第2版）	7-301-17478-4	李秀莲	38.00	20	初级财务管理	7-301-20019-3	胡淑姣	42.00
2	基础会计学	7-301-19403-4	窦亚芹	33.00	21	财务管理学	7-5038-4897-1	盛均全	34.00
3	会计学	7-81117-533-2	马丽莹	44.00	22	财务管理学实用教程（第2版）	7-301-21060-4	骆永菊	42.00
4	会计学原理（第2版）	7-301-18515-5	刘爱香	30.00	23	基础会计学学习指导与习题集	7-301-16309-2	裴　玉	28.00
5	会计学原理习题与实验（第2版）	7-301-19449-2	王保忠	30.00	24	财务管理理论与实务	7-301-20042-1	成　兵	40.00
6	会计学原理与实务（第2版）	7-301-18653-4	周慧滨	33.00	25	财务管理学原理与实务	7-81117-544-8	严复海	40.00
7	会计学原理与实务模拟实验教程	7-5038-5013-4	周慧滨	20.00	26	财务管理理论与实务（第2版）	7-301-20407-8	张思强	42.00
8	会计实务	7-81117-677-3	王远利	40.00	27	公司理财原理与实务	7-81117-800-5	廖东声	36.00
9	高级财务会计	7-81117-545-5	程明娥	46.00	28	审计学	7-81117-828-9	王翠琳	46.00
10	高级财务会计	7-5655-0061-9	王奇杰	44.00	29	审计理论与实务	7-81117-955-2	宋传联	36.00
11	成本会计学	7-301-19400-3	杨尚军	38.00	30	会计综合实训模拟教程	7-301-20730-7	章洁倩	33.00
12	成本会计学	7-5655-0482-2	张红漫	30.00	31	财务分析学	7-301-20275-3	张献英	30.00
13	成本会计学	7-301-20473-3	刘建中	38.00	32	银行会计	7-301-21155-7	宗国恩	40.00
14	管理会计	7-81117-943-9	齐殿伟	27.00	33	税收筹划	7-301-21238-7	都新英	38.00
15	管理会计	7-301-21057-4	形芳珍	36.00	34	基础会计学	7-301-16308-5	晋晓琴	39.00
16	会计规范专题	7-81117-887-6	谢万健	35.00	35	公司财务管理	7-301-21423-7	胡振兴	48.00
17	企业财务会计模拟实习教程	7-5655-0404-4	董晓平	25.00	36	税法与税务会计实用教程（第2版）	7-301-21422-0	张巧良	45.00
18	税法与税务会计	7-81117-497-7	吕孝侠	45.00	37	政府与非营利组织会计	7-301-21504-3	张　丹	40.00
19	税法与税务会计实用教程	7-81117-598-1	张巧良	38.00	38	财务管理学	7-301-21887-7	陈　玮	44.00

工商管理、市场营销、人力资源管理、服务营销类

序号	书　名	标 准 书 号	主　编	定价	序号	书　名	标 准 书 号	主　编	定价
1	管理学基础	7-5038-4872-8	于干千	35.00	19	市场营销学	7-81117-676-6	戴秀英	32.00
2	管理学基础学习指南与习题集	7-5038-4891-9	王　珍	26.00	20	市场营销学（第2版）	7-301-19855-1	陈　阳	45.00
3	管理学	7-81117-494-6	曾　旗	44.00	21	市场营销学新论	7-5038-4879-7	郑玉香	40.00
4	管理学原理	7-5655-0078-7	尹少华	42.00	22	国际市场营销学	7-5038-5021-9	范应仁	38.00
5	管理学原理与实务（第2版）	7-301-18536-0	陈嘉莉	42.00	23	市场营销理论与实务（第2版）	7-301-20628-7	那　薇	40.00
6	管理学实用教程	7-5655-0063-3	邵喜武	37.00	24	现代市场营销学	7-81117-599-8	邓德胜	40.00
7	管理学实用教程	7-301-21059-8	高爱霞	42.00	25	消费者行为学	7-81117-824-1	甘瑁琴	35.00
8	通用管理知识概论	7-5038-4997-8	王丽平	36.00	26	商务谈判（第2版）	7-301-20048-3	郭秀君	49.00
9	现代企业管理理论与应用	7-5038-5024-0	邸彦彪	40.00	27	商务谈判实用教程	7-81117-597-4	陈建明	24.00
10	管理运筹学（第2版）	7-301-19351-8	关文忠	39.00	28	消费者行为学	7-5655-0057-2	肖　立	37.00
11	统计学原理	7-301-21061-1	韩　宇	38.00	29	客户关系管理实务	7-301-09956-8	周贺来	44.00
12	统计学原理	7-5038-4888-9	刘晓利	28.00	30	公共关系学	7-5038-5022-6	于朝晖	40.00
13	统计学	7-5038-4898-8	曲　岩	42.00	31	公共关系理论与实务	7-5038-4889-6	王　玫	32.00
14	应用统计学（第2版）	7-301-19295-5	王淑芬	48.00	32	公共关系学实用教程	7-81117-660-5	周　华	35.00
15	管理定量分析方法	7-301-13552-5	赵光华	28.00	33	公共关系理论与实务	7-5655-0155-5	李泓欣	45.00
16	新编市场营销学	7-81117-972-9	刘丽霞	30.00	34	跨国公司管理	7-5038-4999-2	冯雷鸣	28.00
17	市场营销学	7-5655-0064-0	王槐林	33.00	35	质量管理	7-5655-0069-5	陈国华	36.00
18	市场营销学实用教程	7-5655-0081-7	李晨耘	40.00	36	跨文化管理	7-301-20027-8	晏　雄	35.00

序号	书 名	标 准 书 号	主 编	定价	序号	书 名	标 准 书 号	主 编	定价
37	企业战略管理	7-5655-0370-2	代海涛	36.00	53	人力资源管理：理论、实务与艺术	7-5655-0193-7	李长江	48.00
38	企业文化理论与实务	7-81117-663-6	王水嫩	30.00	54	员工招聘	7-301-20089-6	王 挺	30.00
39	企业战略管理	7-81117-801-2	陈英梅	34.00	55	服务营销理论与实务	7-81117-826-5	杨丽华	39.00
40	企业战略管理实用教程	7-81117-853-1	刘松先	35.00	56	服务企业经营管理学	7-5038-4890-2	于干千	36.00
41	产品与品牌管理	7-81117-492-2	胡 梅	35.00	57	服务营销	7-301-15834-0	周 明	40.00
42	东方哲学与企业文化	7-5655-0433-4	刘峰涛	34.00	58	会展服务管理	7-301-16661-1	许传宏	36.00
43	运营管理	7-5038-4878-0	冯根尧	35.00	59	现代服务业管理原理、方法与案例	7-301-17817-1	马 勇	49.00
44	生产运作管理（第2版）	7-301-18934-4	李全喜	48.00	60	服务性企业战略管理	7-301-20043-8	黄其新	28.00
45	运作管理	7-5655-0472-3	周建亨	25.00	61	服务型政府管理概论	7-301-20099-5	于干千	32.00
46	组织行为学	7-5038-5014-1	安世民	33.00	62	新编现代企业管理	7-301-21121-2	姚丽娜	48.00
47	组织行为学实用教程	7-301-20466-5	冀 鸿	32.00	63	创业学	7-301-15915-6	刘沁玲	38.00
48	流程型组织的构建研究	7-81117-519-6	岳 澎	35.00	64	管理学	7-301-17452-4	王慧娟	42.00
49	人力资源管理（第2版）	7-301-19098-2	颜爱民	60.00	65	公共关系学实用教程	7-301-17472-2	任焕琴	42.00
50	人力资源管理经济分析	7-301-16084-8	颜爱民	38.00	66	现场管理	7-301-21528-9	陈国华	38.00
51	人力资源管理原理与实务	7-81117-496-0	邹 华	32.00	67	现代企业管理理论与应用（第2版）	7-301-21603-3	邸彦彪	38.00
52	人力资源管理实用教程（第2版）	7-301-20281-4	吴宝华	45.00	68	服务营销	7-301-21889-1	熊 凯	45.00

经济、国贸、金融类

序号	书 名	标 准 书 号	主 编	定价	序号	书 名	标 准 书 号	主 编	定价
1	政治经济学原理与实务	7-81117-498-4	沈爱华	28.00	22	金融市场学	7-81117-595-0	黄解宇	24.00
2	宏观经济学原理与实务（第2版）	7-301-18787-6	崔东红	57.00	23	金融工程学理论与实务	7-81117-546-2	谭春枝	35.00
3	宏观经济学	7-5038-4882-7	蹇令香	32.00	24	财政学	7-5038-4965-7	盖 锐	34.00
4	微观经济学原理与实务	7-81117-818-0	崔东红	48.00	25	保险学原理与实务	7-5038-4871-1	曹时军	37.00
5	微观经济学	7-81117-568-4	梁瑞华	35.00	26	东南亚南亚商务环境概论	7-81117-956-9	韩 越	38.00
6	西方经济学实用教程	7-5038-4886-5	陈孝胜	40.00	27	证券投资学	7-301-19967-1	陈汉平	45.00
7	西方经济学实用教程	7-5655-0302-3	杨仁发	49.00	28	金融学理论与实务	7-5655-0405-1	战玉峰	42.00
8	西方经济学	7-81117-851-7	于丽敏	40.00	29	货币银行学	7-301-15062-7	杜小伟	38.00
9	现代经济学基础	7-81117-549-3	张士军	25.00	30	国际结算（第2版）	7-301-17420-3	张晓芬	35.00
10	国际经济学	7-81117-594-3	吴红梅	39.00	31	国际贸易规则与进出口业务操作实务（第2版）	7-301-19384-6	李 平	54.00
11	发展经济学	7-81117-674-2	赵邦宏	48.00	32	金融风险管理	7-301-20090-2	朱淑珍	38.00
12	管理经济学	7-81117-536-3	姜保雨	34.00	33	国际贸易实务	7-301-20919-6	张 肃	28.00
13	计量经济学	7-5038-3915-3	刘艳春	28.00	34	国际贸易理论、政策与案例分析	7-301-20978-3	冯 跃	42.00
14	外贸函电	7-5038-4884-1	王 妍	20.00	35	国际结算	7-301-21092-5	张 慧	42.00
15	国际贸易理论与实务（第2版）	7-301-18798-2	缪东玲	54.00	36	金融工程学	7-301-18273-4	李淑锦	30.00
16	国际贸易（第2版）	7-301-19404-1	朱廷珺	45.00	37	证券投资学	7-301-21236-3	王 毅	45.00
17	国际贸易实务（第2版）	7-301-20486-3	夏合群	45.00	38	金融工程学理论与实务（第2版）	7-301-21280-6	谭春枝	42.00
18	国际贸易结算及其单证实务	7-5655-0268-2	卓乃坚	35.00	39	跨国公司经营与管理	7-301-21333-9	冯雷鸣	35.00
19	国际金融	7-5038-4893-3	韩博印	30.00	40	货币银行学	7-301-21345-2	李 冰	42.00
20	国际金融实用教程	7-81117-593-6	周 影	32.00	41	政治经济学原理与实务（第2版）		沈爱华	
21	国际商务	7-5655-0093-0	安占然	30.00					

法律类

序号	书 名	标 准 书 号	主 编	定价	序号	书 名	标 准 书 号	主 编	定价
1	经济法原理与实务(第2版)	7-301-21527-2	杨士富	39.00	5	劳动法学	7-81117-495-3	李 瑞	32.00
2	经济法实用教程	7-81117-547-9	陈亚平	44.00	6	金融法学理论与实务	7-81117-958-3	战玉锋	34.00
3	国际商法理论与实务	7-81117-852-4	杨士富	38.00	7	国际商法	7-301-20071-1	丁孟春	37.00
4	商法总论	7-5038-4887-2	任先行	40.00	8	商法学	7-301-21478-7	周龙杰	43.00

电子商务与信息管理类

序号	书 名	标 准 书 号	主 编	定价	序号	书 名	标 准 书 号	主 编	定价
1	网络营销	7-301-12349-2	谷宝华	30.00	3	电子商务概论（第2版）	7-301-17475-3	庞大莲	42.00
2	数据库技术及应用教程（SQL Server版）	7-301-12351-5	郭建校	34.00	4	网络营销	7-301-16556-0	王宏伟	26.00

序号	书　名	标 准 书 号	主　编	定价	序号	书　名	标 准 书 号	主　编	定价
5	网络信息采集与编辑	7-301-16557-7	范生万	24.00	20	电子商务概论	7-301-16717-5	杨雪雁	32.00
6	电子商务案例分析	7-301-16596-6	曹彩杰	28.00	21	电子商务英语	7-301-05364-5	覃　正	30.00
7	管理信息系统	7-301-12348-5	张彩虹	36.00	22	网络支付与结算	7-301-16911-7	徐　勇	34.00
8	电子商务概论	7-301-13633-1	李洪心	30.00	23	网上支付与安全	7-301-17044-1	帅青红	32.00
9	管理信息系统实用教程	7-301-12323-2	李　松	35.00	24	企业信息化实务	7-301-16621-5	张志荣	42.00
10	电子商务法	7-301-14306-3	李　瑞	26.00	25	电子化国际贸易	7-301-17246-9	李辉作	28.00
11	数据仓库与数据挖掘	7-301-14313-1	廖开际	28.00	26	商务智能与数据挖掘	7-301-17671-9	张公让	38.00
12	电子商务模拟与实验	7-301-12350-8	喻光继	22.00	27	管理信息系统教程	7-301-19472-0	赵天唯	42.00
13	ERP 原理与应用教程	7-301-14455-8	温雅丽	34.00	28	电子政务	7-301-15163-1	原忠虎	38.00
14	电子商务原理及应用	7-301-14080-2	孙　睿	36.00	29	商务智能	7-301-19899-5	汪　楠	40.00
15	管理信息系统理论与应用	7-301-15212-6	吴　忠	30.00	30	电子商务与现代企业管理	7-301-19978-7	吴菊华	40.00
16	网络营销实务	7-301-15284-3	李蔚田	42.00	31	电子商务物流管理	7-301-20098-8	王小宁	42.00
17	电子商务实务	7-301-15474-8	仲　岩	28.00	32	管理信息系统实用教程	7-301-20485-6	周贺来	42.00
18	电子商务网站建设	7-301-15480-9	臧良运	32.00	33	电子商务概论	7-301-21044-4	苗　森	28.00
19	网络金融与电子支付	7-301-15694-0	李蔚田	30.00	34	管理信息系统实务教程	7-301-21245-5	魏厚清	34.00

物流管理与工程类

序号	书　名	标 准 书 号	主　编	定价	序号	书　名	标 准 书 号	主　编	定价
1	物流工程	7-301-15045-0	林丽华	30.00	26	物流信息技术概论	7-301-18670-1	张　磊	28.00
2	现代物流决策技术	7-301-15868-5	王道平	30.00	27	物流配送中心运作管理	7-301-18671-8	陈　虎	40.00
3	物流管理信息系统	7-301-16564-5	杜彦华	33.00	28	物流项目管理	7-301-18801-9	周晓晔	35.00
4	物流信息管理	7-301-16699-4	王汉新	38.00	29	物流工程与管理	7-301-18960-3	高举红	39.00
5	现代物流学	7-301-16662-8	吴　健	42.00	30	交通运输工程学	7-301-19405-8	于　英	43.00
6	物流英语	7-301-16807-3	阚功俭	28.00	31	国际物流管理	7-301-19431-7	柴庆春	40.00
7	第三方物流	7-301-16663-5	张旭辉	35.00	32	商品检验与质量认证	7-301-10563-4	陈红丽	32.00
8	物流运作管理	7-301-16913-1	董千里	28.00	33	供应链管理	7-301-19734-9	刘永胜	49.00
9	采购管理与库存控制	7-301-16921-6	张　浩	30.00	34	现代企业物流管理实用教程	7-301-17612-2	乔志强	40.00
10	物流管理基础	7-301-16906-3	李蔚田	36.00	35	供应链设计理论与方法	7-301-20018-6	王道平	32.00
11	供应链管理	7-301-16714-4	曹翠珍	40.00	36	物流管理概论	7-301-20095-7	李传荣	44.00
12	物流技术装备	7-301-16808-0	于　英	38.00	37	供应链管理	7-301-20094-0	高举红	38.00
13	现代物流信息技术	7-301-16049-7	王道平	30.00	38	企业物流管理	7-301-20818-2	孔继利	45.00
14	现代物流仿真技术	7-301-17571-2	王道平	34.00	39	物流项目管理	7-301-20851-9	王道平	30.00
15	物流信息系统应用实例教程	7-301-17581-1	徐　琪	32.00	40	供应链管理	7-301-20901-1	王道平	35.00
16	物流项目招投标管理	7-301-17615-3	孟祥茹	30.00	41	现代仓储管理与实务	7-301-21043-7	周兴建	45.00
17	物流运筹学实用教程	7-301-17610-8	赵丽君	33.00	42	物流系统仿真案例	7-301-21072-7	赵　宁	25.00
18	现代物流基础	7-301-17611-5	王　侃	37.00	43	物流管理实验教程	7-301-21094-9	李晓龙	25.00
19	逆向物流	7-301-19809-4	甘卫华	33.00	44	物流学概论	7-301-21098-7	李　创	44.00
20	现代物流管理学	7-301-17672-6	丁小龙	42.00	45	物流信息系统	7-301-20989-9	王道平	28.00
21	物流运筹学	7-301-17674-0	郝　海	36.00	46	物流与供应链金融	7-301-21135-9	李向文	30.00
22	供应链库存管理与控制	7-301-17929-1	王道平	28.00	47	物流信息系统	7-301-20989-9	王道平	28.00
23	物流信息系统	7-301-18500-1	修桂华	32.00	48	物料学	7-301-17476-0	肖生苓	44.00
24	城市物流	7-301-18523-0	张　潜	24.00	49	智能物流	7-301-22036-8	李蔚田	45.00
25	营销物流管理	7-301-18658-9	李学工	45.00	50	物流项目管理	7-301-21676-7	张旭辉	42.00